Günter Vornholz
Internationale Immobilienökonomie

Günter Vornholz

Internationale Immobilien-ökonomie

Globalisierung der Immobilienmärkte

DE GRUYTER
OLDENBOURG

ISBN 978-3-11-040312-1
e-ISBN (PDF) 978-3-11-043782-9
e-ISBN (EPUB) 978-3-11-043909-0

Library of Congress Cataloging-in-Publication Data
A CIP catalogue record for this book has been applied for at the Library of Congress.

Bibliografische Information der Deutschen Nationalbibliothek
Die Deutsche Nationalbibliothek verzeichnet diese Publikation in der Deutschen National-
bibliografie; detaillierte bibliografische Daten sind im Internet über
http://dnb.dnb.de abrufbar.

© 2015 Walter de Gruyter GmbH, Berlin/Boston
Coverabbildung: inigofotografia/Thinkstock
Druck und Bindung: CPI books GmbH, Leck
♾ Gedruckt auf säurefreiem Papier
Printed in Germany

www.degruyter.com

Vorwort

Real Estate goes global, von daher ist eine ausschließliche Betrachtung nationaler Immobilienökonomien vielfach nicht mehr ausreichend. Die Internationale Immobilienökonomie befasst sich mit grenzüberschreitenden Immobilienaktivitäten, der Globalisierung der Immobilienwirtschaft sowie der Struktur und den Entwicklungstrends internationaler Immobilienmärkte. Deutsche Investoren und Immobiliendienstleister sind seit längerem im Ausland aktiv. So lassen sich neue Wachstumsfelder erschließen und Risiken diversifizieren. Umgekehrt engagieren sich internationale Akteure schon lange in Deutschland. Die Globalisierung hat die Immobilienwirtschaft und die -märkte zunehmend erfasst. Auf allen Wertschöpfungsstufen der Immobilien hat der Einfluss von Marktakteuren aus anderen Ländern quantitativ bzw. qualitativ zugenommen. Von den Projektentwicklungen über den Nutzermarkt und den Investmentmarkt bis hin zu verschiedenen Immobiliendienstleistungsmärkten sind die Folgen der Globalisierung festzustellen.

Das Lehrbuch analysiert die Ursachen, Erscheinungsformen und Folgen der Globalisierung der Immobilienmärkte. Es existiert eine Vielzahl sozio-ökonomischer Einflussfaktoren, die sich auf nationale Immobilienmärkte unterschiedlich stark auswirken. Im Vergleich zu anderen Märkten weisen die Immobilienmärkte bedeutende Besonderheiten und Unterschiede auf, die sich auch durch die Globalisierung ergeben. Dadurch ergeben sich die differenzierten Strukturen und Entwicklungen internationaler Immobilienmärkte.

Das Buch ist so geschrieben, dass Studierende der Immobilienökonomie bzw. Immobilienwirtschaft und verwandter Bereiche es verwenden können und es auch für volkswirtschaftlich-interessierte Beschäftigte aus der Immobilienwirtschaft nützlich ist. Das Buch ist als Lehrbuch konzipiert, das aufgrund seiner didaktisch aufbereiteten Lehrmaterialien für Vorlesungen oder zum Selbststudium dienen kann. Die fachlichen Inhalte werden mit Hilfe von Übungsfragen und Fallstudien didaktisch aufbereitet und können so für das Selbststudium verwendet werden. Für das Erarbeiten des Lernstoffes dienen Lernziele sowie fachliche Informationen mit jeweils theoretischen und praktischen Inhalten. Von mir werden die Inhalte des Buches in meinen Vorlesungen zu „Internationalen Immobilienmärkten" im Bachelor- und Masterstudium an der privaten Hochschule EBZ Business School in Bochum eingesetzt.

Mein Dank gilt allen, die mir beim Entstehen dieses Lehrbuches behilflich waren. Glück auf!

Lüdinghausen, im Dezember 2014

Günter Vornholz

Inhaltsverzeichnis

Abkürzungsverzeichnis

AIFMD	Alternative Investment Fund Manager Directive
APAC	Asiatisch-Pazifische Raum
BIP	Bruttoinlandsprodukt
BIZ	Bank für Internationalen Zahlungsausgleich
CBD	Central Business District
CDS	Credit Default Swap
c. p.	ceteris paribus (unter sonst gleichen Bedingungen)
CSR	Corporate Social Responsibility
DL	Dienstleistungen
DSCR	Debt Service Coverage Ratio-Covenants
EFH	Einfamilienhaus
EMEA	Europe and Middle East Asia
EPRA	European Public Real Estate Association
EUR	Euro
EZB	Europäische Zentralbank
FSI	Financial Soundness Indicators
GATS	General Agreement on Trade and Services
GATT	General Agreement on Tariffs and Trade
GBP	britische Pfund
HVPI	Harmonisierten Verbraucherpreisindex
IAS	International Accounting Standards
INSEE	Institut national de la statistique et des études économiques
IPD	Investment Property Databank GmbH
IuK	Informations- und Kommunikationstechnologie; auch: IuK-Technologie
IWF	Internationaler Währungsfonds
KAGB	Kapitalanlagesetzbuch
LTV	Loan-to-Value
M&A	Mergers and Acquisitions
MBS	Mortgage Backed Securities
MFH	Mehrfamilienhaus

MNU	Multinationales Unternehmen
OECD	Organisation for Economic Co-operation and Development
p. a.	per annum (pro Jahr)
PfandBG	Pfandbriefgesetz
REITs	Real Estate Investment Trusts
RICS	Royal Institution of Chartered Surveyors
SFR	Schweizer Franken
sq ft	square foot
SWOT-Analyse	Analyse der Strengths (Stärken), Weaknesses (Schwächen), Opportunities (Chancen) und Threats (Gefahren)
TNU	Transnationales Unternehmen
TRIPS	Agreement on Trade-Related Aspects of Intellectual Property Rights
UN	United Nations, Vereinte Nationen
USD	US-Dollar
vdp	Verband deutscher Pfandbriefbanken
VGR	Volkswirtschaftlichen Gesamtrechnung
WTO	World Trade Organization
WZ	Wirtschaftszweig
ZIA	Zentrale Immobilien Ausschuss

1   Einleitung

Die Globalisierung von Gesellschaft und Wirtschaft hat auch – verspätet und in geringerem Umfang – die Immobilienwirtschaft und die -märkte zunehmend erfasst. Selbst wenn Immobilien aufgrund ihrer Eigenschaften standortgebunden und damit oftmals lokale Märkte sind, sind die Immobilienwirtschaft und die Immobilienmärkte auf unterschiedliche Art von der Globalisierung betroffen. Die Globalisierung schafft neue Rahmenbedingungen und bringt neue Impulse für die Immobilienmärkte. Jedoch trifft dies nicht gleichermaßen auf alle Märkte zu, sodass es auch weiter stark lokal-orientierte (eher traditionelle) und gleichzeitig stark globalisierte Märkte wie die Immobilien-Investmentmärkte (eher moderne) gibt. Die Immobilienwirtschaft bietet mit einerseits räumlich verankerten Immobilien, Wissen und Institutionen und andererseits starken allgemeinen und immobilienspezifischen Globalisierungstendenzen ein interessantes Spannungsfeld, das in diesem Buch aufgezeigt werden soll.

Wie sich die Unterscheidung zwischen nationalen und internationalen Immobilienmärkten ergibt, hängt vom Standpunkt des Betrachters ab. So wird in diesem Buch von nationalen deutschen Immobilienmärkten ausgegangen und alle Immobilienmärkte in einem anderen Staat als deren nationale Märkte betrachtet, wobei im Folgenden häufig von internationalen Immobilienmärkten gesprochen wird.

Das erste Lehrbuch über „Internationale Immobilienökonomie" erklärt die Rahmenbedingungen, Funktionsweisen und Entwicklungstrends der internationalen Immobilienwirtschaft und -märkte. Aufgrund der zunehmenden internationalen Immobilienaktivitäten, die sich in den verschiedensten Formen zeigen, gibt es sowohl in der Praxis als auch in der Wissenschaft ein wachsendes Interesse an diesem Thema. Vor diesem Hintergrund ergibt sich die folgende Gliederung des Buches.

Im 2. Kapitel werden die zunehmenden internationalen Immobilienaktivitäten dargestellt. Zwar können Immobilien nicht ex- oder importiert werden, wohl aber werden Dienstleistungen oder Eigentumsrechte von Immobilien international gehandelt. Danach wird auf die Besonderheiten und Unterschiede zwischen den verschiedenen nationalen Immobilienmärkten eingegangen.

Der Begriff Globalisierung steht für eine zunehmende internationale Verflechtung in den verschiedensten Bereichen menschlichen Handelns. In diesem Buch steht die immobilienökonomische Dimension im Vordergrund. Im 3. Kapitel wird daher zunächst auf die unterschiedlichen Entwicklungsstufen eingegangen, um dann die Ursachen der Globalisierung aufzuzeigen. Die Globalisierung betrifft nicht nur die grenzüberschreitenden Investments durch Verkäufe und Käufe von Immobilien, sondern macht sich auch auf allen anderen Wertschöpfungsstufen der Immobilien bemerkbar. Die differenzierten Entwicklungen und Folgen der Globalisierung sind weitere Aspekte dieses Kapitels. Für die Immobilienwirtschaft kann zwischen den direkten (finanzwirtschaftlichen) Effekten durch die Globalisierung der Finanzmärkte und den indirekten Auswirkungen durch die realwirtschaftliche Globalisierung unterschieden werden. Abschließend wird auf die Chancen und Risiken für die Immobilienwirtschaft eingegangen.

Gesamtwirtschaftliche Einflussfaktoren prägen, wie auch schon im Lehrbuch „VWL für die Immobilienwirtschaft" aufgezeigt, die Entwicklungstrends der jeweiligen nationalen Märkte. Es wird im folgenden Kapitel 4 auf die unterschiedlichen staatlichen Einflüsse, realwirtschaftliche Effekte sowie die Auswirkungen internationaler Finanzmärkte und demografischer Trends eingegangen. Aufgrund der Unterschiede in den einzelnen Ländern, auf die exemplarisch eingegangen wird, ergeben sich eine starke Vielfalt und differenzierte Strukturen und Entwicklungen der internationalen Immobilienmärkte.

Das 5. Kapitel behandelt kurz die verschiedenen Aspekte einer Standort- und Marktanalyse. Diese basieren im Wesentlichen auf den Ausführungen zu der Standort- und Marktanalyse im Buch „VWL für die Immobilienwirtschaft", berücksichtigen aber die internationalen Besonderheiten.

Im abschließenden 6. Kapitel werden die verschiedenen internationalen Immobilienmärkte analysiert. Die Vermietungsmärkte sind stärker von nationalen Merkmalen geprägt. Während bei den Büroimmobilienmärkten sechs Märkte weltweit analysiert werden, liegt der Schwerpunkt bei den Einzelhandels- und Wohnimmobilienmärkten eher auf ausgewählten europäischen Märkten. Bei den Immobilien-Investmentmärkten kann aufgrund der fortgeschrittenen Entwicklungsstufe von einem globalisierten Markt ausgegangen werden, sodass die globalen Statistiken und Trends im Vordergrund stehen.

2 Voraussetzungen für internationale Immobilienaktivitäten

Die Internationalisierung bzw. Globalisierung von Gesellschaft und Wirtschaft hat – verspätet und in geringerem Umfang – die Immobilienwirtschaft und die Immobilienmärkte erfasst. Seit etwa Mitte des letzten Jahrzehnts ist die zunehmende Globalisierung der Immobilienwirtschaft auch einem breiten Publikum offensichtlich geworden: ausländische Investoren kauften vermehrt Wohnungsbestände in Deutschland.

Im Kapitel 2.1 wird aufgezeigt, welche Aktivitäten auf internationalen Immobilienmärkten zunehmend erfolgen. Waren früher vor allem lokale und regionale Aktivitäten innerhalb eines Landes zu verzeichnen, haben grenzüberschreitende Unternehmungen langfristig stetig zugenommen. Indirekt kann hierdurch auch gezeigt werden, warum es nicht ausreicht, sich mit nationalen Immobilienmärkten zu beschäftigen.

Danach wird im Kapitel 2.2 auf die Gemeinsamkeiten und Unterschiede zwischen den nationalen Immobilienmärkten eingegangen. Auf diese haben sich die Akteure einzustellen, wenn sie auf ausländischen Märkten aktiv werden wollen.

Lernziele zu Kapitel 2
- Die verschiedenen Erscheinungsformen internationaler Immobilienaktivitäten beschreiben können.
- Die Gemeinsamkeiten zwischen den verschiedenen ausländischen Immobilienmärkten aufzeigen können.
- Die Unterschiede zwischen den nationalen Immobilienmärkten einschätzen und anhand von Beispielen erklären können.

2.1 Zunehmende grenzüberschreitende Immobilienaktivitäten

In früheren Zeiten waren auf den Immobilienmärkten vorwiegend lokal- und regionalorientierte Akteure tätig. Diese führten Aktivitäten auf allen Ebenen der Wertschöpfungskette von Immobilien und auf allen Immobilienmärkten durch, wobei dies alle Wertschöpfungsstufen von Immobilien umfasst. Seit einigen Jahrzehnten sind zunehmend internationale Immobilienaktivitäten festzustellen. Dies betrifft insbesondere den institutionellen bzw. professionellen Teil des Immobilienmarktes. Gleichzeitig sind die Immobilientätigkeiten privater Marktteilnehmer insbesondere in kleineren Städten und Märkten weiterhin vorwiegend lokal geprägt. Über die Größe und Bedeutung des institutionellen und privaten Teils der Immobilienwirtschaft sowie deren Aufteilung gibt es wenige Daten und Schätzungen. Vielmehr gibt es einen fließenden Übergang von lokalen hin zu globalen Immobilientätigkeiten.

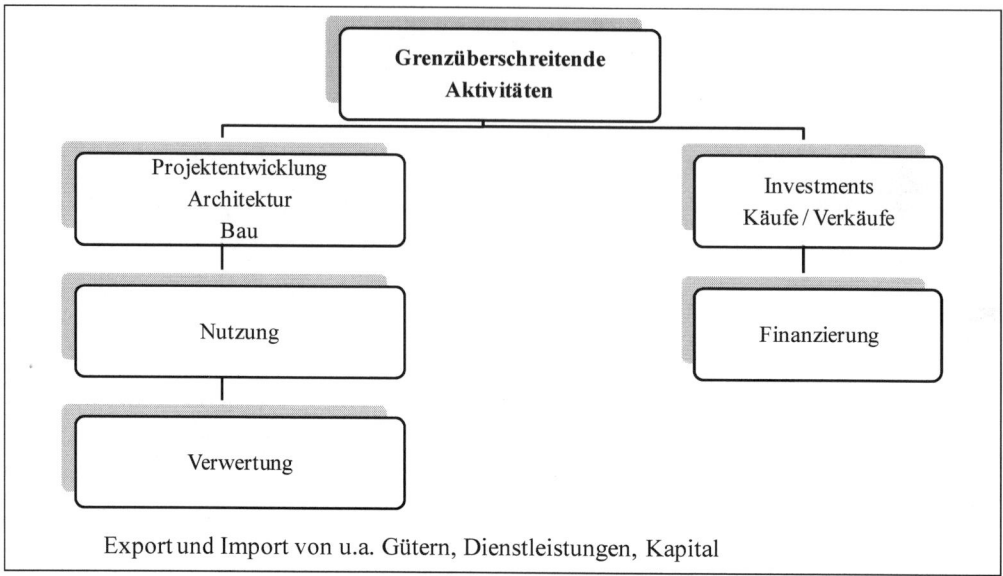

Abb. 2.1:   Grenzüberschreitende Immobilienaktivitäten; Quelle: eigene Darstellung

Es können generell sehr vielfältige Erscheinungsformen der grenzüberschreitenden Aktivitäten von Immobilienmarktteilnehmern (Export und Import von u. a. Gütern, Dienstleistungen oder Kapital) unterschieden werden. Dies zeigt sich zum einen an dem zunehmenden Engagement deutscher Immobilienunternehmen im Ausland und zum anderen an dem wachsenden Engagement ausländischer Immobilienunternehmen in Deutschland auf allen Ebenen der Wertschöpfungskette der Immobilien. Dies soll im Folgenden an den vielfältigen Aktionen ausländischer Immobilienunternehmen in Deutschland gezeigt werden:

- Ausländische Investoren kaufen und verkaufen Immobilien, Immobilienportfolios und Immobilienunternehmen (Share Deal) in Deutschland. Auf dem Investmentmarkt zeigt sich das internationale Geschäft primär in zwei Ausprägungen. Ausländische Kunden fragen im Bereich der Wohnimmobilien verstärkt Zweitwohnsitze nach. Bei Gewerbeimmobilien sind es die ausländischen institutionellen Anleger, die aufgrund ihrer zunehmenden internationalen Ausrichtung nach deutschen Immobilien als Kapitalanlage suchen.

- Die Projektentwicklung und auch der Neubau von Immobilien in Deutschland erfolgt durch ausländische Projektgesellschaften und Bauunternehmen.

- Ein ausländisches Unternehmen oder eine ausländische Privatperson mietet eine Immobilie in Deutschland (Vermietungsmarkt).

- Ausländische Marktakteure kaufen und verkaufen immobilienbezogene Ressourcen, Güter und Dienstleistungen. Diese Globalisierung von Einkauf und Verkauf wird auch als Global Sourcing bezeichnet.

Aus Sicht Deutschlands kann ein Engagement eines ausländischen Immobilienunternehmens sehr attraktiv sein, wenn durch das Projekt und den Bau von Immobilien zum einen die Wertschöpfung direkt und indirekt erhöht und zum anderen die Immobiliennachfrage verbessert wird. Anhand verschiedener statistischer Quellen und Indikatoren kann das Ausmaß ausländischer Immobilienaktivitäten in Deutschland gemessen werden.

Investmentmarkt

Das Engagement ausländischer Unternehmen in Deutschland kann u. a. anhand des **Investmentmarktes** und seines typischen Zyklus dargestellt werden. Abbildung 2.2 verdeutlicht, dass bis Mitte des letzten Jahrhunderts nur bis ungefähr 20,0 % des Investmentvolumens von ausländischen Anlegern kam. Zwischen 2004 und 2008 erlebte das Engagement der Ausländer auf dem deutschen Investmentmarkt einen Höhenflug. Nach der Finanz- und Wirtschaftskrise kamen die ausländischen Akteure erst zögerlich wieder auf den deutschen Markt zurück.

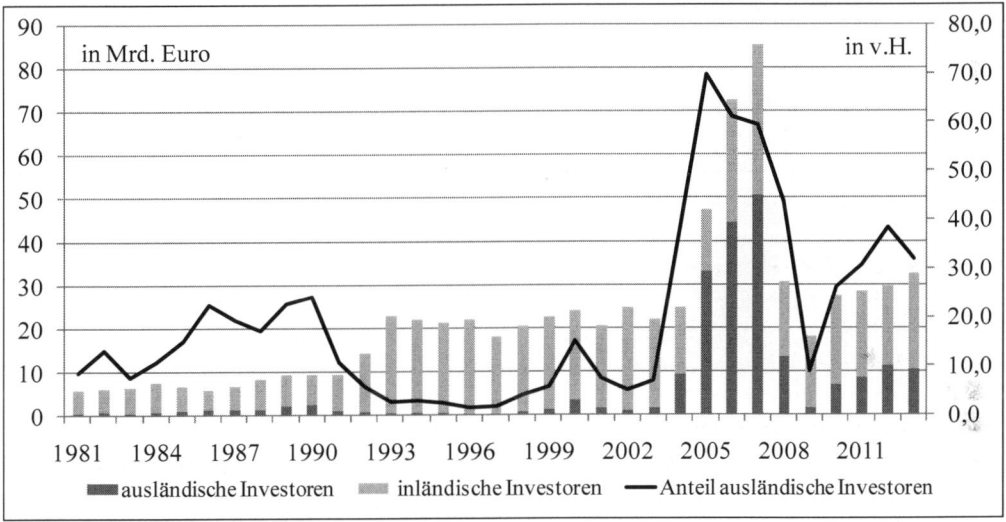

Abb. 2.2:   Anteil der ausländischen Investoren; Quelle: bulwiengesa AG (RIWIS-Datenbank, Intranet), abgerufen am 27.04.2014

Differenzierter stellt sich die Lage dar, wenn nur die **Investments asiatischer Anleger** in Deutschland berücksichtigt werden. Im Jahr 2009 konnten noch keine Aktivitäten verzeichnet werden, danach aber setzte eine deutliche Aufwärtsbewegung ein, die dazu führte, dass im Jahr 2014 voraussichtlich rund 2,5 Mrd. Euro von asiatischen Investoren investiert werden. Im gleichen Zeitraum konnte daher der Anteil nach Angaben des Immobiliendienstleisters Jones Lang LaSalle auf gut 7,0 % gesteigert werden. (vgl. Jones Lang LaSalle, 2014)

Einen Überblick über das **Engagement des Auslands bei deutschen Unternehmen** gibt die Statistik des Statistischen Bundesamtes über auslandskontrollierte Unternehmen. Hierbei werden alle in Deutschland ansässigen Unternehmen erfasst, die von einem Mutterunternehmen mit Sitz im Ausland kontrolliert werden und zur nicht-finanziellen gewerblichen Wirtschaft gehören. Die Vergleichsdaten stammen aus dem Unternehmensregister, das nahezu alle Wirtschaftsbereiche mit Ausnahme der Land- und Forstwirtschaft, Fischerei sowie der öffentlichen Verwaltungen umfasst. Genauere Daten liegen für das Baugewerbe und das Grundstücks- und Wohnungswesen vor. Im Jahr 2011 wurden im Baugewerbe 683 Unternehmen vom Ausland kontrolliert, das sind 2,5 % aller auslandskontrollierten Unternehmen oder 0,3 % aller Unternehmen der Branche. In der Grundstücks- und Wohnungswirtschaft gab es 3.093 auslandskontrollierte Unternehmen, was einen Anteil von 11,2 % an allen auslandskontrollieren Unternehmen ausmachte; bei an allen Unternehmen der Branche betrug der Anteil nur gut 1,3 % Diese auslandskontrollierten Unternehmen erwirtschafteten 2011 einen Umsatz von rund 9,4 Mrd. Euro, was einen Anteil von rund 10,0 % am Gesamtbranchenumsatz ausmachte.

Immobiliendienstleistungen

Bei den **Facility-Service-Unternehmen Deutschlands** zeigt sich ein sehr heterogenes Bild bezüglich ihres Auslandsengagements, wobei insgesamt der Auslandsumsatz 2013 gut 20 % im Durchschnitt betrug. Der Trend geht zu weltweiten Ausschreibungen, trotzdem verfügt ungefähr ein Drittel der Unternehmen über keine Auslandsstrategie, da keine länderübergreifende Kundenbetreuung geplant ist. Gut 20 % der Firmen stemmen den internationalen Einsatz aus eigener Kraft, während rund 15 % auf Partner vor Ort und knapp 10 % auf Netzwerke vertrauen. Von den 10 größten Unternehmen der Lünendonk-Liste 2014 weist die Hälfte der Unternehmen einen Auslandsumsatzanteil von unter 5 % auf. Die höchsten Anteile unter den größten Unternehmen haben Dussmann Service Deutschland mit 45 % und Bilfinger Facility Services mit rund einem Drittel Auslandsumsatz.

Die zunehmende Internationalisierung der **Anwaltskanzleien** wurde durch die internationale Vereinheitlichung der verwendeten Verträge begünstigt. Stärker als andere Berater waren Kanzleien lange Zeit stark national geprägt. Grund dafür waren nicht zuletzt regulatorische Beschränkungen, die etwa in Deutschland noch bis Ende der 1980er Jahre die Etablierung überörtlicher und erst recht internationaler Kanzleien verhinderten. Mit der Liberalisierung des Rechtsberatungsmarktes haben sich Kanzleien wie andere Berater stärker international aufgestellt, um ihre zunehmend global agierenden Mandanten in verschiedenen Rechtsordnungen und bei internationalen Transaktionen aus einer Hand unterstützen zu können. Dass deutsche Wirtschaftskanzleien dabei ganz überwiegend mit amerikanischen oder englischen Sozietäten fusionierten, hat den Trend zur Anglo-Amerikanisierung in Vertragswerken weiter verstärkt.

Schließlich sind auch **Projektentwickler und Architekten** aus Deutschland zunehmend international tätig geworden und haben z. B. die Fußballstadien zur Weltmeisterschaft 2014 in Brasilien errichtet. Deutsche Architekturleistungen sind weiterhin weltweit anerkannt. Der geplante Umbau des Estadio Bernabéu in Madrid soll nach den Plänen des deutschen Architektenbüros gmp erfolgen. Das Fassungsvermögen des Stadions soll vergrößert werden und im Bereich der Arena ist ein Luxushotel und Einkaufszentrum geplant. Der deutsche Architekt Ole Scheeren hat 2013 (Sendezentrale des chinesischen Staatsfernsehens als weltweit bestes Hochhaus) und 2014 (Apartmentkomplex „The Interlace" in Singapur mit dem Urban Habitat Award) jeweils herausragende internationale Preise für seine weltweiten Objekte erhalten.

Auswirkungen der grenzüberschreitenden Immobilienaktivitäten

Neben den grenzüberschreitenden Immobilienaktivitäten existieren auch zahlreiche **Interdependenzen zwischen den verschiedenen nationalen Immobilienmärkten**. So wirken sich Ereignisse auf ausländischen Immobilienmärkten auf deutsche Immobilienmärkte aus, wie das Beispiel der US-Subprime-Krise 2008 zeigt. Die Krise des Wohnungsmarkts führte zunächst zu Einbrüchen auf dem nationalen US-Immobilienmarkt, insbesondere Investmentmarkt. Diese Krise dehnte sich dann zu einer weltumspannenden Krise aus. Neben den Interdependenzen stehen deutsche und ausländische Märkte im Wettbewerb miteinander, sodass z. B. attraktive Investmentmöglichkeiten in Deutschland zu einem geringeren Engagement deutscher Anleger im Ausland führen.

Durch die globale Zusammenarbeit kommt es ebenfalls zur **Übertragung von ausländischen Standards und Verhalten in andere Länder**. Dies betrifft z. B. das Vordringen von Managementideen und Strategien (buy-and-manage). Diese auch als „Lernen vom Ausland" bezeichnete Übernahme von erfolgreichen, internationalen Standards gilt für viele Bereiche der Immobilienwirtschaft. Aufgrund der Dominanz der angelsächsischen Investoren wurde z. B. bei vielen Investments in Deutschland internationales Recht angewendet. So wurden bei den großen Wohnungsportfoliodeals des letzten Jahrzehnts die Verträge entsprechend des angelsächsischen Rechts formuliert. Darüber hinaus werden von deutschen Immobilienunternehmen die internationalen Rechnungslegungsvorschriften wie IFRS übernommen. Dies betrifft insbesondere Unternehmen, die in Finanzbeziehungen zu ausländischen Investoren stehen. Bei der Finanzierung von Immobilienkäufen zeigt sich auch, dass zunehmend neue Finanzprodukte verwendet werden. Finanzprodukte wie Verbriefungen oder Finanzvehikel wie Real Estate Investment Trusts (REITs) wurden erst in Deutschland eingeführt, als sie im Ausland schon vielfach zum Standard gehörten. Neben der direkten Konkurrenz werden internationale Akteure auch zum Benchmark für inländische Unternehmen. Auf dem Bankenund Kapitalmarkt werden die Unternehmensergebnisse in Ratings von z. B. lokalen, bestandshaltenden Wohnungsgenossenschaften verglichen mit denen der international tätigen Wohnungsunternehmen.

Hinzugekommen ist hierdurch eine zunehmende **Markttransparenz**, die durch das Scoring und Rating der Immobilienmärkte in Deutschland durch international agierende Makler und Researcher erfolgte. Dies hat auch die Aufmerksamkeit und Investitionsbereitschaft internationaler Anleger beeinflusst und erhöht.

2.2   Merkmale nationaler Immobilienmärkte

Bei den Eigenschaften der einzelnen nationalen Immobilienmärkte zeigen sich zwar viele Gemeinsamkeiten, weisen aber auch mindestens so viele Unterschiede auf. Im Folgenden wird zunächst auf die Gemeinsamkeiten nationaler und internationaler Immobilienmärkte eingegangen. Aus institutionsökonomischer Sicht werden anschließend die Unterschiede auf den verschiedenen Ebenen, z. B. bei den Rahmenbedingungen, den Immobilienmärkten (insbesondere Investment- und Vermietungsmärkte) sowie den Immobilien selbst, analysiert.

2.2.1   Gemeinsamkeiten nationaler Immobilienmärkte

Die einzelnen Märkte weisen eine Vielzahl von Gemeinsamkeiten auf, wobei hier jedoch nur auf drei wesentliche Faktoren eingegangen werden soll. Dies betrifft erstens die Einteilung der Märkte auf der Basis der Immobilieneigenschaften, zweitens die makroökonomischen Einflussfaktoren und drittens die zyklische Entwicklung der Immobilienmärkte.

Die Immobilien weisen **erstens** auch im internationalen Kontext die Eigenschaft der Standortgebundenheit auf und können nach den entsprechenden Immobilienobjektarten differenziert werden. Der Standort ist letztlich für die Einzigartigkeit der Immobilien verantwortlich. Er bestimmt zum einen die Nutzungsmöglichkeiten und prägt zum anderen den ökonomischen Wert und die Wertentwicklung einer Immobilie. Die Immobilität in Verbindung mit der Lage führt dazu, dass es zu geografischen bzw. lokalen Teilmärkten kommt. Die Eigenschaft der Immobilität impliziert bereits die weitere Besonderheit der Heterogenität, da jede Immobilie ein Unikat bezüglich des Gebäudes, der Ausstattung, der Nutzung oder der Lage sein kann. Es gibt nicht die identischen Immobilien mit demselben Standort und denselben Eigenschaften.

Aufgrund der beiden besonderen Eigenschaften können Immobilien nicht so wie Kraftfahrzeuge oder andere Güter und Dienstleistungen ex- und importiert werden. Gleichwohl können Wirtschaftsakteure aus verschiedenen Ländern mit Immobilien handeln. Immobilien werden außerdem für den Außenhandel benötigt und es werden Dienstleistungen rund um die Immobilie erbracht.

In dem folgenden Schaubild sind die verschiedenen Immobilienmärkte dargestellt. Sie reichen entlang der gesamten Wertschöpfungskette der Immobilie, die von der Projektentwicklung über die Vermietung bis zum Abriss. Über alle diese Phasen erstreckt sich auch der Immobilien-Investmentmarkt, auf dem Transaktionen bzw. Käufe vollzogen werden und Finanzierungen erfolgen.

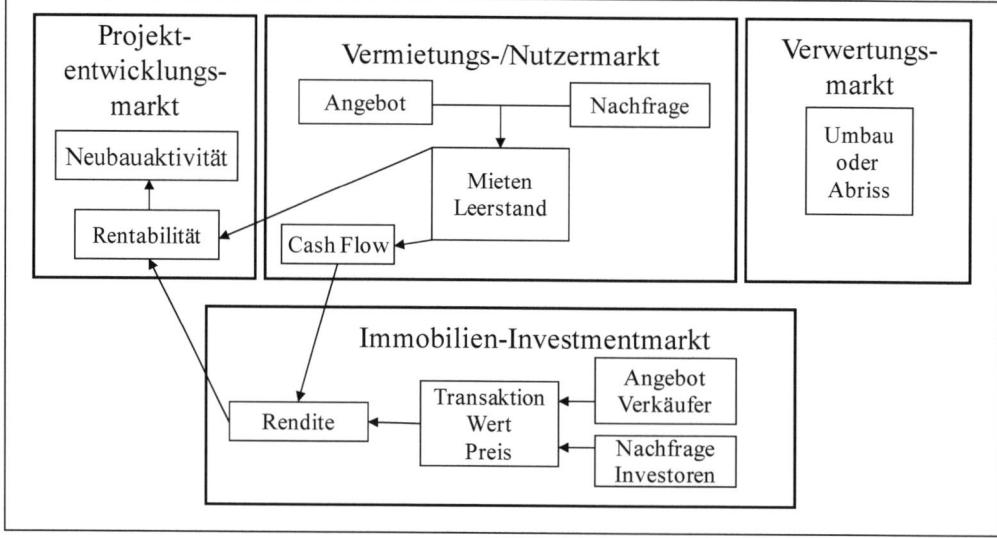

Abb. 2.3:   Immobilienmärkte nach dem Lebenszyklus; Quelle: eigene Darstellung

Zweitens ist für die Entwicklung der Immobilienmärkte insbesondere die Abhängigkeit von makroökonomischen Einflussfaktoren entscheidend, diese sind die wesentlichen Werttreiber für Immobilien. Der Staat greift auf vielfältige Art in den Immobilienmarkt ein und beeinflusst dadurch das Marktgeschehen. Die Immobilienwirtschaft ist zudem von der gesamtwirtschaftlichen Entwicklung abhängig, aber auch die Entwicklung der Immobilienwirtschaft wirkt sich auf die Gesamtwirtschaft aus. Der reale Sektor der Volkswirtschaft determiniert speziell die Bedingungen des Vermietungsmarktes sowie insbesondere die Nachfrage nach Immobilien und damit auch die Miete bzw. den Wert einer Immobilie. Immobilieninvestitionen sind ohne die entsprechende Finanzierung durch Kapital (Liquidität) der Finanzmärkte nicht möglich. Weiterhin determinieren monetäre Faktoren insbesondere die Immobilienpreise und beeinflussen indirekt die Vermietungsmärkte.

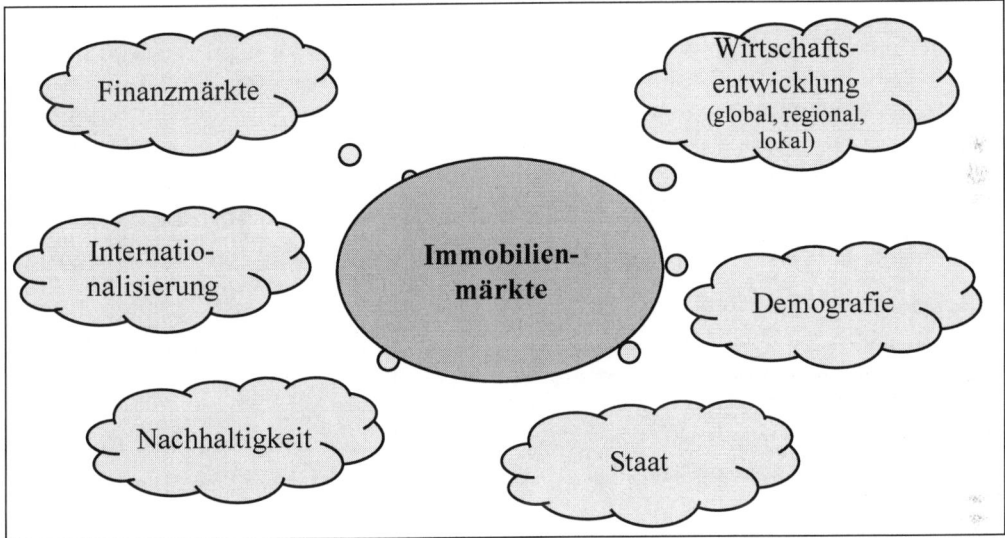

Abb. 2.4:   Makroökonomische Einflussfaktoren; Quelle: eigene Darstellung

Darüber hinaus bestehen wesentliche langfristige, zukünftige Herausforderungen für die Immobilienwirtschaft und die Immobilien, die sich aus dem demografischen Wandel ergeben. Demografische Einflüsse wirken sich langfristig auf die Entwicklungen der Immobilienmärkte aus (siehe Kapitel 4.4). Zwar sind die Einflussfaktoren als solche in den verschiedenen Ländern gleich, aber sie unterscheiden sich in ihren Ausprägungen.

Immobilienmärkte zeichnen sich **drittens** durch zyklische Prozesse aus (siehe auch Kapitel 4.2.4). Die Immobilienzyklen sind das Ergebnis des zeitlichen Wechsels von Überangebot und Übernachfrage auf den Immobilienmärkten. Die Immobiliennachfrage und das Immobilienangebot (Bautätigkeit) fallen zeitlich auseinander. Die verschiedenen Ungleichgewichtssituationen haben zur Folge, dass der Immobilienmarkt sich nur selten im Gleichgewicht befindet. Die Schwankungen wirken sich dann auf die Marktergebnisse und die -entwicklungen aus, d. h. auf die Miet- oder Leerstandentwicklungen auf den Vermietungsmärkten oder auf die Preise und Renditen auf den Investmentmärkten.

Die Immobilienmärkte sind besonders anfällig für spekulative, sich selbst verstärkende Effekte, die über längere Zeit anhalten und damit zu erheblichen Überkapazitäten oder Defizi-

ten führen können. Auf Immobilienmärkten stellt sich das Problem, dass sich Angebotsent-
scheidungen aufgrund von oft aufwendigen Planungs- und Genehmigungsverfahren und der
Dauer der Fertigstellung von Bauprojekten in der Regel erst mit einer deutlichen zeitlichen
Verzögerung auf den Märkten niederschlagen. Spekulative Prozesse, die sich nicht mehr mit
Fundamentalfaktoren wie der Einkommensentwicklung oder der Demografie decken, können
dazu führen, dass sich diese Zyklen noch verstärken.

2.2.2   Unterschiede nationaler Immobilienmärkten

Neben den Gemeinsamkeiten sind es aber vor allem Unterschiede, die die einzelnen Immobilienmärkte international prägen. Wenn die Marktakteure auf ausländischen Immobilienmärkten aktiv werden, haben sie es nicht nur mit den üblichen Besonderheiten lokaler Immobilienmärkte zu tun, sondern es kommen zusätzliche Merkmale hinzu. Marktteilnehmer, die im
Ausland Immobilien bauen, kaufen oder mieten wollen, haben bei ihren Projekten die Besonderheiten der einzelnen nationalen Märkte zu beachten. Diese Besonderheiten beruhen
auf Institutionen, wie sie in der Institutionenökonomie analysiert werden.

Exkurs: Institutionenökonomie und Immobilienwirtschaft
Nach der Definition der Institutionenökonomie können Institutionen (Regelsystem) sowohl
formale als auch informelle Regelungen sein. Unter Institutionen werden aus ökonomischer Perspektive sowohl ausdrücklich gestaltete (z. B. durch legislativen Zwang) als auch
ungeplante und spontan entstandene nachhaltige ökonomische Beziehungen (ohne formale
Übereinkunft) verstanden. Durch Institutionen werden die Anreizstrukturen innerhalb von
Gesellschaften und Wirtschaften definiert. Das Handeln der Akteure der Immobilienwirtschaft vollzieht sich in einem sich stetig verändernden System institutioneller Strukturen.
Eine Institution hat den Zweck, individuelles Verhalten in eine bestimmte Richtung zu
steuern. Die institutionellen Regeln sollen Unsicherheiten reduzieren und die Erwartungssicherheit über das Verhalten anderer Marktteilnehmer erhöhen. Die Institutionen prägen
somit auch das Handeln der Akteure in der Immobilienwirtschaft, indem sie durch Beschränkungen oder Handlungsmöglichkeiten deren Spielraum definieren.
Die Regelungen, die für internationale Immobilienmärkte relevant sind, können in den einzelnen Staaten sehr unterschiedlich sein und wirken sich letztlich auch auf die Wirtschaft-
lichkeit von z. B. Projektentwicklungen oder Investments aus. Diese können zu entsprechend höheren Kosten und geringeren Einnahmen führen und so die Profitabilität verändern. Die Institutionen können in einzelnen Ländern auf unterschiedlichen Ebenen gegeben
und unterschiedlich sein.

Werden nun die internationalen Immobilienmärkte aus der Perspektive der Institutionenökonomie betrachtet, so sind verschiedene Ebenen zu unterscheiden. Zunächst erfolgt hierzu ein
Vergleich zwischen den großen Blöcken Mature und Emerging Markets. Die Ebenen danach
betreffen zum einen die institutionellen Rahmenbedingungen (globale und länderspezifische)
und zum anderen die spezifischen Institutionen der Immobilienmärkte (Investment- und
Vermietungsmärkte) selbst. Unter diesen Institutionen haben die Akteure des Immobilienmarktes wie die Nutzer (Mieter), Finanziers, Investoren, Projektentwickler oder Immobiliendienstleistungsunternehmen ihre wirtschaftlichen Entscheidungen zu treffen.

Die im Folgenden beschriebenen institutionellen Bedingungen sind nicht statisch, sondern es bestehen Wechselbeziehungen und kontinuierliche Anpassungsprozesse zwischen den Institutionen und den Akteuren. Exogene Effekte wie z. B. der Markteintritt globaler Akteure sowie interne Veränderungen, beispielsweise zunehmende Professionalisierung, können Druck auf die Umgestaltung bzw. Rekonstruktion marktspezifischer Spielregeln ausüben. Gleichzeitig können aber ineffiziente Institutionen auch nachhaltig sein. Das Handeln der Immobilienakteure vollzieht sich in sich stetig verändernden Systemen sozialer Beziehungen und Strukturen.

„Emerging Markets" und „Mature Markets"

Die Unterschiede zwischen den verschiedenen Immobilienmärkten können zunächst durch die generell anzutreffenden Marktstrukturen auf Mature und Emerging Markets erklärt werden.

Exkurs: Mature und Emerging Markets
Die Begriffe Mature und Emerging Markets beziehen sich auf den Entwicklungsstand und den Reifegrad von Immobilienmärkten. Auf Deutsch könnte zwischen reifen bzw. entwickelten und sich entwickelnden Märkten unterschieden werden.
Es gibt jedoch kein amtliches oder einheitliches Konzept, um den Reifegrad zu differenzieren. Auch von einzelnen Autoren werden verschiedene Indikatoren und Faktoren verwendet, um eine derartige Klassifizierung vorzunehmen.
Es kann außerdem zwischen den einzelnen Objektarten bzw. dem Investmentmarkt unterschieden werden oder allgemein der Immobilienmarkt eines Landes oder einer Stadt gemeint sein. Dennoch wird niemand bezweifeln, dass es sich z. B. beim Investmentmarkt von London, beim Büromarkt New Yorks oder beim Einzelhandelsimmobilienmarkt in Hongkong um Mature Markets handelt.

Ein Mature Market zeigt sich u. a. in einem großen Transaktionsvolumen, im hohen Organisationsgrad professioneller Dienstleister, in der umfassenden Verfügbarkeit von verlässlichen Informationen, im intensiven Informationsaustausch sowie in der Durchführung immobilienbezogener Forschungsaktivitäten. Durch mehr Informationen wird die Entwicklung reifer Marktstrukturen und offener Immobilienmärkte vorangetrieben, welche zunehmend auch für externe bzw. internationale Marktteilnehmer interessant werden. Die folgende Abbildung zeigt die Unterschiede zwischen den Immobilienmärkten verschiedener Länder in Europa, wobei eine große Spanne zwischen den Ländern besteht.

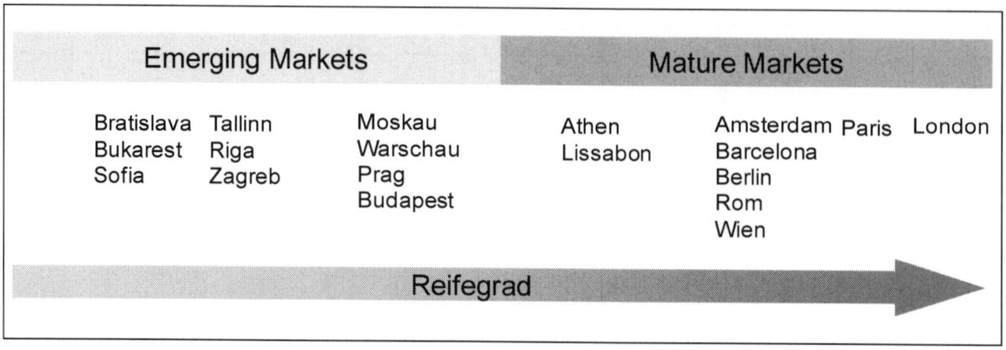

Emerging Markets				Mature Markets	
Bratislava Tallinn		Moskau	Athen	Amsterdam Paris	London
Bukarest Riga		Warschau	Lissabon	Barcelona	
Sofia Zagreb		Prag		Berlin	
		Budapest		Rom	
				Wien	

Reifegrad

Abb. 2.5:   Reifegrad von Immobilienmärkten in Europa; Quelle: eigene Darstellung

Je reifer ein Markt ist, desto flexibler kann dieser sich auf die verschiedenen Ziele und Methoden der Marktteilnehmer einstellen. Gleichzeitig aber kann sich durch diese Flexibilität
auch Instabilität bzw. Volatilität auf diesen Märkten ergeben. Dies zeigt sich beispielsweise
bei der Preis- und Mietentwicklung auf dem Londoner Büroimmobilienmarkt. Gleichzeitig
ist ein reifer Markt häufig mit mehr **Professionalität** der Marktteilnehmer verbunden, die
meist gut ausgebildet sind. Dies versetzt sie in die Lage, durch ihre Handlungen die Risiken
in einem relativ ineffizienten Immobilienmarkt zu reduzieren. Dies bezieht sich zum einen
auf die Art, wie Immobiliengeschäfte durchgeführt werden, und zum anderen auf die Breite
an Berufen, die bei der Entwicklung, der Nutzung und bei Investments von Immobilien einbezogen werden. Die Professionalisierung der Branche schützt aber nicht vor Crashs.

Der Reifegrad eines Immobilienmarktes korreliert positiv mit dessen **Markttransparenz**.
Mit der Globalisierung der internationalen Immobilienmärkte hat sich auch die Markttransparenz einzelner Märkte verbessert. Charakteristisch für reife Immobilienmärkte ist eine
hohe Markttransparenz, die stark mit dem Engagement ausländischer Akteure verbunden ist.
Transparenz zeigt sich auch in einem hohen Anteil professioneller Dienstleister, in der Verfügbarkeit von verlässlichen Informationen, im intensiven Informationsaustausch sowie in
der Offenheit gegenüber auswärtigen Akteuren.

Tab. 2.1:   Marktstrukturen und -unterschiede; Quelle: eigene Darstellung

	Mature Markets	Emerging Markets
Beispiele	G7-Staaten	Asien, Osteuropa
Merkmale	Hohes Wohlstandsniveau, hohe Kaufkraft, gesättigter Grundbedarf	Geringes Wohlstandsniveau, mittleres bis hohes Wirtschaftswachstum, steigende Einkommen
	Moderates, aber relativ stabiles Wachstum	Hohes Wachstumspotenzial
Marktsituation	Relativ transparenter Markt	Relativ intransparenter Markt
	Konzentration auf wenige Marktstandorte	Märkte (CBD) bilden sich erst noch heraus
	Geringes relatives, aber hohes absolutes Wachstum	Geringes absolutes, aber hohes relatives Wachstum
	Preise und Mieten volatiler in A- als in B-Lagen	Gefahr von langjährigem Preisrückgang nach Anfangsboom
	Häufiger Verdrängungswettbewerb	Verteilung des Marktzuwachses
	Geringe Risikoprämien, geringere Rendite	Höhere Risikoprämien, höhere Rendite
	Rechts- und Eigentumsordnung geregelt und transparent	Hohe Risiken bei Rechts- und Eigentumsordnung (Korruption)
	Relativ geringe staatliche Ein-griffe	Relativ starke und schwankende staatliche Eingriffe
	Relativ stetiges Investoreninteresse, geringe Volatilität	Stark schwankendes Investoreninteresse, höhere Volatilität
	Seltener Blasen	Häufiger Blasen
	Hohe Professionalität	Geringe Professionalität
Wertung/Ausblick	Stabile Rahmenbedingungen in einem moderat wachsenden Markt	Häufig sich verändernde Rahmenbedingungen in einem stark wachsenden Markt

In den Emerging Markets ist das Risiko bei einem Engagement in der Immobilienwirtschaft relativ hoch. Dabei werden nach Cushman & Wakefield (2014, S. 4ff.) die folgenden Risiken unterschieden, die wesentlich bei allen Immobilienaktivitäten in diesen Staaten sind.

1. Transparenz-Risiko: Die Zugangsmöglichkeiten und die Verlässlichkeit von Informationen sind vergleichsweise gering und insbesondere die Rechte bezüglich Immobilien sind oft nicht ausreichend definiert.

2. Geo-politisches Risiko: Die gegenwärtigen Konflikte dieser Welt sind allgegenwärtig und regional nicht beschränkt. Marktteilnehmer haben die Stabilität einer Regierung und des Rechtssystems und die Gefahr von Unruhen einzuschätzen, bevor sie auf dem ausländischen Markt aktiv werden.

3. Korruptions-Risiko: Das Ansehen der Marktpartner und Dienstleister ist in den Emerging Markets eher kritisch zu sehen. Je größer die Bedrohung durch Bestechung, Unsicherheit oder unethischen Geschäftspraktiken ist, desto schwieriger gestalten sich die Immobilienmarktaktivitäten. Dadurch werden Investments gehemmt und die Geschwindigkeit der Transaktionen vermindert.

4. Sicherheits-Risiko: Die Sicherheit und die Gesundheit der Mitarbeiter in vielen Emerging Markets sind nicht vollständig gegeben. Sowohl Terrorismus (z. B. in Nigeria oder Libanon) als auch Kriminalität (lt. CIA ist eines der Hauptrisiken in Mexiko die Entführung) und Naturkatastrophen stellen Bedrohungen für die Mitarbeiter von Immobilienunternehmen dar.

Zusammenfassend haben die Gemeinsamkeiten, aber insbesondere die Unterschiede zwischen den einzelnen Immobilienmärkten gezeigt, dass es nicht ausreicht, sich nur mit nationalen Immobilienmärkten zu beschäftigen. Die Immobilienmärkte in den einzelnen Staaten weisen verschiedene Strukturen, Besonderheiten und Entwicklungen auf, sodass diese nicht einfach von einem Markt auf einen anderen Markt zu übertragen sind.

Rahmenbedingungen der Immobilienmärkte

Die Rahmenbedingungen der Immobilienwirtschaft sind nationale oder gesellschaftliche Institutionen, die nicht nur bei einer einzelnen Aktivitäten oder einem Markt bestehen, sondern allgemein gegeben sind. Die **institutionellen Rahmenbedingungen** setzen sich u. a. aus den landesspezifischen Kultur- und Gesellschaftssystemen, den politischen Ordnungen und dem Wirtschafts- und Rechtssystem zusammen. Diese Bestimmungen bilden den übergeordneten Handlungsrahmen auch für ausländische Immobilienakteure. Die Institutionen können gleichzeitig Chance, aber auch Risiko darstellen, welche die Aktivitäten auf ausländischen Immobilienmärkten beeinflussen. Auf dieser Ebene sind es vor allem die folgenden institutionellen Regeln, die Einfluss auf das Marktgeschehen nehmen.

Zu den wichtigsten institutionellen Rahmenbedingungen zählen die **kulturellen Gepflogenheiten** in einem Land. Im Geschäftsleben einzelner Länder gibt es z. B. grundlegende kulturelle Unterschiede bei den Arbeitsweisen und der Arbeitskultur oder den Sprachen. Erfolgreiche interkulturelle Kompetenz und Vernetzung kann und wird immer mehr über den geschäftlichen Erfolg entscheiden, da die kulturellen Unterschiede sonst schnell zu Barrieren für die Wirtschaftsaktivitäten und das Agieren der Immobilienmarktteilnehmer werden. Interkulturelle Kompetenz hat eine immer größere Bedeutung bei Gesprächen und Verhandlungen gewonnen.

Die kulturelle Unterschiedlichkeit kann die Vertrauensbildung zwischen den beteiligten Immobilienakteuren hemmen. Um die Gefahren interkultureller Gepflogenheiten zu reduzieren, ist es wichtig, diese bereits im Vorfeld zu kennen. Die Risiken können auch dadurch vermindert werden, dass entweder mit gemischten Belegschaften von Einheimischen und Ausländern oder mit lokalen Partnern gearbeitet wird.

Kulturelle Unterschiede können auch abseits von Sprachbarrieren zwischen den Transaktionspartnern zu Verständigungsschwierigkeiten, Missverständnissen und Fehlinterpretationen führen. Unterschiedlich kulturelles Verhalten z. B. bei Einkäufen führt auch zu unterschiedlicher Gestaltung der Immobilien. So sind die Malls bereits seit den 1950er Jahren ein Teil der amerikanischen Kultur, während in anderen Ländern eher traditionelle Kaufhäuser einen großen Anteil an Einzelhandelsimmobilien ausmachten.

Exkurs: Kulturelle Unterschiede bei Geschäftsbeziehungen
Durch die Internationalisierung kommt es zu deutlich mehr interkulturellen Problemen. Verschiedene Erwartungen und Einstellungen führen zu Missverständnissen. Doch auch schon das oft unterschiedliche Verhandlungstempo kann der Grund dafür sein. In vielen Ländern ist Small Talk ganz wichtig, um Vertrauen herzustellen. In China, Japan, Indien, den arabischen Ländern sind derartige Gespräche für die Geschäftsanbahnung essenziell. Manche Geschäftspartner reagieren darauf aber ungeduldig und empfinden das als Zeitverschwendung.

Darüber hinaus können Sprachdefizite den Austausch erschweren. Einige Kulturen wie die Spanier sind nachsichtig, wenn der neue Partner oder Kollege ein wenig radebrecht. Chinesen sind eher peinlich berührt, wenn sich ihr Gegenüber in Kantonesisch versucht. Pünktlichkeit wird ebenfalls in den verschiedenen Kulturen differenziert betrachtet. In China ist Pünktlichkeit eine Tugend, bereits eine Verspätung von wenigen Minuten wird als unhöflich empfunden. In Deutschland und der Schweiz ist Unpünktlichkeit eine Beleidigung des Gastgebers. In anderen Kulturen wird entspannter mit der Zeit umgegangen. Im Mittelmeerraum, in arabischen Ländern und in Lateinamerika ist es normal oder wird es zumindest weitgehend toleriert, wenn die Gäste etwa eine halbe Stunde zu spät bei einer Einladung zum Abendessen erscheinen.

In einigen asiatischen Ländern und in Mittelamerika ist es üblich, direkt nach dem Essen aufzubrechen. Diejenigen, die nicht gleich gehen, weisen so darauf hin, dass sie noch nicht genug gegessen haben. Wer dagegen in Indien, Nordamerika oder Mitteleuropa gleich geht, erscheint unhöflich. Dort bedeutet dieses Verhalten, dass es dem Gast nur ums Essen ging, nicht aber um die Gesellschaft mit den Gastgebern.

Viel reden (USA, arabischer Sprachraum) steht der Wortkargheit bis hin zum Schweigen in Japan gegenüber, wo dem Schweigen zwischen den Wörtern entscheidende, sogar in den Worten entgegengesetztem Sinn, Bedeutung zukommt. Langes Schweigen wird dort durchaus als behaglich empfunden, während dies in Indien, Europa und Nordamerika bald zu Unsicherheit und Verlegenheit führt. Augenkontakt zu vermeiden oder auf den Boden zu schauen, während mit einer höhergestellten Person gesprochen wird, ist in Afrika ein Zeichen von Respekt. Im Gegensatz dazu gilt dieselbe Handlung in Nordamerika und dem größten Teil Europas als Signal von unangemessener Scheu oder Unehrlichkeit.

Die Kosten, die im Zusammenhang mit interkulturellen Konflikten entstehen, werden häufig unterschätzt. Sichtbar werden diese meist erst, wenn ein Geschäfts dadurch nicht zustande kommt.

Weiter gehören **politische Rahmenbedingungen** zu den Institutionen internationaler Märkte, dies gilt sowohl für die politischen Systeme als auch für politische Risiken wie Umbrüche oder Spannungen. Zu den Unterschieden zwischen den verschiedenen Ländern gehört der unterschiedlich hohe Bürokratieaufwand, der für die ausländischen Immobilienakteure sehr zeit- und kostenintensiv sein kann. Je nach Land sind oftmals unterschiedliche Behörden und Verfahren mit den gleichen Immobilienaktivitäten verbunden. Politische Instabilitäten behindern somit häufig das Engagement ausländischer Marktakteure.

Mit den politischen Institutionen gehen in vielen Ländern korrupte Strukturen einher, die in vielerlei Hinsicht die Unsicherheiten ausländischer Investoren erhöhen. Korruption im öffentlichen Sektor betrifft u. a. Transaktionen und Auftragsvergaben auf den Immobilienmärkten. Die lokalen Immobilienakteure sind den Herausforderungen, in einem korrupten Umfeld zu bestehen i. d. R. besser gewachsen als ausländische Unternehmen, die die spezifischen Mechanismen nicht kennen und darüber hinaus an die ethischen Geschäftsgrundsätze ihres Unternehmens gebunden sind. Einen möglichen Ausweg stellen Kooperationen mit lokalen Unternehmen dar.

Rechtliche Regelungen, welche die Aktivitäten auf den Immobilienmärkten beeinflussen, sind unterschiedliche Rechtssysteme (u. a. Eigentumsrechte, Einschränkungen beim Kapitalverkehr) oder unterschiedliche Steuersysteme. Die rechtlichen Rahmenbedingungen bestehen

u. a. aus verschiedenen Planungsinstanzen, den Aufsichtsbehörden und deren Tätigkeiten sowie den verschiedenen Vertragsrechten. Im Extremfall kann das Engagement für Marktakteure im Ausland ausgeschlossen werden. Dies kann von dem exportierenden Land ausgehen, das teilweise die Zusammenarbeit mit einem ausländischen Land verbietet (Bsp. USA – Iran) oder von Ländern, die teilweise den Kapitalimport verbieten bzw. einschränken (Bsp. China).

Wichtig für internationale Immobilienmarktinvestments sind institutionelle Regelungen über den freien Zu- und Abgang für ausländisches Kapital. Bei effizienten Märkten sollte ausländischen Unternehmen ein Zugang zu allen Marktbereichen möglich sein. Ein Kennzeichen entwickelter Märkte sind standardisierte Eigentumsrechte und Marktusancen. Kauf- und Mietverträge können in heimischen oder internationalen Währungen wie dem USD oder dem Euro abgeschlossen werden. In Polen oder Tschechien z. B. werden diese Verträge üblicherweise in Euro ausgewiesen, was sich positiv für internationale Investments auswirkt.

Stabile rechtliche Institutionen in Gestalt von Regeln, Normen oder Gesetzen können die Erwartungssicherheit ausländischer Akteure grundsätzlich erhöhen und damit Transaktionskosten verringern. Hingegen wächst die Unsicherheit, je weniger diese formellen Institutionen in den jeweiligen Investitionsstandorten verfügbar bzw. umso undurchsichtiger sie sind. In vielen Märkten erweisen sich speziell die rechtlichen Rahmenbedingungen für die ausländischen Immobilieninvestoren als intransparent und unüberwindbar. Erschwerend kommt hinzu, dass in vielen Ländern eine Vielzahl immobilienbezogener Regelungen, Vorschriften oder Abgaben nicht national einheitlich fixiert sind, sondern in den einzelnen Regionen und Kommunen mitunter stark voneinander abweichen (siehe Kapitel 4.1). Das kann sich auch negativ auf die Professionalität auswirken, mit der die Immobilienbranche in einem Land arbeitet.

Letztlich bleibt oftmals ein undurchsichtiges Bild an unterschiedlichen rechtlichen Aspekten, das vor allem die Investoren aus dem Ausland belastet. Beispiele aus dem Vertrags- und Steuerrecht zeigen, dass Institutionen immer marktspezifisch sind und sich deren Besonderheiten für ausländische Akteure oftmals als schwer überwindbares Hindernis darstellen.

Exkurs: Rahmenbedingungen für das internationale Maklergeschäft
Schweiz: Für die Vermittlung einer Mietwohnung in der Schweiz wird fast nie ein Makler eingeschaltet. Oft übernimmt eine Hausverwaltung diese Aufgabe – oder der Vermieter selbst. Üblicherweise führt der aktuelle Mieter seine potenziellen Nachfolger durch die Wohnung. Wird doch ein Makler beauftragt, wird er vom Vermieter oder vom Verkäufer bezahlt, niemals vom Käufer oder Mieter. Die Provision ist frei verhandelbar, es gibt beim Kauf allerdings teilweise gerichtlich geschützte Prozentsätze, die sich zwischen 3 und 3,57 % bewegen. Ansonsten wird die Kaufprovision frei verhandelt und bewegt sich je nach Lage und Wert der Immobilie zwischen 1 und 5 % des Kaufpreises. Ein unverhältnismäßig hoher Maklerlohn kann von einem Gericht auf Antrag herabgesetzt werden.
Frankreich: Die französische Immobilienbranche bekommt bald strengere Regeln für den Mietmarkt. Teilten sich bisher Mieter und Vermieter die Makler-Courtage – im Durchschnitt eine Monatsmiete –, so sollen künftig allein die Vermieter zahlen. Lediglich die Kosten für Bestandsaufnahme und Besichtigung sollen noch geteilt werden. Gleichzeitig ist vorgesehen, dass die Provision künftig per Dekret auf Basis eines Quadratmeterpreises festgelegt wird. Bei den Eigentumsimmobilien zahlt in der Regel der Verkäufer. Das Honorar liegt zwischen 4 und 10 % des Kaufpreises.

Belgien: Das belgische Mietrecht ist mit starren Vertrags- und langen Kündigungsfristen sowie einer Vertragshöchstlaufzeit von neun Jahren nicht gerade mieterfreundlich. Unbefristete Verträge gibt es kaum, dafür sind Strafzahlungen für einen Ausstieg vor der Zeit vorgesehen. Zudem darf der Eigentümer erhebliche Instandhaltungskosten abwälzen und muss selbst nur für das Gröbste sorgen. Die Mieten selbst sind aber auch in Brüssel nicht überzogen und weit niedriger als in anderen europäischen Hauptstädten. Und ein großes Ärgernis für Wohnungssuchende entfällt: Den Makler bezahlt der Vermieter. Die erste oder mehr Monatsmieten bekommt der Vermittler. Natürlich versuchen Vermieter, diese Kosten umzulegen, was nicht einmal Makler leugnen – was aber angesichts der Marktlage auch nicht so einfach ist.

Großbritannien: Auf der Insel bezahlen in 90 % der Fälle Verkäufer oder Vermieter den Makler. Es gibt keine gesetzliche Vorgabe, wie hoch die Courtage sein darf. Im Schnitt ist es 1 bis 3 % des Kaufpreises oder der Jahresmiete. Der Wettbewerb ist intensiv, vielfach verdienen Makler deshalb eher 1 als 3 % Provision. Nur vermögende Kunden sind bereit, mehr zu zahlen. Anders als in den USA besteht keine Lizenzpflicht. Einzige Vorschrift: Verkaufsmakler müssen Mitglied in einem sogenannten „redress scheme" sein, einem Beschwerdeprogramm, an das sich unzufriedene Kunden wenden können. Mietmakler sind bislang nur dazu angehalten, sich einem Ombudsmann-Programm anzuschließen. Die Mitgliedschaft soll bald aber auch für sie zur Pflicht gemacht werden.

Quelle: R. Haimann, In anderen Ländern ist das Makler-Leben schwerer, in: Welt am Sonntag, 02.02.2014, S. 27.

Gesamtwirtschaftlichen Rahmenbedingungen stellen weitere Einflussfaktoren für die Immobilienaktivitäten dar (siehe Kapitel 4.2). Ökonomische Rahmenbedingungen wie das Wachstum der Wirtschaft (BIP) oder des Dienstleistungssektors sowie die Höhe und Entwicklung der Arbeitslosigkeit oder des Konsumverhaltens fördern oder hemmen die Aktivitäten auf den Immobilienmärkten. Unterschiede bei den nationalen Wirtschaftsstrukturen können auch Unterschiede bei der Performance einzelner Immobiliensektoren verursachen. Dies kann schließlich zu sehr unterschiedlicher Attraktivität bei den Investoren führen.

Ökonomische Unsicherheiten sind ein weiterer Faktor, der die Immobilienaktivitäten beeinflussen kann. Ein Großteil der Unsicherheiten auf nationaler Ebene bezieht sich auf die wirtschaftliche Stabilität, die Inflationsentwicklung sowie die Ausprägung monetärer Größen wie Zinsen oder Währungssysteme. Unterschiedliche Währungen und deren Entwicklungen können sowohl während der Kaufphase als auch zum Zeitpunkt des Verkaufs zum Risiko für Immobilienaktivitäten werden. Wechselkurse implizieren ein weiteres potenzielles Risiko, da sich Wechselkurse z. B. signifikant negativ auf die Rentabilität von Immobilieninvestments auswirken können.

Unterschiedliche Immobilienmärkten

Weitere institutionelle Regelungen finden sich bei den Immobilienmärkten, die sowohl für die Investment- als auch für die Vermietungsmärkte und die weiteren Märkte der gesamten Wertschöpfungskette gelten. Der Immobilienmarkt selbst ist eine Institution und besteht aus formellen und informellen Regeln, die die Rahmenbedingungen für die Akteure des Immobilienmarktes bilden. Bei formellen Institutionen handelt es sich um Regelungen wie z. B. immobilienmarktbezogene Gesetze, Vorschriften oder Bauordnung. Die informellen Institutionen weisen hingegen eine geringe Regelungsdichte auf und bestehen aus nicht-formalisierten Regeln, Traditionen, Gewohnheiten oder Verhaltensweisen. Auch diese werden häufig lokal unterschiedlich ausgestaltet und stetig verändert. Die Rahmenbedingungen, die sich aus beiden institutionellen Regelungen zusammensetzen, können die Unsicherheit für Immobilienakteure reduzieren und beeinflussen die Preisbildung auf den Märkten.

Unterschiede zwischen den Immobilienmärkten sind allein schon durch **Unterschiede bei den Statistiken** zu erklären. Für viele Märkte existieren keine einheitlichen Statistiken, typisch ist vielmehr eine große Vielfalt unterschiedlicher und teilweise widersprüchlicher Marktanalysen. Es bestehen unterschiedliche Standards bei der Datenerhebung und der -darstellung. Die Marktberichte unterscheiden sich mitunter stark und in vielen Punkten, so beispielsweise in der Berechnung einzelner Indikatoren wie der Miete. Unklare Erhebungsmethoden erschweren zudem die Interpretation von Spitzenmieten und Anfangsrenditen. Wenn in einer Periode zu wenige Transaktionen (Vermietungen oder Verkäufe) erfolgen und damit zu wenige aussagekräftige Daten vorliegen, dann werden in den Marktberichten „erzielbare" Spitzenmieten oder -renditen vom Research veröffentlicht. Darüber hinaus lassen unterschiedliche Wertermittlungsverfahren abweichende Marktwerte entstehen. Die Informationen, die die Marktakteure über Markttrends, Leerstände, Spitzenrenditen, Gebäudequalitäten etc. erhalten können, sind nach Einschätzung der Immobilienmarktakteure in vielen Ländern nicht vertrauenswürdig, bruchstückhaft, inkonsistent oder nicht sehr fundiert. Marktinformationen basieren vielfach auf Eindrücken und Einschätzungen. Globale Akteure suchen i. d. R. allerdings systematisch erhobene Fakten, um ihrem Anspruch einer rationalen Entscheidungsfindung gerecht zu werden. Durch diese Unübersichtlichkeit und den Mangel an verlässlichen Marktdaten ist der Abbau der Informationsdefizite mit hohen bzw. zu hohen Transaktionskosten verbunden (z. B. eigene Research-Abteilung).

Unterschiede bestehen in der **Größe der Branche** „Grundstücks- und Wohnungswesen" in den einzelnen europäischen Ländern (siehe Abbildung 2.6). In Europa erzielte Deutschland mit gut 100 Mrd. Euro den höchsten Umsatz im Jahr 2011. Danach folgen Frankreich mit 77 Mrd. Euro (2010) und Großbritannien mit gut 50 Mrd. Euro. Nach der Anzahl der Beschäftigten hat Deutschland ebenfalls die Spitzenposition inne, Großbritannien und Frankreich folgen auf dem zweiten und dritten Rang. Obwohl Polen einen niedrigeren Umsatz aufweist, ist die Beschäftigtenzahl mehr als doppelt so hoch wie in den Niederlanden und fast so hoch wie in Spanien. Dies weist auf eine niedrigere Arbeitsproduktivität in Polen hin. Bei der Anzahl der Unternehmen gibt es eine andere Reihenfolge, so hat Italien die meisten Unternehmen mit fast 230.000 Firmen, gefolgt von Deutschland, Frankreich und Spanien. Entsprechend fällt auch der Umsatz pro Unternehmen aus. In Frankreich und Deutschland haben die Unternehmen einen durchschnittlichen Umsatz von rund 0,5 Mio. Euro pro Jahr, in Großbritannien und den Niederlanden dagegen 50 Prozent mehr.

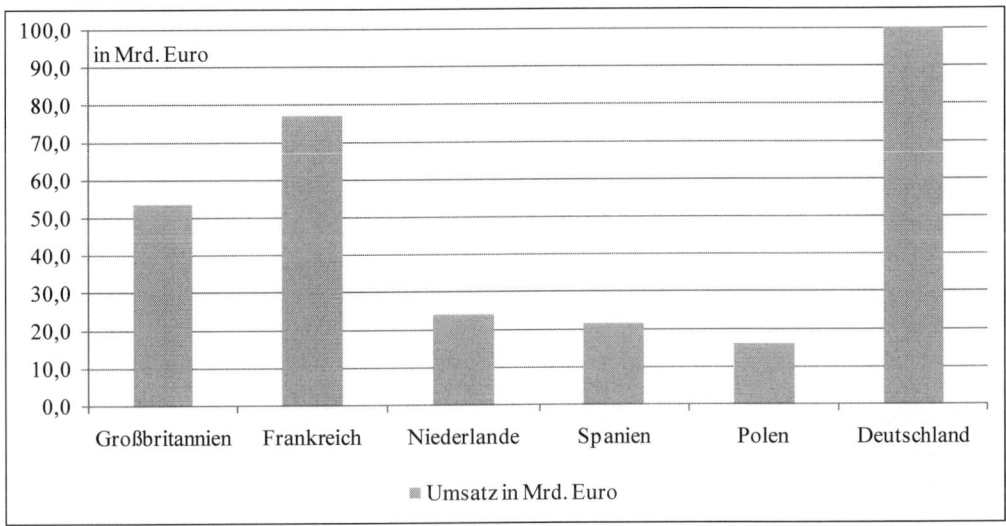

Abb. 2.6:   Umsatz der Branche Grundstücks- und Wohnungswesen nach Ländern 2011; Quelle: Eurostat, unter: http://epp.eurostat.ec.europa.eu/tgm/refreshTableAction.do?tab=table&plugin=1&pcode=tin00149&language=de, abgerufen am 04.12.2014

Die verschiedenen institutionellen Regelungen führen zu **unterschiedlicher Markttranspa-renz** auf den internationalen Immobilienmärkten, was eine weitere Besonderheit darstellt. Markttransparenz ist die Voraussetzung für effiziente Handlungen der Marktakteure. Insbe-sondere in den Emerging Markets bestehen häufig wesentlich mehr Marktunvollkommenhei-ten, die ein effizientes Handeln verhindern. Die Marktteilnehmer werden bei fehlender Transparenz keine Transaktionen durchführen oder dies zu fehlerhaften Bedingungen tun. Ungenügende oder ungenaue Marktkenntnisse erfordern daher ein Research und die Zusam-menarbeit mit lokalen Marktkennern. Aus dem gleichen Grund werden Investitionen auf Märkten mit vergleichsweise hoher Markttransparenz bevorzugt.

Ein Mehr an Informationen hilft den Akteuren die Risiken in den Märkten besser einzuschät-zen. Die Markttransparenz wird z. B. durch den Global Real Estate Transparency Index von Jones Lang LaSalle gemessen. Der Index beruht auf einer Kombination von quantitativen Marktdaten und Umfrageergebnissen. Berücksichtigt werden Faktoren wie fundamentale Marktdaten, rechtliche und behördliche Rahmenbedingungen sowie Transaktionsprozesse. Während die Mature Markets in den großen Industrieländern eine relativ hohe Transparenz aufweisen, ist diese bei Ländern aus der Gruppe der Emerging Markets i. d. R. nur gering ausgeprägt.

Ein Beispiel für einen sehr transparenten Immobilienmarkt stellt die **USA** dar, auch wenn es selbst dort generell keine Publikationspflicht für Immobiliendaten gibt. Ebenso wenig wer-den Transaktionsdaten zentral erfasst oder der Öffentlichkeit zugänglich gemacht. Es ist aber dort allgemein üblich, Kaufpreise gewerblicher Immobilien zu veröffentlichen. Aufgrund der viel höheren Umschlagzahl und der Datenveröffentlichung ist die Datendichte in den USA höher als in anderen Ländern. Aktuelle Literatur und die Immobilienfachpresse sorgen für Veröffentlichungen von Marktdaten sowie Neuheiten und Trends in der Branche. Stetig aktu-alisierte Indizes zeigen die historische Performance von Immobilienmärkten und -sektoren. Diese werden von den Banken oder auch den größeren Immobiliendienstleistungsunterneh-

men wie CBRE, Colliers oder Cushman & Wakefield erstellt. Außerdem werden von Immo-
bilienbewertungs-Unternehmen regelmäßig Marktberichte veröffentlicht.

Strukturelle Divergenzen bestehen zudem bezüglich der Rahmenbedingungen und der
Einflussfaktoren bei internationalen Immobilienmärkten. Neben vielen Unterschieden auf
den Investment- und Vermietungsmärkten, die in den folgenden Abschnitten beschrieben
werden, wird hier auf die Zentralität der Immobilienmärkte eingegangen, was sich letztlich
auf das Interesse von Investoren und Mietern an den einzelnen Märkten ausdrückt.

So verfügen z. B. Frankreich und Großbritannien über eine monozentrische Städte- und Wirtschaftsstruktur. Dies drückt sich in der Größe des Wirtschaftsraumes der Hauptstadt, aber
auch in der Flächen- oder Umsatzgröße aus. Ebenfalls sind sie die größten Agglomerationen
in ihrer Region bezüglich der Indikatoren Einwohnerzahl, Wirtschaftsentwicklung sowie
Vermögen. So haben London und Paris einen hohen Anteil an der Bevölkerung des Staates
(13 bzw. 16 %) und der Wirtschaftskraft eines Landes (jeweils ca. 30 %). Darüber hinaus
sind diese Städte globale Finanzzentren. Außerdem sind die Städte attraktiv für eine hohe
Anzahl von internationalen Touristen, was sich ebenfalls positiv auf ihre Attraktivität für
globale Einzelhändler auswirkt. Mieter und Anleger konzentrieren sich daher auf diese Orte.

Immobilien-Investmentmärkte

Investoren, die in ihren Heimatmärkten **Investmentstrategien** entwickelt haben und dort
sehr erfolgreich sind, können diese Investmentprinzipien aus dem Heimatland nicht ohne
Weiteres in fremden Ländern anwenden. Immobilieninvestitionen sind aufgrund der Immobilität immer abhängig von lokalen Gegebenheiten. Erfolgreiche Immobilieninvestitionen in
neuen Märkten sind von der lokalen Investmentexpertise abhängig. Investoren müssen sich
klar werden, dass sie zwar wissen, wie ihr Heimatmarkt funktioniert, dass aber Märkte in
anderen Ländern anders funktionieren. Ein Beispiel sind die vielen Wohnportfolios in den
neuen Bundesländern, die von ausländischen Investoren gekauft wurden, um sie zu privati-
sieren. Dies mag in anderen Ländern funktionieren, jedoch erlaubt es in Deutschland der
Gesetzgeber nicht ohne Weiteres, aus Mietwohnungen Eigentumswohnungen zu machen.
Selbst die innereuropäischen Unterschiede sind so groß, dass Investmentstrategien nicht von
einem Land auf ein anderes übertragen werden können. Während z. B. die angelsächsischen
Investoren eher auf opportunistische und kurzfristige Strategien setzen, schätzen deutsche
Investoren die Wertbeständigkeit einer Immobilie mehr als potenzielle Wertzuwächse.

Die **Niveaus und die Entwicklungen der Marktergebnisse** wie Umsätze, Preise und Renditen werden durch Angebot und Nachfrage bestimmt, wobei dies unter bestimmten Rahmenbedingungen und Einflussfaktoren geschieht. Da sowohl Angebot und Nachfrage als
auch Rahmenbedingungen und Einflussfaktoren bei den einzelnen internationalen Immobilienmärkten unterschiedlich ausfallen können, sind letztlich auch die Marktergebnisse unterschiedlich. Es bestehen signifikante Unterschiede in einzelnen Ländern, inwieweit Immobilien eine eigenständige Assetklasse sind. In einigen Ländern gibt es Immobilien, die im
Wettbewerb mit anderen Assets stehen. In anderen bestehen hingegen keine bedeutsamen
Investments, da viele Gewerbeimmobilien sich noch in der Hand der Nutzer befinden. So
sind als Konsequenz die Höhe sowie die Entwicklung des Transaktionsvolumens sowie der
Preise und Renditen unterschiedlich. Dies ist sicherlich auch auf die unterschiedlich zur
Verfügung stehende Liquidität für Transaktionen zurückzuführen. Unterschiede bestehen

ebenso hinsichtlich der Rahmenbedingungen wie der Transparenz (Vergleichsdaten, Benchmark) oder den Zugangsmöglichkeiten für ausländische Investoren.

Die internationalen Immobilieninvestments sind insgesamt eher **komplexere Transaktionen**, dauern länger und unterscheiden sich zudem vielfach von nationalen Deals. Internationale Transaktionen im Immobilienbereich sind mit stark unterschiedlichen Informationsproblemen behaftet. Für internationale Investoren sind detaillierte Kenntnisse über die ausländischen Märkte und deren Teilmärkte unabdingbar. Die Marktteilnehmer müssen sich zunächst mit dem Markt und dessen Rahmenbedingungen auseinander setzen. Die einheimischen Investoren haben den Vorteil, dass sie mit den Investitionsbedingungen vertraut sind und somit Investments sehr viel leichter durchführen können. Dies gilt insbesondere für Investments in intransparenten Immobilienmärkten, für die keine verlässlichen und vollständigen Informationen verfügbar sowie deren rechtliche und politische Rahmenbedingungen häufigen Änderungen unterworfen sind.

Unterschiedliche **Definitionen** bezüglich der Daten beinträchtigen die Kalkulations- und Planungssicherheit der Investoren und erhöhen die Gefahr von Fehlinterpretationen und darauf beruhenden Fehlinvestitionen. Erfolgreiche Immobilieninvestitionen können nur dann getätigt werden, wenn sich die Investoren ex ante mit den lokalen Bedingungen und Institutionen des jeweiligen Immobilienmarktes vertraut gemacht haben. Dies ist in vielen Märkten nur mit Abstrichen möglich.

Bei den institutionellen Regelungen des Investmentmarktes sind insbesondere die **rechtlichen Rahmenbedingungen** zu beachten. In vielen Ländern ist keine rechtliche Sicherheit gegeben, da z. B. die notarielle Beurkundung oder ein Grundbuchsystem fehlt. Bei Projektentwicklungen gibt es in den einzelnen Staaten z. B. unterschiedliche Verfahren, um eine Baugenehmigung zu erhalten. Rechtliche Vorschriften können u. a. das Anlageverhalten der Investoren bestimmen. In vielen Ländern gibt es hierzu spezielle Vorschriften. Es gibt Restriktionen allgemein über die Höhe der Investments und vor allem über Engagements im Ausland. Hinzu kommen potenzielle Restriktionen oder Regulierungen, die ausländisches Eigentum betreffen.

So können u. a. Versicherungen und Pensionsfonds in Asien nur entsprechend spezifischer Regelungen in Immobilien und insbesondere im Ausland investieren. Deregulierungen in den letzten Jahren haben die chinesischen Versicherungen erfahren, die somit in ausländische Immobilien und vor allem in den USA und Großbritannien investieren können. Chinesische Investoren konkurrieren dabei mit Fonds aus anderen asiatischen Staaten wie Singapur, Südkorea und Japan.

Unterschiedliche institutionelle Regelungen können auch bei den **Finanzierungen von Immobilieninvestments** bestehen (siehe auch Kapitel 4.3.1). Dies betrifft sowohl die Finanzierungsbedingungen als auch die -strukturen. Die neuen Finanzprodukte (z. B. Mortgage Backed Securities – Verbriefungen – oder strukturierte Finanzierungen) sind in den einzelnen Ländern unterschiedlich stark vorhanden. So investieren deutsche Investoren nur in geringem Umfang in Finanzvehikel, die beispielsweise in Asien üblich sind: börsennotierte Vehikel wie u. a. REITs oder hochspezialisierte börsennotierte Unternehmen. Daneben kann es auch starke Unterschiede bei der Finanzierungshöhe (z. B. LTV) oder den Kreditkonditionen (z. B. Margen) geben. Außerdem ist zu berücksichtigen, ob die Gewinne aus den Investments transferiert werden dürfen oder Kapitalverkehrskontrollen bestehen.

Internationale Immobilien-Investmentmärkte zeichnen sich oftmals durch **Intransparenzen und Unsicherheiten** aus. Die internationalen Investoren erfahren dies besonders in den Emerging Markets durch das Fehlen ethischer Standards. Verhaltensstandards in Form von Codes of Conducts, Compliance-Richtlinien oder Unternehmensleitsätze regeln u. a. die Einhaltung staatlicher Gesetze und Verordnungen, den Umgang mit vertraulichen Informationen, den Einsatz professioneller Standards, die Spielregeln für Zuwendungen von und an öffentliche und private Geschäftspartner und die Schaffung von Transparenz. Diese Standards sind in den verschiedenen ausländischen Märkten unterschiedlich stark ausgeprägt. Aufgrund der gesamten Unsicherheiten auf den Investmentmärkten neigen die Investoren dazu, zunächst in Märkten zu investieren, die sich geografisch und kulturell in ihrer Nähe befinden und die über eine hohe Marktreife bezüglich z. B. Liquidität und Transparenz verfügen (siehe Kapitel 6.4.2). Im Folgenden sollen als Beispiel für die Unterschiede auf den Investmentmärkten die unterschiedlichen Bedingungen für den Grundstückserwerb in einigen ausgewählten europäischen Ländern dargestellt werden. (vgl. Kester-Häusler-Forschungsinstitut)

Beim Immobilienerwerb in **England** ist zu beachten, dass es ein eigentliches, allgemein gültiges Grundstücksrecht in England nicht gibt, weder für britische Staatsangehörige noch für Ausländer. Selbst für Kreditgeschäfte und Hypotheken auf Immobilien existieren keine Gesetzesgrundlagen. Es wird sich an Regeln gehalten, die sich eingebürgert haben. Es wird von einem „legal estate" gesprochen, der aber dem Berechtigten im Wesentlichen dieselben Rechte verleiht wie das Eigentum in kontinentalen Rechtsordnungen. Dies gilt zumindest für das zeitlich unbegrenzte Eigentum.

In der Praxis des englischen Grundstücksrechts hat das Leasehold eine herausragende Stellung. Obwohl oft auch von Leasehold-Eigentum die Rede ist, wird durch die Begründung einer Lease kein volles Eigentum übertragen. Aus deutscher Sicht kann eine Lease dabei je nach Ausgestaltung im Einzelfall einem Erbbaurecht oder eher einem Miet- bzw. Immobilienleasingvertrag ähneln. Die hiermit gekennzeichneten Häuser oder auch Eigentumswohnungen können zwar beliebig verkauft werden, aber ohne das Grundstück, auf welchem sie stehen. An diesem hat der Immobilienkäufer nur ein Pachtrecht. Er darf es nutzen, aber es gehört ihm nicht. Freehold bedeutet hingegen, dass das Objekt frei verfügbar ist und dass es auf einem Grund steht, an welchen kein anderer als der Eigentümer über ein Eigentumsrecht verfügt. Als frei verfügbares Eigentum kann ein freehold-Objekt einschließlich Grund und Boden auf einen Erwerber übergehen.

Der Erwerb von Wohnungseigentum in **Frankreich** bezieht sich grundsätzlich auf Grund und Boden sowie die Oberfläche eines Grundstücks und auf Gebäude als dessen wesentlicher Bestandteil. Im Allgemeinen bestehen keine Restriktionen bezüglich des ausländischen Erwerbs von Grundeigentum vorbehaltlich einiger einzuholender staatlicher Bewilligungen. Beim Immobilienkauf sind auch Vorverträge ohne notarielle Beurkundung verbindlich, da sie als gegenseitiges Verkaufsversprechen gelten. Das Eigentum an der Immobilie geht ohne Eintragung im Grundbuch auf den Käufer über. Allerdings ist die Eintragung nicht überflüssig, da durch die Eintragung gewährleistet ist, dass die Immobilie nicht anderweitig verkauft oder belastet werden kann.

In den **Niederlanden** bestehen grundsätzlich keine Beschränkungen zum Erwerb von Grundeigentum durch Ausländer. Manche Gemeinden beschränken allerdings den Weiterverkauf von Grundstücken bei einem Verkauf von Bauland oder z. B. den Bau oder Erwerb von Ferienimmobilien. Das niederländische Recht kennt als Besonderheit das „appartementsrecht", das mit dem Wohnungseigentum des deutschen Rechts gewisse Ähnlichkeiten aufweist, aber gerade kein Eigentum vermittelt. Das „appartementsrecht" verleiht die Berechtigung zur alleinigen Nutzung eines Gebäudeteils. Obwohl das Gesetz selbst den Berechtigten als „eigenaar" bezeichnet, erwirbt dieser kein Eigentum. Somit bleibt also das Eigentum als solches an Gebäude und Grundstück unaufgeteilt, nur die Nutzung wird verschiedenen Personen zugewiesen. Die Gemeinschaft der Appartementsberechtigten wird als „vereniging van eigenaars" bezeichnet.

Aufgrund staatlicher Regulierungen war es den Hauskäufern möglich, vollständig die Zinsen von deren versteuerbarem Einkommen abzuziehen. Dies führte dazu, dass die Käufer so viel Kredit wie möglich aufnahmen. Weiterhin waren die monatlichen Nettokosten für eine Hypothek im Allgemeinen niedriger als die monatliche Miete für eine vergleichbare Wohnung. Nach der Finanz- und Wirtschaftskrise kam es aufgrund von Steuerausfällen und einer hohen Verschuldung der Bürger zu einer Steuerrevision. Seit 2013 sind Hypotheken zu tilgen, wenn die Steuervorteile in Anspruch genommen werden wollen. Außerdem wurde die maximale Darlehenssumme reduziert und wird es auch noch weiter.

In **Polen** werden beim Grundstückserwerb die rechtlichen Grundlagen nach der Herkunft der Käufer unterschieden. Investoren aus dem Europäischen Wirtschaftsraum (EU und EFTA) benötigen keine staatliche Zustimmung beim Kauf. Personen und Unternehmen aus anderen Ländern müssen hingegen die Zustimmung der Behörden einholen.

Immobilien-Vermietungsmärkte

Die **Niveaus und die Entwicklungen bei den Marktergebnissen** wie Umsätze, Mieten und Leerstände werden durch Angebot und Nachfrage bestimmt, wobei dies unter bestimmten Rahmenbedingungen und Einflussfaktoren geschieht. Da sich sowohl Angebot und Nachfrage als auch Rahmenbedingungen und Einflussfaktoren bei den einzelnen internationalen Immobilienmärkten unterschiedlich ausgestalten können, sind letztlich auch die Marktergebnisse unterschiedlich. Regulierungsmaßnahmen werden üblicherweise aus zwei Gründen durchgeführt: Zum einen zur Wahrung der sozialen Stabilität bzw. Gerechtigkeit und zum anderen zur Vermeidung unerwünschter Marktsegmentierungen. Die Maßnahmen lassen sich dabei in Maßnahmen zur Regulierung der Mieten bzw. Mietpreisbindung und solche zur Regulierung des Verhältnisses von Mietern und Vermietern unterscheiden.

So bestehen auf den Vermietungsmärkten unterschiedliche **Institutionen**, die für die Marktakteure zu Marktrisiken werden, aber auch für Sicherheit sorgen können. Jeder nationale Vermietungsmarkt hat seine Eigenarten und verschiedene institutionelle Regelungen für den Markteintritt, die einerseits Chancen und andererseits Risiken darstellen können. So können Gesetze für den Mieterschutz ein Hindernis für Investoren und Eigentümer sein, aber von Vorteil für Multinationale Unternehmen als Mieter. Diese Unterschiede sollen auch wiederum anhand von Beispielen einzelner Länder sowie in einer Tabelle dargestellt werden. So haben sich insbesondere bei sich entwickelnden Immobilienmärkten (Emerging Markets) die Lagequalitäten noch nicht klar herausgebildet und es gibt oftmals eine hohe spekulative Bautätigkeit. Die Gebäude entsprechen auch mehrfach nicht dem internationalen Standard, sodass individuelle Verträge ausgehandelt werden müssen. Auch bei den Vermietungsusancen (z. B. Laufzeiten) können erhebliche Unterschiede existieren. Der Verwaltungsaufwand der Immobilien im Ausland kann aufgrund der Entfernung höher ausfallen, da z. B. eine höhere Mieterfluktuation vorliegen kann.

Das Mietrecht in **Großbritannien** erscheint aus kontinentaleuropäischer Sicht außerordentlich komplex. Dies rührt unter anderem daher, dass je nach Art der Wohnung, Zeitpunkt des Abschlusses des Mietvertrages und Vermietern unterschiedliche Arten der Miete vorkommen können. Insgesamt ist aber seit 1989 mit der Abschaffung vieler Gesetze der Mietmarkt der am stärksten liberalisierte private Sektor in Europa.

Das Wohnen in den **Niederlanden** war stark reguliert; in keinem anderen europäischen Land gab es so viele staatliche Regeln. Im niederländischen Mietrecht für Sozialwohnungen richtet sich die Miethöhe nach der vom Staat vorgegebene „Punkteregelung". Durch die niederländischen Behörden (Mietkommission, „huurcommissie") wurde ein Punktesystem („puntensysteem") erstellt, das die Wohnung bewertet und die maximale Miethöhe festlegt. Dieses berücksichtigt die Qualität der Ausstattung der Wohnung. Eine jährliche Anpassung/Erhöhung der Wohnungsmiete ist möglich, jedoch wiederum nur um den von staatlicher Seite vorgegebenen Faktor (Prozentzahl). Die Bezieher der Sozialwohnungen dürfen beim Einzug nur ein Einkommen von unter ca. 34.000 Euro haben. Freie Mietvereinbarungen gibt es in der Regel nur bei guten bzw. sehr guten Wohnungen, die einen Anteil von unter 10 % am Mietmarkt ausmachen. Voraussetzung hierfür ist jedoch die Überschreitung der Mietwertgrenze, die von der Mietkommission festgesetzt wird. Mietverträge für frei handelbare Wohnungen können auch eine jährliche Mietanpassung (z. B. Indexierung) beinhalten. Die niederländische Gesetzgebung gewährleistet für wohnwirtschaftliche Objekte einen hohen Mieterschutz. Eine Kündigung des Mietvertrags durch den Vermieter kann nur erfolgen, wenn einer der folgenden Kündigungsgründe vorliegt: Mietzahlungsrückstände, Zweckentfremdung des Wohnraums, dringender Eigennutz oder Umnutzung gemäß Flächennutzungsplan.

In der Zwischenzeit sind vielfältige staatliche Aktivitäten erfolgt, um den niederländischen Mietmarkt zu liberalisieren. Als erstes wurde den Haushalten ab einem bestimmten Einkommen nicht mehr erlaubt in Sozialwohnungen zu wohnen. Außerdem gibt es eine Abgabe für die entsprechenden Hausbesitzer. Durch diese Maßnahme und die Veränderung der Zinsabzugsmaßnahme kam es zu einer starken Nachfrage nach Mietwohnungen, insbesondere in einigen demografisch starken Regionen wie Amsterdam. So sind in den vergangenen beiden Jahren die Mieten jährlich deutlich angestiegen und gleichzeitig stieg die Zahl der Projekte im Wohnungsbereich.

Tab. 2.2:   Standard-Mietvertrag bei Büroflächen; Quelle: Cushman & Wakefield, International Investment Atlas
              2013, S. 20ff.

Land	Mietdauer (in Jahren)	Mieterkündigung	Mietverlängerung/ Mieterschutz	Indexierung
USA	5–10	verhandelbar	keine außer durch Verhandlungen	fixe Erhöhung im 3. oder 5. Jahr oder Indexierung durch Inflationsrate
Japan	2–5	Standardauflösung 6 Monate im Voraus	unbestimmt	gegenseitige Vereinbarung bei Standardmietvertrag
Großbritannien	5–10–15	verhandelbar	ja	5-jährlich zum Marktwert
Frankreich	9+	Option jedes 3. Jahr (Ausnahme: feste Mietdauer)	Mieter hat das Recht auf Verlängerung um nochmals 9 Jahre	Mieten sind gekoppelt an die Kosten des Baukostenindex der INSEE
Niederlande	5–10	verhandelbar	verhandelbar	jährliche Indexierung mit Inflationsrate
Deutschland	5–10	verhandelbar	Recht auf Vertragsverlängerung	allgemein sind Mieten am Verbraucherpreisindex indexiert

Die **Mietverträge** sind auf den gewerblichen (siehe Tabelle 2.2) und den Wohnungsmärkten unterschiedlich. Bei den Wohnungsmärkten gibt es in Frankreich und Großbritannien die Besonderheit der „Baupacht (ground lease)", wobei der Mieter Gebäude auf dem Grundstück baut. In Deutschland gibt es darüber hinaus noch die Sonderform der Pachtverträge. Weiterhin ist die allgemein übliche Laufzeit bei gewerblichen Mietverträgen zwischen den Ländern unterschiedlich, wobei diese in einigen Ländern (u. a. Frankreich und Großbritannien) bei längerer Laufzeit im Grundbuchamt veröffentlicht werden müssen. Mietanpassungen per Indexierungen sind in einigen Ländern üblich, jedoch unterscheiden sich die Bezugsgrößen; in Deutschland wird z. B. der Verbraucherpreisindex verwendet. Letztlich haben auch Vermieter und Mieter unterschiedliche Pflichten. So ist national unterschiedlich geregelt, ob Mieter eine entsprechende Versicherung für das Objekt abschließen müssen. In den USA zahlt der Mieter bei der Bruttomiete einen Anteil an der Gebäudeversicherung, während in Frankreich diese normalerweise der Eigentümer begleicht.

Unterschiede bei den Immobilien

Schließlich bestehen auch **Besonderheiten bei den Immobilien** selbst. Aufgrund historischer Entwicklungen, unterschiedlicher gesetzlicher Vorschriften und regionaler bzw. klimatischer Bedingungen weisen einzelne Standorte unterschiedliche Gebäudequalitäten auf. Als Beispiele unterscheiden sich Wohngebäude in Skandinavien demnach erheblich von denen in Florida (als Extrem: Subprime-Gebäudequalität), wo die Häuser aufgrund der klimatischen Verhältnisse in Leichtbauweise erstellt werden.

Übungsfragen und Fallstudien

1. Beschreiben Sie die verschiedenen Erscheinungsformen internationaler Immobilienaktivitäten.

2. Welches sind die Gemeinsamkeiten zwischen den verschiedenen ausländischen Immobilienmärkten?

3. Beschreiben Sie die Besonderheiten der ausländischen Immobilienmärkte.

Fallstudie: Viele Hürden vor dem Wohnungskauf in Polen

Quelle: FAZ vom 05. Dezember 2013, S. 23 (Auszüge)

Auf den ersten Blick hebt sich Polen bei Wohnimmobilien nicht sonderlich von der Mehrzahl der anderen europäischen Länder ab. Der Kaufvertrag muss vom Notar beglaubigt und in polnischer Sprache abgefasst sein. Aber sowohl die steuerliche Seite als auch die Terminologie im Blick auf die Wohnimmobilien macht manches in Polen vergleichsweise komplizierter als den reinen Kaufakt.

In Polen herrscht auch heute noch klar der Individualbau vor. Bauträger sind die große Ausnahme. Im Regelfalle kauft der Bauinteressent das Land, das in verschiedene Klassen eingeteilt ist. Das beginnt mit Agrarland verschiedener Güte und reicht über Bauland für eine „leichte" Bebauung hin bis zu Land für Wohnblocks und Land für kommerzielle sowie industrielle Zwecke. Agrarland kann umgewidmet werden in Bauland, wenn eine Baugenehmigung winkt. Dabei kommt es auch auf die Güte des Bodens an. Die Umwidmung dauert normalerweise ein Jahr.

Beim Kauf sollte auf die Anschlüsse für Kanalisation, Strom und Wasser sowie eventuell für Gas geachtet werden. Selbst wenn diese Anschlüsse im Prinzip vorhanden sind, heißt das noch nicht, dass der neue Besitzer sie nutzen kann und darf.

Zu den Regelungen, die bei polnischen Immobilien anders als sonst in Europa aussehen, gehören die Steuern. Im Prinzip unterliegen Immobilienkäufe nämlich der Mehrwertsteuer. Dabei gibt es unterschiedliche Sätze, die sich vor allem nach der Nutzfläche des Hauses oder der Wohnung richten. Bis zu 150 m² Wohnfläche in einer Eigentumswohnung sind Neubauten nur mit dem reduzierten Mehrwertsteuersatz von 8 % belastet, wenn der Verkäufer ein Bauträger ist. Bei Häusern sind es in diesem Falle 300 Quadratmeter. Über diese Fläche hinaus greift der volle Mehrwertsteuersatz von 23 %. Wer von privater Hand kauft, zahlt nur den Satz von 2 %.

Interessant ist die steuerliche Behandlung der Verkaufsgewinne aus Immobilien. Wer innerhalb von fünf Jahren eine Wohnung oder ein Haus verkauft, muss den Gewinn mit dem Satz von 19 % als Einkommen versteuern. Wer das Objekt mehr als fünf Jahre gehalten hat, unterliegt keinerlei Gewinnbesteuerung. Die Frist von fünf Jahren beginnt dabei vom Ende des Jahres an zu laufen, in dem das jeweilige Objekt erworben worden war.

Was die übrigen Transaktionskosten betrifft, so hat der Käufer im Regelfalle die Maklergebühr von 3 % zu tragen. Die Eintragung des Besitzwechsels kostet 0,1 %. Die Rechnung des Notars hängt vom Wert der Transaktion ab. Mindestens sind es 0,25 % und höchstens 3 % Schließlich ist noch eine Transaktionssteuer von 2 % zu entrichten.

Ihre Aufgabe: Beschreiben Sie die Unterschiede zwischen dem polnischen und deutschen Wohnungsmarkt.

3 Globalisierung der Immobilienmärkte

In den letzten Jahren sind immer mehr internationale Immobilienmärkte in den Fokus internationaler Immobilienmarktteilnehmer geraten, sei es als Investmentalternative oder um dort Immobilien zu entwickeln, zu bauen oder zu mieten. Im ersten Teil dieses Kapitels erfolgen zunächst die Abgrenzung verschiedener Begrifflichkeiten (lokal – international – global) und deren Übertragung auf die Besonderheiten der Immobilienwirtschaft.

In dem folgenden Kapitel 3.2 werden die Ursachen der Globalisierung analysiert, wobei zwischen wesentlichen externen (Liberalisierung und technischer Fortschritt) und immobilienspezifischen, internen Ursachen unterschieden werden kann.

Die Entwicklung der Globalisierung der Immobilienmärkte (Kapitel 3.3) erfolgt grundsätzlich über verschiedene Kanäle. Erstens führen die Investments von Anlegern direkt zu einer Mehrnachfrage auf dem Immobilien-Investmentmarkt (finanzwirtschaftliche Globalisierung). Zweitens führt der internationale Handel und damit die Produktion in dem entsprechenden Land auch indirekt zu einer Mehrnachfrage nach Immobilien (realwirtschaftliche Globalisierung). Drittens profitiert die Immobilienwirtschaft von der Globalisierung der Dienstleistungen und schließlich formt viertens die Globalisierung die Immobilienwirtschaft.

Die Folgen der Globalisierung zeigen sich für die Immobilienmärkte und deren Akteure auf vielfältige Weise und werden in dem Kapitel 3.4 analysiert. Dabei wird zwischen den quantitativen und den qualitativen Auswirkungen unterschieden. In dem abschließenden Kapitel 3.5 werden die Chancen und Risiken der Globalisierung für die Immobilienwirtschaft aufgezeigt.

Lernziele zu Kapitel 3
- Das Konzept der Globalisierung erklären und auf die Besonderheiten der Immobilienmärkte anwenden können.
- Ursachen, Erscheinungsformen bzw. Kanäle und Folgen der Globalisierung für die Immobilienmärkte erklären können.
- Die Verbindung der Entwicklung von internationalen Immobilienmärkte mit der internationalen Wirtschaftsentwicklung sowie der Liberalisierung der Finanzmärkte aufzeigen können.
- Die Globalisierung der Immobilienwirtschaft anhand der Wertschöpfungskette von Immobilien darstellen können.
- Chancen und Risiken der Globalisierung der Immobilienwirtschaft aufzeigen können.

3.1   Einführung: lokale und globale (Immobilien-)Märkte

Einen wichtigen Faktor für die rasante Veränderung der internationalen Immobilienmärkte stellt die ökonomische Globalisierung dar, welche die Immobilienmärkte mit positiven und negativen Konsequenzen erreicht hat. Im Folgenden erfolgt eine Abgrenzung der mit der Globalisierung im Zusammenhang stehenden Begrifflichkeiten und Konzepte sowohl allgemein als auch im Zusammenhang mit der Immobilienwirtschaft.

3.1.1   Abgrenzung der Begriffe und Konzepte

Für die Begriffe „Internationalisierung" und „Globalisierung" gibt es jedoch keine eindeutige Definition. Gemeinsam ist den Begriffen, dass sich beide auf gesellschaftliche und ökonomische Prozesse und Beziehungen zwischen Staaten beziehen. Oft werden die Begriffe und Konzepte der Internationalisierung und der Globalisierung wechselseitig oder synonym benutzt. Bei der Internationalisierung bzw. Globalisierung der Ökonomie geht es allgemein um den Prozess einer zunehmenden weltweiten Vernetzung. Die Internationalisierung und ihr nachfolgend die Globalisierung betrifft nicht nur die Güter- und Kapitalmärkte, sondern den gesamten Wirtschaftsprozess. Unter Internationalisierung bzw. Globalisierung ist somit die grenzüberschreitende Vernetzung aller Teilnehmer einer Wertschöpfungskette zu verstehen.

Ausgangspunkt der Globalisierung sind **lokale Märkte**, die im Zeitablauf von der Internationalisierung und Globalisierung betroffen sind. Lokale Märkte sind auf kleinteilige räumliche Gebiete begrenzt, auf denen nur ein geringer Austausch mit externen Märkten stattfindet. Die Märkte sind weitgehend autark, da die lokalen Marktakteure ihren Tausch weitgehend untereinander durchführen und nur der Überschuss gegebenenfalls auf externen Märkten zum Tausch angeboten wird. Schon vor einigen Jahrhunderten war aber auf vielen Märkten festzustellen, dass ein vermehrter externer Austausch von Gütern und Dienstleistungen stattfand: zunächst regional und dann national und international. Die weltwirtschaftliche Zusammenarbeit war aber eher schwach ausgeprägt und beschränkte sich vor allem auf den Handel von (überschüssigen) Waren und Dienstleistungen zwischen voneinander unabhängigen Unternehmen und auf einfache Investitionsströme.

Unter **Internationalisierung** werden im Allgemeinen die wirtschaftliche Verflechtung und die sich daraus ergebenden Interdependenzen zwischen (lat.: inter) verschiedenen Ländern und ihrer Wirtschaftssubjekte in unterschiedlichen Bereichen und Ausmaßen verstanden. Internationalisierung beschreibt den Prozess der zunehmenden Quantität solcher Verflechtungen. Die zwischenstaatlichen Aktionen (z. B. Handel) nehmen stetig zu, es bleibt aber bei der Betonung auf Nationen. Eine „internationalisierte" Welt bleibt eine Welt einzelner Nationalstaaten, die miteinander in Kooperationsbeziehungen stehen, jedoch weiterhin die maßgeblichen politischen und wirtschaftlichen Akteure bleiben.

Die wenigsten Unternehmen waren bis in die späten 1990er Jahre multinational aufgestellt. Vielmehr produzierten sie in einem Land ein oder mehrere Güter, welche sie dann u. a. auch in ein anderes Land exportierten. Im Folgenden wird aufgrund der fehlenden eindeutigen Abgrenzung im Allgemeinen von Globalisierung gesprochen, auch wenn es sich teilweise nur um eine Internationalisierung der Märkte handelt.

Der **Begriff der Globalisierung** geht üblicherweise über das Verständnis von Internationalisierung hinaus und präsentiert sich als mehrdimensionales Phänomen. Der Begriff Globalisierung ist eher unbestimmt und steht allgemein für zunehmende internationale Verflechtungen in den verschiedensten Bereichen menschlichen Handelns. Globalisierung kann sich u. a. auf die Dimensionen Wirtschaft, Politik, Umwelt, Kultur und Gesellschaft beziehen. Als Annäherung an den Begriff der Globalisierung gibt es verschiedene Definitionen, denn trotz der intensiven Diskussion dieses Phänomens, bleibt die Begrifflichkeit oft unscharf.

> **Globalisierung**
> Globalisierung bezieht sich auf einen dynamischen und multidimensionalen Prozess der wirtschaftlichen Integration. Dabei werden nationale Ressourcen zunehmend international mobil und nationale Ökonomien wachsen immer mehr zusammen.

Globalisierung bezeichnet einen historischen Prozess, der Grenzen überschreitet. Es ist ein Prozess der weiträumigen Ausdehnung und Verknüpfung von Aktivitäten, der u. a. in einer wachsenden, regionale und nationale Grenzen überschreitenden Bewegung von Gütern, Kapital und Menschen zum Ausdruck kommt. Globalisierung ist aus einer gesteigerten Quantität internationaler Verflechtungen erst entstanden. Die Globalisierung hat sich durch eine neue Dimension der Internationalisierung aus dieser entwickelt. Die neue Dimension besteht sowohl quantitativ (ein „Mehr" an Beziehung) als auch qualitativ (eine andere Art von Beziehung). Zur Globalisierung wird Internationalisierung erst ab einer bestimmten Reichweite und Intensität der Beziehungen. In einer „globalisierten" Welt haben die Kooperationsbeziehungen eine neue Qualität erreicht, vor deren Hintergrund nationalstaatliche Politik unzureichend erscheint.

Soziologen wie Ulrich Beck weisen darauf hin, dass Globalisierung elementar den Alltag verändert, und zwar in allen Dimensionen des alltäglichen Handelns: der Wirtschaft, der Information, der Ökologie, der Technik, der transkulturellen Konflikte und der Zivilgesellschaft. Die zunehmende Vernetzung der Welt schafft neue Abhängigkeiten, sodass Entwicklungen und Probleme, die zuvor isoliert betrachtet werden konnten, nun von zusätzlichen globalen Größen beeinflusst oder gar bestimmt werden.

Die **Entwicklung der Globalisierung** ist ein offener Prozess, für den gegensätzliche Tendenzen, ein Nebeneinander von Veränderungen und bestehenden Strukturen charakteristisch sind. Die Globalisierung hat sich durch eine Weiterentwicklung der Internationalisierung aus dieser entwickelt, wobei sich das „Neue" sowohl quantitativ als auch qualitativ ergibt. Zur Globalisierung wird Internationalisierung also ab einer bestimmten Reichweite, Komplexität und Intensität der grenzüberschreitenden Beziehungen. Die Globalisierung kann somit als eine weltweite Verflechtung von unterschiedlichen Wirtschafts- und Lebensbereichen bezeichnet werden. Die Unternehmen sind überall auf der Welt, der Konsument richtet sich auch nicht mehr nach nationalen Besonderheiten, sondern nach globalen Trends. Weiterhin orientiert sich staatliches Handeln nicht mehr ausschließlich an nationalen Interessen, sondern auch an globalen Belangen.

Auch die ökonomische Globalisierung verläuft nicht flächendeckend und homogen. Unterschiedliche Phasen markieren jedoch weder einen Endpunkt eines linearen Prozesses, noch folgen die Entwicklungen vorher bekannten Mustern. Vielmehr wird die Globalisierung als eher zufälliger, offener und gestaltbarer Prozess begriffen. Die Globalisierung der Wirtschaft ist das Resultat einer Vielzahl von ökonomischen Entscheidungen und nicht z. B. staatlich geplant. Standen sich in den Globalisierungsdebatten „global" und „lokal" zunächst als Ext-

reme gegenüber, wird heute die Entwicklung der Globalisierung im Kern als die Intensivierung der Interdependenzen zwischen globalen und lokalen Prozessen verstanden.

Der **Grad der Globalisierung bzw. deren Ausmaß** ist allerdings – insbesondere im internationalen Vergleich – kaum zu erfassen. Aufgrund der Vielfältigkeit der Formen der Globalisierung wird die Bildung eines einheitlichen Indikators nur schwerlich möglich sein. Es ist
nicht möglich, einen einzigen Indikator für die Globalisierung zu konzipieren und zu berechnen. Auch für einzelne Teilbereiche ist der Grad der Globalisierung schwierig zu berechnen,
da jeweils ein objektiver Indikator zu bestimmen ist. Relativ einfach sind noch die Indikatoren Ex- und Importquote (als Anteil der Exporte bzw. Importe eines Staates am Bruttoinlandsprodukt), die Zahlungsbilanz oder die Zahl der Multinationalen Unternehmen und deren
Aktivitäten. Aber auch diese international anerkannten Indikatoren weisen erhebliche Unsicherheiten auf, was sich z. B. daran zeigt, dass die weltweiten Exporte die globalen Importe
bei weitem übersteigen. Weitere potenzielle Indikatoren können der Anteil des Auslands an
den Investments oder am Umsatz oder an den Marktteilnehmern (Unternehmen) oder dem
qualitativen Grad der Abhängigkeiten sein. Hierzu fehlt es häufig an verlässlichen Daten, vor
allem wenn diese auch noch international nach einem einheitlichen Standard erhoben und
verglichen werden sollen.

Die OECD hat Konzepte zur Messung der ökonomischen Globalisierung (**OECD Economic
Globalisation Indicators**, 2005 und 2010) entwickelt. Diese repräsentieren eine breite Auswahl an Kriterien, um das Ausmaß und die Intensität der Globalisierung aufzuzeigen. Dabei
sollen die finanziellen, technologischen und Handelsbeziehungen zwischen den Ländern
sichtbar werden. Die Globalisierungsmerkmale beinhalten Indikatoren über die den internationalen Handel, die Kapitalbewegungen zwischen den Ländern, die Verbreitung von Technologien (Forschungs- & Entwicklungs-Aktivitäten), die ausländischen Direktinvestitionen
sowie die ökonomischen Aktivitäten der Multinationalen Unternehmen.

Einen weiteren Indikator zur Messung der Globalisierung stellt das Konzept der **Global
Cities** dar. Durch die Globalisierung wirtschaftlicher Aktivitäten kommt einigen ausgewählten Städten, den sogenannten Global Cities, eine neue, strategische Rolle zu. Im Vergleich zu
den bisherigen urbanen Zentren beschränkt sich deren Bedeutung nicht mehr auf das regionale oder nationale Umfeld, sondern ist zunehmend global ausgerichtet.

Da sich die globale Bedeutung einer Stadt nicht einfach messen lässt, werden dazu Hilfsgrö-
ßen herangezogen. Durch das „Globalization and World Cities Research Network" wird seit
Ende der 1990er Jahre auf Basis der Anzahl an Niederlassungen ausgewählter unternehmens-
orientierter, weltweit tätiger Dienstleistungsunternehmen (aus den Bereichen Banken-
und Versicherungswesen, Wirtschaftsprüfung, Rechtsberatung, Unternehmensberatung und
Werbung) die Zentralität von über 500 Städten ermittelt. Weiterhin werden im Ranking auch
kulturelle, politische und soziale Kriterien berücksichtigt. Die Merkmale von Global Cities
sind u. a. Standorte von Multinationalen Unternehmen, Finanzzentren und internationalen
Institutionen. Zudem weisen sie eine starke Konzentration unternehmensnaher Dienstleistungen auf. Aus der unterschiedlichen Stärke der globalen Vernetzung leitet sich eine urbane
Hierarchie ab, die grob in Alpha-, Beta- und Gamma-Cities sowie Städte mit Globalisie-
rungsansätzen unterteilt wird. An der Spitze stehen die beiden Alpha++-Cities London und
New York. Die am stärksten vernetzten Städte konzentrieren sich in Nordamerika, Westeuropa und Ostasien. In den vergangenen Jahren kam es zu kontinuierlichen Veränderungen in
der Rangfolge der Global Cities. Heute befinden sich bereits fünf der bedeutendsten Global
Cities in den „neuen" Globalisierungsregionen Asiens.

Die Global Cities weisen eine hohe und steigende Bedeutung für die Weltwirtschaft auf. Die Top-10 trugen 2012 ungefähr 8,4 % und die 45 größten Städte rund ein Viertel zum globalen BIP bei. Alleine in den weltweit größten 300 Metropolen wird bereits heute über die Hälfte des globalen Wirtschaftswachstums erzielt.

Bei der **Beurteilung der ökonomischen Globalisierung** und ihrer Auswirkungen gibt es sehr unterschiedliche Positionen. Die Befürworter erwarten, dass mit Hilfe der Globalisierung das globale Wirtschaftswachstum steigt. Die Industrieländer können von der Globalisierung profitieren, weil sie neue Märkte in erfolgreichen Schwellen- und Entwicklungsländern erschließen können. Für diese Länder bietet sich die Chance für einen Aufholprozess und damit für eine erfolgreiche Armutsminderung.

Von den Kritikern wird argumentiert, dass in den Industrieländern von der Globalisierung nur eine kleine Anzahl der Multinationalen Konzernen profitiert, während die Mehrheit auch hier nahezu abgekoppelt bleibt. Durch die Globalisierung besteht eine zunehmende Standortkonkurrenz mit deutlichem Druck auf die Löhne, den Sozialstaat und Umweltstandards sowie eine Gewinnverlagerung in Niedrigsteueroasen. Für die Entwicklungsländer wird ein ähnlicher Globalisierungsdruck gesehen, sodass die von den Befürwortern erhofften Aufholprozesse nicht möglich sind. Aufgrund ihrer schwachen ökonomischen Leistungsfähigkeit, der wenig produktiven Wirtschaften und der hohen Anforderungen an den strukturellen Wandel werden sich die Abstände zwischen den hoch entwickelten Industrieländern und den meisten Entwicklungsländern noch weiter vergrößern. Allenfalls eine kleinere Zahl von Entwicklungsländern besitzt demnach die Chance zu einer erfolgreichen nachholenden Entwicklung.

3.1.2   Übertragung auf die Immobilienwirtschaft

Die Globalisierung stellt für die Immobilienwirtschaft eine Besonderheit dar, da Immobilien standortgebunden und unbeweglich sind. Gleichwohl sind die Immobilienmärkte von der Globalisierung auf vielfältige Weise betroffen. Globale Immobilienmärkte sind ein relativ junges Phänomen. Erst seit wenigen Jahrzehnten vollzieht sich ein sukzessiver Wandel von vormals stark lokal bestimmten zu eher global orientierten Märkten, was sich in vielfältigen Formen auf den Immobilienmärkten zeigt, wobei es gleichzeitig eine komplexe Verflechtung traditioneller und moderner Elemente gibt.

Die Globalisierung mit ihren zusammenwachsenden Märkten und einer zunehmend integrierten Weltwirtschaft zeigt auch Auswirkungen auf die einzelnen nationalen Immobilienmärkte. Die Globalisierung der Immobilienmärkte wird ebenfalls als langfristige diskontinuierliche Entwicklung und nicht nur als zeitweiliges Phänomen eingeordnet. Gleichzeitig ist dies kein stetiger Prozess, sondern es gibt auch immer wieder Rückgänge und Unterbrechungen. Die Globalisierung der Immobilienwirtschaft ist keine eindimensionale Ausdehnung ökonomischer Aktivitäten und Beziehungen von der lokalen über die regionale bzw. nationale bis hin zur globalen Ebene. Die Globalisierung der Immobilienwirtschaft zeigt sich als offener, qualitativer, heterogener und vielschichtiger Prozess, wobei Globalisierung kein übergeordneter Sachzwang ist, der die lokalen Unterschiede einebnet und untergeordnete Ebenen bedeutungslos macht. Das Ausmaß der Globalisierung der Immobilienwirtschaft lässt sich nur schwerlich quantitativ und qualitativ erfassen.

Die Immobilienmärkte selbst sind außerdem unterschiedlich stark von der Globalisierung betroffen. Immobilienmärkte weisen eine hohe Vielfalt lokaler, regionaler, nationaler und globaler Märkte auf, ohne vollständig mit einer einzelnen geografischen Ebene verbunden zu sein. Die Triebkräfte der Globalisierung im Immobiliensektor liegen auf den unterschiedlichen Ebenen. Globale, nationale und lokale Dimensionen überlappen sich in einer komplexen Art und Weise und konstituieren so eine Vielzahl von heterogenen Immobilienmärkten. Dies gilt sowohl hinsichtlich der regionalen Märkte als auch der Unterscheidung zwischen Investment- sowie Vermietungsmärkten und weiteren Märkten in der Wertschöpfungskette einer Immobilie. Das Ausmaß sowie die Ausdehnung und damit auch die Relevanz der Globalisierung kann aufgrund komplexer Strukturen und teilweise fehlender statistischer Transparenz bisher nur in Teilen statistisch erfasst werden.

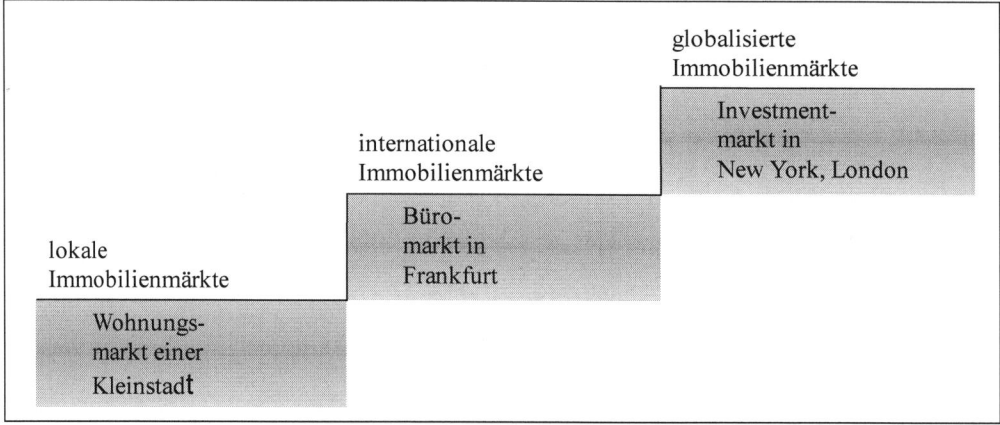

Abb. 3.1:   Stufen der Globalisierung in der Immobilienwirtschaft; Quelle: eigene Darstellung

In der Abbildung 3.1 ist dieses Kontinuum von lokalen zu globalen Immobilienmärkten abgebildet. Gleichzeitig sei aber noch einmal betont, dass es zum einen kein kontinuierlicher, stetiger Prozess ist und dass die einzelnen Märkte zum anderen auch heute nebeneinander existieren – der Mietwohnungsmarkt ist auch in New York oder London eher lokal geprägt. Der Prozess hat keine Zwangsläufigkeiten und Automatismen, da lokale und globale Märkte nebeneinander bestehen können. Dies gilt auch für andere Aspekte der Immobilienmärkte, bei denen traditionelle und moderne Elemente miteinander verflochten sein können. Dies zeigt sich z. B. bei der Finanzierung, bei der ein Immobilienkredit mit Derivaten verbunden sein kann.

Die Immobilienwirtschaft und die -märkte wurden historisch (traditionell) als **lokale Märkte** betrachtet. Immobilienmärkte waren lange Zeit stark durch lokale Besonderheiten und Akteure geprägt. Grenzüberschreitende Immobiliengeschäfte wurden aufgrund hoher nationaler und lokaler Regulierungsdichte sowie intransparenter Marktstrukturen kaum getätigt. Vielmehr beschränkte sich der immobilienwirtschaftliche Aktionsradius auf die jeweilige Stadt bzw. Region.

Auch heute dominieren in vielen Teilbereichen der Immobilienwirtschaft immer noch **lokale bzw. regionale Märkte**. Während in der Wirtschaft allgemein spätestens seit der Industrialisierung üblicherweise nicht mehr von lokalen Märkten gesprochen werden kann, trifft dies für die Immobilienmärkte noch vielfach zu. Immobilienmärkte als lokale Märkte können z. B. nach der Objektart und dem Standort unterschieden werden. Die Besonderheit von Immobilien, nämlich ihre Standortgebundenheit, ist eine der Ursache für diese Unterscheidung zu anderen Märkten. Durch ihre Immobilität sind Immobilien stets in ihr geografisch fixiertes Umfeld eingebettet, dessen Rahmenbedingungen, Einflussfaktoren und Marktbedingungen national und zu einem großen Teil lokal determiniert werden. Der Wohnungsmarkt in kleineren Orten ist z. B. noch weitgehend lokal bestimmt, sei es von den Marktteilnehmern oder den Einflussfaktoren her betrachtet. Es besteht weiterhin eine lokale Verankerung der Immobilienwirtschaft und eine hohe Bedeutung lokaler Immobilienmarktstrukturen. Der Austausch von immobilienbezogenem Wissen, das Verstehen marktspezifischer Spielregeln und die Einbindung in lokale Netzwerkstrukturen erfordert demzufolge weiterhin räumliche Nähe. Lokale Marktakteure weisen daher darauf hin, dass ihre Fähigkeit die beste Lage zu finden auf ihrem lokalen Marktwissen basiert. Dies gilt im Besonderen für Aktivitäten an intransparenten Immobilienstandorten, für die keine verlässlichen und vollständigen Informationen verfügbar sind sowie deren rechtliche und politische Rahmenbedingungen häufigen Änderungen unterliegen.

Die Immobilienwirtschaft ist heute gleichwohl von unübersehbaren **Globalisierungstendenzen** erfasst, die u. a. in Form globaler Akteure, Kapitalströme, der Etablierung globaler Praktiken und Standards sichtbar werden. Die zunehmende Globalisierung bedeutet gleichsam einen Bedeutungsverlust lokaler Akteure und Strukturen, auch wenn sie weiter bestehen. Je nach Immobilienmarkt vollzieht sich seit Mitte des 20. Jahrhunderts ein beschleunigter Wandel zu eher globalen Märkten, trotz der Unterbrechung durch die Finanz- und Wirtschaftskrise. Immobilienaktivitäten sind nicht mehr nur an lokalen Grenzen gebunden, sondern dehnen sich über immer größere räumliche Distanzen aus. Die Globalisierung kann sich u. a. darin zeigen, dass die Unternehmen ihre Aktivitäten auf einem globalen Niveau organisieren, sodass sie auf den wichtigsten internationalen Märkten präsent sind. Durch die Akquisition von Produktionsfaktoren und Dienstleistungen aus der ganzen Welt sind die Immobilienunternehmen in der Lage, die Standortvorteile verschiedener Länder zu nutzen, um Kosten zu reduzieren. Schließlich haben die multinational aufgestellten Unternehmen die Möglichkeit, länderübergreifende Allianzen und Joint Ventures mit anderen Unternehmen zu schließen, sodass sie Assets kombinieren, Kosten teilen und gemeinsam neue Märkte erschließen können.

Im Gegensatz zu der gesamtökonomischen Globalisierung gibt es für die Immobilienwirtschaft keinen einzigen **Indikatoren**, die das Ausmaß der Globalisierung messen und widerspiegeln können. Ein derartiger Indikator wäre sehr subjektiv und könnte nicht nach wissenschaftlichen Kriterien konstruiert werden. Es wären z. B. sowohl realwirtschaftliche als auch finanzwirtschaftliche Kriterien zu berücksichtigen sowie darüber hinaus auch noch die verschiedenen Investment- und Vermietungsmärkte. Es können jedoch jeweils bei einzelnen Aspekten der finanz- und realwirtschaftlichen Globalisierung einzelne Indikatoren angegeben werden, die den jeweiligen Entwicklungszustand widerspiegeln.

3.2 Ursachen und Voraussetzungen der Globalisierung

Die Ursachen der zunehmenden ökonomischen Verflechtung von Volkswirtschaften und ihren Wirtschaftssubjekten lassen sich auf eine Vielzahl von Faktoren zurückführen. Für die

Immobilienwirtschaft sind es vor allem zwei externe und eine interne Ursache, die dazu wesentlich beitragen. Diese Faktoren sind sowohl im externen, gesamtökonomischen, politischen oder gesellschaftlichen als auch im internen immobilienwirtschaftlichen Bereich zu sehen. Die Aspekte sind oftmals miteinander verbunden und bedingen sich teilweise auch gegenseitig. Weiterhin ist zu beachten, dass die Globalisierung der Immobilienwirtschaft im weiteren Kontext des globalen ökonomischen Wandels und der globalen ökonomischen Integration erfolgt.

Wesentliche Rahmenbedingungen für die Globalisierung der Immobilienmärkte ergeben sich erstens durch politische bzw. polit-ökonomische oder gesellschaftliche Veränderungen in Form der Liberalisierung und Deregulierung. Essentielle Ursachen für die globale Integration waren die Liberalisierungen des Welthandels und der Finanzmärkte sowie die Deregulierungen der Wirtschaft. Basierend auf eine neoliberale Wirtschaftsideologie wurden ökonomische und politische Reformprozesse gefördert, die zu einem Abbau von Marktzugangsbarrieren führten.

Hinzu kommt als zweite externe Rahmenbedingung der technische Fortschritt, der in diesem Zusammenhang vor allem die Informations- und Kommunikationstechnologien betrifft. Hiervon profitiert auch die Immobilienwirtschaft, die zunehmend international tätig werden konnte.

Letztlich ist drittens eine der Ursachen der Globalisierung auch in der Immobilienwirtschaft selbst zu finden. Neben der verstärkten Nachfrage globalisierter Unternehmen (vor allem im Bereich Finanz- und Versicherungsunternehmen, Unternehmensdienstleister) nach attraktiven Büroflächen weltweit erweist sich vor allem die zunehmende Tätigkeit internationaler Immobilieninvestoren als eine Ursache und Voraussetzung der Globalisierung.

Die Globalisierung ist das Ergebnis des Wirkens von Marktkräften und spezifischen politischen Vorgaben. In einzelnen Punkten kann die Globalisierung als ein mikroökonomisches Phänomen interpretiert werden. In Marktwirtschaften ist die Globalisierung das Ergebnis mikroökonomischer Entscheidungen der Marktakteure. Diese ergeben sich aufgrund der Strategien und des Verhaltens von Unternehmen (z. B. Kapitalanlage- oder Standortentscheidungen). Sowohl die Haushalte mit ihren Kaufentscheidungen (z. B. Kauf einer Ferienwohnung) als auch der Staat, der die politischen Rahmenbedingungen setzt, aber auch als Nachfrager agiert, spielen bedeutende Rollen in diesem Prozess.

3.2.1   Liberalisierung und Deregulierung

Grundlegende Voraussetzung für die Globalisierung der Immobilienwirtschaft sind politische Faktoren und Reformprozesse, die auf den neoliberalen Wirtschaftsgedanken der Liberalisierung und Deregulierung beruhen. Die Globalisierung erfordert von den Staaten eine liberale Gestaltung ihres grenzüberschreitenden Handels- und Finanzverkehrs sowie den Abbau von wettbewerbsbeeinträchtigenden Regularien. Nach der neoliberalen Wirtschaftsideologie soll der Staat nur eine geringe Bedeutung im Wirtschaftsleben haben. Dementsprechend sollen staatliche Eingriffe in die wirtschaftlichen Prozesse reduziert werden. Der Abbau von Marktzutrittsbarrieren und die Änderungen von rechtlichen und steuerlichen Rahmenbedingungen erweisen sich als Voraussetzung der Globalisierung, sodass sich immer mehr Märkte den internationalen Marktakteuren geöffnet haben. Neben dem Rückgang nationaler und lokaler Investitionsbeschränkungen intensivieren auch die voranschreitende politische Integration sowie die Verbreitung zwischenstaatlicher Vereinbarungen die grenzüberschreitenden Aktivitäten. Die Immobilienwirtschaft profitiert ebenfalls von der Deregulierung der Finanzmärkte und der Liberalisierung des internationalen Kapitalverkehrs.

Exkurs: Liberalisierung, Deregulierung und Privatisierung
Der Begriff der Liberalisierung im ökonomischen Zusammenhang wurde nach dem 2. Weltkrieg durch die OECD wieder aufgegriffen und meint die Befreiung des Außenhandels von Beschränkungen. Heute steht der Begriff allgemein für Deregulierung und Privatisierung.
Der Begriff Deregulierung stammt aus der staatlichen Ordnungspolitik, einem Bereich der Wirtschaftspolitik. Deregulierung bedeutet den Abbau oder die Vereinfachung von staatlichen Regulierungen und Vorschriften des Marktes. Bei einer Deregulierung geht es hauptsächlich um den Abbau von Bürokratie auf Arbeits-, Finanz- und Gütermärkten. Der Prozess der Deregulierung beinhaltet die drei zentralen Aspekte von erstens einem freien Waren- und Dienstleistungsverkehr, zweitens einem freien Kapitalverkehr sowie drittens der Freizügigkeit für Personen einschließlich Niederlassungsfreiheit für Unternehmen. In der wirtschaftspolitischen Diskussion wird oftmals die Beseitigung einschränkender Bestimmungen für unternehmerisches Handeln und somit die Schaffung von mehr Wettbewerb gefordert.
Privatisierung wird als Oberbegriff für unterschiedliche Formen der Übertragung bisher staatlicher Aktivitäten auf den privaten Sektor (Privatisierung im engeren Sinne) verwendet. Darüber hinaus betrifft dies i. w. S. die Anwendung privater Rechtsformen zur Erfüllung öffentlicher Aufgaben oder privatwirtschaftlicher Finanzierungsmodelle oder die Veräußerung öffentlichen Vermögens (Vermögensprivatisierung).

Die im Folgenden beschriebenen Liberalisierungsmaßnahmen haben das Ziel, die wirtschaftliche Entwicklung zu unterstützen und das Bruttoinlandsprodukt zu erhöhen. Wie in Kapitel 3.2.2 und 3.2.3 dargestellt wird, führt das Wirtschaftswachstum indirekt zu einer stärkeren Nachfrage nach Immobilien.

Die **politische Integration auf globaler Ebene** mit dem Ziel der Liberalisierung des Welthandels nahm nach dem 2. Weltkrieg deutlich an Fahrt auf. Das General Agreement on Tariffs and Trade (GATT) kam 1948 zustande und hatte als Hauptziel den Abbau direkter Marktzutrittsschranken wie Zölle und nicht-tarifärer Handelshemmnisse. Seit 1995 hat die World Trade Organisation (WTO) als Rechtsnachfolgerin das GATT ersetzt. Heute umfasst die WTO neben den Regelungen über den Warenhandel auch Regeln für den Schutz geistigen Eigentums (TRIPS). Zusätzlich ist auch der Handel mit Dienstleistungen im Rahmen der WTO durch das General Agreement on Trade and Services (GATS) geregelt. So gibt es in wichtigen Produktbereichen zwischen Industrieländern faktisch keine Zölle oder andere Handelsbeschränkungen mehr, während der Handel zwischen Industrie- und Entwicklungsländern nach wie vor von erheblichen, aber abnehmenden Handelsbeschränkungen betroffen ist.

Die **Bildung kontinentaler Wirtschaftsblöcke** wie z. B. EU oder NAFTA erleichtert grenzüberschreitende Transaktionen. So ergaben sich durch das Zusammenwachsen Europas für Immobilienakteure neue Perspektiven. Die Einführung des Euro im Jahre 1999 stellte für Europa einen großen Schritt in Richtung regionaler Integration dar. Durch den Wegfall der

Währungsrisiken, der Marktöffnung und eine voranschreitende Harmonisierung der nationalen Regulierungen kann innerhalb der Währungsunion heute relativ frei agiert werden. Schon 1944 wurde mit dem Abkommen von Bretton-Woods die Grundlage für ein internationales Währungssystem der Nachkriegszeit geschaffen und gleichzeitig Institutionen wie der Internationalen Währungsfonds (IWF) und die Weltbank gegründet. Der IWF berät die Mitgliedsländer in Konsultationen, überwacht ihre Wirtschaftspolitik und gewährt vor allem Ländern mit vorübergehenden Zahlungsbilanzschwierigkeiten Liquiditätshilfe in Form von Währungskrediten. Durch stabile Währungsbeziehungen, internationale Zahlungssysteme und finanzielle Kooperation zwischen den Staaten unterstützt der IWF den internationalen Handel. Die Weltbank hat das Ziel, die wirtschaftliche Entwicklung von weniger entwickelten Mitgliedstaaten durch finanzielle Hilfen, Beratung sowie technische Hilfe zu fördern.

Einen weiteren Meilenstein für die Globalisierung stellt die **Liberalisierung der globalen Finanzmärkte** dar. Bis in die 1980er Jahre waren die Finanzmärkte durch Zulassungsvorschriften und Aufsichtsbestimmungen stark reglementiert und infolgedessen überwiegend national ausgerichtet. Bedeutende Veränderung brachten der Zusammenbruch des Bretton-Wood-Systems (1973) und die Einführung flexibler Wechselkurse. In der Folgezeit wurden nationale Beschränkungen für die Finanzmärkte vielfach beseitigt. Durch die Abschaffung von Devisenbewirtschaftungsmaßnahmen und den Abbau von Kapitalverkehrskontrollen wurde ein freier Kapitalverkehr über Ländergrenzen hinweg ermöglicht. Hervorzuheben sind hierbei die Deregulierungen in Großbritannien (Big Bang), die 1986 die britische Finanzbranche revolutionierten. Dieses war eine der wesentlichen Ursachen für die heutige überragende Bedeutung Londons als Bürostandort für Mieter und Investoren.

Die Liberalisierungsmaßnahmen der EU bezüglich des Kapitalverkehrs und des Bankensektors (jeweils 1993) und der Wertpapiergeschäfte (1996) führten ebenfalls zu tiefgreifenden Restrukturierungen der globalen Finanzwelt. Die Deregulierungen ließen die internationalen Finanzmarktgeschäfte massiv ansteigen. Die internationalen Flüsse des Finanzkapitals überstiegen die internationalen Handels- und Warenflüsse in den Folgejahren um ein Vielfaches. Die enormen Globalisierungsfortschritte der Finanzmärkte in den letzten vier Jahrzehnten trugen ebenfalls zu einer tiefgreifenden Restrukturierung der Immobilienwirtschaft bei. Es kam zu einer zunehmenden Dominanz der Finanzmärkte über die Immobilienmärkte.

Schließlich ermöglichten auch **Deregulierungen auf nationaler Ebene** die Globalisierung. Neoliberale Wirtschaftsideen wurden in den 1970er und 1980er Jahren von vielen Industrieländern umgesetzt. Politisch wurde die Erneuerung der Marktwirtschaft als ein Ausweg aus der Wirtschaftskrise stagnierender Volkswirtschaften mit hoher Arbeitslosigkeit angesehen. Die internationalen Deregulierungen setzten nationale Regulierungen unter Anpassungsdruck und ließen nationalstaatlich basierte Institutionen zunehmend in ihrer Bedeutung abnehmen. Die Staaten fürchten, durch zu viele Regulierungen wirtschaftliche Wachstumschancen zu verpassen und öffnen sich somit vermehrt den Interessen ausländischer Akteure. In immer mehr Ländern erfolgten unter dem Druck globaler Investoren die Verbreitung gleicher globaler Standards und deren Integration in das jeweilige nationale Recht. So lockerten Staaten ihre Gesetzgebung, änderten das Steuerrecht und hoben Kapitalverkehrskontrollen oder Einschränkungen für Direktinvestitionen immer mehr auf. In Deutschland geschah dies etwa durch die Finanzmarktfördergesetze vor allem in den 1990er Jahren.

Regulierungen auf nationaler Ebene bezüglich der Kontrolle ausländischer Immobilieninvestitionen, der Bestimmungen zum Grundstückserwerb durch ausländische Käufer, der Möglichkeit des Gewinntransfers ins Ausland oder der Besteuerung von Immobilientransaktionen schränkten auch grenzüberschreitende Immobilientransaktionen lange Zeit stark ein. Erst seit Anfang der 1990er Jahre ermöglichten die eingeleiteten Liberalisierungsmaßnahmen den Immobilieninvestoren eine Ausweitung ihrer grenzüberschreitenden Operationen. Internationale Kapitalflüsse wurden freigegeben, nationale Finanzsysteme dereguliert, sichere und durchsetzbare Eigentumsrechte etabliert und Investitionsbeschränkungen aufgehoben. Die nationale Liberalisierung und Deregulierung hat zu globalisierten Finanzmärkten geführt, sodass sich Geld und Kapital heute in weiten Teilen der Welt frei bewegen und von Land zu Land strömen können, wobei aber die Währung wechseln kann.

Zusammenfassend ist festzustellen, dass bis zum Beginn der Finanz- und Wirtschaftskrise 2008 eine zunehmende Liberalisierung von Güter-, Kapital-, Dienstleistungs- und Arbeitsmärkten stattfand. Hierdurch wurde die wirtschaftliche Bedeutung nationaler Grenzen verringert, die weltweite Mobilität gefördert und die Verflechtung von Volkswirtschaften begünstigt. Gleichzeitig ist ein Bedeutungszuwachs weltweit tätiger Unternehmen festzustellen, die ihre Aktivitäten beständig ausdehnten. Dies hat deutliche Auswirkungen auf die Immobilienmärkte. Die Krise hat den Prozess zunächst gestoppt, da wesentliche Ursachen der Krise auf die Liberalisierungen und Deregulierungen zurückgeführt werden können. Dieser Umdenkungsprozess hat aber nicht lange angehalten, heute sind (leider!) schon wieder in vielen Bereichen die neoliberalen Forderungen zu hören.

3.2.2   Technischer Fortschritt

Für die Globalisierung der Immobilienwirtschaft ist der technische bzw. technologische Fortschritt bei den **Informations- und Kommunikationstechnologien** (IuK-Technologien) eine wesentliche Grundvoraussetzung. Informations- und Kommunikationstechnologien gelten als Schlüsseltechnologien. Sie sorgen branchenübergreifend und auch in der Immobilienwirtschaft für einen wichtigen Wissenstransfer (Technologiediffusion), beschleunigen Prozesse, heben Synergien und stimulieren somit Innovation und Wachstum. Der technologische Fortschritt erzeugt neue internetbasierte Konsum-, Mediennutzungs- und Kommunikationsmöglichkeiten, die sich auf die Geschäftspotenziale der Immobilienwirtschaft auswirken. Der technische Fortschritt in Form der Digitalisierung hat zu neuen Medien und Informationsquellen wie dem Internet und zu neuen Kommunikationsformen in der Immobilienwirtschaft geführt. Die Digitalisierung hat das Geschehen in der Immobilienwirtschaft grundlegend verändert, sei es bei der Nutzer- oder Produktsuche, beim Research und Objektmarketing oder auch beim Transaktionsmanagement.

Seit Anfang der neunziger Jahre kam es in dem Bereich der IuK-Technologien zu einer enormen Erhöhung der Geschwindigkeit des Informationsaustausches und der ökonomischen Transaktionen bei gleichzeitig drastisch sinkenden Informationskosten. Insbesondere die Entwicklung der Mobilfunktechnik und die des Internets machen es möglich, nahezu in der gesamten Welt jederzeit erreichbar zu sein oder Daten online zu nutzen. Hierdurch ergeben sich mehr Möglichkeiten für schnellere Transaktionen und mehr Transparenz auf den Immobilienmärkten. Die Immobilienwirtschaft ist ein People-Business und lebt von den wechselseitigen Kontakten zwischen den Marktakteuren. Die Digitalisierung mit den Social-Media-Plattformen und den Online-Marktplätzen hilft dabei, Kontakte herzustellen. Das Internet ermöglicht eine stärkere Vernetzung der Marktteilnehmer, um so auch auf etwaige Veränderungen zeitnah reagieren zu können. Durch die Online-Medien kann eine permanente Marktbeobachtung sichergestellt werden, sodass für ein Produkt auch der beste Preis erzielt wird.

Sowohl private als auch professionelle Marktteilnehmer stellen ihr Angebot und ihre Gesuche online. Mit Hilfe der Marktberichte kann sich ein erster Marktüberblick verschafft werden. Ein Problem bei den neuen Medien ist das unüberschaubare Informationsangebot, was sich gegenüber den früheren Zeiten vor dem Internet vervielfacht hat. Insgesamt hat sich die Informationsfülle deutlich erhöht, aber dadurch ist die Markttransparenz nicht unbedingt gestiegen.

Neue IuK-Technologien erweitern den Aktionsradius der Immobilienakteure, indem der grenzüberschreitende unternehmensinterne wie -externe Wissens- und Informationsaustausch auch über große Distanzen immer einfacher realisiert werden kann. Global agierende Immobilieninvestoren nutzen die neuen Medien außerdem zur Kontaktherstellung und -pflege. Innerhalb von Unternehmen können elektronische Datenbanken, globale Kommunikationsinstrumente etc. die weltweite Vernetzung und den standort- und zeitunabhängigen Abruf von Wissensressourcen ermöglichen und erleichtern. Moderne IuK-Technologien erleichtern somit nicht nur den globalen Wissensaustausch, sondern haben auch den globalen Handel mit dem indirekten Anlageprodukt Immobilien stark verändert. Dabei wurden insbesondere die grenzüberschreitenden Direkt- und Portfolioinvestitionen sowie der Handel mit Finanzprodukten, die in Bezug zu Immobilien stehen, begünstigt.

IuK-Technologien sind außerdem die Grundlage für Produktinnovationen in der Immobilienwirtschaft. Vor allem innovative Anlagevehikel wie Derivate, REITs und Mortgage Backed Securities sind durch technologischen Wandel möglich geworden. Deren Handel ist nicht an die Öffnungszeiten lokaler Börsen gebunden, sondern kann 24 Stunden am Tag an allen Börsen der Welt getätigt werden. Immobilienaktien, verbriefte Immobilien oder Immobilienderivate können nahezu ohne Zeitverzögerung distanzunabhängig gekauft und verkauft werden. Die Transaktionen lassen sich mittels vollelektronischer Handelssysteme nicht nur schneller, kostengünstiger und effizienter ausführen, sondern auch grenzüberschreitend einfacher gestalten.

Auch in anderen Bereichen der Immobilienwirtschaft sind IuK-Technologien zu wesentlichen Stützen einer globalen Entwicklung geworden. Sie vereinfachen beim Asset- und Property-Management wesentlich z. B. den Erwerb und die Verwaltung von Objekten im Ausland. Der technische Fortschritt macht teilweise Engagements im Ausland erst möglich und führt teilweise zu deutlichen Kosteneinsparungen, die eine grenzüberschreitende Ausdehnung der Aktivitäten verstärken. Letztlich sind sämtliche Bereiche der Immobilienwirtschaft und die Immobilienunternehmen von der Entwicklung der IuK-Technologien betroffen.

Im Zeitalter der Digitalisierung wird der Anspruch an die Flexibilität von Gebäuden, insbesondere Bürogebäuden, noch viel weitgehender und vor allem kurzzyklischer sein. Die umfassende Anpassbarkeit von Infrastrukturen wird zum Erfolgsfaktor. Gebäude im Zeitalter der Digitalisierung werden anpassungsfähiger und smarter sein. Mit Hilfe des „Internet der Dinge" werden die einzelnen Komponenten – in der Regel drahtlos – untereinander kommunizieren und zugleich über eine Vielzahl an Sensoren das Geschehen innerhalb des Gebäudes erfassen sowie Informationen aus den mobilen Geräten ihrer Nutzer – auch außerhalb des Gebäudes – in ihre Aktionen einbeziehen. Eine aufwändige, zentrale und kabelgebundene Steuerung, wie es sie heute in sogenannten High-Tech-Gebäuden gibt, wird in dieser Form nicht mehr existieren. Das Internet der Dinge wird die Gebäude tatsächlich zu überschaubaren Kosten „smart" machen.

Infolge der Dynamisierung werden sich die Leistungserstellungsprozesse in der Büroarbeit deutlich verändern. Der Leistungs- und Innovationsdruck auf die Mitarbeiter in Büros wird weiter zunehmen und zugleich wird ihre durchschnittliche Anwesenheit in Bürogebäuden deutlich sinken. Das Bürogebäude – in welcher Ausprägung auch immer – wird in einer hochmobilen, dynamisierten und digitalen Welt zum Ankerpunkt für die Mitarbeiter von Organisationen.

Gleichzeitig ergeben sich durch die neuen Technologien nicht nur neue Chancen, sondern auch neue Gefährdungen. Die Cybersicherheit bezieht sich dabei auf vielfältige Bereiche in der Computer-, Netz- und Informationssicherheit. Je stärker ein Unternehmen in der Cyberwelt aktiv ist, desto größer ist auch sein digitaler Footprint und umso mehr steigt die Gefahr, dass diese Unternehmenswelt von außerhalb angegriffen wird.

3.2.3   Immobilienmarktspezifische Ursachen

Auch bei den brancheninternen Entwicklungen ist eine Vielzahl von Argumenten zu beobachten, die sich teilweise ergänzen oder überschneiden können. Diese betreffen die Immobilienmärkte allgemein oder speziell die Investment- und/oder die Vermietungsmärkte. Lange Zeit prägten lokale Akteure sehr stark die Entwicklungen und Investitionen bei Immobilien sowie immobilienbezogenen Dienstleistungen. Vielfältige Regulierungen auf nationaler und lokaler Ebene, intransparente Marktstrukturen und lokale Besonderheiten waren hierfür im Wesentlichen verantwortlich. Grenzüberschreitende und überregionale Immobiliengeschäfte bildeten eher die Ausnahme als die Regel.

Die Immobilienunternehmen erwarten wie auch andere Unternehmen **Vorteile durch eine Expansion** ins Ausland. Dies betrifft zum einen die Erlösseite und zum anderen Kostenargumente. Lokale Märkte sind in ihrer Größe und Ausdehnung sowie den Entwicklungspotenzialen begrenzt. Wenn eine steigende Anzahl an Marktteilnehmern einer begrenzten regionalen bzw. nationalen Marktgröße gegenübersteht, kann dieser Widerspruch zu grenzüberschreitenden Aktivitäten führen. Wenn die nationalen Märkte nicht genügend Potenzial für ein Unternehmen bieten, führt deren Expansionsstreben hin zu ausländischen Märkten. Das Volumen und die Potenziale können durch das Vordringen auf neue Märkte deutlich erhöht werden.

Die Unternehmen der Immobilienwirtschaft haben mit ihren grenzüberschreitenden Aktivitäten das Ziel, den Umsatz durch eine größere Marktnähe zu sichern. Es sollen neue Märkte erschlossen und hierdurch neue Kunden gewonnen werden. Die Etablierung in neuen Märkten erweitert den Vertriebsbereich und bietet Wachstumsmöglichkeiten und Gewinnpotenziale.

Viele Immobiliendienstleistungsunternehmen aus den entwickelten Immobilienmärkten folgen aber auch ihren Kunden ins Ausland. Dabei vergrößern sie sowohl die Dienstleistungspalette als auch ihre geografische Ausdehnung (siehe Kapitel 3.3.3). Bei den Multinationalen Unternehmen kann eine primäre Strategie darin bestehen, weltweite Wertschöpfungsnetzwerke aufzubauen, in denen das (technologische) Wissen besser ausgenutzt werden kann als in rein nationalen Netzwerken. Dieses trifft auf viele Immobiliendienstleister wie Makler zu.

Aufgrund der Aktivitäten im Ausland erhoffen sich die Unternehmen wie Immobiliendienstleister außerdem Kosteneinsparungen durch die Produktionsverlagerungen. Dies betrifft z. B. eine kostengünstigere Herstellung ihrer Produkte als im Inland, eine bessere Auslastung der

Produktion, geringere Kosten der Produktionsfaktoren (Lohn- und Lohnnebenkosten), Synergieeffekte (Economies of scale) oder Vermeidung von Exportkosten (Transportkostenvorteile). Die Vorteile eines Auslandsengagements gelten vor allem für die Dienstleister rund um die Immobilie und eher nicht für Investoren. Immobiliendienstleister wie Anwälte, Berater oder Makler werden vor allem auf Synergieeffekte achten, um Kosten einzusparen.

Während die voranstehenden Argumente für sämtliche Immobilienmärkte gelten, gibt es weitere **Vorteile bei Immobilien-Investmentmärkten** (siehe auch Kapitel 3.3.2). Ein Ausgangspunkt für grenzüberschreitende Aktivitäten vor der Finanz- und Wirtschaftskrise war die hohe Liquidität institutioneller Anleger bzw. die starken Kapitalzuflüsse auf den Anlagemärkten („Liquidity Hurricane"), die einerseits zu der Suche nach neuen Anlagealternativen geführt haben. Durch die Einführung neuer Anlagevehikel sowie die enge Verzahnung von Kapital- und Immobilienmarkt hat sich andererseits eine größere Auswahl an Anlagemöglichkeiten ergeben. Die Immobilie als indirektes Anlageprodukt etablierte sich neben Aktien und anderen Wertpapieren zunehmend als autonome Anlagekategorie (Asset).

Zunehmend änderte sich außerdem das Anlageverhalten institutioneller Investoren, das von den Ideen der modernen Portfolio-Theorie geprägt wird. Die institutionellen Investoren versuchen durch die internationale Streuung ihres Investments zum einen die Risiken zu begrenzen (Diversifikationsstrategie), zum anderen die Rendite auf eher intransparenten und volatilen Immobilienmärkten zu erhöhen. Direkte Immobilieninvestitionen werden dabei immer stärker von indirekten Anlageformen abgelöst. Weltweit gibt es auf der einen Seite ein größeres Angebot an monetären Mitteln und auf der anderen Seite ein größeres Immobilienangebot an Kapitalanlagemöglichkeiten, sodass die Anleger auch zunehmend grenzüberschreitend tätig werden.

3.3   Bedingungen für die Globalisierung der Immobilienmärkte

Bei der Globalisierung geht es wie im vorangegangenen Kapitel beschrieben um eine grenzüberschreitende **Verbindung von Marktteilnehmern** und deren Aktivitäten (Handel, Kapitaltransfer etc.). Die Entwicklung der Globalisierung der Immobilienmärkte erfolgt grundsätzlich über mehrere Kanäle. Sie betrifft nicht nur die **direkten Effekte** der grenzüberschreitenden Investments durch Käufe von Immobilien (finanzwirtschaftliche Effekte der Globalisierung) sondern auch die **indirekten Effekte** durch mehr Handel und höheres Wirtschaftswachstum (realwirtschaftliche Globalisierung). Der grenzüberschreitende Austausch von Gütern und Dienstleistungen geschieht auf allen Ebenen der Wertschöpfungskette und in allen Bereichen der Immobilienwirtschaft: von der Projektentwicklung über die Nutzung bis zum Abriss. Die Tendenzen zur Globalisierung sind dabei auf der Nutzerseite (Vermietungsmarkt) häufig geringer als auf dem Investmentmarkt.

Tab. 3.1:   Ausprägungen der Globalisierung auf Immobilienmärkte; Quelle: eigene Darstellung

Globalisierung	finanzwirtschaftliche	realwirtschaftliche
Ursachen	Investment in Immobilien auf ausländischen Märkten	Export von Gütern und Dienstleistungen
Formen	Direktinvestitionen	Internationaler Handel
	Portfolioinvestments	Standortwahl Multinationaler Unternehmen
betroffene Immobilienmärkte	Immobilien-Investmentmarkt	Projekt-, Vermietungs- und Investmentmarkt für Immobilien
Wirkungen	direkt	indirekt

Die Globalisierung der Immobilienmärkte stellt sich als eine langfristige diskontinuierliche Entwicklung dar, bei der es auch immer wieder gegenläufige Phasen geben kann. Sie ist ein relativ junges Phänomen und zeigt sich insgesamt als Prozess, bei dem selbst der Beginn unterschiedlich gesehen wird:

- nach dem 2. Weltkrieg in Verbindung mit der allgemeinen Entwicklung von Produktion und Handel über Landesgrenzen hinweg (realwirtschaftliche Globalisierung),

- in den 1980er Jahren durch die fortschreitende Liberalisierung und Deregulierung von insbesondere Finanzmärkten (real- und finanzwirtschaftliche Globalisierung) oder

- mit dem Beginn des neuen Jahrtausend durch den rapiden Anstieg des weltweiten Investmentvolumens von Immobilien (finanzwirtschaftliche Globalisierung).

Einen deutlichen Wandel im Zuge der Globalisierung wiesen zunächst die internationalen Handels- und Kapitalmärkte auf und dann auch zunehmend die Immobilienmärkte. War zunächst die globale Wirtschaftsentwicklung der Treiber für die Expansion der internationalen Immobilienmärkte, war es in den letzten Jahrzehnten vor allem der internationale Finanz- und Investmentmarkt. Da die gehandelten Objekte aber immobil und die Märkte zunächst häufig intransparent waren, erreichte die Globalisierung die Immobilienmärkte mit einiger Verzögerung.

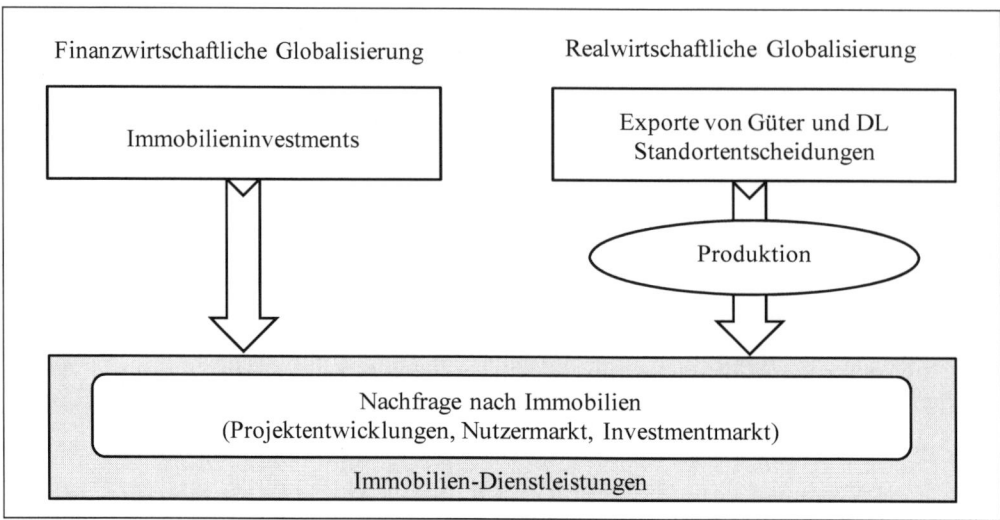

Abb. 3.2:   Entwicklung der Globalisierung; Quelle: eigene Darstellung

3.3.1   Auswirkungen der globalisierten Finanzmärkte

Immobilien sind für internationale Kapitalanleger eine von zahlreichen Anlagemöglichkeiten, wobei im Folgenden die grenzüberschreitend tätigen Investoren im Fokus stehen. Sowohl durch Direktinvestitionen als auch durch Portfolioinvestments entsteht **direkt** eine Nachfrage nach Immobilien auf dem Immobilien-Investmentmarkt. Dieses kann auch als finanzwirtschaftliche Globalisierung bezeichnet werden. Der Investmentmarkt profitierte dabei sowohl von der Zunahme der ausländischen Direktinvestitionen als auch vom Portfoliomanagement, das mit dem Ziel der Diversifizierung von Immobilienanlagen auch zu vermehrten internationalen Investments führte. Auf beide Aspekte wird im Folgenden näher eingegangen.

Der internationale Handel mit Gütern und Dienstleistungen kann nur einen Teil der internationalen Kapitalflüsse (täglicher Devisenumsatz von über 5.500 Mrd. USD) erklären. Heute kommen die Kapitalflüsse vor allem aufgrund von Investitionsentscheidungen und Spekulation zustande. Auch die Globalisierung der Immobilienmärkte erhielt einen enormen Schwung durch die Globalisierung der internationalen Kapitalströme, vor allem die Immobilien-Investmentmärkte.

Nach der **Deregulierung und Liberalisierung der internationalen Finanzmärkte** in den 1970er und 1980er Jahren ist die Entwicklung der Finanzmärkte geradezu spektakulär verlaufen. Ausgangspunkte waren der Zusammenbruch des Bretton-Wood-Systems und die Einführung flexibler Wechselkurse. In den 1980er und 1990er Jahren wurden die Finanzmärkte von nationalen Beschränkungen weitgehend entbunden, sodass die grenzüberschreitenden Investitionen sowie der Handel mit Finanzprodukten weitaus höhere Wachstumsraten als die Realwirtschaft (BIP) aufweisen. Das nächste einschneidende Ereignis in der Weltwirtschaft war der Boom mit anschließender Krise in der „New Economy" Anfang des Jahrtausends. Für den globalen Immobilienmarkt war aus monetärer Sicht bedeutsam, dass infolge dieser Krise die Notenbanken mit einer massiven Ausdehnung der Liquidität die Wirtschaftskrise bekämpften. Der Anstieg der globalen Liquidität war verbunden mit im Ergebnis tendenziell sinkenden Zinsen, was den Boom auf den globalen Immobilien-Investmentmärkten während der Mitte des vergangenen Jahrzehnts mit auslöste. Diese Märkte wurden im vergangenen Jahrzehnt somit durch den Immobilienboom und die sich daraus ergebene Finanz- und Wirtschaftskrise geprägt. Über die Globalisierung der Finanzmärkte kam es auch zu einer zunehmenden Finanzmarktorientierung der Immobilienmärkte. Nach den internationalen Assetmärkten veränderte der Prozess der Globalisierung auch die Immobilien-Investmentmärkte.

Das herausragende Beispiel für diesen Aspekt ist der Büromarkt London. Dieser profitierte zum einen von der Liberalisierung der Finanzmärkte und dem gleichzeitigen Ziel der britischen Regierung einen wirtschaftlichen Strukturwandel zugunsten der Dienstleistungen zu erreichen. Zum anderen kam es aufgrund der weltweit hohen Liquidität und der Flucht ins Betongold zu einem starken Anstieg der Investments, von dem London als herausragende Global City überdurchschnittlich profitieren konnte.

Eine weitere wichtige Voraussetzung war die **zunehmende Dominanz der Finanzmärkte über die Immobilienmärkte**. In der Vergangenheit nutzte die Immobilienbranche den Finanzmarkt vorwiegend zur Beschaffung von (langfristigem) Fremdkapital für Objektfinanzierungen. Dieses Bild hat sich in den vergangenen Jahren für Investoren und Banken deutlich gewandelt. Neben den historisch typischen Marktakteuren ist der Anteil internationaler Investoren enorm angestiegen. Die vom Finanzmarkt vorgegebenen Anforderungen für Investments (u. a. Rendite, Liquidität) wurden im Zuge dieser Entwicklung immer bestimmender für den Immobilienmarkt. Nach einer Studie der Bank of England sind die Kaufpreise für Gewerbeimmobilien in Großbritannien zwischen 2000 und 2007 um fast 60 % gestiegen. Nur ein Drittel dieses Anstiegs lässt sich demnach durch einen Anstieg der Mieteinnahmen erklären, der Rest durch einen Anstieg der Nachfrage auf dem Investmentmarkt.

Der Prozess der Globalisierung veränderte die internationalen Finanzmärkte und darauf folgend die Immobilien-Investmentmärkte. Da die gehandelten Objekte aber immobil und die Märkte zunächst häufig sehr intransparent waren, erreichte die Globalisierung die Immobilienmärkte mit Verzögerung. Zunächst geschah dies im angelsächsischen Raum, dann aber auch in Europa und Deutschland. Durch die Öffnung von Märkten wie z. B. in Osteuropa und Asien nahm die Anzahl der Immobilien-Investmentmärkte zu. Vorangetrieben wurde diese Integration durch neue, international tätige Investoren, zu denen u. a. Banken und vor allem auch kurzfristig orientierte institutionelle Investoren gehörten (siehe auch Kapitel 6.4.2).

Die Immobilie etabliert sich zunehmend als **globale und fungible Assetklasse**. Hierzu trugen sowohl neue Formen der indirekten Immobilienanlage bei, wie Aktien bzw. REITs oder die Verbriefung von gewerblichen Immobilienkrediten (Mortgage Backed Securities), als auch die Entwicklung neuer Kapitalmarktprodukte mit dem Bezugsobjekt Immobilie (z. B. Zertifikate, Derivate). Immobilien wurden zu einer Anlagekategorie, die heute mit anderen Assets um das weltweit zur Verfügung stehende Kapital im Wettbewerb steht. Als Folge der zuvor dargestellten Verzahnung (Dominanz) zwischen Immobilien- und Finanzmarkt beeinflussen schließlich die Finanzmarktentwicklungen nun wesentlich stärker auch die Immobilien-Investmentmärkte. Es gibt eine veränderte Sichtweise von Immobilien als Anlagemedium. Die modernen Anlagestrategien der Immobilieninvestoren orientieren sich bei ihren Investitionsentscheidungen zunehmend an den Erfordernissen der Finanzmärkte. Immobilien werden nicht mehr bloß als Liegenschaften angesehen, die lange gehalten werden, sondern entwickeln sich vielmehr zu prinzipiell mobilen Assets, die in immer kürzeren Zeiträumen gekauft und verkauft werden können. Somit steht nicht mehr die direkte Anlage in Immobilien, sondern das Investment in indirekte Anlageprodukte im Vordergrund (siehe Kapitel 4.3). Durch neue Finanzierungsinstrumente ist aus ihnen eine fungible Anlagealternative insbesondere für international tätige Investoren geworden. So kann die Immobiliennachfrage steigen, wenn z. B. andere Anlagealternativen gerade eine Schwächephase durchlaufen und für die Anleger weniger attraktiv sind.

Die institutionellen Investoren sind daran interessiert, in ihrem Portfolio diese Assets zu berücksichtigen. Die klassischen Eigenschaften der Immobilie mit dem Ruf als wertstabiles Investment mit guten Erträgen machten sie zu einem für die international tätigen Investoren interessanten Asset. Die Investoren haben dabei eine Vielzahl von Alternativen hinsichtlich der Qualität, den Standorten oder der Objektarten. Immobilien weisen darüber hinaus ein vielfältiges Rendite-Risiko-Profil auf und erhöhen die Diversifikationsmöglichkeiten im Portfolio. Sie hatten insgesamt im Vergleich zu anderen Assets in den vergangenen Jahren eine höhere Rendite (aber auch höheres Risiko) (siehe Kapitel 6.4.4).

Im Zuge der Globalisierung ist auf Seiten der Investoren und ihrer Strategien aufgrund der wachsenden Vielfalt ein größerer **Bedarf an Finanzierungen** mit unterschiedlichen Volumina und Strukturen festzustellen. Zusammen mit den Globalisierungsprozessen wirkte sich auch hier die zunehmende Bedeutung der Assetklasse Immobilien für internationale Anleger aus. Mit den globalen Investments einher geht der Einsatz immer differenzierter Finanzierungsinstrumente. Früher erfolgten Immobilieninvestitionen vor allem mit dem Ziel, die erworbenen Objekte langfristig zu halten; die typische Form der Finanzierung waren Hypothekendarlehen. Diese wurden durch andere Finanzierungsformen ergänzt und/oder abgelöst, die aus dem Kapitalmarkt stammen. Verbriefungen und die Entwicklung einer Reihe von differenzierten Finanzinstrumenten (z. B. Derivaten) haben die Liquidität und die Handelbarkeit von Immobilieneigen- und -fremdkapital erhöht.

War früher die Bonität des Kreditnehmers maßgeblich, steht heute vielfach nur die Ertragskraft der Immobilie im Mittelpunkt, da Immobilienfinanzierungen „non-recourse" (d. h. mit geringeren oder keinen Absicherungen) vergeben wurden. Zur Besicherung dienen die Immobilie und die aus ihrer Bewirtschaftung erzielten Cash Flows. Bei den Produkten der Finanzierung hatte dies zur Folge, dass im Rahmen des „Real Estate Investment Bankings" die Verbindung von Immobilien- und Kapitalmarkt mit dem Erscheinen immer neuer Produkte erfolgte. Beispiele hierfür waren die Mortgages Backed Securities (Verbriefungen) oder Versicherungsprodukte wie Credit Default Swap (CDS; Kreditderivate), die es erlauben, Ausfallrisiken von Krediten zu handeln. Zusätzlich wurden mehr Möglichkeiten für Investitionen z. B. mit Hilfe von REITs geschaffen.

Nach internationalen Organisationen wie dem Internationalem Währungsfonds können zwei Arten bzw. Ursachen von **Kapitalflüssen** unterschieden werden: Direktinvestitionen und Portfolioinvestitionen. **Direktinvestitionen** sind eine Form der Auslandsinvestition. Der Kapitalexport eines Landes in ein anderes Land erfolgt mit dem Ziel, dort u. a. Immobilien zu erwerben, Betriebsstätten oder Tochterunternehmen zu errichten, ausländische Unternehmen zu erwerben oder sich an ihnen mit einem Anteil zu beteiligen, der einen entscheidenden Einfluss auf die Unternehmenspolitik gewährleistet. **Portfolioinvestitionen** sind hingegen Investitionen in Wertpapiere und somit Übertragungen inländischen Kapitals ins Ausland zum Zweck des Erwerbs von Forderungen, die keine direkten Eigentumsrechte begründen, z. B. Kauf von Anteilen an Immobilienfonds.

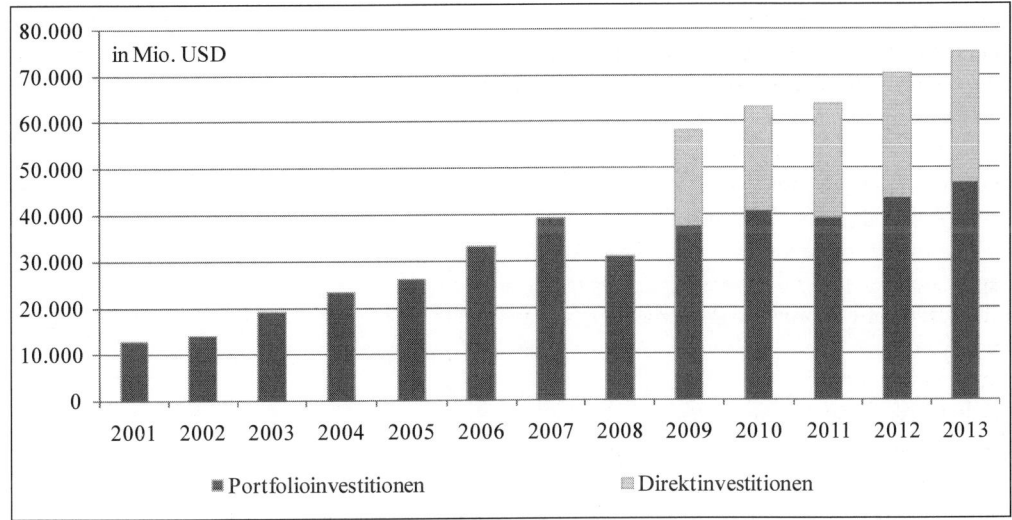

Abb. 3.3: Entwicklung der Direkt- und Portfolioinvestitionen (in Mrd. USD); Quelle: IWF, International Financial Statistics, unter: www.cpis.imf.org und www.cdis.imf.org, abgerufen am 02.12.2014

Die starke Globalisierung der Finanzsysteme zeigt sich am deutlichen Anstieg des weltweiten Kapitalverkehrs. Im Schaubild 3.3 sind die Daten des IWF widergegeben, wobei diese bei Direktinvestitionen erst ab 2009 verfügbar sind. Während die Direktinvestitionen kontinuierlich zunahmen, gibt es bei den **Portfolioinvestitionen** eine Verdreifachung von 2001 bis 2007, die erst von der Finanz- und Wirtschaftskrise unterbrochen wurde. Seit 2008 haben sich diese Investitionen aber auch schon wieder verdoppelt. Nach den Statistiken der UNCTAD sind die **Direktinvestitionen** in den letzten Jahrzehnten sehr dynamisch gewachsen, von 1980 bis zur Jahrtausendwende sind sie um das zwanzigfache angestiegen. Die Krisen dieses Jahrhunderts haben dann jedoch recht starke Auswirkungen gehabt und insgesamt die Dynamik der jährlichen Kapitalflüsse gehemmt. Das Platzen der „Dot-Com"-Blase bewirkte nach 2001 einen Rückgang. Nach 2003 hat die Entwicklung der ausländischen Direktinvestitionen allerdings zu alter Dynamik zurückgefunden bzw. diese sogar noch erheblich steigern können. Einen tiefen Einschnitt erfuhr die Entwicklung mit dem Ende des Immobilienbooms 2008, wobei aber die negativen Effekte der Finanz- und Wirtschaftskrise teilweise heute schon wieder kompensiert werden konnten. Der Bestand der Direktinvestitionen ist aber weltweit kontinuierlich angestiegen.

Direktinvestitionen

Der ökonomische Aspekt der Globalisierung geht über den bisher diskutierten internationalen Austausch von Gütern und Dienstleistungen hinaus. Direktinvestitionen sind ein wesentlicher Indikator bei der Debatte über Ursachen und Folgen der Globalisierung. Internationale Direktinvestitionen sind ein Hauptinstrument multinationaler Unternehmensaktivitäten für einen stärkeren Einfluss auf ausländische Unternehmen.

Direktinvestitionen

Direktinvestitionen sind grenzüberschreitende Investitionen mit dem Ziel der Herstellung einer dauerhaften Beteiligung im Ausland. Sie umfassen entsprechend der Kapitalbilanz (als Teil der Zahlungsbilanz) grenzüberschreitende Unternehmensbeteiligungen (Aktien, Kapitalanteile, langfristige Darlehen) von 10 % und mehr des Kapitals, kurzfristige Finanzbeziehungen, reinvestierte Gewinne sowie von Eignern bereitgestellte Kreditmittel. Ebenfalls zählen der grenzüberschreitende Erwerb und die Veräußerung von **Immobilien** zu den Direktinvestitionen. Von der Bundesbank werden in der Kapitalbilanz hierunter auch noch die Wertpapieranlagen (z. B. in langfristige Schuldverschreibungen) oder Finanzderivate oder der Kreditverkehr bzw. Finanzaktionen erfasst.

Unternehmen entscheiden sich für Direktinvestitionen im Ausland, um Absatzmärkte zu erschließen und zu erhalten. Ein zentrales Motiv von Investitionen im Ausland ist außerdem der strategische Gedanke näher an zukünftigen Wachstumsmärkten zu sein. Darüber hinaus spielen Kostenargumente eine wesentliche Rolle. So können niedrigere Faktorpreise realisiert oder z. B. durch Steuervorteile im Ausland Kosten eingespart werden. Schließlich können durch Direktinvestitionen Handelsschranken umgangen und die Lieferung von Rohstoffen oder Vorprodukten gesichert werden.

Direktinvestitionen können sowohl positive als auch negative Wirkungen für das Empfängerland haben. Durch die Direktinvestitionen kann die Kapitalknappheit reduziert und dadurch die Produktivität bzw. Auslastung von Produktionsfaktoren gesteigert werden. Durch mehr gesamtwirtschaftliche Investitionen lässt sich das Bruttoinlandsprodukt steigern und so können sich positive Beschäftigungseffekte ergeben. Dies kann insgesamt auch zu einer höheren Nachfrage nach Immobilien führen. Mögliche negative Wirkungen für das Empfängerland können in einer Verdrängung einheimischer Produzenten bestehen. Hinzu können Wohlfahrtsverluste bzw. Einkommenstransfers zugunsten der Investoren durch staatliche Subventionen kommen. Dies hätte entsprechend negative Effekte auf die Immobilienmärkte.

Portfoliotheorie und Immobilieninvestments

Mit der Globalisierung von Immobilienmärkten geht die Integration von Immobilien in die Portfoliotheorie einher. Die bereits beschriebenen Entwicklungen mit u. a. der Liberalisierung und dem Zusammenrücken der Finanz- und Immobilienmärkte sowie die veränderten Anlagestrategien der Immobilieninvestoren führen dazu, dass die Investmenttätigkeiten nicht mehr an lokale bzw. nationale Märkte gebunden werden, sondern sich grenzüberschreitend ausdehnen. Um eine effiziente Allokation der monetären Mittel zu erreichen, werden auch bei Immobilieninvestments zunehmend die grundlegenden Gedanken der Portfoliotheorie (Portfoliomanagement) integriert. Bei der Diskussion um verschiedene Portfolioanalysetechniken lässt sich eine Unterscheidung nach quantitativen und qualitativen Modellen vornehmen.

Exkurs: Portfoliotheorie von Harry M. Markowitz

Das von Nobelpreisträger Harry M. Markowitz in den 1950er Jahren entwickelte Modell der Portfolio Selection hat die Theorie und die Praxis des Portfoliomanagements entscheidend geprägt. Das theoretische Modell stammt aus der Finanzwirtschaft (Aktien- oder Wertpapierportfolio). An die Stelle intuitiver und individueller Wertpapierauswahl trat die konsequente Bewertung von Kapitalanlagen anhand der erwarteten Rendite und des Risikos, diese Rendite zu verfehlen (Streuungsrisiko) sowie die gezielte Bildung von Portfolios, um das unsystematische Risiko (Marktrisiko) zu eliminieren bzw. zu minimieren.

Bei der Diversifikation (Aufteilung des Kapitals auf unterschiedliche Anlagen) besteht die Zielsetzung, eine optimale Balance zwischen Risiko und Rendite bei gleichzeitiger Wahrung der Liquidität für den Anleger zu erreichen. Hiernach sollen durch gezielte Streuung der Investments wesentlich höhere Renditen bei geringerem Risiko erzielt werden. Die Theorie besagt, dass mittels Streuung des Anlagebetrags auf mehrere Investitionsanlagen das Risiko der Gesamtanlage gegenüber dem durchschnittlichen Risiko der Einzelanlage reduziert werden kann. Das Portfoliorisiko wird dabei neben der Anzahl und Streuung der Einzelinvestments vor allem durch die Korrelationen zwischen den einzelnen Anlagen determiniert. Investmentkombinationen, die sich durch eine hohe Korrelation auszeichnen, sollen demnach möglichst vermeiden werden. Unterschiedliche Risiken bei den Investments sollen so kombiniert werden, dass insgesamt die Renditechancen bei niedrigerem Risiko steigen.

Es kann zur gleichen Zeit Kapitalexporte in ein anderes Land und Kapitalimporte aus dem betreffenden Land geben. Eine wesentliche Ursache liegt darin, dass die einzelnen Anleger unterschiedliche Präferenzen für die internationale Diversifizierung ihrer Kapitalanlage haben. Darüber hinaus verfügen die Anleger über unterschiedliche Informationen sowie Anlageoptionen. Diese ergeben sich schon allein aus Unterschieden der Ausgestaltung des Finanzsektors in den einzelnen Ländern, Steuergesetzen und der Besteuerungspraxis. Aufgrund unterschiedlicher Einschätzungen u. a. der wirtschaftlichen Entwicklung in den jeweiligen Ländern kommen die Investoren zu je eigenen Bewertungen des Risikos bei bestimmten Anlagen, was zu differenzierten Kapitalströmen führt.

Daher ist einem Argument für die Globalisierung der Kapitalströme besonderes Gewicht beizumessen: der internationalen Risikostreuung. Die Grundidee der Portfoliotheorie ist, dass die Diversifikation das Risiko eines Portfolios mindert. Effiziente Portfolios werden dann erreicht, wenn die Möglichkeit der Risikoreduktion durch Diversifizierung so weit genutzt wird, wie es möglich und sinnvoll ist. Die optimale Zusammensetzung eines Portfolios ist dann abhängig vom Ausmaß der Risikoaversion bzw. -bereitschaft der Anleger.

Das **Anlageverhalten institutioneller Investoren in Immobilien** wird von den Überlegungen der modernen Portfoliotheorie geprägt. Die Assetklasse Immobilien wird nach denselben klassischen finanzwirtschaftlichen Kriterien beurteilt und bewertet wie die Produkte des Aktien- und Rentenmarktes: nach der Rentabilität, dem Risiko und der Liquidität. Die von Markowitz entwickelte Portfoliotheorie hat die Theorie und die Praxis des Portfoliomanagements gleichermaßen geprägt und kann als Erklärungsansatz für das tatsächlich zu beobachtende Anlegerverhalten bei Immobilienassets verwendet werden.

Gemäß dem theoretischen Ansatz wird dann im Portfoliomanagement die systematische Steuerung, Planung und Kontrolle von Immobilienbeständen vorgenommen. Dies dient der Optimierung der Struktur des Immobilienvermögens mit dem Ziel der Steigerung der Wettbewerbsfähigkeit, der Verbesserung der Rentabilität der Assets und/oder der Streuung des Risikos. Die Objektauswahl erfolgt nicht mehr ausschließlich nach der erwarteten Rendite und den Einzelrisiken der Immobilien, sondern die Reduzierung des Gesamtrisikos des Portfolios steht im Vordergrund. Mittels der internationalen Streuung der Immobilieninvestments versuchen Investoren die Risiken auf einem vorgegebenen Renditeniveau zu minimieren. Durch Streuung des Anlagebetrags auf mehrere Investitionsanlagen soll das Risiko der Gesamtanlage ohne Renditeeinbußen gemindert werden (Diversifikationseffekt).

Das Ausmaß, in dem ein Immobilienportfolio von der Diversifikation in unterschiedliche Länder und Märkte profitieren kann, ist eine Funktion der Korrelation zwischen Märkten. Das Portfoliorisiko wird neben der Anzahl und Streuung der Einzelinvestments in Immobilien durch die Korrelationen der Einzelanlagen untereinander determiniert. Im Allgemeinen wird die Korrelation zwischen diesen variieren. Dabei ist die Korrelation bei Ländern innerhalb einer Region höher als zwischen verschiedenen Regionen. Global betrachtet wird die Korrelation eher moderat ausfallen und aufgrund der allgemeinen makroökonomischen Einflussfaktoren positiv sein. Besonders groß ist die Korrelation zwischen den US-Märkten und denen in Großbritannien aufgrund der Vergleichbarkeit der Märkte und der engen Verbindung zwischen diesen Staaten.

Nach der Portfoliotheorie sollen somit Investments in verschiedene Immobilienmärkte erfolgen, die eine geringe Korrelation aufweisen. Insbesondere durch Investitionen in Immobilienmärkten mit lokal unterschiedlichen Marktzyklen versuchen global agierende Immobilienanleger, Risiken im Gesamtportfolio zu reduzieren. Das Risikominderungspotenzial ergibt sich aus der spezifischen Eigenschaft der Immobilie, die standortgebunden und damit einzigartig ist. Umgesetzt werden kann der Effekt der Risikoreduzierung durch eine Risikodiversifikation mit Hilfe einer Mischung nach Regionen bzw. Standorten, Immobilientypen (Nutzungsarten), Objekteigenschaften, Währungen oder sonstigen Immobilienanlageformen. In einem derartig gestalteten Immobilienportfolio sollen z. B. Abschwungphasen in Immobilienmärkten durch Aufschwungphasen in anderen Märkten abgefedert werden können. Zwar haben sich gesamtwirtschaftliche Zyklen in den letzten Jahrzehnten angenähert, vollständig synchron laufen die Immobilienzyklen jedoch nicht einmal im Euroraum. Hinzu kommt, dass diese aufgrund der Bedeutung regionaler Angebotsentwicklungen sehr unterschiedlich verlaufen können – trotz ähnlicher makroökonomischer Nachfragebedingungen. Den lokal operierenden Investoren bieten sich dagegen neben der Mikrolage keine weiteren räumlichen Diversifikationsmöglichkeiten. Die Berücksichtigung von Standorten mit gegenläufigen Mietzyklen kann das Risiko eines Immobilienportfolios zum Teil erheblich senken. Investmentkombinationen hingegen, die sich durch eine hohe Korrelation auszeichnen, müssen vermieden werden.

Tab. 3.2:   Vergleich der Portfoliomanagementkonzepte in der Immobilienwirtschaft; Quelle: eigene Darstellung

	Traditionelles Portfoliomanagement	Modernes Portfoliomanagement
Immobilien	Objekt	Portfolio
Entscheidung	qualitativ	quantitativ, Kennzahlen
Strategie	buy-and-hold	buy-and-manage, buy-and-sell
Ausrichtung	Erfahrungen	Ziele

Seit den 1990er Jahren hat sich beim Portfoliomanagement entsprechend ein grundlegender Wandel vom traditionellen zum modernen Portfoliomanagement vollzogen. Die Investoren wenden sich von eher erfahrungsbasierten, traditionellen Managementpraktiken ab, die vorwiegend durch Intuition, Annahmen und Gefühle gekennzeichnet sind. Im traditionellen Portfoliomanagement basierten Entscheidungen sehr stark auf Erfahrungen. Ist das traditionelle Immobilienmanagement noch hauptsächlich auf die solitäre Betrachtung der einzelnen Immobilie und die reine Bestandsverwaltung (buy-and-hold) gerichtet, bestimmen beim aktiven Portfoliomanagement (buy-and-manage bzw. buy-and-sell) schon im Vorfeld festgelegte konkrete Pläne, was mit der Immobilie bzw. dem Portfolio weiter geschehen soll: Investition, De-Investition oder Bestandsoptimierung. Die Immobilie wird zu einem mobilen Asset, das in kürzeren Zeiträumen gekauft und verkauft werden kann und soll. Insgesamt hat die Kapitalmarktorientierung im Immobilien-Investmentmarkt durch den Paradigmenwechsel beim Portfoliomanagement deutlich zugenommen.

Generell ist die **Anwendung der Portfoliotheorie auf den Immobiliensektor** möglich, da hier auch eine optimale Strukturierung des Bestandes an Assets angestrebt werden kann. Das Risikominderungspotenzial ergibt sich aus der spezifischen Eigenschaft der Immobilien. Die Immobilienmärkte weisen aufgrund der Einbettung in lokale Strukturen vielfach unterschiedliche Rendite-Risikoprofile auf. Die im Zeitverlauf schwankenden Preise ermöglichen international aktiven Investoren den Aufbau von geografisch diversifizierten Portfolios. Das Ausnutzen unterschiedlicher Zyklen in Märkten mit phasenverschobenen Preiszyklen senkt das Risiko eines Immobilienportfolios.

Eine **unbeschränkte Übertragung der Portfoliotheorie**, die von Markowitz ursprünglich für den Kapitalmarkt entwickelt wurde, auf den Immobilienmarkt ist jedoch nicht ohne weiteres möglich. Dies liegt daran, dass es zwischen dem Finanzmarkt und den internationalen Immobilienmärkten gravierende Unterschiede gibt. Dies hat auch dazu beigetragen, dass in der Immobilienwirtschaft diese quantitativen Methoden zum Zweck des Managements erst seit relativ kurzer Zeit und auch nur in relativ geringem Ausmaß angewendet werden.

Ein bedeutsamer Unterschied besteht in der **unterschiedlichen Fungibilität**. Finanzprodukte wie Aktien oder Wertpapiere stellen fungible, in kleiner Stückelung erhältliche Anteile an einem Unternehmen dar, während Immobilien vielfach als Ganzes (direkte Anlageform) gekauft werden. Als Unterschiede sind bei direkten Anlagen der hohe Preis je Einheit einer Immobilie und die Heterogenität festzustellen. Bei Immobilien besteht eine eingeschränkte Fungibilität und Teilbarkeit. Damit ist es schwierig, eine breite Streuung insbesondere bei relativ geringen Anlagebeträgen zu erreichen. Differenzierter fällt das Ergebnis aus, wenn in indirekte Immobilienanlagen wie z. B. REITs oder Anteile an offenen Immobilienfonds investiert wird.

Weitere Unterschiede ergeben sich, wenn die **Liquidierbarkeit** von Wertpapieren und Immobilien verglichen wird. Während sich Aktien und andere Assets relativ schnell und problemlos kaufen lassen, gestaltet sich dies bei direkten Immobilienanlagen sehr viel schwieriger. Die Heterogenität und Komplexität der Immobilien macht umfangreiche Verhandlungen beim Kauf und Verkauf notwendig, sodass ein schnelles Reagieren üblicherweise nicht möglich ist. So ergeben sich bei direkten Kapitalanlagen hohe Transaktionskosten (Transaktionsdauer) und eine lange Kapitalbindung. Bei indirekten Anlageformen ist die schnelle Liquidierbarkeit teilweise gegeben (z. B. Immobilienaktien) und teilweise nicht (z. B. Spezialfonds).

Die Anwendbarkeit wird außerdem durch die beschränkte **Transparenz** der Immobilienmärkte begrenzt. Einen Unterschied bildet dabei u. a. die Vergleichbarkeit von Preisen und Renditen. Bei Aktien und anderen Assets erfolgt üblicherweise eine börsentägliche Notierung, sodass auch historische Renditeentwicklungen einfach zu ermitteln sind. Bei Immobilien ist dies z. B. aufgrund der jährlichen bzw. quartalsweisen Wertermittlung weitaus problematischer. Marktdaten wie z. B. Renditen sind häufig nicht öffentlich verfügbar oder es gibt sie für viele Immobilienmärkte nur mit kurzen Zeitreihen bzw. sie weisen eine geringe Marktabdeckung auf. Schließlich beziehen sich veröffentlichte Transaktionsdaten von Marktteilnehmern zumeist auf Spitzenobjekte, während Durchschnittswerte fehlen. Aufgrund fehlender geeigneter Immobiliendaten ist es damit grundsätzlich schwierig, das Produkt Immobilie überhaupt in eine Portfoliostrukturierung zu integrieren.

Schließlich sind mit den Anlagen auch unterschiedliche **Eigentumsrechte** verbunden. Die Anleger von Aktien und anderen Assets haben nur sehr bedingt Einfluss auf die Renditeentwicklung. Hingegen kann der Immobilieneigentümer unmittelbar einwirken, da er z. B. durch die Auswahl der Mieter oder Modernisierungsmaßnahmen die Rendite und das Risiko der Immobilie beeinflussen kann.

Einschränkungen ergeben sich außerdem dadurch, dass die **Korrelation** zwischen den einzelnen Immobilienmärkten relativ hoch ist. Das Portfoliomanagement vertraut darauf, dass lokale Konjunkturzyklen den Immobilienmarkt beeinflussen. Jedoch zeigt sich, dass die Preise der Immobilien in den globalen Wirtschaftskrisen Anfang der 1990er Jahre, Anfang dieses Jahrtausends und durch die Finanz- und Wirtschaftskrise weltweit gleichzeitig sanken bzw. einbrachen. Es gab keinen „Safe Haven" für die Immobilieninvestoren. Auch die Diversifikation entsprechend der Portfoliotheorie konnte keinen Schutz vor Verlusten bieten.

Es hat sich **letztlich** in der Finanz- und Wirtschaftskrise gezeigt, dass Granularität (Maß der Differenzierung), so wie sie in der Portfoliotheorie gefordert wird, kein Schutz vor Risiko ist. Mathematische Modelle stellen allein keine Lösung dar, sondern es kommt sehr stark auf immobilienwirtschaftliches Fachwissen an. Das Risiko kann wesentlich stärker reduziert werden, wenn schon bei den Investments auf besondere risikoreiche (insbesondere opportunistische) Anlagen verzichtet wird. Im Vergleich zu anderen Kapitalmarktprodukten wie Aktien oder festverzinslichen Wertpapieren gibt es bei grenzüberschreitenden Immobilieninvestments derzeit noch Potenzial. Gleichwohl ist hier die Globalisierung im Immobilienbereich aber am weitesten fortgeschritten. **Insgesamt** kann somit portfoliotheoretisch bei Immobilieninvestments (falls diese ausschließlich betrachtet werden) nur bedingt agiert und damit das Rendite-Risiko-Profil verbessert werden. Immobilien können aber zu einem risikominimierten Portfolio beitragen, wenn darüber hinaus noch in andere Anlageklassen investiert wird.

3.3.2 Auswirkungen der Globalisierung von Produktion und Handel

Immobilien stellen einen wichtigen Inputfaktor bei der Produktion von Gütern und Dienstleistungen dar. Sowohl bei den Entscheidungen über den internationalen Handel als auch bei Standortentscheidungen von Multinationalen Unternehmen (MNU) wird darüber entschieden, wo produziert wird. Dadurch entsteht **indirekt** eine Nachfrage nach Immobilien, sei es auf dem Projektentwicklungs-, Nutzungs- oder Investmentmarkt. Dieser indirekte Effekt ist Folge der realwirtschaftlichen Globalisierung.

Die Entwicklung der internationalen Immobilienmärkte ist eng mit der internationalen Wirtschaftsentwicklung sowie der Globalisierung der allgemeinen Wirtschaftsaktivitäten verbunden. So profitieren die Immobilienmärkte von der realwirtschaftlichen Globalisierung. Nach dem 2. Weltkrieg nahm die ökonomische Integration der zuvor eher nationalen Volkswirtschaften an Fahrt auf. Die Globalisierung führte zu einer fortschreitenden Zunahme und

Liberalisierung der Märkte für Güter, Dienstleistungen und Kapital sowie zu einer internationalen Arbeitsteilung. Das Welthandelsvolumen stieg in Relation zur Weltproduktion überdurchschnittlich an, was als Beleg für die sich global intensivierenden Handelsbeziehungen und die damit zunehmende Verflechtung angesehen werden kann. Auch die Nutzer von Immobilien sind zunehmend globaler aufgestellt. Das entsprechende Wachstum von Wirtschaft und Einkommen führte indirekt zu einer wachsenden Nachfrage nach Immobilien. Die Globalisierung der Wirtschaft hat realwirtschaftlich zwei Effekte auf die Immobiliennachfrage: zum einen durch den internationalen Handel mit Gütern und Dienstleistungen und zum anderen durch die Standortentscheidungen Multinationaler Unternehmen.

Internationaler Handel als Ursache verstärkter Immobiliennachfrage

Da Immobilien standortgebunden sind, ist ihr Export bzw. Import (Transport über Grenzen) nicht möglich. Dennoch wird die Nachfrage auf den Immobilienmärkten durch den internationalen Handel **indirekt beeinflusst**. Ein fundamentaler Treiber für die internationalen Immobilienmärkte ist das Wirtschaftswachstum und der ökonomische Strukturwandel. Dieses sind notwendige Bedingungen für das Wachstum des Immobiliensektors.

Die Globalisierung der Produktion führt aufgrund des internationalen Handels mit Gütern und Dienstleistungen indirekt zu einer Nachfrage nach Immobilien. Dies lässt sich wie folgt erklären. Mit dem internationalen Handel ist auch die Entscheidung verbunden, in welchem Land bzw. an welchem Standort die Produktion der gehandelten Güter und Dienstleistungen erfolgen soll. Eine höhere Nachfrage nach Gütern durch den Export wird zu einer steigenden heimischen Produktion führen. So kommt es vor dem Export eines Gutes oder einer Dienstleistung zur Herstellung von diesen in einem Land. Dementsprechend sind hierzu auch Immobilien notwendig. Zur Produktion von Gütern und Dienstleistungen werden Immobilien als Inputfaktor verwendet. Das impliziert, dass die Nachfrage nach Immobilien durch die wachsende Produktion ebenfalls ansteigen wird. Diese Nachfrage kann sich sowohl auf dem Projektentwicklungs- und dem Vermietungsmarkt als auch auf dem Investmentmarkt bemerkbar machen. Das Gegenteil würde passieren, wenn ein Land Güter aus anderen Ländern importieren würde.

Zudem sind die **Multiplikatoreffekte des internationalen Handels** zu beachten. Durch die Globalisierung der Produktion wird die Nachfrage nach Immobilienflächen mittelbar auf unterschiedliche Arten angeregt. Für die Produktion und den Handel der zu exportierenden Gütern werden weitere Vorprodukte und ebenfalls Handel benötigt. Auch hierdurch ergibt sich eine Nachfrage nach Immobilien. Schließlich sind die induzierten Multiplikatoreffekte zu beachten. Aufgrund der beschriebenen Wirkungen entstehen Einkommen für die in diesen Bereichen Beschäftigten. Die Einkommen werden ausgegeben und konsumiert und führen so z. B. zu einer Nachfrage nach Immobilien in den Bereichen Einzelhandel oder Wohnimmobilien.

Somit entsteht durch die Wahl des Produktionsstandortes für Exportgüter gleichzeitig eine weitere Nachfrage nach Immobilien. Der internationale Handel mit Gütern und Dienstleistungen ist ein bedeutender und vielschichtiger Einflussfaktor für die Flächennachfrage in einem Land. Die Nachfrage nach Immobilien kann sich c. p. für das exportierende Land/Standort positiv auf das Marktergebnis auswirken: c. p. höhere Preise und Mieten sowie niedriger Leerstand.

Verschiedene Faktoren werden als **Ursache für den internationalen Handel mit Gütern und Dienstleistungen** angeführt, der indirekt zu einer Nachfrage nach Immobilien führt. Eine **mangelnde Verfügbarkeit** der Güter in einem Land kann natürliche Ursachen wie bei Rohstoffen (z. B. Erdöl, Kaffee) haben oder auf mangelndes technologisches Know-how bzw. auf nicht hinreichend ausgebildete Arbeitskräfte (mangelnde Qualifikation) zurückgeführt werden. Die unterschiedliche Ausstattung kann dazu führen, dass einige Güter in einem Land überhaupt nicht oder nur zu unverhältnismäßig hohen Kosten produziert werden können. Daher ist das Land auf den Import von Gütern und Dienstleistungen angewiesen.

Weiterhin können **Preisunterschiede** zu einem grenzüberschreitenden Handel führen, wobei es verschiedene Gründe für die Preisunterschiede geben kann. Dies liegt zum einen in der unterschiedlichen Verfügbarkeit von natürlichen Ressourcen und unterschiedlichen Produktionsbedingungen (Produktionstechnologien oder Unterschiede in der Ausstattung mit den Produktionsfaktoren Boden, Arbeit bzw. Kapital oder Economies of scale) begründet. Unterschiede in den Produktionsbedingungen führen auch zu merklichen Preisunterschieden, sodass sich ein Handel zwischen den Staaten lohnt. Zum anderen sind diese Preisunterschiede auf Kaufkraftunterschiede zwischen einzelnen Staaten zurückzuführen. Schließlich führen auch staatliche Eingriffe durch Steuern, Zölle und nicht-tarifäre Handelsauflagen zu Preisunterschieden. Dies hat Auswirkungen auf den Außenhandel.

Darüber hinaus können **produktspezifische Gründe** zum Außenhandel führen, wenn die Güter in den einzelnen Ländern z. B. unterschiedliche Qualitäten aufweisen. Außerdem können die Nachfrager unterschiedliche Präferenzen (Nachfrage) für Güter und Dienstleistungen besitzen. Auch bei gleichen Preisen ist somit die nachgefragte Menge unterschiedlich, sodass ein grenzüberschreitender Handel zustande kommt. Dies liefert eine Begründung für den intraindustriellen Handel, wenn ähnliche Produkte aus dem Ausland statt einheimischer gekauft werden.

Exkurs: Ökonomische Theorien internationalen Handelns

Schon die ersten Theoretiker der Außenwirtschaftslehre beschäftigten sich mit der Frage, warum sich Länder überhaupt dazu bereiterklären sollten, den Export heimischen Warenreichtums ins Ausland zuzulassen bzw. es den Ausländern zu ermöglichen, den Inländern durch den Import von Waren Konkurrenz zu machen.

Adam Smith und David Ricardo erklärten den internationalen Handel mit absoluten bzw. komparativen Kostenvorteilen bei der Produktion. Ein Land würde laut Adam Smith durch den Außenhandel gewinnen, wenn es sich auf jene Güter spezialisiert, die es günstiger als das Ausland herstellen kann, und dafür die Güter einführt, die im Ausland günstiger hergestellt werden können (absolute Kostenvorteile).

Nach dem britischen Ökonom David Ricardo sind die relativen (komparative) Kostenunterschiede für die Vorteilhaftigkeit des Außenhandels gegenüber dem Zustand der Autarkie entscheidend. Der Außenhandel ist selbst dann für beide Länder vorteilhaft, wenn die Produktionskosten eines Handelspartners bei jedem Gut höher sind als die des anderen. Entscheidend sind dabei nicht die absoluten Kosten, sondern die Kosten des einen Gutes im Vergleich zu den Kosten des anderen Gutes in beiden Ländern. Daher wird dieses Effizienzkriterium auch als das „Prinzip der komparativen Kostenvorteile" bezeichnet. Das in allen Sektoren produktivere Land hat einen komparativen Kostenvorteil in der Produktion desjenigen Gutes, das es relativ günstiger herstellen kann.

Später entwickelten Eli Heckscher und Bertil Ohlin für differierende Ressourcenausstattungen bei Ländern das Faktorproportionentheorem. Komparative Kostenvorteile resultieren demnach aus der relativ unterschiedlichen Ausstattung mit Produktionsfaktoren. Selbst dann, wenn beide Länder über identische Technologien verfügen, ist es für sie vorteilhaft, Handel zu treiben. Dabei gilt die Regel, dass ein Land jene Güter exportiert, zu deren Herstellung die relativ reichlich vorhandenen Faktoren intensiv eingesetzt werden, während es jene Güter importiert, in deren Produktion die relativ knappen Produktionsfaktoren intensiv eingesetzt werden. Entwicklungsländer, die unter Kapitalmangel leiden, aber über relativ viele Arbeitskräfte verfügen, besitzen komparative Kostenvorteile in der Herstellung arbeitsintensiver Güter. Industrieländer haben hingegen komparative Kostenvorteile in der Herstellung kapital- bzw. humankapitalintensiver Güter.

Diese drei Ansätze beschreiben internationale Wirtschaftsbeziehungen als interindustriellen Warenverkehr zwischen Nationen, die sich jeweils auf die Produktion eines Guts spezialisiert haben, etwa die in der ökonomischen Theorie immer wieder genannten Beispiele von in England gewobenem Tuch oder in Portugal gekeltertem Wein. Ein Großteil des Welthandelsvolumens (z. B. Autos) entspricht diesem Muster jedoch nicht. Oft liefern entwickelte Länder einander wechselseitig Gütervarianten, bei deren Fabrikation ähnliche Techniken und Faktoren eingesetzt werden. Die bisherigen Ansätze können diesen internationalen Handel zwischen Industrieländern (intraindustriellen Handel) nicht erklären, die ähnliche Produkte in die jeweils anderen Länder exportieren. Eine mögliche Lösung kann z. B. von den unterschiedlichen Angebots- oder Nachfragestrukturen in beiden Ländern herrühren.

Die Neuere Außenhandelstheorie vor allem von dem des amerikanischen Ökonomen Paul Krugman erläutert, welche Konsequenzen sich aus der Existenz steigender Skalenerträge für den internationalen Handel ergeben. Krugman setzt bei der wachsenden Bedeutung des intraindustriellen Handels an und begründet die daraus resultierende Wohlfahrtssteigerung der beteiligten Länder mit steigenden Skalenerträgen. Wenn sich jedes Land auf die Produktion bestimmter Güter konzentriert, können diese Güter in größerer Stückzahl und damit kostengünstiger hergestellt werden.

Die Stückkostenersparnis macht bei wachsendem Ausstoß den Handel zwischen ökonomisch gleichartigen Ländern und innerhalb derselben Produktkategorie, z. B. Mittelklasseautomobile, lohnend. Solange die Vorteile der Massenproduktion für den größeren internationalen Markt nicht durch höhere Transaktions- und Transportkosten überkompensiert werden, können Produzenten und Verbraucher gewinnen. Die Berücksichtigung steigender Skalenerträge verleiht großen Unternehmen in der Regel einen Kostenvorteil gegenüber kleineren Unternehmen. Industrien, die durch steigende Skalenerträge charakterisiert sind, zeichnen sich daher auch durch eine Tendenz zur Monopolisierung über Landesgrenzen hinweg aus.

Zusammenfassend gibt es zwei volkswirtschaftlich-theoretische Ursachen, die für den freien Warenhandel sprechen. Erstens profitieren Länder von ihren Unterschieden. Diese können sich auf die verwendeten Technologien, auf die jeweilige Ausstattung mit Produktionsfaktoren, aber auch auf die Nachfragestrukturen und Konsumentenpräferenzen beziehen. Die zweite Erklärung ist der Wohlfahrtsgewinn, der aus dem Auftreten steigender Skalenerträge resultiert. Erst auf Grundlage des Weltmarktes ist es den Akteuren der Weltwirtschaft möglich, Größenproduktionsvorteile (Economies of scale) zu nutzen.

Standortwahl der Multinationalen Unternehmen stimuliert Immobiliennachfrage

Schon im 19. Jahrhundert gab es Unternehmen mit Produktionsstätten und Handelsniederlassungen im Ausland, jedoch hatten diese eine eindeutige nationale Identität. Heute gibt es Multinationale und Transnationale Unternehmen (MNU oder TNU), die durch internationale Zusammenschlüsse entstanden sind oder deren Eigentümerkreis international zusammengesetzt ist.

Exkurs: Multinationale Unternehmen

Ein Multinationales Unternehmen) (MNU) besteht aus einem Mutterunternehmen und den dazugehörenden Tochterunternehmen im Ausland. Die United Nations Conference on Trade and Development (UNCTAD) definiert ein Mutterunternehmen als ein Unternehmen, das Teile eines anderen ausländischen Unternehmens kontrolliert. Dabei wird davon ausgegangen, dass für diese Kontrolle – je nach Unternehmensform – eine Beteiligung in Höhe von mindestens 10 % notwendig ist.

Unterschieden werden kann ein Multinationales Unternehmen von einem Transnationalen Unternehmen (TNU), wobei die Differenzierung nicht eindeutig ist. Im allgemeinen Sprachgebrauch sind damit jeweils international agierenden Unternehmen gemeint, wobei bei einem MNU das Eigentum und die Kontrolle bei natürlichen oder juristischen Personen aus verschiedenen Ländern bestehen, während sie bei TNU nur aus einem Land stammen.

Multinationale Unternehmen haben eine sehr große Bedeutung für die Weltwirtschaft. Nach Angaben der UNCTAD lag die Zahl der MNU Ende der 1960er Jahre bei etwa 10.000. Bis zum Jahr 1990 stieg die Gesamtzahl auf rund 35.000 und erhöhte sich bis zum Jahr 2008 noch einmal deutlich auf gut 82.000. Parallel zur steigenden Anzahl der MNU erhöhte sich auch die Zahl ihrer Tochterunternehmen von 150.000 im Jahr 1990 auf 807.000 im Jahr 2008. Die UNCTAD schätzt, dass auf die Tochterunternehmen der MNU rund ein Drittel der weltweiten Waren- und Dienstleistungsexporte entfällt. Ihr Anteil am globalen BIP soll ca. 11 % und der Umsatz über 30 Bio. USD betragen. Innerhalb der Gruppe der MNU kommt dabei den größten Unternehmen eine nochmals höhere Bedeutung zu. (Quelle: Bundeszentrale für politische Bildung)

Die Globalisierung der Produktion und des Handels erhielten ihre Impulse zunächst durch die Multinationalen Unternehmen und auch heute noch werden sie als wesentliche Treiber der Globalisierung angesehen. Die Aktivitäten dieser Unternehmen beeinflussen direkt die wirtschaftliche Entwicklung und indirekt die der Immobilienmärkte. Durch die Standortwahl eines MNU kommt es zu den gleichen Wirkungen wie durch den internationalen Handel. Durch die Standortentscheidung kommt es zur Produktion an einem bestimmten Standort, womit eine entsprechende Immobiliennachfrage verbunden ist, sei es auf dem Projektentwicklungs-, Vermietungs- oder Investmentmarkt. Aufgrund der internationalen Ausrichtung der MNU sind diese Standortentscheidungen jedoch nicht fix, sondern werden auch immer wieder in Frage gestellt.

Die Multinationalen Unternehmen benötigen für ihre internationale Expansion und damit für ihre Standorte im Ausland auch Immobilien, die sie entweder selbst entwickeln, mieten oder kaufen. Dies bedeutet eine verstärkte Nachfrage nach Immobilien auf dem jeweiligen ausländischen Markt. Eine erhöhte Nachfrage dieser Unternehmen erfolgt insbesondere nach Büroflächen in den weltweiten Finanz- und Dienstleistungszentren. Die Nachfrage nach Immobilien steigt in dem Land, in dem sich die Unternehmen ansiedeln.

Voraussetzung für den deutlichen Anstieg der Direktinvestitionen der Unternehmen seit Mitte der 1980er Jahre waren vor allem der Abbau von Handelshemmnissen, die Liberalisierung und Deregulierung der Finanzmärkte sowie technische Entwicklungen, die eine Überwachung des Produktionsprozesses auch über große Distanzen hinweg ermöglichten. Damit stehen den Unternehmen weit mehr Standorte weltweit zur Verfügung, was von diesen auch genutzt wird, um eine direkte Produktionstätigkeit der von ihnen angebotenen Güter vor Ort als Alternative zum Export dieser Güter zu prüfen.

Ein **erstes** Argument bei der Standortwahl von MNU ist absatzorientiert, denn durch die Standorte wird Kundennähe geschaffen. Dieses dient der Erschließung von neuen und die Sicherung bestehender ausländischen Märkten. Das Unternehmen möchte Präsenz am Ort des Kunden demonstrieren. Die so begründeten Direktinvestitionen sind mit internationalem Güteraustausch in der Regel positiv korreliert, d. h. durch die Investitionen kann der Absatz auf dem ausländischen Markt erhöht werden. Ein weiterer Vorteil wird im besseren Zugang zu Informationen über die lokalen Märkte gesehen, was ein schnelleres Reagieren auf notwendige Veränderungen ermöglicht. So stimuliert die Expansion Multinationaler Unternehmen auf verschiedenen Wegen weltweit indirekt die Nachfrage nach hochwertigen Flächen für die entsprechenden Leitungs- und Verwaltungsbereiche. Die anderen Objektmärkte (z. B. Einzelhandel oder Wohnen) sind nur indirekt oder induziert betroffen.

Das **zweite** Argument ist der Standort, wobei der Auslöser für eine Direktinvestition die Infrastruktur eines ausländischen Standorts, die Qualität des Arbeitskräfteangebots oder der Technologiestatus sein kann. Oft fallen diese Überlegungen erst nach der Grundsatzentscheidung für eine Präsenz im ausländischen Markt ins Gewicht, wenn es darum geht, einen konkreten Standort in den ausländischen Märkten zu bestimmen.

Drittens entscheiden kostenbedingte Argumente bei der Standortwahl. Aufgrund unterschiedlicher Kostenstrukturen kann ein Produktionsstandort entweder im Inland oder im Ausland angesiedelt werden. Die Entscheidung kann sich auch auf den Teil der Produktion beschränken, der für den Export bestimmt ist, es geht dann nur um die Frage nach dem Export eines Teils der Inlandsproduktion versus der Produktion der für den ausländischen Markt bestimmten Gütermenge vor Ort. Bei dieser Entscheidung sind vor allem die Kosten des Produktionsfaktors Arbeit und seine Produktivität entscheidend. Letztlich können strategische Überlegungen die Standortwahl beeinflussen. Die Furcht vor einer Abschottung durch Zölle, Importbeschränkungen oder andere Barrieren veranlasst viele Unternehmen, in einem der Märkte präsent zu sein, um so eventuelle Handelssanktionen umgehen zu können. Zu den strategischen Überlegungen zählt auch das Motiv, Wechselkursschwankungen zu umgehen (siehe Kapitel 4.3). Außerdem können Multinationale Unternehmen Risiken und Kosten unsicherer Wechselkurse durch interne Verrechnungspreise zwischen Tochterunternehmen weitgehend vermeiden.

3.3.3   Auswirkungen der globalisierten Dienstleistungen

Die Globalisierung der Immobilienwirtschaft findet dabei auf allen Wertschöpfungsstufen von Immobilien statt: auf den Märkten der Nutzer, jenen der Investoren sowie der Finanzierer. Durch die Globalisierung von einerseits Produktion und andererseits Investments entsteht ein zunehmender globaler Bedarf an Dienstleistungen rund um die Immobilie. Von Projektentwicklungen bis hin zum Abriss werden die einzelnen Bereiche der Wertschöpfungskette der Immobilie stetig grenzüberschreitender bzw. globaler angeboten und ausgeführt, was auch ein Kennzeichen der Globalisierung der Immobilienwirtschaft ist.

Historisch waren die **Immobiliendienstleistungen** eine lokale Angelegenheit, bei der lokale Akteure aufgrund ihres tiefen Verständnisses des lokalen Markts dominierten. Die Immobilienwirtschaft wies einen engen räumlichen Aktionsradius auf, überregionale und grenzüberschreitende Immobiliengeschäfte wurden kaum getätigt. Wie in den beiden vorangegangenen Kapiteln gezeigt, kam es auch in der Immobilienwirtschaft in den letzten Jahrzehnten zu einer zunehmenden Globalisierung. Als Treiber und Gewinner der Globalisierung können ebenfalls die Immobiliendienstleister angesehen werden. Sie haben sich im Gefolge weltweit operierender Unternehmen wie Immobilieninvestoren oder MNU stark internationalisiert. Bei den Dienstleistern handelt es sich um Unternehmen, die die Vermarktung, das Management, die Bewertung von Immobilien sowie Analysen und Beratung zur Immobiliennutzung, -investition oder -entwicklung anbieten.

Exkurs: Immobilienwirtschaft
Gemäß den international üblichen Abgrenzungen kann zwischen der Immobilienwirtschaft im engeren (i. e. S.) und weiteren Sinne (i. w. S.) unterschieden werden. Nach der amtlichen Statistik handelt es sich bei der Immobilienwirtschaft i. e. S., die auch als Grundstücks- und Wohnungswesen bezeichnet wird, sowohl um Unternehmen, die Immobilien bewirtschaften, vermitteln und verwalten als auch um Selbstnutzer und private Kleinvermieter. Für die Immobilienwirtschaft i. w. S. gibt es hingegen keine amtliche Definition. So werden z. B. in Deutschland oder Europa von der European Public Real Estate Association (EPRA) hierunter alle Unternehmen erfasst, die zur Wertschöpfung im Rahmen des Lebenszyklus einer Immobilie beitragen. Neben der zum Produzierenden Gewerbe gehörenden Bauwirtschaft und anderen Industrien (z. B. Zulieferer) sind dies unterschiedliche Dienstleistungssektoren. Diese Branchen umfassen zum einen die Immobilienwirtschaft i. e. S. sowie zum anderen die Immobilienfinanzierung, Beteiligungsgesellschaften, Kapitalanlagegesellschaften, Architektur- und Ingenieursbüros, Hausmeisterdienste, Gebäudereiniger und sonstige Dienstleister wie z. B. Wirtschaftsprüfer oder Immobilienberater.

Die Globalisierung der Immobiliendienstleistungsunternehmen kann als ein spezieller Fall der allgemeinen Globalisierung der Dienstleitungen angesehen werden. Die Immobiliendienstleister folgen z. B. ihren Auftraggebern bei deren Expansion ins Ausland. Dabei diversifizierten sie sowohl ihre Angebotspalette als auch ihren geografischen Wirkungsbereich. Die lokalen Marktakteure wie Bauunternehmen, Makler, Berater und Dienstleistungsfirmen, Immobilienfinanzierer sowie Investoren haben in diesem Prozess ihre Arbeitsgebiete zunehmend ausgedehnt. So hat z. B. die Öffnung vorher geschlossener Volkswirtschaften (wie in Osteuropa und in den Entwicklungsländern) signifikante neue Geschäftspotenziale für Immobilienfirmen und Expansionsmöglichkeiten in neue Märkte eröffnet. Neben der Chance auf neue Geschäftsmöglichkeiten kann ein Grund auch darin bestehen, dass angesichts des Expansionsstrebens der Dienstleister der Heimatmarkt zu klein ist.

Die Immobiliendienstleister haben z. B. in vielen Ländern Niederlassungen eröffnet. Kennzeichnend für die einsetzende Globalisierung sind auch vielfältige global-lokale Arrangements, die von losen Kooperationen über Projektnetzwerke und Joint Ventures bis hin zu Kapitalbeteiligungen und Fusionen reichen. Mittels Aufbaus eigener Niederlassungen im

Ausland sowie Fusionen, Übernahmen und Partnerschaften entwickelten sich so aus klassischen Maklern multinationale Dienstleister mit einer umfassenden Palette an Angeboten.

Zwischen lokalen und global-orientierten Dienstleistern kann es zu einer Win-Win-Situation kommen. Die lokalen Akteure haben ein tiefes Verständnis des lokalen Markts. Sie verfügen zudem über die praktische Markterfahrung, haben einen privilegierten Zugang zu den Informationen und die Kontakte, die notwendig sind, um u. a. den politischen Prozess zu steuern oder die erforderlichen Genehmigungen zu erhalten. Die global aufgestellten Immobiliendienstleister bieten hingegen weltweit in allen wichtigen Wirtschaftszentren lokale und globale Expertise an. Sie benötigen aber oftmals lokale Partner, um Zugang zu örtlich verankerten Wissen, lokalen Netzwerken, Akteuren und Entscheidungsträgern zu erhalten und somit die Intransparenzen zu reduzieren. Mit zunehmender Tätigkeit ausländischer Akteure verbreiten sich durch ihr i. d. R. professionelles Vorgehen internationale Standards, die zu einer verbesserten Professionalisierung und Markttransparenz beitragen. Sie sind damit auf der einen Seite in lokale Netzwerkstrukturen und auf der anderen Seite auch in globale Netzwerke eingebunden. So können sie ihr spezifisches Wissen, Best-Practice-Beispiele und Erfahrungen aus unterschiedlichen Märkten nutzen und auf einzelne lokale Märkte anwenden.

Die Dienstleister nehmen eine zentrale Stellung im Globalisierungsprozess der Immobilienwirtschaft ein. Sie erleichtern als Ansprechpartner vor Ort internationalen Akteuren den Zutritt zu fremden und intransparenten Märkte, indem sie Marktinformationen anbieten, lokale Besonderheiten vermitteln und erste Kontakte zu lokalen Entscheidungsträgern arrangieren. Mittels eigener Erhebungen und Veröffentlichungen tragen sie zur Entwicklung transparenterer Marktstrukturen bei. Aus Sicht international tätiger Unternehmen und Investoren reduzieren sich mit dem Eintritt dieser Marktspezialisten die Unsicherheiten und Informationskosten.

Projektentwickler und Bauträger

In einem arbeitsteiligen Immobilienmarkt wird die Konzeption und Verwirklichung von Neubauprojekten durch Projektentwickler und Bauträger in der Immobilienwirtschaft übernommen. Damit stehen sie im Lebenszyklus einer Immobilie am Anfang. Unter Projektentwicklung wird im Immobilienbereich die Konzeption und Erstellung meist größerer Immobilienprojekte verstanden. Aufgabe dieser Unternehmen ist es eine sinnvollen Kombination der Faktoren Standort, Kapital und Projektidee zu entwickeln und diese auch zu realisieren.

Die Projektentwickler sind heute nationaler oder internationaler Herkunft. Anders als das Investmentsegment ist ein Teilmarkt der Projektentwicklung auch heute eher lokal verankert. Die länderspezifischen Regelungen bzgl. Baugenehmigung und -ausführung, mit denen die Planung und Realisierung eines Projektes konfrontiert werden, die eingeschränkte Prognostizierbarkeit zukünftiger Entwicklungen sowie der lange Herstellungsprozess einer Immobilie sind mit erhöhten Risiken und Intransparenzen verbunden und erschweren den Markteintritt ausländischer Projektentwickler.

Lokal agierende Entwickler verfügen damit oftmals über detailliertere Standortkenntnisse und können daher besser einschätzen, welche Standorte Entwicklungspotenzial besitzen bzw. wann der Immobilienzyklus über den günstigsten Investitionszeitpunkt verfügt. Die Verbreitung von Informationen, etwa über geplante Projekte der Konkurrenz, geeignete Standorte, jüngste Marktentwicklungen und Schlüsselakteure, bleibt damit häufig lokal fixiert und exklusiv. Die hohe Komplexität der einzelnen Schritte der Projektentwicklung, die neben dem

Preis teilweise auch über Vertrauen und langjährige Zusammenarbeit reguliert werden, scheinen gleichfalls eine Beteiligung lokaler Partner erforderlich zu machen. Aus Sicht internationaler Immobilienprojektentwickler stellen diese lokal verankerten persönlichen Netzwerke sowie die spezifischen Besonderheiten des Marktes eine schwer zu überwindende Barriere beim Markteintritt dar.

In den vergangenen Jahren ist das Ausmaß internationaler Projektentwicklungen angestiegen. So entwickelten z. B. deutsche Projektentwickler Immobilien in Zentral- und Osteuropa. Sehr erfolgreich sind sie bei Spezialimmobilien wie bei der Entwicklung von Fußballstadien im Vorfeld internationaler Turniere (WM in Südafrika oder Brasilien). Internationale Projektentwickler sind gerade beim Einzelhandel in der Lage, mehr Expertise in ein Projekt zu bringen, das die Anforderungen von internationalen Einzelhändlern und lokalen Konsumenten in Übereinstimmung bringt. Damit wird die Nachhaltigkeit des Projektes hinsichtlich Wettbewerbsfähigkeit und vor allem Profitabilität deutlich gesteigert. Durch die Globalisierung der internationalen Immobilienmärkte kam es auch hier zu deutlichen Veränderungen. Während bei Büroobjekten schon bei den ersten Projekten westliche Standards vorherrschten, ähneln die ersten Shoppingcenter in Emerging Markets eher den bisherigen regionalen Malls, bevor sich die neuen Konzepte durchsetzen.

Immobilienmakler

Für Immobilienmakler zeigt sich das internationale Geschäft primär in zwei Ausprägungen. Zum einen gibt es deutsche Kunden, die beabsichtigen, Objekte im Ausland zu kaufen. Im Bereich der Wohnimmobilien werden hier verstärkt Zweitwohnsitze nachgefragt. Bei Gewerbeimmobilien sind es die deutschen institutionellen Anleger, die aufgrund ihrer zunehmend internationalen Ausrichtung nach ausländischen Immobilien suchen. Auf der anderen Seite stehen ausländische institutionelle und private Investoren und Großunternehmen, die mit Ankaufs- oder Mietwünschen in Deutschland potentielle Kunden für die Immobilienmakler sind.

Die Gründe für die Globalisierung finden sich sowohl auf Seiten der Makler selbst als auch auf Kundenseite. Auf Unternehmensseite hat sich im Zuge der Globalisierung seit Anfang der 1970er Jahre ein enorm hoher Konkurrenzdruck aufgebaut. Heute sind alle großen ausländischen Immobilienmakler auch in der deutschen Immobilienwirtschaft tätig. Seit Jones Lang LaSalle als einer der ersten großen internationalen Immobilienmakler Anfang der 1970er Jahre nach Deutschland kam, sind umfassende Beratungsleistungen nicht mehr wegzudenken, wenn Makler im internationalen Wettbewerb bestehen wollen. Auf Kundenseite besteht häufig der Wunsch mit bekannten Maklerfirmen auch im Ausland weiterzuarbeiten, um eine erfolgreiche bisherige Zusammenarbeit auch an neuen Standorten fortzusetzen.

3.3.4   Globalisierung führt zur Angleichung nationaler Immobilienmärkte

Durch die Globalisierung kommt es zur Übertragung von ausländischen Standards und Verhalten in andere Länder. Durch die Globalisierung werden die Einführung und die Durchdringung internationaler Marktpraktiken und -methoden, Bewertungstechniken sowie professioneller Standards vorangetrieben. Dies wirkt sich auf eine Vielzahl von Marktusancen der nationalen Immobilienmärkte aus und findet auch bei den lokalen Akteuren Anwendung. Mit der Etablierung internationaler Standards kommt es zu einer internationalen Harmonisierung und Homogenisierung. Tendenziell erfährt so der nationale Immobiliensektor eine internationale Angleichung bzw. Homogenisierung durch die Globalisierung.

Die Veränderungen kamen **anfangs** vor allem von den Märkten der USA und Großbritanniens. Der ganz überwiegende Teil ausländischer Investments kam über viele Jahre von US-amerikanischen Investoren, wobei vor allem die großen Private-Equity-Firmen und Investmentbanken im Vordergrund standen. Die Herangehensweise dieser Investoren – insbesondere die Übertragung von M&A- und Portfolio-Ansätzen auf die Immobilienwirtschaft und der starke Fokus auf die (komplexe) Strukturierung der Immobilienfinanzierung – hat die Entwicklung auf den internationalen Immobilienmärkten über viele Jahre geprägt. Auch wenn deutsche Investoren weltweit im vergangenen Jahrzehnt am aktivsten waren, setzten sich insbesondere angelsächsische Marktusancen durch.

Internationales Recht

Die inhaltliche Gestaltung von internationalen Immobilienkaufverträgen hat sich unter dem Einfluss amerikanischer Investoren wesentlich verändert. **Internationales Recht** wurde aufgrund der Dominanz der angelsächsischen Investoren bei vielen Investments in Deutschland angewendet. So wurden z. B. bei den großen Wohnungsportfoliodeals des letzten Jahrzehnts die Verträge nach angelsächsischem Recht formuliert.

Diese Entwicklung spiegelt sich in einer **veränderten Vertragsgestaltung** wider. Augenfällig ist hier der dadurch stark gestiegene Umfang der Verträge. In Deutschland bildet traditionell das Bürgerliche Gesetzbuch (BGB) bzw. Handelsgesetzbuch (HBG) zusammen mit anderen Gesetzen den rechtlichen Rahmen, innerhalb dessen die Parteien nur noch ihre Vereinbarung vertraglich festhalten müssen. In der Folge waren Kaufverträge traditionell viel kürzer als im amerikanischen Common-Law-System, in dem es mangels kodifizierten Rechts (generelle Gesetze) und angesichts einer traditionell stärker am Wortlaut des Vertrages orientierten Auslegung grundsätzlich erforderlich ist, alle Details im Vertrag ausführlich zu regeln. Dieser Ansatz ist inzwischen zumindest für Verträge zwischen professionellen Investoren auch in Deutschland Standard und wird auch in Transaktionen ohne internationale Beteiligung verwendet.

Traditionell erfolgte der Verkauf einer Immobilie in Deutschland „wie sie steht und liegt", also unter (weitgehendem) Ausschluss von Gewährleistungen. Insbesondere durch die Anforderungen angloamerikanischer Investoren ist es in den letzten Jahren üblich geworden, umfangreiche Gewährleistungskataloge zu vereinbaren. Gleichzeitig – quasi als Gegengewicht – ist es auch in Deutschland üblich geworden, die Haftung für mögliche Gewährleistungsverstöße in vielfältiger Weise zu begrenzen. Beispiele hierfür sind die zunehmend ausgedehnte Berichts- und Anzeigepflichten und eine stärkere Sicherung der Zahlungsströme über die regelmäßige Prüfung von Finanzkennzahlen. Diese Bedingungen können sich z. B. auf den Beleihungsauslauf (Loan-to-Value-Ratio, LTV) oder den Schuldendienstdeckungsgrad (Debt Service Coverage Ratio-Covenants, DSCR) beziehen.

Unterstützt wurde diese Entwicklung durch die Ausbreitung der Mortgage Backed Securities als Finanzierungsvehikel. Hierbei waren auch **Ratingagenturen** engagiert, die für ihre Ratings der MBS umfangreiche Anforderungskataloge definiert haben. Da die identifizierten Anforderungen u. a. die umfassende Absicherung von Immobilienrisiken im (zu finanzierenden) Kaufvertrag vorsahen, wurden indirekt auch die Kaufverträge zwischen Käufern und Verkäufern geprägt.

Die Entkoppelung von nationalem Recht ist jedoch teilweise kritisch zu beurteilen. Die genaue Bedeutung rechtlicher Begriffe ist stark geprägt von der jeweiligen (nationalen) Rechtsordnung. Diese Begriffe unabhängig von der Rechtsordnung in überwiegend englischsprachigen Verträgen zu verwenden, kann unter Umständen zu gravierenden Missverständnissen führen. So ist es in Frankreich Praxis, bei Transaktionen umfangreiche Garantien des Verkäufers zu bekommen, die den Käufer bei einer Garantieverletzung unabhängig von einem Verschulden des Verkäufers und unabhängig von den Informationen im Rahmen der Due Diligence zum Schadensersatz berechtigen. Im angloamerikanischen Raum werden Ansprüche dagegen regelmäßig ausgeschlossen, wenn im Rahmen der Due Diligence die relevanten Umstände offen gelegt wurden.

Die Herausforderungen werden sich mit der zunehmenden Globalisierung des Immobilienmarktes noch weiter verstärken. Solange der internationale Einfluss insbesondere durch angloamerikanische Investoren geprägt war, war der Rückgriff auf englischsprachige, an angloamerikanischen Mustern und Rechtsvorstellungen angelehnte Verträge für einen Großteil der ausländischen Investoren vertraut. In immer stärkerem Umfang kommen die Investoren für Immobilien jedoch aus anderen Ländern, insbesondere aus dem Mittleren Osten und Asien, aber auch aus Russland. Die Verwendung der bislang gebräuchlichen Vertragsstandards stößt in diesen Fällen an unterschiedliche Grenzen. Am deutlichsten wird dies, wenn religiöse Vorgaben veränderte Vertragsstrukturen erfordern, etwa um eine Scharia-konforme Finanzierung zu ermöglichen. Darüber hinaus ist zu erwarten, dass diese Investoren bei einem steigenden Marktanteil mit ihren Marktvorstellungen die Verträge in den jeweiligen nationalen Immobilienmärkten beeinflussen werden.

Weitere Bereiche der Angleichung

Die Globalisierung zeigt sich ebenso durch die schrittweise **Etablierung internationaler Standards** wie Lizenzen, Studienabschlüsse oder geschützter Titel. In gleicher Weise beschleunigt die geografische Expansion von Interessenverbänden und Vereinen die Professionalisierung und weltweite Integration in der Immobilienwirtschaft. Insbesondere die Royal Institution of Chartered Surveyor (RICS) hat weltweit einen enormen Einfluss auf Standards und ethische Normen ausgeübt. In den letzten Jahren hat auch die Europäische Union mit von ihr gesetzten Regularien stark in den Markt eingegriffen. Ein Beispiel dafür sind die geschlossenen Fonds. Deren Strukturen werden durch das deutsche Kapitalanlagesetzbuch (KAGB) geregelt, das auf der europäischen AIFM-Richtlinie (engl. AIFMD für Alternative Investment Fund Manager Directive) basiert. Diese auch als „Lernen vom Ausland" bezeichnete Übernahme von erfolgreichen, internationalen Standards gilt für viele Bereiche der Immobilienwirtschaft.

Bei der **Finanzierung** von Immobilientransaktionen zeigt sich auch, dass zunehmend neue Finanzprodukte verwendet werden. Finanzprodukte wie Verbriefungen oder Finanzvehikel wie Real Estate Investment Trusts wurden erst in Deutschland eingeführt, nachdem sie im Ausland vielfach schon zum Standard gehörten.

Bei den **Immobilienbewertern** wird über verschiedene Ansätze diskutiert, da das grundlegende Problem darin besteht, mit welchem Wert eine Immobilie in den Bilanzen der Unternehmen berücksichtigt wird oder welchen Kreditbetrag (als Teil des Immobilienwertes) die

Banken ausleihen wollen oder dürfen. Die deutsche Praxis orientiert sich an einem konservativen Beleihungswert. Bei der angelsächsischen Methode erfolgt hingegen eine stichtagsbezogene Bewertung zum Marktwert. Zu hohe Bewertungen verleiten Banken aber zu hohen Kreditausläufen, mit denen sie dann im folgenden Abschwung Probleme bekommen. Aus volkswirtschaftlicher Sicht ergibt sich der Preis oder Wert einer Immobilie aufgrund von Angebot und Nachfrage auf dem Markt zum Zeitpunkt der Veräußerung, alles andere sind nur Schätzungen. Von welchem Wert und in welchem Ausmaß sich die Beleihungswerte definieren, ist letztlich eine Frage der Risikoeinschätzung.

Neben der direkten Konkurrenz werden internationale Akteure auch zum **Benchmark** für inländische Unternehmen. Auf dem Banken- und Kapitalmarkt werden z. B. die Unternehmensergebnisse in Ratings von lokalen, bestandshaltenden Wohnungsgenossenschaften mit den international tätigen Wohnungsunternehmen verglichen.

Die Angleichung betrifft außerdem das Vordringen von internationalen **Managementideen und -strategien**. In Deutschland z. B. waren früher Investoren überwiegend Bestandshalter, die Immobilien kauften und dann vor allem von den Mieteinnahmen profitierten. Spätestens durch den Eintritt angelsächsischer Investoren beim Kauf von Wohnungsportfolios Mitte des letzten Jahrzehnts kam es zum Vordringen neuer Strategien wie der buy-and-manage-Strategie.

Durch **Kooperationen bzw. Partnerschaften** mit internationalen Immobiliendienstleistern und -beratern erlangen vormals lokal ausgerichtete Akteuren eine stärkere internationale Ausrichtung. So übertragen sie zunehmend internationale Standards und Know-how auf ihre eigenen Aktivitäten. Im besonderen Ausmaß zeigen sich diese Lerneffekte bei strategischen Partnerschaften oder bei akquirierten Unternehmen. Allerdings führt der durch internationale Dienstleister forcierte Reifeprozess hin zu modernen Marktstrukturen in der Immobilienwirtschaft nicht zwangsläufig zu einheitlichen Märkten. Vielmehr kommt es zu einer komplexen Verflechtung moderner und traditioneller Elemente.

3.4   Folgen der Globalisierung

Die Immobilienwirtschaft ist wie beschrieben von unübersehbaren Globalisierungstendenzen erfasst. Die Folgen der Globalisierung zeigen sich sowohl in quantitativen als auch qualitativen Veränderung der Immobilienmärkte. Quantitative und qualitative Veränderungen sind insbesondere bei der Intensität, der geografischen Ausdehnung und der Beschleunigung der grenzüberschreitenden Aktivitäten festzustellen. So hat die Zahl der Staaten und Märkte, die im Fokus der Investoren stehen, in den vergangenen Jahren nach der Finanz- und Wirtschaftskrise wieder deutlich zugenommen. Eine ähnliche, sogar noch stärkere Entwicklung hatte es im vergangenen Jahrzehnt bis zu Krise 2008 gegeben. Auch bei den quantitativen Indikatoren Marktteilnehmer und Produkte ist ein vergleichbarer Zyklus zu erkennen. Qualitative Veränderungen durch die Globalisierung zeigen sich auf den Immobilienmärkten vor allem in einer zunehmenden Professionalisierung und Markttransparenz, wobei sich diese beiden Effekte auch gegenseitig bedingen.

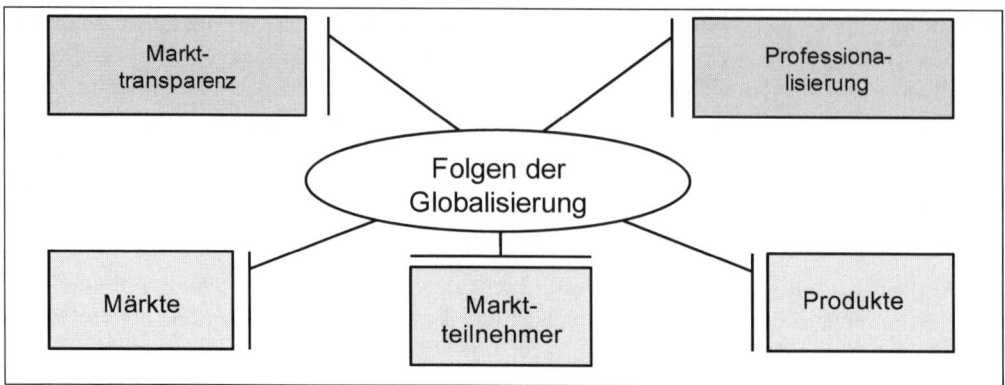

Abb. 3.4:   Folgen der Globalisierung; Quelle: eigene Darstellung

3.4.1   Mehr und neue Märkte

Die Globalisierung zeigt sich nicht nur im wachsenden Volumen internationaler Transaktionen, sondern auch in einer veränderten geografischen Ausdehnung der Immobilienanlageziele institutioneller Investoren. Auch in diesem Kapitel wird wiederum unterschieden zwischen den Immobilieninvestoren sowie den Immobilienunternehmen, die in der Wertschöpfungskette der Immobilien tätig sind, und den Dienstleistern, die ihren Service rund um die Immobilien anbieten. Die für Investoren und Immobilienunternehmen attraktiven Märkte, in denen sie sich engagieren, haben im Zeitablauf deutlich zugenommen. Nach einer eher inlandsorientierten Sichtweise kamen zunehmend internationale Märkte in den Fokus der Marktteilnehmer.

Bei den **Immobilieninvestments (finanzwirtschaftliche Globalisierung)** ist ein Prozess der globalen Ausbreitung festzustellen. So beschränkte sich die Globalisierung Anfang der 1990er Jahre aus deutscher Sicht zunächst auf vereinzelte Investitionen in ausgewählten europäischen und amerikanischen Standorten. Bei den deutschen institutionellen Investoren waren Anfang der 1990er Jahre die europäischen Nachbarländer wie die Niederlande und Frankreich im Fokus. Hinzu kamen Märkte mit ähnlich entwickelten Rahmenbedingungen wie die USA. Durch den Fall des Eisernen Vorhangs und die damit einhergehenden Transformationsprozesse wurden auch osteuropäische Reformländer für international tätige Investoren interessant. Waren Anfang des letzten Jahrzehnts zunächst noch Tschechien und Polen die interessanten Märkte, kamen dann Russland oder Asien (speziell China) und anschließend weitere Emerging Markets wie Lateinamerika, die arabische Halbinsel oder Südafrika hinzu. Die Finanz- und Wirtschaftskrise hat zu einem Abbruch dieser Expansionsstrategie geführt, aber in den letzten Jahren ist wieder ein ähnlicher Verlauf der Entwicklung festzustellen (siehe Kapitel 6.4.2). Insgesamt hat sich im Zuge der Globalisierung die Anzahl der im Blickfeld stehenden Märkte deutlich erhöht. Die Märkte werden anspruchsvoller, dynamischer und teilweise professioneller – aber auch offener für internationale Einflüsse.

Der Trend zur Globalisierung besteht bei den Investments aus zwei gegenläufigen Entwicklungen, die sich auch geografisch trennen lassen. Auf der einen Seite lassen nationale Immobilienmärkte mit beschränktem Immobilienbestand und die starke Konkurrenzsituation auf nationaler Ebene ein alleiniges Investieren in Mature Markets zu teuer erscheinen. Der für

Investmentzwecke institutioneller Investoren global zur Verfügung stehende Immobilienbestand wird gegenwärtig durch die Mature Markets dominiert. Rund zwei Drittel des gesamten Bestands entfallen auf die USA, Japan, Großbritannien, Deutschland und Frankreich. Die Preise für Immobilienanlagen in den Mature Markets sind in den letzten Jahren durch hohe Mittelzuflüsse sowie die hohe Liquidität institutioneller Anleger tendenziell angewachsen. Dieser trendmäßige Preisanstieg verstärkt sich durch die zunehmende Transparenz und die steigende Anzahl an Marktteilnehmern in den letzten Jahren, während das Angebot moderner Objekte endlich ist. Das Ungleichgewicht zwischen Angebot und Nachfrage intensiviert weltweit den Wettbewerb. Entsprechend steigen die Kaufpreise und damit sinken c. p. die Nettoanfangsrenditen. Einbrüche bei den Preisen lassen sich im Wesentlichen durch die globalen Krisen („Dot-Com"-Blase, Finanz- und Wirtschaftskrise) erklären. In der langen Frist lässt sich ein trendmäßiger Rückgang der Renditen feststellen. Begrenzte nationale Marktgrößen und zunehmende Konkurrenz lassen ein alleiniges nationales Engagement zu teuer erscheinen. Diese Entwicklung veranlasst Investoren, Wachstumsmöglichkeiten im Ausland zu suchen.

Auf der anderen Seite locken neue Investitionsmöglichkeiten z. B. in den Emerging Markets. Es zeichnet sich deutlich ab, dass die Emerging Markets im Zuge ihres wirtschaftlichen Aufholprozesses und ihrer demographischen Entwicklung deutlich an Relevanz gewinnen können. Insbesondere der Strukturwandel hin zu Dienstleistungsmetropolen und die zunehmend globale Aufstellung Multinationaler Unternehmen mit einer sich verändernden internationalen Arbeitsteilung haben weltweit neue Investitionsmöglichkeiten geschaffen. Die bisherige wirtschaftliche Dominanz der Mature Markets in Europa, Nordamerika und Asien wird allmählich aufgeweicht. So suchen Investoren verstärkt in Richtung neuer aufstrebender Märkte der Emerging Markets neue Investitionsmöglichkeiten und höhere Renditen. Ein solches Investment birgt aufgrund der u. a. schwer vorhersagbaren wirtschaftlichen und politischen Entwicklungen zwar höhere Risiken, allerdings gibt es in den wachsenden Metropolen der Emerging Markets teilweise überdurchschnittliche Anfangsrenditen.

Die immer noch ungleiche räumliche Verteilung der weltweiten Transaktionen zeigt, dass der Globalisierungsprozess nicht räumlich homogen verläuft, sondern mitunter räumliche Ungleichheiten schafft bzw. verstärkt. Während vor allem die Wirtschaftsmetropolen der Mature Markets und der aufstrebenden Länder der Emerging Markets aktiv an der Globalisierung partizipieren und in der globalen Immobilienwelt engmaschig vernetzt sind, bleiben einige Regionen und Städte nahezu abgekoppelt. Der Begriff Globalisierung meint daher nicht, dass alle Immobilienstandorte rund um den Globus einbezogen sind.

Bei der **realwirtschaftlichen Globalisierung** kommt es indirekt zu einer zusätzlichen Nachfrage für die Immobilienwirtschaft. Aufgrund der zunehmenden Globalisierung der Wirtschaft insgesamt sind die Unternehmen immer stärker in verschiedenen Ländern aktiv und fragen dort auch Immobilien nach. Die entsprechenden Dienstleistungen und Produkte werden somit von den Unternehmen der Immobilienwirtschaft auf mehr und auch neuen Märkten angeboten.

Zusammenfassend erfuhren lokale Immobilienmärkte durch die steigende Intensität und geografische Ausdehnung der ökonomischen Verflechtungen in den letzten Jahren einen signifikanten Zuwachs an ausländischen Aktivitäten. Während bis in die 1990er Jahre mit Ausnahme internationaler Mieter und weniger risikobereiter Investoren das Marktgeschehen hauptsächlich über komplexe lokale Netzwerke gesteuert wurde, kommt es aktuell durch den

Marktzutritt globaler Akteure zu neuen Konkurrenzsituationen und stärkeren internationalen Verflechtungen.

3.4.2   Mehr und neue Marktteilnehmer

Die Globalisierung der Immobilienmärkte zeigt sich nicht nur in einem steigenden Transaktionsvolumen und mehr Märkten, sondern auch bei der Anzahl der Marktteilnehmer. Dabei ist sowohl eine quantitative als auch eine qualitative Dimension zu beachten. Deutlich zugenommen hat ebenfalls die Zahl der Marktteilnehmer, die sehr unterschiedliche Strategien aufweisen können. Aufgrund der finanzwirtschaftlichen und realwirtschaftlichen Globalisierung kann hier ebenfalls zwischen den Immobilieninvestoren und den Dienstleistern der Immobilienwirtschaft plus der Bauwirtschaft und anderen Industrien unterschieden werden.

Die **Immobilieninvestoren** orientierten sich im Rahmen der finanzwirtschaftlichen Globalisierung in zunehmenden Maß grenzüberschreitend. Dabei geht der Impuls häufig von den internationalen, institutionellen Investoren aus, deren Kapital auf der Suche nach neuen Renditechancen die steigende Nachfrage nach Immobilienanlagen ausgelöst hat. Vor dem Immobilienboom Mitte des letzten Jahrzehnts waren die Investoren vorwiegend Bestandhalter, welche die Immobilien als langfristige Kapitalanlage ansahen. Diese Investoren kamen zumeist aus der Immobilienbranche und waren durch diese geprägt. Wertbestimmend für eine Immobilie und ihr Entwicklungspotenzial waren somit maßgeblich der Vermietungsmarkt und dessen Perspektiven. Vorangetrieben wurde die internationale Integration durch neue international agierende Investoren.

Statt Bestandshalter dominieren heute zunehmend institutionelle Investoren mit anderen Strategien die Märkte. Ihre Aufgabe besteht prinzipiell darin, Vermögen von Individuen und Unternehmen profitabel in Immobilien anzulegen. Immobilien werden i. d. R. nicht zur Eigennutzung und Bestandshaltung erworben, sondern mit der Absicht der Wiederveräußerung. Neben den klassischen Immobilienmarktakteuren, die häufig primär auf die nationalen Märkte fokussiert waren, trat damit ein neuer Typ von Investoren. International agierende, teilweise opportunistisch ausgerichtete Investoren mit einem eher kurzfristigen Anlagehorizont kamen hinzu, die vor allem großvolumige Transaktionen durchführten. Diese richten ihre Entscheidungen häufig an Portfoliostrategien aus und suchen sich gezielt Anlageklassen aus, zu denen auch Immobilien zählen können. Sie sehen in Immobilieninvestitionen eine lukrative Anlage und versprechen sich neben einem stabilen Cash Flow vor allem hohe, kurzfristige Wertsteigerungen. Ihre Strategie ist das aktive Management des Immobilienbestandes, was vielfach auch den schnellen Verkauf einschließt. Wichtige Akteure für diese rasante Entwicklung ausländischer Investments waren international agierende Hedge-Fonds, die durch eine spekulative Anlagestrategie charakterisiert sind.

Internationale Immobiliendienstleistungsunternehmen können als bedeutende Akteure des Globalisierungsprozesses angesehen werden, da sie transparente und stärker international ausgerichtete Marktstrukturen schaffen und zwischen global tätigen und lokalen Immobilienakteuren vermitteln. Die Dienstleister haben sich im Gefolge international tätiger Unternehmen seit dem 2. Weltkrieg stark internationalisiert, um deren steigende Nachfrage nach Bürobzw. Gewerbeflächen und professionellen Immobiliendienstleistungen weltweit vor Ort zu bedienen. Es kam zu einem Bedeutungszuwachs internationaler Akteure und neuen Akteurskonstellationen, die zunehmend dann auch die traditionellen, lokalen Immobilienmärkte prägen. Zeichen dieser voranschreitenden Globalisierung sind ein verstärkter Wettbewerb sowie mehr Netzwerke (z. B. in Form internationaler Beteiligungen, Partnerschaften, Fusionen und Übernahmen) zwischen lokalen und globalen Akteuren.

Aufgrund komplexer und international werdender Immobilientransaktionen werden die Beratungsleistungen der Dienstleister immer umfassender. Statt ausschließliches Vermitteln oder Verkaufen ist heute die Entwicklung ganzheitlicher Analysen und Konzepte sowie strategischer Lösungen gefragt. Das Angebot internationaler Immobiliendienstleister erstreckt sich heute in der Regel auf den gesamten Lebenszyklus einer Immobilie von der Bewertung geplanter Immobilienprojekte bis zum aktiven Management der bestehenden Immobilien. Außerdem sind im Allgemeinen eine Vielzahl von Dienstleistern bzw. Dienstleistungen in den Immobilienverkauf bzw. -kauf und deren Management involviert. Um den komplexer gewordenen Anforderungen gerecht zu werden, etablieren sich auf nationaler und internationaler Ebene interdisziplinäre zeitlich begrenzte Projektnetzwerke oder Dealteams, die unter anderem Immobilienfachleute, Finanzdienstleister, Wirtschafts- und Steuerberater sowie Juristen einschließen.

3.4.3   Mehr und neue Produkte

Durch die Globalisierung der Immobilienwirtschaft wurden neue Finanzprodukte geschaffen, die für die Finanzierung von und Anlage in Immobilien sowie für die Refinanzierung (der Banken) verwendet werden können. Die Immobilie hat sich zunehmend als globale und fungible Immobilienanlagealternativen etabliert. Neu sind die veränderte Sichtweise auf die Immobilie als insbesondere indirektes Anlagemedium bzw. die modernen und aktiven Anlagestrategien der Immobilieninvestoren, die sich bei ihren Immobilieninvestitionsentscheidungen zunehmend an den Erfordernissen der Kapitalmärkte orientieren und sich gleichermaßen vom „Betongoldgedanken" lösen. Immobilien werden nicht mehr bloß als Liegenschaften angesehen, sondern entwickeln sich vielmehr zu prinzipiell mobilen Assets, die in immer kürzeren Zeiträumen gekauft und verkauft werden.

Es gibt heute auf dem Finanzsektor ein deutlich höheres Angebot an **indirekten Anlage assets**. Diese neuen Produkte wie Verbriefungen bzw. Real Estate Investment Trust oder Finanzinnovationen wurden auf dem Immobilien-Investmentmarkt bzw. bei der Immobilienfinanzierung eingeführt. Neue Kapitalmarktprodukte mit dem Bezugsobjekt Immobilie (z. B. Derivate) wurden entwickelt. Bei der Finanzierung von Immobilien z. B. mit Hilfe von Eigenkapital über REITs zeigt sich dies exemplarisch. Schon seit vielen Jahren im angelsächsischen und asiatischen Raum vorhanden wurden diese erst 2007 auch in Deutschland eingeführt. Dies ist eine weitere Anlageform neben Immobilienaktien. Ähnliche Entwicklungen sind auch bei den Finanzierungsvehikeln festzustellen. Im Zuge der Globalisierung wuchs der Markt für Verbriefungen (Mortgage Backed Securities) nach Erfolgen in anderen Ländern im vergangenen Jahrzehnt auch in Deutschland sehr dynamisch, um dann in der Krise einzubrechen.

Insgesamt kam es im Verlauf des Booms auf den Investmentmärkten im vergangenen Jahrzehnt zu vielfältigen Übertreibungen, die sich auch in immer komplexer werdenden Finanzierungsstrukturen und -instrumenten zeigten. Durch die Finanzkrise wurde offensichtlich, welche erheblichen Risiken diese aufweisen. Nach der Finanz- und Wirtschaftskrise waren diese Instrumente zwar noch grundsätzlich vorhanden, wurden aber nur in eingeschränktem

Ausmaß eingesetzt und verwendet. Neben den beschriebenen quantitativen Folgen sind auch wichtige qualitative Veränderungen festzuhalten. Dazu gehören vor allem eine zunehmende Professionalisierung und Markttransparenz der Immobilienmärkte.

3.4.4 Zunehmende Professionalisierung

Seit Anfang der 1990er Jahre erfährt die Immobilienwirtschaft eine Professionalisierung, die sich auf verschiedenen Ebenen in der Immobilienwirtschaft und den -märkten zeigt. Unter **Professionalisierung** wird insbesondere verstanden, dass Marktteilnehmer klar definierte Businesspläne erarbeiten und befolgen, die bereits geeignete Exit-Strategien für einzelne Objekte oder Immobilienportfolios enthalten. Auf dem Immobilien-Investmentmarkt wird die Professionalisierung gleichgesetzt mit modernen Portfoliostrategien und der Entwicklung neuer Produkte, wie sie auf den Kapitalmärkten bereits seit Längerem genutzt werden. Die immer größer werdende Dominanz der Finanz- oder Kapitalmärkte über die Immobilienmärkte führt zu einer stärkeren Professionalisierung.

Die Professionalisierung ist u. a. auf eine **Veränderung der Investorentypen** zurückzuführen. Sie zeigt sich in dem vielfach zu beobachtenden Übergang von traditionellen Immobilieneigentümern zu modernen institutionellen Immobilieninvestoren. Waren es früher vor allem Investoren, die für private, kleinere Anleger aktiv waren, sind es heute weit überwiegend institutionelle Anleger als Kunden institutioneller Investoren (z. B. Spezialfonds). Zu den traditionellen Immobilienbestandshaltern zählen private Anleger, die öffentliche Hand und Non-Property-Unternehmen wie Industrie- und Handelsunternehmen (Selbstnutzer). Zu den Property-Unternehmen gehören nicht-börsennotierte Gesellschaften, börsennotierte Gesellschaften und Projektentwickler, die sich vornehmlich mit Immobilien beschäftigen. Sie weisen eine deutlich höhere Professionalisierung auf als die traditionellen Bestandshalter. Diese Anleger haben meist sehr hohe Anforderungen an die Compliance, die Transparenz und die Professionalität ihrer Geschäftspartner. Gefordert ist u. a. ein hohes Ausmaß an Reporting, was sich auch auf die Transparenz niederschlägt (siehe Kapitel 3.4.5). Schließlich sind auch die kreditfinanzierenden Banken kritischer geworden, dies nicht zuletzt aufgrund der Ratingverfahren, die neben der Qualität der Immobilien vor allem die Bonität und die Managementqualitäten der Kreditnehmer beurteilen.

Die Professionalisierung beinhaltet immer häufiger die **systematische Anwendung wissenschaftlicher Erkenntnisse**. Gerade die neuen Investoren folgen ökonomischen Modellen, die ihnen transparente, optimale Lösungen verheißen. Sie versuchen, systematisch ökonomisches Wissen zu erzeugen, um rationale Entscheidungen zu treffen. Obgleich bis heute innerhalb der Immobilienbranche und sogar innerhalb von Unternehmen die unterschiedlichen Managementpraktiken parallel existieren, markiert die zunehmende Etablierung eines stärker auf quantitativen Kennzahlen, Zielen, Finanzen basierten Managements einen Übergang zu einer höheren Professionalität. Damit haben sich die Anforderungen in den immobilienwirtschaftlichen Arbeitsfeldern gewandelt. Markt- und Standortanalysen, Finanzierungselemente und -strategien, Immobilienbewertung und Facility- bzw. Gebäudemanagement werden zunehmend professioneller.

Weiterhin wird die Professionalisierung lokaler Immobilienmärkte durch die **Einführung und Durchdringung internationaler Standards** wie Marktpraktiken und -methoden, Bewertungstechniken sowie professioneller Standards vorangetrieben, durch die schrittweise

Etablierung internationaler Lizenzen, Akkreditierungen, Studienabschlüsse oder geschützter Titel, die geografische Expansion von Interessenverbänden und Vereinen und durch enge Kooperationen bzw. Partnerschaften von internationalen Dienstleistern. So übertragen sich zunehmend internationale Standards und Know-how. Die Etablierung internationaler Standards, Praktiken und Vorgehensweisen und deren Adaption durch lokale Akteure bewirkt gleichzeitig tendenziell eine internationale Harmonisierung und Homogenisierung der Marktstrukturen, -praktiken und -kulturen. Allerdings führt der durch internationale Berater forcierte Reifeprozess hin zu modernen Marktstrukturen nicht zwangsläufig zu einheitlichen Märkten, sondern vielmehr kommt es bei der Globalisierung zu einer komplexen Verflechtung moderner und traditioneller (globaler und lokaler) Elemente.

Insgesamt ist festzuhalten. dass die Immobilienwirtschaft immer professioneller geworden ist, wobei die Professionalisierung vor allem eine Folge der Globalisierung ist. Die Professionalisierung der Immobilienmärkte ist aber ein langwieriger Prozess, der häufig durch die starke Position nationaler bzw. lokaler Verbände und die hohe Heterogenität der Immobilienbranche erschwert wird. Ebenso ist zu bedenken, dass die Professionalisierung nicht vor Immobilienzyklen oder Crashs schützt.

3.4.5   Zunehmende Markttransparenz

Die **Markttransparenz** hat sich international im Zuge der Globalisierung deutlich verbessert. Professionelles Vorgehen der Marktakteure zusammen mit der Verbreitung einheitlicher globaler Standards und Praktiken verbessert die Transparenz auf den lokalen Immobilienmärkten. So besteht eine positive Korrelation zwischen der Markttransparenz und ausländischen Direktinvestitionszuströmen. Ausländische Investoren werden prinzipiell bei Investments von Intransparenzen abgehalten, da diese Zusatzkosten verursachen (z. B. zusätzliche Informationsbeschaffung oder Absicherungskosten). Unternehmen sind tendenziell eher bereit, in Ländern mit einem wenig investitionsfreundlichen Rechts- und Regulationsrahmen zu investieren, wenn die Rahmenbedingungen zumindest transparent und damit die Risiken kalkulierbar sind.

Wichtig für die weitere globale Integration der Märkte ist mehr Transparenz bei den Marktinstitutionen. Gegenwärtig bestehen noch Differenzen bei verschiedenen Indikatoren wie z. B. Bewertungen, Mieten, Steuern, Informationen und der Messung der Marktperformance in den verschiedenen Ländern, auch wenn die Markttransparenz allgemein schon zugenommen hat.

Ursachen der Marktintransparenz

In dem **mikroökonomischen Modell** der Volkswirtschaftslehre wird idealerweise angenommen, dass die Preise durch Angebot und Nachfrage bestimmt werden und der Preismechanismus zum Gleichgewicht und somit zum Ausgleich von Angebot und Nachfrage führt. Dabei wird vorausgesetzt, dass vollständige Markttransparenz besteht und die Marktteilnehmer über vollständige Informationen verfügen. Nur wenn alle Marktteilnehmer einen umfassenden Überblick über Angebot und Nachfrage und die sonstigen Marktbedingungen besitzen, kann es zu einem marktgerechten und effizienten Verhalten aller Akteure kommen. In der Volkswirtschaftslehre besteht Marktransparenz, wenn die Durchsichtigkeit eines Marktes im Hinblick auf Güter, deren Preise und sonstige Konditionen für alle beteiligten Akteure vollständig gewährleistet ist. Auf die Immobilienwirtschaft übertragen bedeutet Markttransparenz, dass alle relevanten Informationen über den jeweiligen Immobilienmarkt, dessen Spielregeln, Institutionen und Akteure präzise, umfassend und zu jedem beliebigen Zeitpunkt öffentlich verfügbar bzw. abrufbar sein müssten.

Auf dem **Immobilienmarkt** herrscht jedoch eine mangelnde oder stark begrenzte Markttransparenz, oftmals fehlen wichtige Daten und Informationen. Käufer und Verkäufer sind relativ uninformiert über die Immobilienmärkte, die Immobilien bzw. deren Werte sowie die Markttrends. Diese geringe Markttransparenz ist neben internationalen Unterschieden auf die Heterogenität und Standortgebundenheit der Immobilien mit den zahlreichen Teilmärkten zurückzuführen. Dadurch entstehen für die Marktteilnehmer teilweise erhebliche Suchkosten. Ein Mangel an Informationen bei Käufern und Verkäufern führt jedoch zu einem ineffizienten Agieren auf den Märkten. Fehlende bzw. unvollständige Information birgt demzufolge, für Immobilieninvestoren eine hohe Gefahr von Fehlinvestitionen und fehlerhaften Entscheidungen.

Ein Immobilienmarktakteur hat wenig Möglichkeit, die spezifische Komplexität einzelner Immobilienmärkte vollständig zu erfassen, den relevanten Informationsbedarf festzustellen und alle Informationen zu verarbeiten. So müssen die Akteure unter Ungewissheit, Zeitdruck und unsicheren Bedingungen mit Überraschungen und Nebenwirkungen rechnen. Entscheidungen werden damit nicht unter vollkommenen Bedingungen getroffen, sondern nur bei eingeschränkter Transparenz auf unvollkommenen Märkten.

Die bislang aufgezeigten Informationsprobleme betreffen sowohl die Anbieter als auch die Nachfrager von Immobilien. Es können aber auch unterschiedlich verteilte Informationen vorliegen. Diese **Informationsasymmetrien** führen auf einem Markt systematisch zu suboptimalen Ergebnissen. Teilweise besitzen die Immobilienanbieter gegenüber den Nachfragern Informationsvorteile, insbesondere mit Blick auf die baulichen und technischen Details einer Immobilie. Dies kann dazu führen, dass die Käufer einen zu hohen Preis bezahlen oder ein Abschluss erst gar nicht zustande kommt. Weiterhin besteht ein nachvertragliches Problem, wenn bei Mietverträgen beispielsweise der Vermieter erwartet, dass mit dem Eigentum ordentlich umgegangen wird. Bei Vertragsabschluss hat der Vermieter aber zum einen wenige Informationen über das spätere Verhalten der Mieter und kann es zum anderen auch kaum kontrollieren. Außerdem fehlen dem Mieter die Anreize, sich im Sinne des Vermieters zu verhalten. Der Vermieter ist nach Vertragsabschluss im Nachteil.

Unterschiede bei der Markttransparenz gibt es auch zwischen privaten und institutionellen Marktakteuren. Privatleute agieren eher selten auf den Immobilienmärkten und verfügen daher nur über geringere Marktkenntnisse und -erfahrungen. Institutionelle Akteure nehmen dagegen regelmäßiger am Marktgeschehen teil und haben deswegen weit mehr Informationen und Erfahrungen. Diese Informationsasymmetrien können zu ineffizientem Marktverhalten führen.

Im Immobiliensektor ist neben der Produktverfügbarkeit, den Spitzenrenditen und lokalen Immobilienzyklen die Markttransparenz von bedeutendem Einfluss auf den globalen Kapitalzufluss. Um im internationalen Wettbewerb um Investoren und anlagesuchendes Kapital zu bestehen, sind verlässliche Transparenzstandards ein wichtiger Standortfaktor. Sehr transparente Immobilienmärkte wie z. B. USA, Großbritannien, Hongkong und Australien weisen tendenziell einen hohen Anteil am gesamten globalen Transaktionsvolumen auf, während auf intransparenten Märkten wie Indonesien oder der Slowakei nur geringe Transaktionssummen umgesetzt werden. Ausnahmen bilden die hochtransparenten Märkte wie Neuseeland und Finnland, deren Marktgröße aber nur ein geringes Transaktionsvolumen zulässt. Ebenso sind intransparente Märkte nicht notwendigerweise für alle Investoren ein Ausschlusskriterium. Hohe Transparenz vereinfacht zwar den freien Kapital- und Informationsfluss, jedoch werden dadurch attraktive Kaufgelegenheiten weniger. Intransparente Märkte können insbesondere für opportunistische Investoren geeignet sein, die auf höhere Renditen abzielen und dabei ein entsprechend höheres Risiko in Kauf nehmen.

Maßnahmen für mehr Markttransparenz

Nationale Besonderheiten, die zu asymmetrischer Informationen unter den Marktteilnehmern führen, werden zunehmend international angeglichen. Die vermehrte Einführung internationaler Standards und international anerkannter und bekannter Produkte erhöht die Markttransparenz. Dazu tragen auch **Research-Tätigkeiten** mit Marktberichten bei, die den Investoren erste Entscheidungskriterien für Investitionen an die Hand liefern. Aufgrund technologischer Veränderungen wie dem Internet hat sich die Zugriffsmöglichkeit auf unterschiedliche Marktberichte sich drastisch erhöht.

Die Transparenz der Immobilienmärkte nimmt weltweit zu, da lokale und global tätige Immobilienunternehmen für eine zunehmende Zahl an Immobilienmärkten Daten und Informationen sammeln und analysieren. Die Bildung und Verbreitung institutioneller Strukturen in Gestalt professioneller Immobiliendienstleister erleichtert die Informationsbeschaffung und reduziert die Informationskosten bzw. -risiken für den ausländischen Marktakteur. Insbesondere große internationale Beratungskonzerne bieten weltweit ein umfangreiches Research an, das über lokale Marktindikatoren (u. a. Angebot, Nachfrage, Leerstand, Miete, Rendite, Performance) berichtet. Als weiteres Beispiel für mehr Transparenz kann der Global Real Estate Transparency Index von Jones Lang LaSalle angeführt werden, der jährlich die Transparenz der wichtigsten Immobilienmärkte weltweit erfasst. Diese Forschungen erhöhen die Markttransparenz für alle Akteure nachhaltig, auch wenn sie teilweise nicht kostenlos zur Verfügung stehen.

Die Markttransparenz wird zusätzlich durch den **Aufbau adäquater Informationsquellen** durch Immobilienberatungsunternehmen, Investmentanalysten oder Rating-Agenturen in vielen Märkten erhöht. So erfahren unabhängige Immobilienmarktindices eine zunehmende Verbreitung und erleichtern damit Performance-Vergleiche sowie die Aufdeckung internationaler Diversifikationspotenziale. Sofern die für die Portfolioanalyse notwendigen Kennzahlen verfügbar sind, lassen sich diese standort- und zeitunabhängig mittels IuK-Medien abrufen und im Unternehmen verarbeiten. Aufgrund der Marktintransparenzen und der Unsicherheit bevorzugen ausländische Investoren multinational aufgestellte Berater, die gemeinhin über eine höhere Professionalität und Reputation verfügen. Die Beraterleistung multinationaler Unternehmen und deren internationale Reputation können folglich bei grenzüberschreitenden Investitionsentscheidungen zu mehr Transparenz beitragen.

Markttransparenz entsteht durch die **Etablierung professioneller Standards**, Praktiken und Vorgehensweisen und deren Übernahme durch lokale Akteure. Ein Beispiel hierfür ist die Verbreitung internationaler Buchführungs- und Bilanzierungsgrundsätze, wie die International Accounting Standards (IAS). Vor allem globale institutionelle Investoren treiben die Schaffung uniformer globaler Standards und deren Integration in das jeweilige nationale Recht voran.

Die steigende Markttransparenz führt zur Entwicklung reifer und offener Marktstrukturen. Marktrisiken und Erfolgsaussichten in bislang nicht oder nur schwach erschlossenen Immobilienmärkten können genauer bewertet werden. Damit rücken Länder in den Fokus global agierender institutioneller Investoren, die vorher aufgrund ihrer Markttransparenz als nicht geeignet angesehen wurden. Trotz dieser Fortschritte ist in vielen Ländern die Transparenz der Immobilienmärkte jedoch noch vergleichsweise gering.

Ein Ende intransparenter Immobilienmärkte ist zumindest mittelfristig nicht zu erwarten, da mit der zunehmend globalen Orientierung der Immobilieninvestoren auch in Zukunft stets neue intransparente Märkte in deren Blickwinkel rücken werden. Aufgrund der Bestrebungen zur Vereinheitlichung und der Setzung von einheitlichen Standards hat die Transparenz zwar zugenommen, aber die Informationslage innerhalb der Immobilienwirtschaft ist generell schwächer als in anderen Bereichen der Wirtschaft. Ebenso wenig schließt eine hohe nationale Transparenz aus, dass regionale, markt- oder gar teilmarktspezifische Differenzen weiter existieren.

3.5   Chancen und Risiken der Globalisierung

Die Globalisierung bedeutet für die Immobilienmarktteilnehmer Chance und Risiko zugleich. Die Entwicklung der Globalisierung ist ein Spiegelbild dessen, was die Immobilienmarktakteure mit ihren Aktivitäten als **Chance** sehen. Chance deshalb, weil es den Unternehmen möglich ist, den Weltmarkt gleichermaßen als Investmentziel zu nutzen und von der Immobiliennachfrage grenzüberschreitend tätiger Unternehmen zu profitieren. Sie erwarten so neue Ertragschancen. Durch die Marktausdehnung stehen neue Märkte und neue Produkte sowohl den Anlegern als auch den Immobiliendienstleistern zur Verfügung. Dies führt zu mehr Marktteilnehmern und damit zu neuen Handelspartnern. Die finanzwirtschaftliche Globalisierung führte zu einer neuen Vielfalt an Anlageformen, da Immobilien sich zu mobilen Anlagen entwickelten, die in immer kürzeren Zeiträumen auf Sekundärmärkten gekauft und verkauft werden. Aus Immobilien werden so gewissermaßen Mobilien.

Neben den erwarteten Ertragschancen durch die Globalisierung können die Unternehmen ihre Kosten optimieren und senken, da sich die Bezugsquellen und Finanzierungsquellen erweitern. Aufgrund der Globalisierung ist der weltweite Markt nicht nur Absatzgebiet, sondern bietet auch Chancen für Kostenreduzierungen. Neben generellen Kostensenkungen als Ziel können auch Investitionsförderungen oder Economies of Scale bei der Bereitstellung von Immobiliendienstleistungen genutzt werden.

Als eine der Folgen kann es zu einer Professionalisierung der Immobilienbranche kommen sowie zu einer Erhöhung von Markttransparenz durch die weltweite Angleichung von Regeln, Praktiken und Standards. Gesamtwirtschaftlich ergeben sich somit neue Wachstumspotenziale, sodass die Globalisierung dazu führen kann, Wohlstand zu erhalten und zu erhöhen. Aus dem gleichen Gründen sehen sich die Immobilienakteure aber auch höheren Risiken ausgesetzt als zuvor.

Die Globalisierung birgt für die Immobilienmärkte auch nicht zu vernachlässigende **Risiken**. Eine Gefahr kann schon das unternehmerische Handeln darstellen. Für die Immobilienakteure bedeuten grenzüberschreitende Aktivitäten zumeist höhere Transaktionskosten, da sie zunächst Informationsdefizite in den fremden Märkten haben und ihnen auch z. B. Netzwerke fehlen. Dies gilt insbesondere bei intransparenten Immobilienmärkten, für die keine verlässlichen und vollständigen Informationen verfügbar und deren rechtliche und politische Rahmenbedingungen häufigen Änderungen unterworfen sind. Auch wenn die Akteure über ausreichende Kenntnisse ihres Heimatmarkts verfügen, reicht dies für internationale Aktivitäten häufig nicht aus. Zwischen den einzelnen nationalen Märkten bestehen signifikante Differenzen. Die Heterogenität und Besonderheiten der internationalen Immobilienmärkte erschweren die Beschaffung adäquater immobilienmarktbezogener Informationen im Ausland, was ein entscheidendes Investitionsrisiko sein kann.

Im Vergleich zu ausschließlich nationalen Aktivitäten ist bei grenzüberschreitenden Transaktionen häufig der Einfluss von Wechselkursen zu berücksichtigen. Die Entwicklung des Wechselkurses kann die Rentabilität der Markttransaktionen negativ beeinflussen, kann aber auch eine Chance sein, was sowohl den Kauf und die Mieteinnahmen als auch die Wertentwicklung betrifft.

Die Entwicklung der Immobilien-Investmentmärkte ist in den letzten Jahren weitaus stärker durch die Entwicklung auf den Finanzmärkten bestimmt worden. In gleicher Weise, wie die Kapitalmärkte an Bedeutung gewonnen haben, ist der Einfluss der Vermietungsmärkte auf die Marktentwicklung der Investmentmärkte zurückgegangen. Die Kapitalflüsse sind heute viel mobiler, sodass Märkte signifikante Zu- und Abflüsse verzeichnen können. Darüber hinaus wird dies durch die Finanzinnovationen begünstigt, da es eine Vielzahl von kurz- und langfristigen Finanzinstrumenten für den Kredit- und Anlagemarkt gibt. Dies mag zu exzessiven Marktvolatilitäten führen mit starken Zuflüssen in Wachstumszeiten und starken Abflüssen in der Rezession.

Die Immobilienpreisentwicklung wird heute in wesentlichen Bereichen durch den Finanzmarkt, dessen Entwicklung und seine Anforderungen bestimmt. Wie die Finanz- und Wirtschaftskrise zeigt, entstehen Risiken, wenn das eigentliche Anlageprodukt, d. h. die Immobilie, hinter dem Spekulationsgedanken in Vergessenheit gerät. Immobilieninvestments werden sehr viel anfälliger für geopolitische Risiken, Wechselkursschwankungen und Trends an den internationalen Kapitalmärkten. Zwar haben diese Entwicklungen auch in der Vergangenheit bereits Immobilienmärkte beeinflusst, aber die Wirkungen waren eher indirekt. Heute sind deren Folgen für die Immobilienmärkte unmittelbarer, schneller und massiver.

Mit dem Markteintritt global tätiger Investoren geht die traditionell lokal fixierte Einheit von Investition, Eigentum und Nutzung verloren. Der Bezug zwischen der Wertentwicklung am Immobilienmarkt und der Performance der Anlage wird immer lockerer. So sind beispielsweise Immobilienaktien Wertpapiere, deren Kursentwicklungen zwar vom Geschehen auf den Immobilienmärkten geprägt werden können, aber die Volatilität des Finanzmarktes ist deutlich stärker.

Eine steigende Anzahl von gewerblichen Immobilien ist nicht mehr im Besitz von Unternehmen, die die Immobilie nutzen, sondern von vor allem internationalen Eigentümern. Diese neuen Kapitalanleger betrachten die Immobilie unter renditebezogenen Gesichtspunkten. Mittels internationaler Streuung ihrer Investitionen versuchen sie, die Renditen zu steigern und gleichzeitig die Risiken für das Portfolio zu minimieren. Der Druck, eine gewisse Rendite im Vergleich zu anderen Kapitalanlagemöglichkeiten zu erzielen, führt dazu, dass Immobilieninvestitionen immer mehr unter finanzwirtschaftlichen und renditebezogenen Gesichtspunkten betrachtet werden. Damit ist eine Anpassung der Anlagestrategien der Investoren verbunden, die sich bei ihren Entscheidungen zunehmend an den Entwicklungen und Indikatoren des internationalen Kapitalmarktes (u. a. Zinsdifferenzen, Spreads) orientieren und sich von der solitären Betrachtung der einzelnen Immobilie lösen. Der Erfolg von Investitionen wird nicht mehr ausschließlich, wie eine Immobilienweisheit nahe legt, unter der Maßgabe der Lage entschieden, sondern erfolgt immer mehr kapitalmarktorientiert.

Die Investoren und Marktakteure sind zudem gezwungen, sich mit globalen politischen und ökonomischen Entwicklungen zu befassen. Die Gesetzmäßigkeiten des dominierenden Finanzmarktes beeinflussen des Weiteren zunehmend die Entwicklung der Immobilienmärkte. Durch die vorhandene internationale Liquidität, die Zinsdifferenz und globale Portfoliostrategien wird die Entwicklung der Immobilieninvestments beeinflusst und weitaus weniger durch die fundamentale Entwicklung auf den Vermietungsmärkten. Aber auch diese Märkte werden durch die Globalisierung beeinflusst.

Übungsfragen und Fallstudien

1. Beschreiben Sie die Auswirkungen der Globalisierung auf den deutschen Immobilien-Investmentmarkt.

2. Erklären Sie den Unterschied zwischen direkter und indirekter Mehrnachfrage nach Immobilien aufgrund der Globalisierung.

3. Erklären Sie den Unterschied zwischen finanzwirtschaftlicher und realwirtschaftlicher Globalisierung.

4. Welche Auswirkungen ergeben sich a) durch die Globalisierung der Produktion und des Handels und b) durch die Liberalisierung und Deregulierung der Finanzmärkte für die internationalen Immobilienmärkte?

Fallstudie
Herr Kuzorra, Assistent des Vorstands der Wohnungsbaugesellschaft GE, hat davon erfahren, dass in der Stadt ein Multinationales Unternehmen eine Niederlassung eröffnen will. Dadurch werden einige tausend Arbeitsplätze in der strukturschwachen Region geschaffen. Im nächsten Geschäftsbericht soll zu diesem Vorhaben ein vorausschauendes Kapitel über die immobilienwirtschaftlichen Auswirkungen dieser Standortentscheidung erscheinen.

Ihre Aufgabe: Helfen Sie Herrn Kuzorra und schreiben Sie dieses Kapitel des Geschäftsberichts.

4 Gesamtwirtschaftliche Rahmenbedingungen internationaler Immobilienmärkte

Die Volkswirtschaftslehre analysiert in der Makroökonomie die gesamtwirtschaftlichen Aktivitäten der Wirtschaftssektoren sowie das Wirtschaftsgeschehen in seiner Gesamtheit. Die Immobilienbranche als Teil der Volkswirtschaft hat aufgrund ihrer Größe eine hohe gesamtwirtschaftliche Bedeutung, die sich auch durch die zahlreichen Wechselwirkungen und Abhängigkeiten mit der gesamten Volkswirtschaft begründet. Für die Entwicklung der internationalen Immobilienmärkte ist insbesondere die Sensitivität bezüglich makroökonomischer Veränderungen entscheidend. Dieses Kapitel zeigt die verschiedenen Zusammenhänge zwischen der Immobilienwirtschaft und den jeweiligen Volkswirtschaften auf. Die Volkswirtschaft lässt sich u. a. in drei Bereiche einteilen: in einen öffentlichen, einen realen und den Finanzmarkt.

Zum öffentlichen Sektor (Kapitel 4.1) zählen alle Bereiche, die mit dem staatlichen Handeln zu tun haben. Der Staat setzt der Immobilienwirtschaft den politischen und rechtlichen Rahmen, greift aber auch selbst in das Marktgeschehen ein. So determiniert der Staat sowohl indirekt als auch direkt das Geschehen auf den, auch internationalen Immobilienmärkten.

Der reale Sektor einer Volkswirtschaft (Kapitel 4.2) umfasst die Bereiche der Produktion von Gütern und Dienstleistungen sowie die gesamtwirtschaftliche Nachfrage. Die Realwirtschaft beeinflusst den Immobilienmarkt: den Vermietungsmarkt direkt und eher indirekt die Investmentmärkte.

Der Finanzmarkt (Kapitel 4.3) umfasst alle Märkte, auf denen Geld und Kapital gehandelt wird. Im realen Sektor ist Kapital einer der Produktionsfaktoren, während es auf dem Finanzmarkt Liquidität bzw. finanzielle Mittel bedeutet. Der Handel mit Geld, Kapital und Devisen wird zum einen vom Immobilienmarkt mit beeinflusst, und zum anderen wirken sich die Ergebnisse dieser Märkte auf die Immobilienwirtschaft aus. Vom Finanzmarkt kommt die Liquidität für immobilienwirtschaftliche Aktivitäten, und monetäre Indikatoren wie Inflation, Zinsen und Wechselkurse haben Auswirkungen auf die Wertentwicklung und auch die Nutzungsmöglichkeiten der Immobilien. Somit beeinflusst der Finanzmarkt direkt den Investmentmarkt und eher indirekt die Vermietungsmärkte.

Die nationalen und internationalen demografischen Entwicklungen (Kapitel 4.4) werden in der Zukunft die Immobilienwirtschaft wesentlich prägen.

Lernziele zu Kapitel 4
- Lernen Sie die wesentlichen Werttreiber für Immobilien auf den verschiedenen Märkten kennen.
- Die vielfältigen Eingriffe des Staates in den Immobilienmarkt und seinen Einfluss auf das Marktgeschehen verstehen.
- Die Art und Weise, wie der reale Sektor der Volkswirtschaft die Bedingungen des Vermietungsmarktes sowie insbesondere die Nachfrage nach Immobilien und damit auch die Miete bzw. implizit den Wert einer Immobilie determiniert, beschreiben können.
- Die Auswirkungen der Finanzmärkte auf Immobilieninvestitionen, Immobilienpreise und Vermietungsmärkte erklären können.
- Die langfristigen Auswirkungen des demografischen Wandels auf die Entwicklungen der Immobilienmärkte verstehen.

4.1   Staat und Immobilienmärkte

Auf die internationalen Immobilienmärkte und das dortige Marktgeschehen wirken die Staaten durch ihre Aktivitäten auf verschiedene Weise ein. Dies ist vor allem darauf zurückzuführen, dass die Menschen die Immobilien als lebensnotwendiges Gut ansehen und Immobilien eine hohe Bedeutung für das Wachstum einer Wirtschaft hat. Der Staat greift außerdem aufgrund des Immobilienzyklus ein, um die entstandenen Marktungleichgewichte zu reduzieren.

Für die Interventionen stehen dem Staat grundsätzlich zwei Optionen zur Verfügung. Auf der einen Seite werden vom Staat durch die Ordnungspolitik Rahmenbedingungen für die Akteure des Immobilienmarktes gesetzt. Auf der anderen Seite greift der Staat selbst durch die Prozesspolitik in das Marktgeschehen ein. Die politischen Eingriffe können sich je nach Land sehr deutlich unterscheiden.

4.1.1   Ordnungspolitik

Staatliche Regulierungen – und ihre Veränderungen – haben in allen Ländern einen signifikanten Einfluss auf die Immobilienaktivitäten. Die ordnungspolitischen Maßnahmen umfassen die rechtlichen Rahmenbedingungen, die das Marktgeschehen beeinflussen sollen. Die Aufgabe des Staates ist es, mit Hilfe der Ordnungspolitik für die Akteure der Immobilienwirtschaft einen verlässlichen Rahmen mit Rechts- und Planungssicherheit zu schaffen. Diese besteht u. a. in der Festlegung der Rechtsvorschriften und deren Überwachung. Durch die ordnungspolitischen Maßnahmen wird der Rahmen geschaffen, innerhalb dessen dann die Wirtschaftssubjekte agieren können.

Ordnungspolitik
Summe aller rechtlich-organisatorischen Maßnahmen, durch die der Staat über eine entsprechende Ausgestaltung der Wirtschaftsverfassung die längerfristigen Rahmenbedingungen setzt.

Rechtssystem mit Rechtssicherheit und -stabilität

Ein funktionierendes Rechtssystem mit hoher Rechtssicherheit und -stabilität ist die grundlegende Voraussetzung für funktionsfähige Immobilienmärkte. Der Rechtsrahmen und die Rechtssicherheit haben für die Akteure des Immobilienmarktes eine überragende Bedeutung. Wesentliche Gesetze betreffen die Eigentumsrechte an Grund und Boden, die garantiert und gewährleistet sein müssen. Dies betrifft Regelungen über den Besitz und den Transfer von Eigentumsrechten.

In **China** wurde laut Singer und Jirmann die Grundstücks- und Immobilienwirtschaft erst 1988 für den Markt geöffnet, sodass es noch relativ junge Gesetze sind. Dies gilt auch für viele vormals sozialistische Länder oder auch Entwicklungsländer. Vielfach ist dann auch üblich, dass es so gut wie keine umfassende landesweite Regelung gibt, sondern die Gesetze sind je nach Region oder sogar Stadt verschieden. Landesweit kann eher nur von einem grundlegenden Rechtsgerüst gesprochen werden. Es gibt auch kein Grundbuch, in dem Eigentumsansprüche fixiert werden können.

In China können nur temporäre Nutzungsrechte an Grundstücken, nicht aber der Boden selbst erworben werden. Diese Kommerzialisierung von Boden ist auch noch in den einzelnen Städten unterschiedlich geregelt, da die Städte selbst die Gesetze zur Verwertung erlassen dürfen. Die Städte sind die wirtschaftlichen Nutznießer und erhalten sämtliche Einnahmen aus der Überlassung von Boden. Boden außerhalb der Städte ist Eigentum der Kollektive und innerstädtischer des Staates bzw. der Kommune. So kommt es dazu, dass kollektives Land zugunsten der Städte aus wirtschaftlichen Entwicklungsgründen enteignet wird. Die ansässige Landbevölkerung erhält eine Entschädigung, die von der Stadt festgelegt wird und sich daher nicht an einem Marktwert orientiert. Das kommerzialisierte Land wird aufgeteilt und für jedes Grundstück ein Landnutzungsrecht ausgestellt. Den Erlös abzüglich der Entschädigung erhält die Stadt, was für diese eine wesentliche Einnahmequelle darstellt.

Wegen des Verbots an Privateigentum an Boden werden für Grundstücke nur Nutzungsrechte veräußert, das Privateigentum an Gebäuden ist aber möglich. Das Landnutzungsrecht beträgt z. B. für rein gewerbliche Nutzung 40 Jahre und für Wohnzwecke 70 Jahre. Ein Anspruch auf Verlängerung besteht nicht und nach Ablauf der Frist fallen das Grundstück und alle Gebäude an die Stadt zurück. Nutzungsrechte können auch bei Nichterfüllung der gesetzlichen Auflagen oder bei Vorliegen eines öffentlichen Interesses wieder entzogen werden.

Staatliches Bau- und Planungsrecht

Einen weiteren Bereich des rechtlichen Rahmens stellt das staatliche Bau- und Planungsrecht dar, das im Sinne von stadt- und regionalentwicklungsstrategischen Zielen eingesetzt wird. Das Planungsrecht regelt u. a. die Möglichkeiten der Bebauung von Grundstücken. Von daher werden Kauf- und Verkaufsstrategien der internationalen Marktakteure nicht nur durch Gesetze auf der nationalen Ebene tangiert, sondern auch durch lokale bzw. regionale Regulierungen (z. B. Bauvorschriften, Bodenordnung, Bauleitplanung, Stadtplanung, Regionalplanung). Diese verlieren jedoch an Steuerungskraft, indem Immobilienmärkte zusehends von globalen Akteuren und deren Entscheidungen geprägt werden, während sich die städtische Politik angesichts oftmals finanzschwacher Haushalte und eines verstärkten internationalen Standortwettbewerbs den Interessen der globalen Investoren öffnet und Anreize zum Investment schafft. Im Konkurrenzkampf um Wachstumsbranchen wird eine langfristige und nachhaltige Stadtplanung tendenziell zugunsten eines planerischen Stückwerks aufgegeben, um auf die Interessen ausländischer Immobilienakteure eingehen zu können.

Die Landes- und Bodenplanungen des **niederländischen Staates** sind sehr restriktiv auf allen Ebenen: auf der nationalen Ebene, den Provinzen und der Kommunen. Die Regierung hat eine starke Kontrolle über das Wohnungsangebot, sodass auch ein Überangebot eher unwahrscheinlich ist. Die Kommunen können beispielsweise das Angebot durch ihren eigenen Landbesitz und durch Flächennutzungspläne beeinflussen. Diese Instrumente werden im Allgemeinen dazu verwendet, um Knappheit zu erzeugen.

In einigen Ländern weist das staatliche Bau- und Planungsrecht keine hohe Rechtssicherheit und -stabilität auf, wie es für Investoren erforderlich ist. In **Istanbul** zeigt das Beispiel der drei Luxus-Wohntürme OnaltiDokuz Towers wie stark das Recht teilweise verändert wird. Schon der Verkauf der Grundstücke soll nach Medienberichten undurchsichtig geschehen sein. Die Stadt soll das Gebiet zunächst für Gebäude mit nicht mehr als fünf Stockwerken ausgewiesen haben, nach dem Verkauf wurde aber der Flächennutzungsplan verändert. Der Wert des Baulandes soll sich daraufhin verzehnfacht haben. In der Zwischenzeit wurden alle Wohnungen zu Preisen verkauft, die ähnlich hoch waren wie in London oder Paris. Nun hat der türkische Staatsrat nach einem Gerichtsentscheid entschieden, die gerade fertiggestellten und verkauften Wohnhäuser wieder abzureißen. Der Anblick der Häuser soll die Silhouette der Stadt nicht stören – und wäre damit abzureißen.

Wohnungspolitik

Die Wohnungspolitik ist ein zentraler Bestandteil der Politik in allen Staaten ist. In den verschiedenen europäischen Staaten haben sich in den letzten Jahren deutlich unterschiedliche Entwicklungen vollzogen. Die Globalisierung der Wohnungs- und Immobilienmärkte ging jedoch in vielen europäischen Staaten mit einer neuen Form der Wohnungspolitik einher. Diese beruht auf einem veränderten Verständnis der Wohnungsversorgung und Wohnungspolitik, denn die zunehmende Bedeutung internationaler Investments und globaler Finanzströme geht mit neuen Praktiken der privaten Wohnungsfinanzierung und des Wohnkonsums einher. Durch den Rückgang staatlicher Sicherungssysteme wuchs das Interesse von Privatpersonen am Erwerb von Wohneigentum und an der Wertsteigerung der eigenen Immobilie. Private Haushalte treten so verstärkt als Nachfrager auf dem Eigentumsmarkt auf und bilden als Käufer ein wichtiges Element der immobilienwirtschaftlichen Wertschöpfungskette. Diese Kommerzialisierung des Wohneigentums kann seit etwa drei Jahrzehnten in vielen europäischen Staaten beobachtet werden. Besonders hohe Zunahmen der Eigentumsquoten zeigen sich für postsozialistische Staaten (u. a. Tschechische Republik, Polen, Ungarn, Rumänien) sowie für Belgien, die Niederlande, Italien und Portugal. In den post-sozialistischen Staaten diente ferner die Privatisierung als Beschleunigerin der freien Marktwirtschaft.

Immobilien-Investmentmarkt

Ein freier Kapitalverkehr ist eine weitere wichtige Voraussetzung für (internationale) Immobilieninvestments. So ist die hohe Attraktivität des Investmentstandorts Großbritannien u. a. auf die folgenden Ursachen zurückzuführen. Der **britische Investmentmarkt für Mietshäuser** wurde früher aufgrund des alten Mietrechts („Rent Act 1977"), das marktgerechte Mieterhöhungen einschränkte und einen starken Kündigungsschutz gewährte („sitting tenant"), von finanzkräftigen Anlegern gemieden. Dieses Marktsegment wurde durch eine neue Gesetzgebung, insbesondere den Housing Act 1988 sowie gewisse steuerliche Anreize Ende der 1980er Jahre, attraktiver gemacht. Die neuen „assured short hold tenancies" (meist zwischen sechs Monate und einem Jahr minus einem Tag, um die Rechte des Mieters gering zu halten) legen eine Marktmiete zugrunde und erlauben es dem Vermieter, mehr Kontrolle über ein Investment auszuüben.

Die Stabilität des britischen Rechtssystems und die Parallelen zu einigen asiatischen Ländern machen den Londoner Immobilienmarkt vergleichsweise einfach für Investoren aus dem Ausland und insbesondere sehr interessant für asiatische Anleger. Das hat in den vergangenen Jahren zu einem starken Anstieg der Kapitalströme aus Übersee geführt. Ein weiterer Grund besteht darin, dass ausländische Investoren auf ihre Immobilien in Großbritannien teilweise keine Kapitalertragssteuer zahlen müssen.

In den **Niederlanden** werden leerstehende Wohneinheiten in Geschosswohnhäusern wegen der oftmals sehr niedrigen Bestandsmieten und des hohen Mieterschutzes häufig getrennt verkauft. Der dabei erzielte Preis der leerstehenden Wohneinheit übertrifft vielfach den Wert der vermieteten Wohnung beträchtlich, d. h., der Marktwert bei Leerstand liegt über dem Marktwert im vermieteten Zustand. Aufgrund dieser Begebenheit haben sich Unternehmen auf das Aufteilen und getrennte Verkaufen von Bestandswohnungen konzentriert. Bei dieser auch als „Uitponden" bezeichneter Vorgehensweise werden vermietete Wohngebäude angekauft, rechtlich geteilt und jeweils leer werdende Einheiten getrennt verkauft.

Zusammenfassend sind Voraussetzungen für internationale Immobilieninvestitionen u. a., dass private Eigentumsrechte gegeben sind, die Möglichkeit besteht, Gewinne ohne Beschränkung ins Ausland transferieren zu können, und die Bestimmungen zum Grundstückserwerb durch ausländische Firmen gelockert sind. Insgesamt zeigen die Erfahrungen insbesondere aus den Emerging Markets, dass Liberalisierungen und Deregulierungen den Investmentmarkt stimulieren, auch wenn dadurch hohe Risiken entstehen. Politische und wirtschaftliche Instabilität, Restriktionen und Regularien für ausländische Investoren sowie fehlende Rechtssicherheit werden von globalen Investoren hingegen als Haupthindernisse identifiziert.

Über die konkrete Ausgestaltung der Ordnungspolitik, die für Rechts- und Planungssicherheit sorgt, gibt es unterschiedliche Auffassungen. Dies ist nicht zuletzt auf unterschiedliche wirtschaftspolitische Vorstellungen zurückzuführen und darauf, dass politische Prozesse von unterschiedlichen Interessengruppen beeinflusst werden.

Immobilien-Vermietungsmarkt

Einen weiteren für die Immobilienwirtschaft wichtigen Bereich stellt das Mietrecht dar. Dies kann auch die Nutzung des Eigentums beschränken. Ein gewisses Maß an Regulierung, welche die Rechte und Pflichten zwischen Mietern und Vermietern möglichst ausgewogen verteilt, ist für einen funktionsfähigen Mietwohnungsmarkt unabdingbar. Bestehen zu viele Einschränkungen und Auflagen für Vermieter, sodass es sich betriebswirtschaftlich nicht mehr rechnet, Mietwohnungen anzubieten, ziehen sich diese Akteure vom Markt zurück. Werden umgekehrt Mietern zu wenige Rechte eingeräumt, verliert Mieten gegenüber der Eigentumsbildung an Attraktivität. In beiden Fällen kann daher eine unausgewogene Regulierung die Funktionsfähigkeit des Mietwohnungsmarktes stören und ein Ausweichen auf die Eigentumsbildung nach sich ziehen.

Die **britischen** Gewerbeimmobilien sind aus verschiedenen rechtlichen Gründen bei der Vermietung ein attraktives Anlageziel. Das britische Mietrecht gilt als eher eigentümerfreundlich, so muss z. B. der Mieter und nicht der Vermieter die notwendigen Instandhaltungsarbeiten bezahlen. Dank der sogenannten „full repairing and insuring lease" hat der Eigentümer eines Gebäudes also keinen Verlust durch Abnutzung.

In den **Niederlanden** gibt es einen gespaltenen Wohnungsmarkt, bei dem der eine Teil durch den Staat geregelt und der andere dem freien Spiel der Marktkräfte (Miete ergibt sich aufgrund von Angebot und Nachfrage) überlassen wird. Insgesamt werden rund 2,7 Mio. Wohnungen und damit knapp 90 % der Mietwohnungen reguliert. Außerdem gewährleistet die niederländische Gesetzgebung für wohnwirtschaftliche Objekte einen hohen Mieterschutz. Freie Mietvereinbarungen sind nur bei guten bzw. sehr guten Wohnungen oberhalb der Mietwertgrenze realisierbar. Mietverträge für die frei handelbaren Wohnungen können auch eine jährliche Mietanpassung (z. B. Indexierung) beinhalten.

Exkurs: Docklands in London

Die Entwicklung der Docklands in London wird weltweit als eine der erfolgreichsten Hafenentwicklungen angesehen, jedoch war diese ohne die staatliche Ordnungspolitik nicht möglich. Der Londoner Hafen war einmal der größte weltweit; doch als die großen technologischen Veränderungen aufkamen, waren deren Auswirkungen sofort spürbar. Mit dem Aufkommen der Containerschifffahrt wurden die Frachtschiffe immer größer und konnten nicht mehr die Themse bis London hinauffahren. Der Londoner Hafen verödete. Zwischen 1960 und 1980 schlossen alle Londoner Teilhäfen, und im Osten der Stadt entstand eine innerstädtische Brache mit hoher Arbeitslosigkeit und enormen sozialen Problemen.

Dieser Schandfleck in einer Weltstadt, so nahe an der Innenstadt, war nicht hinzunehmen. Vor allem nicht während der Thatcher-Ära, der Blütezeit des Neoliberalismus. Der Baron, Geschäftsmann und Umweltminister Michael Heseltine gründete Anfang der 1980er Jahre die London Docklands Development Corporation, die das heruntergekommene Hafengelände erschloss. Es wurden Luxuswohnungen errichtet und die bisherigen Bewohner trotz des lauten Protests vor die Tür gesetzt. Man errichtete eine „Enterprise Zone", innerhalb deren Grenzen Großunternehmen keine Grundsteuer entrichten mussten und die mit einem ganzen Paket von Steuererleichterungen versehen wurden. Der gigantische Finanzdistrikt Canary Wharf entstand, eine U-Bahn-Linie wurde gebaut und das Projekt London City Airport in Angriff genommen.

4.1.2   Prozesspolitik

Der direkte Eingriff des Staates in das Marktgeschehen wird auch als Prozesspolitik bezeichnet. Diese ist der Teil der Wirtschaftspolitik, bei der der Staat direkt die Wirtschaftsprozesse beeinflusst, um die Wirtschaft zu stabilisieren oder Wirtschaftswachstum zu fördern. Die Prozesspolitik umfasst somit die Wachstums-, Konjunktur- und Strukturpolitik sowie die Sozial- und Verteilungspolitik zur Korrektur der Einkommens- und Vermögensverhältnisse.

Prozesspolitik
Die Prozesspolitik umfasst die wirtschaftspolitischen Maßnahmen zur Beeinflussung des Wirtschaftsablaufs durch den Staat.

Die Wachstumspolitik ist auf die Angebotsseite in einer Volkswirtschaft fokussiert und auf eine langfristige Erhöhung des Bruttoinlandsprodukts ausgerichtet. Die Prozesspolitik in der Form der Konjunktur- oder Stabilisierungspolitik hat sich nicht zuletzt bei der Bekämpfung der Finanz- und Wirtschaftskrise als notwendig erwiesen. Die Strukturpolitik als eine Form der Prozesspolitik konzentriert sich darauf, Unternehmen und Arbeitnehmern die Anpassung an den wirtschaftlichen Strukturwandel zu erleichtern und erforderliche Infrastrukturen bereitzustellen. Aus wirtschaftspolitischen und sozialen Gründen kann die Erhaltung bestimmter Strukturen notwendig sein (z. B. Landwirtschaft). Die Sozialpolitik ist ein weiterer wichtiger Teil der Prozesspolitik und zeigt sich beispielsweise in der staatlichen Wohnungspolitik. Dies ist darauf zurückzuführen, dass Wohnen ein lebensnotwendiges Bedürfnis und ein nicht-substituierbares Gut ist. Aus sozialen Gründen soll den Haushalten ein angemessener Wohnraum zu bezahlbaren Preisen zur Verfügung stehen.

Einfluss auf die Immobiliennachfrage

Zur Beeinflussung der **Immobiliennachfrage** werden direkte oder indirekte Transfers an die privaten Haushalte bzw. Subventionen an die Unternehmen gezahlt oder steuerliche Vorteile (z. B. Gewährung von Sonderabschreibungen oder Förderprogramme) gewährt. Die Maßnahmen können die private Nachfrage fördern oder auch die Investitionsnachfrage stärken. Daneben existieren aber auch Eingriffe, die die Transaktions- und Unterhaltungskosten erhöhen und damit eher dämpfend auf die Nachfrage wirken können.

Großbritannien hat einen der am stärksten liberalisierten Wohnungsmärkte. Es gibt nur begrenzten Mieterschutz und die Mieten sind dort frei verhandelbar.

In **Frankreich** gibt es hingegen eine lange Tradition starker staatlicher Eingriffe, was sowohl den Eigentumsmarkt als auch den Mietmarkt betrifft. Der Staat hat auf vielfältige Weise mit Subventionen, Steuererleichterungen, Mietregulierungen und finanziellen Regeln in den Markt eingegriffen. Auch wenn diese Eingriffe in den letzten Jahren reduziert worden sind, bleibt ein starker Staat bestehen.

Um die Eigentumsquote in den **Niederlanden** zu erhöhen, gibt der Staat eine Garantie für niedrige Hypothekenzinsen, um sowohl das Risiko für den Kreditgeber als auch das Zinsniveau zu reduzieren. Die Regelungen finden sich im Nationale Hypotheek Garantie (NHG). Weiterhin unterstützt der niederländische Staat mit dem Hypothekenzinsabschlag (Hypotheekrenteaftrek) die Hausbesitzer. Dank dieser Regelung konnten Hausbesitzer über einen Zeitraum von maximal 30 Jahren die gesamten Darlehenszinsen, die für den Wohnungskredit bei der Bank anfallen, von der Steuer absetzen. In den 1990er Jahren erfolgte die Deregulierung des Hypothekenmarktes, die dafür sorgte, dass die Kreditgeber ein breiteres Spektrum von Finanzprodukten anbieten konnten. Darunter fiel auch das sogenannte ablösefreie Darlehen. Während zuvor Annuitätendarlehen (Darlehen mit konstanten Rückzahlungsbeträgen) mit einem jährlichen Tilgungssatz vergeben wurden, wurde seitdem eine Form der Hypothek populär, bei der lediglich die Zinsen gezahlt werden; der Kreditbetrag wird aber über 30 Jahre nicht abbezahlt, sondern bleibt über den gesamten Zeitraum gleich hoch. Das war für viele Hausbesitzer aufgrund des Hypothekenzinsabschlages lukrativ, denn auf diese Weise konnten sie über den gesamten Zeitraum maximal von der Steuererleichterung profitieren.

Einfluss auf das Immobilienangebot

Die **Angebotsbedingungen** bei den Immobilien werden ebenfalls spürbar vom Staat beeinflusst. Der Staat ist selbst Marktteilnehmer und stellt als Anbieter etwa Immobilien zur Eigennutzung oder Infrastruktur als Vorleistung für die private Leistungserstellung bereit. Der Staat hat ein darüber hinaus gehendes Interesse an der Entwicklung des Immobilienangebotes, was beispielsweise durch den Ausweis von neuem Bauland geschieht. Durch das Instrument der Subventionierung nimmt der Staat ebenfalls Einfluss auf die Entscheidung der Anbieter. Ein wichtiges Betätigungsfeld hierbei ist der soziale Wohnungsbau, der eine ausreichende Versorgung mit bezahlbarem Wohnraum sicherstellen soll. Allerdings verursacht der Staat durch gesetzliche Vorgaben und Genehmigungsverfahren auch Bürokratiekosten, welche die Angebotsseite belasten. Durch Ge- oder Verbote (z. B. Bauvorschriften) verteuert sich das Immobilienangebot und trägt seinen Teil zur Inflexibilität der Angebotsseite im Immobilienzyklus bei.

Eine weitere Eingriffsmöglichkeit seitens des Staates erfolgt **direkt auf das Marktgeschehen**, etwa durch Mindest- oder Höchstpreise. Die Durchführung von Mieterhöhungen auf dem Wohnungsmarkt unterliegt in vielen Ländern staatlich regulierten Prozessen. Mit diesen Maßnahmen verfolgt der Staat vorwiegend sozialpolitische Ziele.

In dem regulierten Teil des Wohnungsmarktes der **Niederlande** sind die jährlichen Mieterhöhungen begrenzt, da sie auf der Inflationsrate plus einer Prämie basieren. Diese inflationsgebundene Mieterhöhung beschränkt die Möglichkeiten der Vermieter, sichert diesen aber die Einnahmen. Ungefähr eine Million Mieter des regulierten Marktsegmentes sind darüber hinaus berechtigt, Transfers zu empfangen. Durch diese Transfers sind Vermieter sicher, dass ihre Mieter die Miete auch jederzeit zahlen können.

Die staatlichen Eingriffe in den Immobilienmarkt geschehen vielfach, um **Immobilienblasen zu verhindern oder um hohe Leerstände zu verringern**. Für den ersten Fall kann das Beispiel des Wohnungsmarktes in China herangezogen werden, für den zweiten Bereich der Amsterdamer Büromarkt.

In **China** wurde seit Jahren eine stark restriktive Politik gegen den Preisanstieg durchgeführt, kontinuierliche staatliche Kontrollen und Regulierungen in Form von Restriktionen für Hypothekendarlehen, Obergrenzen für Verkaufspreise und Beschränkungen für die Anzahl von Immobilien, die eine Familie kaufen darf. Seit 2010 betreibt China außerdem eine restriktive Geldpolitik, die die Liquidität reduziert. Projektentwickler haben dadurch Schwierigkeiten Liquidität durch die traditionellen Kanäle (wie Bankkredite) zu erhalten. Die drastischen

Maßnahmen haben dazu geführt, dass im Jahr 2013 die Preise für Wohnungen in den Metropolen gegenüber dem jeweiligen Vorjahr deutlich geringer gestiegen sind.

In den **Niederlanden** wird bei der Büroleerstand rigoros bekämpft. Der Leerstand im niederländischen Büromarkt ist seit Jahren sehr hoch, insbesondere in Amsterdam. Weil die Grundstücksfläche in den Niederlanden stark beschränkt ist, greift die Politik zu drastischen Maßnahmen. Durch Inkrafttreten des Gesetzes „Besetzen und Leerstand" ist es niederländischen Gemeinden seit Oktober 2010 möglich, für bestimmte Gebiete und/oder Gebäudetypen Leerstandsverordnungen zu erlassen, wobei aber bis Ende 2013 nur fünf Gemeinden (u. a. Amsterdam) diese Möglichkeit genutzt haben. Demnach muss der Leerstand nach sechs Monaten Dauer vom Eigentümer gemeldet werden. Innerhalb von weiteren drei Monaten hat er Rücksprache mit der Kommune zu halten, ob und wie das Gebäude genutzt werden soll. Die Gemeinde fasst dann einen Leerstandsbeschluss, ob ein Gebäude nutzbar ist oder nicht. Sie ist befugt, einem Gebäude einen Mieter zuzuweisen, wenn es zwölf Monate leer gestanden hat. Der Immobilieneigentümer ist verpflichtet, diesem Mieter einen Nutzungsvertrag anzubieten oder das Gebäude innerhalb von drei Monaten nach der Zuweisung an einen anderen Mieter zu vergeben. Bei nicht fristgemäßer Leerstandsmeldung droht ihm eine Geldbuße von maximal 7.500 Euro. Die Meldepflicht wird aber durch Zahlung dieser Geldbuße nicht ersetzt. Wird den Verpflichtungen nicht nachgekommen, ist die Gemeinde befugt, dem Eigentümer ein Zwangsgeld aufzuerlegen (z. B. eine Geldstrafe pro Tag, an dem der Eigentümer seine Pflichten nicht erfüllt). Als Alternative gilt das Übereinkommen „Angehensweise Leerstand Bürogebäude". Dieses hat das Ziel, mittels Änderungen in der Bauleitplanung, Umnutzungen und Abriss leer stehender Gebäude einen gut funktionierenden Büromarkt zu erreichen.

4.2 Internationale Wirtschaftsentwicklung

In dem realen Sektor einer Volkswirtschaft (auch Realwirtschaft oder realwirtschaftlicher Sektor genannt) erfolgt die gesamtwirtschaftliche Produktion von Gütern und Dienstleistungen vor allem durch private Unternehmen. Das ökonomische Leistungsniveau und die wirtschaftliche Entwicklung einer Volkswirtschaft bilden den realwirtschaftliche Rahmen, in dem sich das Marktgeschehen auf den Immobilienmärkten vollzieht. Sie beeinflussen direkt und/oder indirekt sowohl die Nachfrage- als auch die Angebotsbedingungen und somit die Mieten und Preise/Werte von Immobilien. Die Wirtschaftsleistung sowie die wirtschaftliche Entwicklung des realen Sektors werden anhand des zentralen ökonomischen Indikators Bruttoinlandsprodukt (BIP) gemessen, der im Rahmen der Volkswirtschaftlichen Gesamtrechnung (VGR) ermittelt wird.

4.2.1 Weltwirtschaftliche Entwicklung

Die Entwicklung der Weltwirtschaft soll im Folgenden anhand von zwei Indikatoren gemessen werden. Dies sind zum einen das Bruttoinlandsprodukt und zum anderen das Handelsvolumen. Dazu werden die Staaten aus Analysegründen in verschiedene Klassen eingeteilt.

Bei der **Ländereinteilung** kann z. B. auf die Systematik des IWF zurückgegriffen werden, wobei hier zwei wesentliche Ländergruppen unterschieden werden: die „advanced economies" (35 Industrieländer) und die „emerging and developing economies" (153 Schwellen- und Entwicklungsländer). Die Klassifikation des IWF basiert nicht auf strikten (z. B. ökonomischen) Kriterien und hat sich auch im Zeitablauf verändert. Weitere Unterklassen können gebildet werden, u. a. nach regionalen Kriterien. Von anderen Institutionen wie z. B. der Weltbank gibt es andere Einteilungen (siehe Exkurs), die sich u. a. an der Pro-Kopf-Einkommenshöhe orientieren.

Exkurs: Differenzierung der Märkte

Industrieländer (industrialized countries) sind für Staaten, deren Wirtschaft hauptsächlich durch die Industrie und das Dienstleistungsgewerbe getragen wird. Diese Länder verfügen über ein hohes Pro-Kopf-Einkommen, einen hohen Technologiestandard, kapitalintensive Güterproduktionen, sehr hohe Produktivität, hohes Bildungsniveau und rege außenwirtschaftliche Beziehungen.

Schwellenländer (newly industrialized countries) sind eine Untergruppe innerhalb der Entwicklungsländer mit einem verhältnismäßig fortgeschrittenen Entwicklungsstand. Charakteristisch für Schwellenländer ist, dass sie eine Wirtschaftsstufe erreicht haben, die voraussichtlich bald zu einer Überwindung der Strukturmerkmale eines typischen Entwicklungslandes führen wird. Oft ist jedoch ihre soziale und politische Entwicklung hinter der wirtschaftlichen Entwicklung zurückgeblieben. Zu den Schwellenländern zählen u. a. Brasilien, Indien, Mexico oder China.

Entwicklungsländer (low and middle income countries) sind Staaten, die im Vergleich zu den Industrieländern unter anderem ein deutlich geringeres Inlandsprodukt pro Kopf, eine geringe Arbeitsproduktivität, eine hohe Analphabetenquote und einen hohen Anteil landwirtschaftlicher Erwerbstätigkeit aufweisen.

Die heutige Weltwirtschaft ist von einer industriellen Dienstleistungsgesellschaft geprägt, in der die alten Wirtschaftsmächte wie USA, Japan, Großbritannien oder Deutschland dominieren, vor allem aber deren Multinationale Unternehmen. Sie profitieren nach wie vor von ihrer Spezialisierung auf hochwertige Produktionsgüter und von ihrem Vorsprung in Forschung und Entwicklung.

Das **Bruttoinlandsprodukt** ist der Gesamtwert aller in einem bestimmten Zeitraum in den geografischen Grenzen einer Volkswirtschaft erstellten Waren und Dienstleistungen. Das Bruttoinlandsprodukt misst den Wert aller Sachgüter und Dienstleistungen, die im Inland erzeugt werden, soweit sie nicht als Vorleistungen für die Produktion anderer Güter verwendet werden. Das BIP ist der beste Gradmesser für die Leistungsfähigkeit der Wirtschaft und auch der Wohlstandsmaßstab einer Volkswirtschaft (wobei es dazu inzwischen sehr kritische Stimmen gibt). Je höher dieser Wert ist, desto größer ist die Anzahl der verfügbaren Güter und Dienstleistungen. Das BIP ist auch gleich dem volkswirtschaftlichen Einkommen (oder Wertschöpfung), das aus der Produktion entsteht. Das in einer Periode erstellte Angebot an Gütern und Dienstleistungen führt zu Einkommen entweder der Arbeitnehmer, der Unternehmer oder der Vermögenseigentümer. Für die Immobilienmärkte ist das Niveau und das Wachstum des BIPs ein wichtiger Indikator.

Seit 1980 hat sich das **globale BIP** mehr als vervierfacht, der Welthandel ist sogar auf das mehr als Achtfache angestiegen. Die Weltproduktion wird nach einer IWF-Prognose voraussichtlich in den Jahren 2015 bis 2020 im Durchschnitt mit einer Rate von 4 % zunehmen. Nach wie vor ist damit zu rechnen, dass das globale Bruttoinlandsprodukt in diesem und im nächsten Jahr an Schwung gewinnt und in den folgenden Jahren weiter recht kräftig zunimmt. Allerdings dürfte die Expansion deutlich weniger Dynamik entfalten als in den Jahren vor der Finanzkrise. Dabei ist die Produktion von Gütern und Dienstleistungen nach wie vor stark polarisiert, trotzdem ist der Anteil der entwickelten Volkswirtschaften an der weltweiten Produktion gesunken (vgl. IWF, 2014).

Die traditionellen **Industrieländer** waren 1980 und 1990 noch zu fast 70 % am Bruttoinlandsprodukt beteiligt: dieser Anteil ist bis zum Jahr 2010 auf gut 50 % gefallen. Nach der IWF-Prognose wird für das Jahr 2020 ein Anteil von rund 45 % erwartet. Die sieben größten Industrienationen (G7) haben aktuell einen Anteil von rund 40 %, nachdem er im Jahr 1980 noch bei rund 55 % gelegen hatte. Die wirtschaftliche Expansion in den Industrieländern wird mittelfristig sukzessive an Dynamik gewinnen. Insgesamt wird der Anstieg des Bruttoinlandsprodukts in den Jahren 2015 bis 2020 mit jahresdurchschnittlich gut 2 % aber deutlich geringer als in den Jahren vor der Finanz- und Wirtschaftskrise ausfallen. Das Wachstum ist darauf zurückzuführen, dass die Geldpolitik in den fortgeschrittenen Volkswirtschaften noch über längere Zeit deutlich expansiv ausgerichtet sein dürfte.

Das Wachstum der Weltwirtschaft wird zum überwiegenden Teil von den **Schwellen- und Entwicklungsländern** getragen. Deutlich angestiegen ist demzufolge der Anteil der Schwellen- und Entwicklungsländer von 30 % (1980) auf gut 55 % im Jahr 2013, denn das Trendwachstum ist dort insgesamt wesentlich höher als in den Industrieländern. Allerdings führt eine Verlangsamung des Trendwachstums in den Schwellen- und Entwicklungsländern so rein rechnerisch auch zu einer spürbaren Verringerung der globalen Wachstumsrate. Die Ursachen des Rückgangs beim Trendwachstum sind in den einzelnen Ländern unterschiedlich. Zum Teil sind demographische Faktoren wirksam, vor allem aber wird sich offenbar der bisherige Produktivitätstrend abflachen. Nach der IWF-Statistik, bei der statt der Kaufkraftparitäten (künstliche Wechselkurse, wodurch aber vielfach die Wirtschaftsleistung (BIP) aufgrund höherer Preise viel größer ausgewiesen wird) echte Wechselkurse verwendet werden, sinkt der Anteil am Welt-BIP auf unter 40 % Die Bedeutung der Schwellen- und Entwicklungsländer nimmt dadurch erheblich ab.

Innerhalb der Schwellen- und Entwicklungsländern ist der Anteil der lateinamerikanischen Staaten am Welt-BIP um ungefähr ein Drittel auf heute nur 8 % gesunken, während sich der Anteil der asiatischen Länder seit 1980 mehr als verdreifacht hat und heute 25 % beträgt. Weltwirtschaftlich bedeutsam ist insbesondere die Wachstumsverlangsamung in China. Die Zuwachsraten der gesamtwirtschaftlichen Produktion dürften sich von rund 10 % im vergangenen Jahrzehnt und etwa 8 % in den vergangenen Jahren auf 6 % bis zum Jahr 2020 abschwächen. Der Anteil der BRIC-Staaten (Brasilien, Russland, Indien und China) an der Weltwirtschaftsleistung ist von rund 7,5 % im Jahr 1990 auf knapp 18 % im Jahr 2010 gestiegen.

Trotz dieser Verschiebungen bleibt es dabei, dass die Multinationalen Konzerne die Wertschöpfungskette auch in den Schwellen- und Entwicklungsländern dominieren, da sie teilweise dort produzieren, wo die menschliche Arbeitskraft reichlich vorhanden und entsprechend billig ist. Die fertigen Güter werden dann in die Industrieländer exportiert. Angesichts des geringeren Wachstums in den Industrieländern lassen sich die westlichen multinationalen Unternehmen auch in den Schwellenländern nieder, um dort neue Kunden und Märkte direkt zu beliefern.

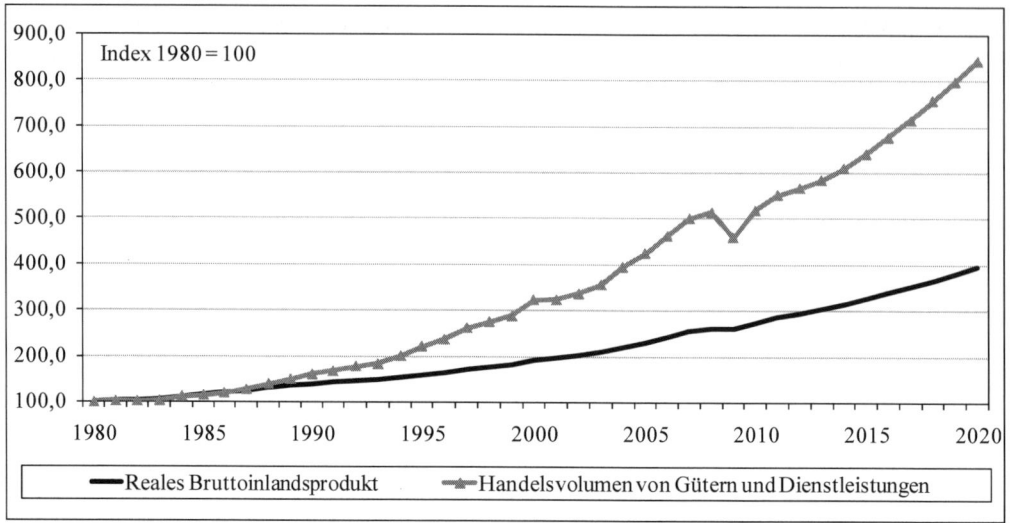

Abb. 4.1:   Globales Bruttoinlandsprodukt und Welthandel; Quelle: IWF, Economic Outlook Database 2014,
            unter: http://www.imf.org/external/pubs/ft/weo/2014/02/weodata/weoselgr.aspx, abgerufen am
            14.12.2014

In der Abbildung 4.2 ist der Wohlstand in verschiedenen Ländern dargestellt. Dabei wird
zunächst die absolute Höhe des BIP für das Jahr 2013 (einmal absolut und dann als Pro-
Kopf-Größe) dargestellt. Der dritte Indikator betrifft das Wachstum des nominalen BIP pro
Kopf im Zeitraum von 1990 bis 2013 jeweils umgerechnet in USD. Die Umrechnung in USD
kann wegen der Berücksichtigung der Wechselkurse zu Verzerrungen führen.

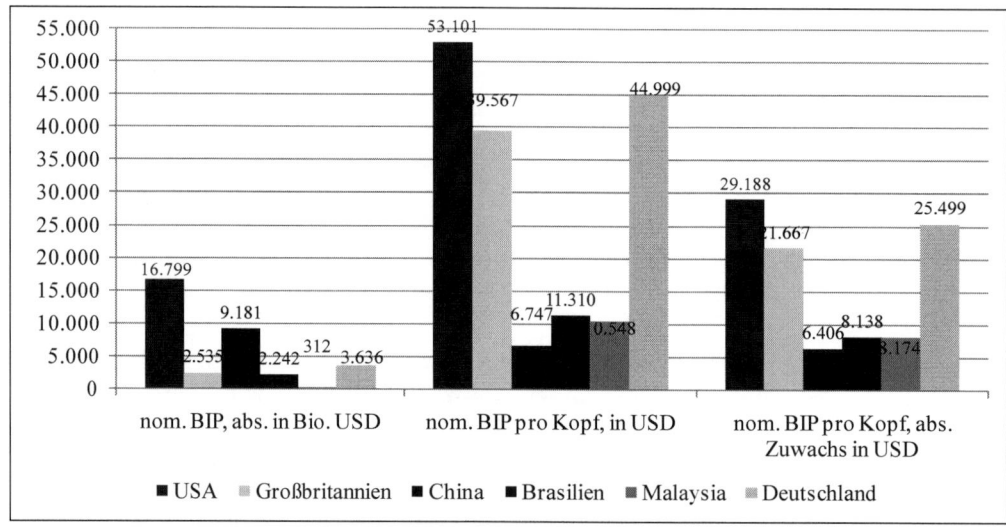

Abb. 4.2:   Wohlstandsniveau und -entwicklung in verschiedenen Ländern; Quelle: IWF, Economic Outlook
            Database 2014, unter: http://www.imf.org/external/pubs/ft/weo/2014/02/weodata/weoselgr.aspx, abge-
            rufen am 14.12.2014

Die **USA** weisen das höchste nominale BIP in USD auf. Die Einwohner haben auch das höchste Pro-Kopf-Einkommen und dieses ist absolut auch am stärksten von 1990 bis 2013 gewachsen. Aufgrund des hohen Niveaus fallen die (relativen) Wachstumsraten jedoch unterdurchschnittlich aus (vgl. Abbildung 4.3). Diese Unterscheidung zwischen absolutem und relativem Wachstum trifft auch auf das reale BIP in nationaler Währung zu.

China ist das Land mit den höchsten prozentualen Wachstumsraten, da hier das Ausgangsniveau im Jahr 1990 sehr niedrig ausfiel. Wird aber das absolute Wachstum des Wohlstands des einzelnen Einwohners (reales BIP pro Kopf) betrachtet, dann ist das Wachstum des BIP in den Industrieländern doch deutlich höher. Ähnliches gilt auch für **Brasilien** oder **Malaysia**, wenn auch in abgeschwächter Form. Bei der Berücksichtigung der tatsächlichen Wechselkurse statt der Kaufkraftparitäten nimmt auch das Gewicht Chinas deutlich ab. Danach erwirtschaftet China 2013 gerade einmal 56 % der amerikanischen Wirtschaftsleistung. In dieser Währung ist China auch nicht größer als der Euro-Raum, sondern hat gerade einmal 74 % der Euro-Wirtschaft.

Die Industrieländer **Großbritannien** und **Deutschland** weisen ähnliche Entwicklungstrends wie die USA auf, wobei Wechselkurs- und demografische Entwicklungen auch ihren Einfluss haben. Die prozentualen Wachstumsraten sind deutlich schwächer als in den Schwellen- und Entwicklungsländern, die absoluten Zuwächse fallen aber deutlich höher aus.

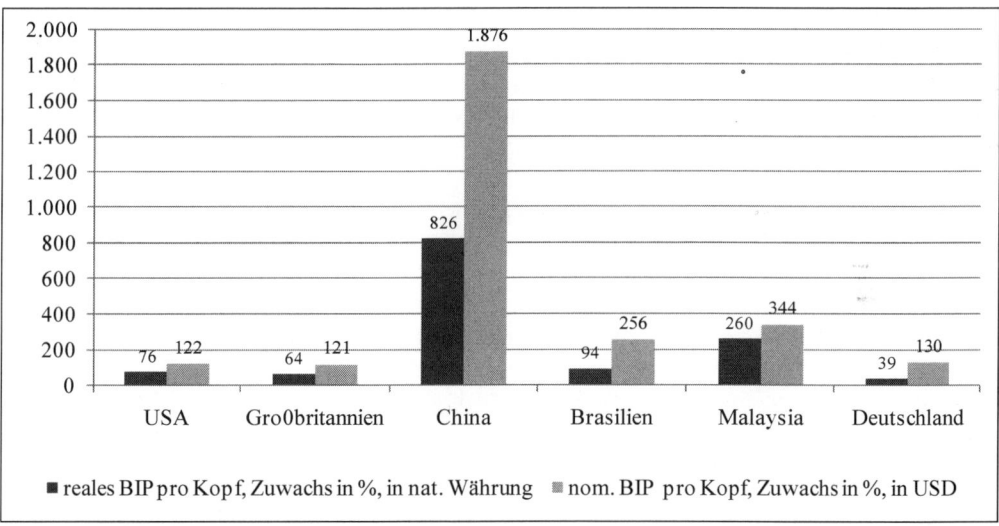

Abb. 4.3:   Wachstumsdynamik in verschiedenen Ländern; Quelle: IWF, Economic Outlook Database 2014, unter: http://www.imf.org/external/pubs/ft/weo/2014/02/weodata/weoselgr.aspx, abgerufen am 14.12.2014

Die Entwicklung der internationalen Handelsbeziehungen kann ebenfalls als Indikator für Globalisierung gesehen werden. Das **Handelsvolumen** der Güter und Dienstleistungen bezieht sich auf die Mengen an Exporten und Importen. Da die Preise konstant gehalten werden, ergeben sich Veränderungen allein aufgrund der Veränderungen der Mengen. Auch für den Indikator wird als Quelle die Statistiken des Internationalen Währungsfonds, World Economic Outlook Database vom April 2014, verwendet. Der wachsende Welthandel ist ein Zeichen für die Verflechtung der nationalen Volkswirtschaften. Der Globalisierungsprozess hat die Bedeutung des internationalen Handels rasant ansteigen lassen. Im letzten Jahrzehnt hat sich der Anteil des Welthandels am globalen Bruttoinlandprodukt stetig erhöht, da das Handelsvolumen deutlich stärker als das BIP gewachsen ist. Selbst die Finanz- und Wirtschaftskrise hat diesen stetig wachsenden Prozess nur unterbrechen, nicht anhalten können.

Der Welthandel wuchs im Zeitraum zwischen 1980 und 2013 fast doppelt so schnell wie die Produktion. Während das Volumen des Welthandels in den vorangegangenen Jahren (1996 – 2003) um jahresdurchschnittlich gut 6 % zugenommen hat, hat es sich in den folgenden sieben Jahren leicht abgeschwächt. Das langsamere Wachstum ist vor allem auf die schwächere Weltkonjunktur zurückzuführen. Dabei war das Wachstum in den Industrieländern schwächer und während der Handel der Industrieländer unter den Auswirkungen der Finanz- und Wirtschaftskrise litt, konnte der Welthandel der Schwellen- und Entwicklungsländer sogar noch zulegen.

Die mittelfristigen Wirtschaftswachstumsaussichten haben sich in den Jahren seit der Finanz- und Wirtschaftskrise stetig verbessert, sodass sich das Wachstum des Welthandelsvolumens im Projektionszeitraum bis 2020 beschleunigen wird, aber nicht so stark wie zur Mitte des vergangenen Jahrzehnts. Der größte Teil der weltweit getätigten Dienstleistungsexporte wie auch der Güterexporte entfällt auf die Industrieländer. Die Dynamik wird allerdings in den Schwellen- und Entwicklungsländer stärker als in den Industrieländern ausfallen.

Die Globalisierung hat für viele Menschen in den entwickelten Ländern ihren ohnehin schon beträchtlichen Wohlstand weiter steigen lassen. Noch stärker war die Wirkung auf die Schwellen- und Entwicklungsländer: Allein in China haben in den vergangenen drei Jahrzehnten mehr als eine halbe Milliarde Menschen den Weg heraus aus extremster Armut (Einkommen von weniger als 1,25 USD pro Tag) geschafft. Die ökonomischen Beziehungen werden jedoch von den großen Industrieregionen Europa, Nordamerika und Japan/Ostasien dominiert, während andere Erdteile wie vor allem Afrika von den weltweiten Interaktionen und Austauschprozessen weitgehend ausgeschlossen sind. Dieses Argument lässt sich auch auf die Immobilienwirtschaft übertragen, wo ein Großteil der Investitionsströme noch auf nordamerikanische und westeuropäische Märkte entfällt.

4.2.2   Bruttoinlandsprodukt und Immobilienbestand

Die **Höhe des Bruttoinlandsprodukts** dokumentiert den Entwicklungsstand eines Landes und hat Auswirkungen auf die Immobilienmärkte. Voraussetzung für die Erstellung von Gütern und Dienstleistungen ist ein entsprechender Immobilienbestand. Immobilien sind zudem wichtiger Bestandteil des Kapitalstocks einer Volkswirtschaft und somit Indikator für deren Entwicklungsstand. Die Größe und das Wachstum des Immobilienbestandes sind darüber hinaus wichtige Indikatoren für Immobilien-Investments. Investoren berücksichtigen diese Aspekte bei ihren Überlegungen, in welchen Ländern und Immobilienmärkten sie investieren.

Je größer das Ergebnis der wirtschaftlichen Entwicklung ist, desto höher ist i. d. R. der Immobilienbestand. In entwickelten Staaten ist daher ein Immobilienmarkt mit einem beachtlichen Marktvolumen zu beobachten. In Schwellen- und Entwicklungsländern ist hingegen der Immobilienmarkt nicht in gleicher Weise entwickelt. Somit ergibt sich bei Immobilienmärkten in den Industrieländern allein schon ein hinreichend großer Ersatzbedarf, der Folge des hohen Bestandes ist und dem realen Sektor weitere Impulse gibt. Im Folgenden wird für die

Welt (siehe Abbildung 4.4) dieser Zusammenhang empirisch dargestellt, wobei es sich jeweils um den bewerteten Immobilienbestand handelt.

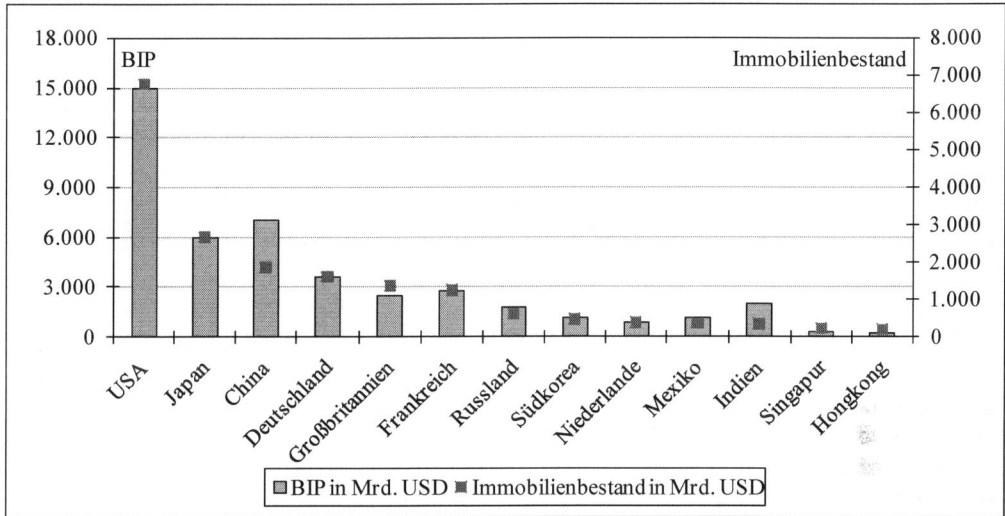

Abb. 4.4:   Bruttoinlandsprodukt und Immobilienbestand; Quelle: Prudential, 2014, S. 4

Die Größe des institutionellen gewerblichen Immobilienmarktes wird u. a. von der DTZ oder von Prudential geschätzt und berechnet. Da offizielle Daten jedoch nicht vorliegen, werden diese von Prudential wie folgt kalkuliert. Zunächst wird ein Land in Abhängigkeit von der absoluten Höhe des Bruttoinlandsprodukts in die Klasse „entwickeltes (developed)" der „sich entwickelndes (developing)" Land eingeteilt. Weiter wird berücksichtigt wie hoch das BIP des Landes in der jeweiligen Klasse ist. Zusätzlich wird auch für wenige Länder mit einbezogen, dass sie über eine hohe Bevölkerungsintensität (u. a. Stadtstaaten) verfügen, was zu einem höheren Bestand an Immobilien führt.

Der geschätzte Bestand nach Prudential (2014) beträgt im Jahr 2011 weltweit 26,6 Bio. USD. Das höchste Volumen ist in Europa mit 9,4 Bio. USD vorhanden, gefolgt von USA und Kanada (7,5 Bio. USD) und der asiatisch-pazifischen Region (7,2 Bio. USD). Die Immobilien konzentrieren sich dabei auf die entwickelten Volkswirtschaften, in denen sich gut 75 % des Bestandes befinden. Gleichzeitig ist der Immobilienbestand in wenigen Ländern konzentriert. Hier liegt die USA vorn, dahinter Japan, China, Deutschland und Großbritannien. Es wird erwartet, dass sich diese Rangfolge aber zukünftig entscheidend verändern wird, da das Wachstum in den sich entwickelnden Volkswirtschaften wie China oder Indien besonders deutlich ausfällt. Diese Länder werden im nächsten Jahrzehnt ihren Anteil am globalen Immobilienbestand voraussichtlich verdoppeln. Absolut wird die Hälfte des Zuwachses aus China und den USA kommen.

Um die **gesamtwirtschaftliche Bedeutung** der Immobilienwirtschaft in den einzelnen europäischen Staaten aufzuzeigen, wird auf die Studie der EPRA (2012) zurückgegriffen. In dieser wird darauf hingewiesen, dass die Immobilienwirtschaft in all ihren Formen für ungefähr 20 % aller ökonomischen Aktivitäten verantwortlich ist. Der gewerbliche Immobiliensektor allein trägt im Jahr 2011 rund 285 Mrd. Euro zur europäischen Wirtschaftsleistung bei, das sind ungefähr 2,5 % der gesamten Wirtschaftsleistung. Direkt sind in der gesamten Immobi-lienwirtschaft ungefähr 4 Mio. Menschen beschäftigt. Der Großteil der Beschäftigung erfolgt in der Bauwirtschaft und im Ausbaugewerbe; auch das Gebäudemanagement trägt einen nennenswerten Anteil bei. Der Investmentbereich ist zwar relativ klein, hat aber einen über-proportionalen Anteil an der Wertschöpfung.

Der gewerbliche Immobilienbestand in Europa beträgt flächenmäßig 3,5 Mrd. m², davon entfallen jeweils rund 1 Mrd. m² auf den Einzelhandel, Büro und Industrie. Der Marktwert der gewerblichen Immobilien in Europa betrug laut EPRA gut 5 Bio. Euro im Jahr 2011. Das entsprach ungefähr dem Anlagevermögen in Maschinen und Anlagen in Europa und war ungefähr zwei Drittel des Wertes der europäischen Aktien oder Wertpapiere. Nach Objektar-ten übertraf der gesamte Wert der Wohnungen mit 22,5 Bio. Euro den der anderen Immobili-ensektoren.

Die Investitionen in neue gewerbliche Immobilien sowie das Refurbishment und die Ent-wicklung bestehender Gebäude schlagen jährlich mit rund 250 Mrd. Euro zu Buche. Dies sind ungefähr 10 % der gesamten Investitionen in Europa und entspricht dem Bruttoinlands-produkt von Dänemark. Investitionen in andere Gebäude, Infrastruktur und Wohnimmobilien betrugen rund 1 Bio. Euro. Einschließlich der gewerblichen Investitionen haben diese einen Anteil von rund 60 % der Kapitalinvestitionen der gesamten europäischen Wirtschaft (vgl. EPRA 2012).

Ein weiterer Indikator, um die Bedeutung der Immobilienwirtschaft international zu messen sind die **Bauinvestitionen**, wobei hier als Indikator deren Anteil am Bruttoinlandsprodukt genommen wird. Im internationalen Vergleich zeigt sich, dass die Bautätigkeit in den einzel-nen Ländern eine sehr unterschiedliche Bedeutung in der Gesamtwirtschaft und auch Ent-wicklung hat.

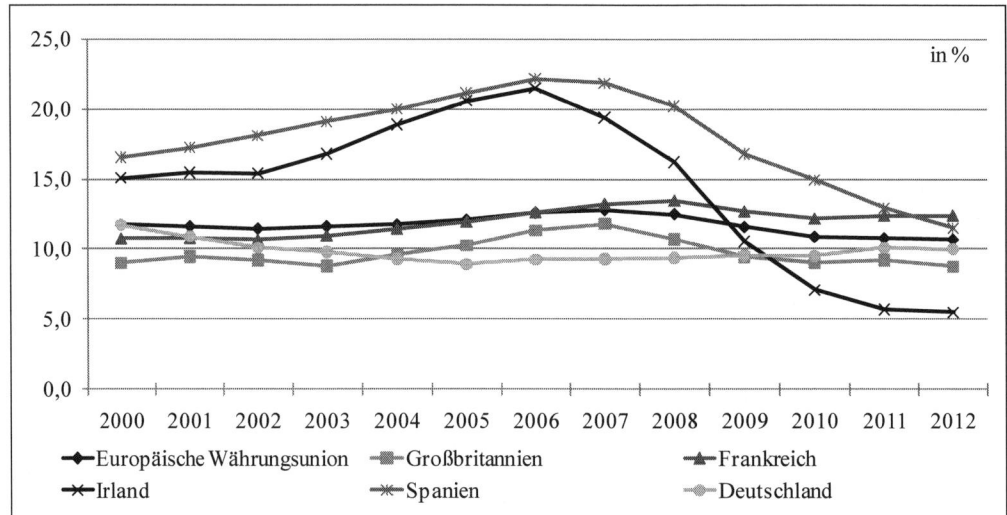

Abb. 4.5:   Anteil des Bauinvestitionen am Bruttoinlandsprodukt; Quelle: Eurostat, unter:
              http://epp.eurostat.ec.europa.eu/portal/page/portal/national_accounts/introduction, abgerufen am
              03.09.2014

Im Zuge des spanischen und irischen Immobilienbooms ist es zu einer starken Umstrukturie-
rung der Volkswirtschaft hin zur Immobilienwirtschaft gekommen – in Spanien belief sich
der Anteil der Bauinvestitionen am Bruttoinlandsprodukt in der Spitze auf 22 % und in Irland
auf 21 %. Der Anteil der Bauinvestitionen am deutschen Bruttoinlandsprodukt ist bis zum
Jahr 2005 auf unter 9 % gesunken und seitdem kaum nennenswert angestiegen.

4.2.3   Wirtschaftsentwicklung und Immobilienmarkt

Das langfristige **Wachstum des realen Bruttoinlandsprodukts** hat Auswirkungen auf die
Entwicklung der internationalen Immobilienmärkte. Die Entwicklung der Immobilienmärkte
steht in einem engen Zusammenhang mit dem Wirtschaftswachstum und damit der Entwicklung des realen Sektors. Mit wachsender Produktion, Beschäftigung sowie zunehmenden
Einkommen steigt gewöhnlich der Bedarf an Immobilien.

Bei den **Büroimmobilien** hängt die Flächennachfrage von der gesamtwirtschaftlichen Entwicklung ab. Wenn die Wirtschaft wächst, dann steigen die Produktion von Gütern und
Dienstleistungen sowie die Umsätze. Dies wiederum führt zu einem steigenden Bedarf an
gewerblichen Flächen. Die Nachfrage nach Büroimmobilien wird primär durch die Anzahl
der Bürobeschäftigten bestimmt, die wiederum von der gesamtwirtschaftlichen Entwicklung
abhängt. Insbesondere der Strukturwandel mit dem überdurchschnittlichen Wachstum der
Dienstleistungssektoren und der Zahl der in diesen Sektoren Beschäftigten wirken sich auf
die Nachfrage nach Büroflächen aus. Schließlich weist die Beziehung von Wirtschaftswachstum und Bürobeschäftigung darauf hin, dass es auch innerhalb der Wirtschaftszweige einen
Strukturwandel gibt, von dem die Bürobeschäftigung profitiert. Abbildung 4.6 zeigt den
gleichartigen Verlauf von Bruttoinlandsprodukt, Beschäftigung und Bürofläche in Großbritannien.

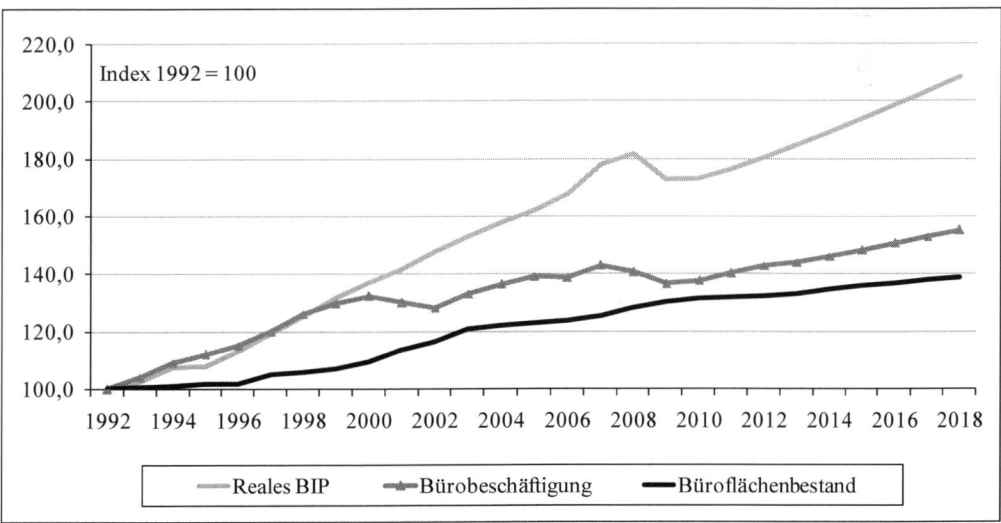

Abb. 4.6:   Bruttoinlandsprodukt Großbritannien und Büroflächenentwicklung London (2014 – 2018: Prognose);
             Quelle: FERI-Datenbank Intranet, abgerufen am 14.08.2014

Außerdem führt das Wachstum des Bruttoinlandsprodukts nicht nur zu einer steigenden Nachfrage nach Bürofläche, sondern wirkt sich auch auf den Leerstand und die Mieten aus. Bevor es zu Impulsen für den Bau von Bürofläche kommt, wird eine steigende Nachfrage zu einer Reduktion der bestehenden Leerstände führen. Erst mittel- bis langfristig wird durch Projektentwicklungen das Angebot an Büroflächen durch Neubauten erhöht.

Die **Einzelhandelsflächennachfrage** ist ebenfalls abhängig von der konjunkturellen Entwicklung, wenn auch andere Abhängigkeiten bestehen. Die Nachfrage nach Einzelhandelsflächen hängt im Wesentlichen von der Entwicklung der Einkommen der Nachfrager ab. Eine wachsende Wirtschaft ist nicht nur gleichbedeutend mit einer steigenden Produktion von Gütern und Dienstleistungen, sondern auch mit höheren Einkommen für die Wirtschaftssubjekte. Das c. p. wachsende Nettoeinkommen, das sich nach Abzug von Steuern und Sozialversicherungsbeiträgen ergibt, kann gespart oder ausgegeben werden. Ein Teil der zusätzlichen Ausgaben wird auch im Einzelhandel ausgegeben, sodass von den steigenden Einkommen auch diese Ausgaben der Bevölkerung profitieren werden. Dies führt zu wachsenden Umsätzen im Einzelhandel. Da im Einzelhandel vielfach umsatzabhängige Mieten zwischen Mietern und Eigentümern vereinbart sind, werden sich die Mieteinnahmen entsprechend mit den Umsätzen ausweiten. Weiterhin sind auch positive Effekte bei den Leerständen zu erwarten. Steigende Mieten und Preise für Einzelhandelsobjekte stellen letztlich mit einer Zeitverzögerung für Investoren und Projektentwickler einen Anreiz dar, neue Einzelhandelsflächen zu errichten.

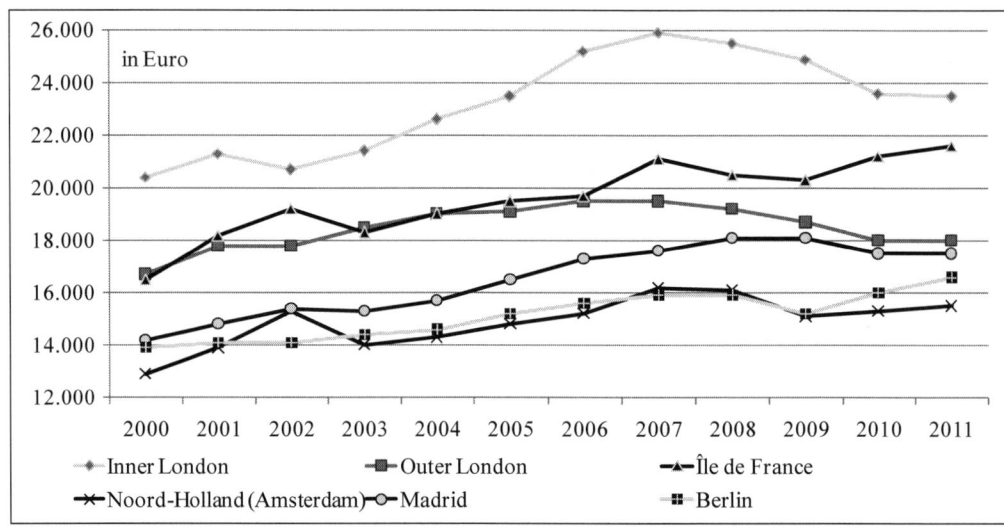

Abb. 4.7:   Entwicklung der Verfügbaren Einkommen der privaten Haushalte in europäischen Regionen; Quelle: Eurostat, unter:
http://epp.eurostat.ec.europa.eu/tgm/table.do?tab=table&init=1&plugin=1&language=de&pcode=tgs00026, abgerufen am 14.08.2014

Die **Nachfrage nach Wohnimmobilien** wird ebenfalls von der konjunkturellen Entwicklung beeinflusst. Die Wohnflächennachfrage hängt dabei stark von der Einkommensentwicklung ab, aber diesmal die der Haushalte (siehe Abbildung 4.7). Eine wachsende Wirtschaft ist identisch mit einer höheren Beschäftigung und steigenden Einkommen für die Haushalte, die auch die Nachfrager nach Wohnungen sind. Kurzfristig ist nur mit einer geringen Änderung des Konsumverhaltens zu rechnen. Falls der Einkommensanstieg dagegen nachhaltig sein sollte, werden die Haushalte als Folge wachsender Einkommen mehr Wohnfläche nachfragen und auch bereit sein, dafür höhere Mieten bzw. Preise zu zahlen. Die höhere Nachfrage nach Wohnraum kann sich sowohl quantitativ (Wohnungsgröße) als auch qualitativ (Lage, Ausstattung) auswirken. Hindernisse für eine schnelle Reaktion der Nachfrage sind zum einen die Transaktionskosten wie beispielsweise Umzugskosten und zum anderen auch die Verfügbarkeit von Wohnraum. Die Nachfrage nach Immobilien sowohl zur Eigennutzung als auch als Kapitalanlage wird mit wachsenden Einkommen steigen. Zudem nimmt das potenzielle Kreditvolumen für die Immobilienfinanzierung zu, da mit höheren Einkommen c. p. die Kreditrestriktionen für die Haushalte seitens der Banken gelockert werden. Durch eine leichtere Immobilienfinanzierung wird die Nachfrage der Haushalte nach Immobilien steigen und c. p. zu höheren Preisen führen. Sind diese Entwicklungen nachhaltig, wird die insgesamt höhere Nachfrage sowohl auf dem Vermietungs- als auch Investmentmarkt zu Anreizen für Investoren und Projektentwickler führen, neue Wohnungen zu bauen.

Gleichzeitig kann die Entwicklung des Immobilienmarktes gravierende **real- und finanzwirtschaftliche Auswirkungen** haben. So war und ist z. B. der Wohnimmobilienmarkt in den **USA** eine wesentliche Determinante für die ökonomische Entwicklung des Landes, da dieser eine treibende Kraft für die sehr wichtige private Nachfrage ist. Investitionen und der Konsum der Haushalte werden durch die Schwankungen der Hauspreise beeinflusst und die Bilanzen der Banken und des Privatsektors, die Stimmungsindikatoren sowie der Arbeitsmarkt sind hoch mit der Wohnimmobilienkonjunktur korreliert. So ist es auch nicht weiter verwunderlich, dass der historisch einmalige Einbruch am Immobilienmarkt zwischen 2008 und 2011 zu einem deutlichen Rückgang des Konsums, der Investitionen und der Beschäftigung geführt hat und die Sparquote in den USA gleichzeitig massiv angestiegen ist.

4.2.4 Konjunkturschwankungen und Immobilienzyklus

Das kurz- bis mittelfristige Wachstum einer Volkswirtschaft verläuft nicht gleichmäßig, vielmehr kommt es immer wieder zu Abweichungen der wirtschaftlichen Aktivität vom langfristigen Trend. Dieses zyklische Verhalten wirkt sich auch auf den Immobilienmarkt aus. Die Immobilienmärkte sind besonders anfällig für spekulative, sich selbst verstärkende Effekte, die über längere Zeit anhalten und damit zu erheblichen Überkapazitäten oder Defiziten führen können. Der Begriff des Immobilienzyklus wird in der Immobilienwirtschaft eher mehrdeutig verwendet. Gewöhnlich werden unter einem Immobilienzyklus wiederkehrende, aber unregelmäßige mittelfristige Bewegungen verstanden, die sich im Verlauf ähneln, aber in den Abschnitten nie gleich sind. Weiterhin werden unterschiedliche Indikatoren verwendet, um einen Immobilienzyklus abzubilden. Immobilienzyklen können beispielsweise als Schwankungen bei den Projektentwicklungen oder Neubauten, beim Bauvolumen oder auf den Miet- und Investmentmärkten auftreten. Indikatoren anhand denen die Zyklen aufgezeigt werden können sind z. B. Miete, Rendite, Leerstand oder Preise.

Die Immobilienzyklen sind das Ergebnis des zeitlichen Wechsels von Überangebot und Übernachfrage auf den Immobilienmärkten (siehe Abbildung 4.8). Die Immobiliennachfrage und das Immobilienangebot (Bautätigkeit) fallen zeitlich auseinander. Die verschiedenen Ungleichgewichtssituationen haben zur Folge, dass der Immobilienmarkt sich nur selten im

Gleichgewicht befindet. Die Schwankungen wirken sich dann auf die Marktergebnisse und die -entwicklungen.

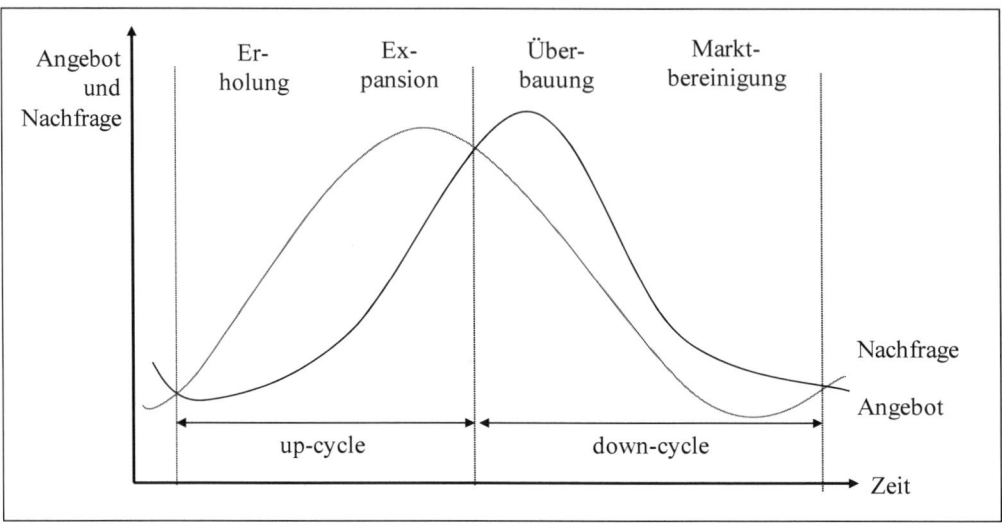

Abb. 4.8:   Immobilienzyklus; Quelle: eigene Darstellung

Für die **Entstehung der Immobilienzyklen** gibt es verschiedene Erklärungen, die zum einen auf exogene Faktoren (aus dem realen oder monetären Sektor) und zum anderen auf endogene Faktoren (vom Immobilienmarkt) zurückzuführen sind. Auch wenn die Immobilienzyklen verschiedene Ursachen und Ausgangspunkte haben, so gibt es doch Zusammenhänge zwischen ihnen. Die Einflussfaktoren können sich einerseits gegenseitig verstärken und andererseits dämpfend aufeinander auswirken.

Exogene Einflüsse auf den Immobilienmarkt sind aus makroökonomischer Sicht vorwiegend die Folge von zyklischen Konjunkturschwankungen. Veränderungen der gesamtwirtschaftlichen Nachfrage und des Angebots haben entsprechende Folgen für den Immobilienmarkt und zeigen sich in den Immobilienzyklen. Es wird davon ausgegangen, dass es eine Beziehung zwischen den aggregierten realwirtschaftlichen Marktgrößen wie BIP oder Beschäftigung und den Einflüssen monetärer Größen wie Liquiditäts-, Zins- oder Wechselkursentwicklungen auf der einen Seite sowie dem zyklischen Verhalten des Immobilienmarktes auf der anderen Seite gibt.

Die **endogenen Ursachen** des Immobilienzyklus basieren vorwiegend auf Unvollkommenheiten der Immobilienmärkte. Es sind vor allem Time-Lags, die zu den zyklischen Entwicklungen führen. Angebotsentscheidungen schlagen aufgrund von oft aufwendigen Planungs- und Genehmigungsverfahren und der Dauer der Fertigstellung von Bauprojekten in der Regel erst mit einer deutlichen zeitlichen Verzögerung auf den Märkten nieder. Spekulative Prozesse, die sich nicht mehr mit Fundamentalfaktoren wie der Einkommensentwicklung oder der Demografie decken, können dazu führen, dass sich diese Zyklen noch verstärken.

Immobilienzyklen in den internationalen Immobilienmärkten

Der Büromarkt der **USA** zeigt eindrucksvoll das Auf und Ab der zyklischen Entwicklung eines Immobilienmarktes in den letzten 40 Jahren (siehe Abbildung 4.9). Die Wirtschafts- und Immobilienzyklen zeigen den gleichen Ablauf, sind aber verschieden in der Stärke und der Länge. Dies ist auf unterschiedliche wirtschaftliche und monetäre Einflüsse zurückzuführen. Die Entwicklung des nationalen Büromarktes ist nicht nur eng verbunden mit dem Wachstum der Bürobeschäftigung, sondern hängt auch von dem Zustand der Kapitalmärkte und den politischen Rahmenbedingungen ab.

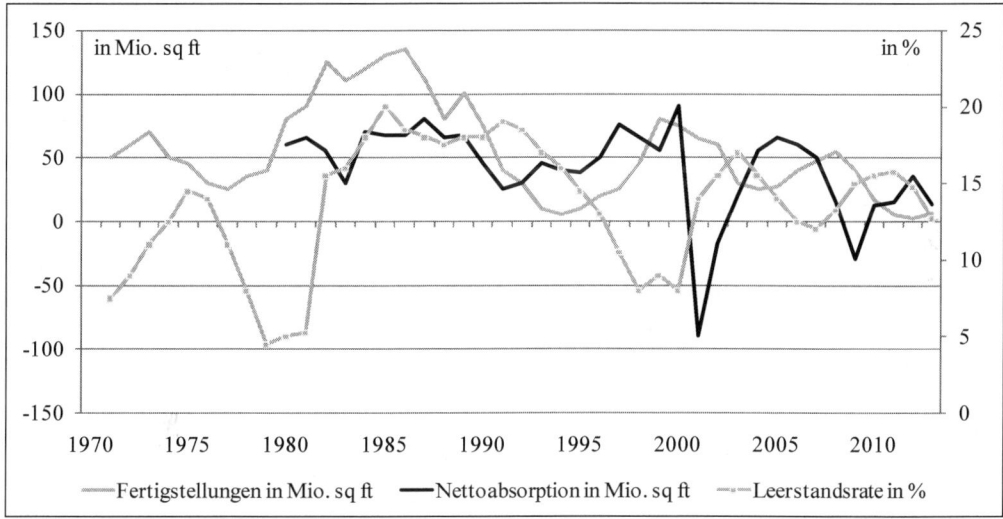

Abb. 4.9:   Immobilienzyklus auf Büroimmobilienmarkt USA; Quelle: CBRE Econometrics Advisors, Intranetquelle, abgerufen am 17.10.2014

In den 1980er Jahren kam es in den USA bedingt durch staatliche Förderprogramme zu den hohen Fertigstellungen, die sogar ein Jahrzehnt lang die Nettoabsorption übersteigen. Dies führte zu einem drastischen Anstieg der Leerstandsquote und einem nachhaltigen Druck auf die Mieten landesweit. Das Überangebot konnte erst langfristig wieder abgebaut werden, wozu vor allem auch der Beschäftigungsaufbau durch den IT- und New-Economy-Boom beitrug. Das Angebot reagierte mit einer Verzögerung, sodass die Fertigstellungen immer noch hoch waren, als die Nachfrage durch die Terroranschläge und dem Platzen der „Dot-Com"-Blase einbrach. Erst nach Jahren war die Nettoabsorption wieder höher als die Fertigstellungen. Nach der Rezession 2001 fielen die Fertigstellungen nicht so stark wie in den vorangegangenen Zyklen, da die Rezession relativ kurz und flach ausfiel. Geldpolitische Maßnahmen (und bessere Kreditversorgung) sowie eine höhere Risikobereitschaft bei der Finanzierung der Banken halfen dabei. Jedoch löste das auch die nachfolgende Immobilienpreisblase aus.

Die Finanz- und Wirtschaftskrise 2008 hat nachhaltige Spuren hinterlassen. Das Ende des günstigen Kreditzugangs und der Verlust von Büroarbeitsplätzen haben zum Einbruch bei den Fertigstellungen geführt, die wieder das niedrige Niveau von Anfang der 1990er Jahre erreichte. Der Aufschwung seit 2011 hat im Vergleich zu den vorherigen Zyklen eine geringere Dynamik, da auch die Nachfrage nicht so stark wie zuvor ausfiel und die Finanzmärkte sich mit der Finanzierung von Projektentwicklungen zurückhielten.

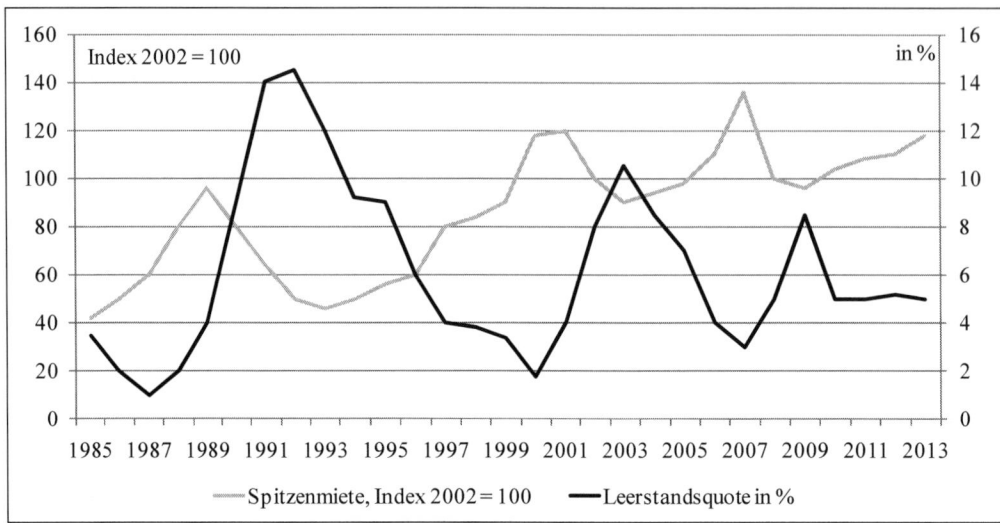

Abb. 4.10:   Immobilienzyklus auf Büroimmobilienmarkt Londons; Quelle: CBRE Econometrics Advisors, Intra-
             netquelle, abgerufen am 17.10.2014

Ein ähnliches Bild zeigt sich auf dem Büroimmobilienmarkt in **London** (siehe Abbildung 4.10). Für einen Anstieg der Leerstände waren vor allem die gesamtwirtschaftlichen Krisen Anfang der 1990er Jahre (Weltwirtschaftskrise), Anfang der 2000er Jahre (Platzen der „Dot-Com"-Blase) sowie die Finanz- und Wirtschaftskrise Ende des letzten Jahrzehnts verantwortlich. Entsprechend zeigten sich jeweils Rückgänge bei der Spitzenmiete.

Immobilienzyklen in den Global Cities

Von den Immobilienzyklen sind besonders die Büromärkte in den Global Cities betroffen. Die Spezialisierung und Internationalisierung der Büronutzer und -investoren kann systemische Risiken erzeugen, die die Stabilität des Büromarktes bedrohen. Die Intensivierung von wechselseitigen Abhängigkeiten über nationale Grenzen hinweg lässt sich sehr deutlich am Beispiel globaler Konjunkturverläufe nachvollziehen, die sich auch auf lokalen Immobilienmärkten in Form höherer oder geringerer Büronachfrage niederschlagen.

Die Büromärkte der Global Cities sind besonders stark von der Entwicklung des Finanz- und Bankensektors abhängig und somit sind die Immobilienzyklen in diesen Büromarktzentren besonders ausgeprägt. So wird der Büroraum in der City of London zum Beispiel zu fast 90 % von Banken, Finanz- und unternehmensorientierten Dienstleistungen belegt. In London ist nach der Wirtschafts- und Finanzkrise die Zahl der Mitarbeiter im Bankgeschäft um 28 % auf 255.000 Beschäftigte verringert worden. Auch in Frankfurt stellen diese Sektoren mit einem durchschnittlichen Anteil von über 50 % in den letzten 10 Jahren (2010 sogar über 70 %) die Hauptnachfragegruppe nach Bürofläche. Auch in Frankfurt kam es im Nachgang der „Dot-Com"- und Finanzkrise jeweils zu einem Rückgang der Bürobeschäftigtenzahl in der Finanzbranche.

Solche Krisen führen zu einem Abbau von Büroarbeitsplätzen, der die Büroflächennachfrage und damit die Mietpreise deutlich sinken lässt. Rückläufige Büromieten ziehen wiederum eine ungünstige Bewertung der Büroimmobilien nach sich, die das Ergebnis der Immobilieninvestitionen beeinträchtigen und damit die Krise der Finanzdienstleistungen weiter verschärfen. So sanken aufgrund der Finanz- und Wirtschaftskrise die Immobilienwerte vor allen in den hochrangigen Global Cities, die sich vermehrt von der regionalen bzw. lokalen konjunkturellen Entwicklung abkoppeln. Den höchsten Wertverlust zwischen 2004 und 2009 verzeichneten in Europa die Büromärkte der Alpha+-Städte, in den anderen Städten waren die Rückgänge umso geringer je geringer die Städte global vernetzt sind. Im Umkehrschluss können boomende Kapitalmärkte allerdings auch positive Feedbackeffekte auslösen.

4.3   Internationalen Finanzmärkte

Die Finanzmärkte auch als Finanzsektor oder monetäre Sektor bezeichnet, umfassen sämtliche Märkte, auf denen finanzielle Mittel (u. a. Geld und Kapital) gehandelt wird. Die Finanzmärkte sind die Gesamtheit der Märkte, auf denen sich der Anlagebedarf (Angebot) und der Finanzierungsbedarf (Nachfrage) nach finanziellen Mitteln treffen. Diese haben heute eine erhebliche Bedeutung für die Entwicklung der Immobilienwirtschaft. Nicht zuletzt die Wirtschafts- und Finanzkrise hat gezeigt, wie abhängig die Real- und Immobilienwirtschaft vom Funktionieren der Finanzmärkte ist. Die Abhängigkeiten und Wechselwirkungen zwischen dem Immobilienmarkt und den Finanzmärkten sind heute weitaus stärker ausgeprägt.

Zunächst wird auf die vielfältigen, teilweise wechselseitigen Beziehungen zwischen den Finanzmärkten und den Immobilienmärkten eingegangen, wie sie in Abbildung 4.11 dargestellt sind. Vom monetären Sektor kommt das notwendige Kapital (Liquidität) für die Aktivitäten der Immobilienwirtschaft (z. B. Kauf oder Projektentwicklung). Dabei kommt die Liquidität von den verschiedenen Teilmärkten des Finanzsektors.

Den Investoren stehen wiederum verschiedene Anlagealternativen zur Verfügung, die unterschiedlich abgegrenzt werden können. Zum einen kann zwischen direkten und indirekten Investments unterschieden werden. Zum anderen kann zwischen Investments in Eigen- oder Fremdkapital differenziert werden, wobei das Kapital entweder öffentlich oder privat gehandelt wird.

Da häufig die Banken als Finanzintermediäre den größten Anteil an der Finanzierung der Immobilieninvestitionen tragen, wird hierauf ebenfalls näher eingegangen. Außerdem werden auf den Finanzmärkten Einflussgrößen wie Inflationsrate, Zinsen oder Wechselkurs determiniert. So beeinflusst der Finanzsektor die Volatilität und die Entwicklung der Immobilienpreise und setzt Rahmenbedingungen für die Vermietungsmärkte von Immobilien.

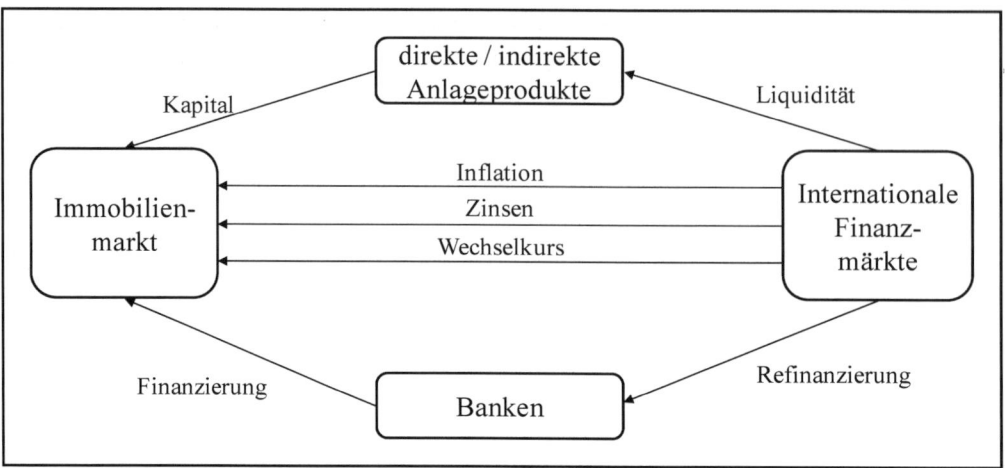

Abb. 4.11:   Zusammenhang von Finanzmärkten und Immobilienmärkten; Quelle: eigene Darstellung

Die **Finanzmärkte** sind weder örtlich noch zeitlich begrenzte Markt, auf denen sich das Angebot an und die Nachfrage nach Finanzmitteln gegenüberstehen. Eine Gliederung in Teilmärkte kann in unterschiedlicher Weise vorgenommen werden. Nach der Fristigkeit der Mittelüberlassung kann zwischen einem Geldmarkt und einem Kapitalmarkt unterschieden werden. Ein anderes Gliederungsschema differenziert zwischen Eigenkapitalmärkten z. B. Märkte für Aktien bzw. GmbH-Anteile und Fremdkapitalmärkten – z. B. Märkte für Schuldverschreibungen und andere Kredite. Gelegentlich wird der organisierte Finanzmarkt – z. B. Börsen und Märkte, an denen Banken und andere Kapitalsammelstellen als Akteure auftreten – vom nicht organisierten Finanzmarkt – z. B. Märkte für Privatdarlehen – abgegrenzt. Daneben kann zwischen nationalen und internationalen Finanzmärkten unterschieden werden.

Unter **internationalen Finanzmärkten** wird die Gesamtheit aller finanziellen Transaktionen an ausländischen Finanzplätzen und/oder in ausländischer Währung verstanden. Dabei kann es sich beispielsweise um einen Markt handeln, auf dem Aktien, Anleihen, Derivate, Bankkredite, Hypotheken oder Devisen gehandelt werden. Internationale Finanzmärkte existieren im Gegensatz zu den nationalen Finanzmärkten grenzüberschreitend und decken somit nicht ein geografisch und/oder politisch fest umgrenztes Gebiet ab. Bei internationalen Finanzmärkten bestehen Finanzströme in einer bestimmten Währung zwischen unterschiedlichen nationalen Währungsgebieten. Internationale Finanzmärkte sind ferner Finanzmärkte eines Landes, auf welchen Aktiva gehandelt werden, die in ausländischen Währungen notieren. Internationale Finanzmärkte können u. a. nach folgenden Kriterien klassifiziert werden: Währungsdenomination, die den Kontrakten zugrunde liegt (z. B. USD oder Yen, SFR, Euro); geografische Kriterien (z. B. Asien-Märkte); Fristigkeit der Kapitalüberlassung (z. B. Geldmärkte, Kapitalmärkte) oder Marktteilnehmer (z. B. Interbankenmarkt). Die nähere Kennzeichnung erfolgt dann jeweils durch Kombination der oben bezeichneten Kriterien (z. B. Euro-Kapitalmarkt, Euro-Dollar-Markt, Asien-Dollar-Markt). Damit gehen internationale Finanzmärkte weit über die nationalen Finanzmärkte hinaus. Weiter muss dabei beachtet werden, dass internationale Finanzmärkte anderen gesetzlichen Regularien unterliegen als die nationalen. Darüber hinaus spielt das Währungsrisiko eine entscheidende Rolle für den Erfolg von Anlagen an den internationalen Finanzmärkten.

Die **eine volkswirtschaftliche Funktion der Finanzmärkte** für die Immobilienmärkte besteht darin, dass die Akteure des Immobilienmarktes einen effizienten Zugang zu den Finanzmitteln (d. h. Kredite, Liquidität) haben, der ihnen die Finanzierung ihrer Investitionsvorhaben (u. a. Kauf und Projektentwicklungen) zu ermöglichen. Die Finanzmärkte sollen die finanziellen Mittel bereitstellen und Anlagemöglichkeiten bieten, um für eine effiziente Allokation zwischen Kapitalangebot und -nachfrage zu sorgen. Mit dem Kapital werden Investitionen im realen Sektor und auch im Immobiliensektor finanziert. Da Immobilien als Assetklasse sehr kapitalintensiv sind, ist der Immobilien-Investmentmarkt in besonderer Weise von der Entwicklung der Finanzmärkte abhängig. Diese Märkte stellen dem Immobilienmarkt Liquidität für die Finanzierung von Immobilieninvestitionen in der Form von Eigen- oder Fremdkapital zur Verfügung. Auf den Finanzmärkten wird gleichzeitig über die optimale Kapitalanlage entschieden. Die Akteure des Finanzmarktes bestimmen darüber, wie viel Liquidität direkt oder indirekt der Immobilienmarkt erhält. Dabei stehen die Immobilien in Konkurrenz zu anderen Assets als Anlagealternativen.

Die **andere volkswirtschaftliche Funktion der Finanzmärkte** besteht darin, dass hier die monetären Konditionen bestimmt werden. Dies betrifft sowohl die Höhe als auch die Entwicklung von Preisen (Inflation), Zinsen oder Wechselkursen. Diese Konditionen beeinflussen die Entwicklung und Dynamik der Immobilienmärkte. Die Real- und Immobilienwirtschaft orientiert sich an den Signalen, die vom Finanzmarkt ausgehen. In den letzten Jahren hat die Bedeutung von Immobilien an den Kapitalmärkten zugenommen. Diese wurden von Gebrauchsgütern zu „financial assets". Die Finanz- und Wirtschaftskrise hat diese Entwicklung kurzfristig unterbrochen, aber sicherlich nicht zu einer Trendumkehr geführt. Das Asset Immobilie hat aber noch weitere Folgen, da die Rendite auf den Finanzmärkten das Anlageverhalten eher lenkt als die Nachfragebedingungen auf den Vermietungsmärkten. Auf den Finanzmärkten hängen die Portfolioentscheidungen u. a. von den unterschiedlichen Zinssätzen bzw. Spreads (Zinsunterschieden) ab. Damit ist der Immobilienmarkt nicht nur von eigenen Zyklen betroffen, sondern zusätzlich den Schwankungen am Finanzmarkt unterworfen. Die Finanzkrise hat deutlich gemacht, wie abhängig der Immobilienmarkt vom Funktionieren der Finanzmärkte ist.

Entwicklung der Finanzmärkte

Seit Mitte der 1980er Jahre nehmen die Auswirkungen der Finanzmärkte auf den realen Sektor zu. Es gibt eine wachsende Einflussnahme der Finanzmärkte und der dort getätigten Geldanlagen auf die Investitionen und die Tätigkeiten in der Realwirtschaft. Im Ergebnis ist das Weltfinanzsystem deutlich schneller gewachsen als die Weltwirtschaft. Das globale Bruttoinlandsprodukt hat sich seit 1990 fast verdreifacht – doch die Finanzmärkte haben sich noch sehr viel rasanter entwickelt. Die Kapitalisierung an den Aktienmärkten und das gehandelte Anleihevolumen haben sich im gleichen Zeitraum mehr als verfünffacht.

Ein bedeutendes Indiz für die steigende Macht der Finanzmärkte ist die Entwicklung der **Börsenkurse**. Diese waren zuvor eng an die realen Werte der Aktiengesellschaften gekoppelt, wachsen aber seit Mitte der 1980er Jahre sehr viel stärker und mit großen Schwankungen. Damit koppeln sie sich von den Gewinnerwartungen der Unternehmen ab. Allein von 2004 bis 2013 hat sich der tägliche weltweite **Devisenumsatz** weit mehr als verdoppelt, ist von 2.000 Mrd. USD auf 5.500 Mrd. USD angestiegen. Noch Mitte der 1990er Jahre lag der globale tägliche Umsatz bei rund 1.000 Mrd. USD. Die Zunahme des Devisenhandels wird vor allem vom Wunsch vieler Großanleger getrieben, ihr Geld internationaler anzulegen als in der Vergangenheit. Dies ist vorwiegend auf das starke Wachstum des Hochfrequenzhandels (computergestützter sehr schneller Handel („High-frequency-Trade")) zurückzuführen. Aufgrund des technischen Fortschritts ist es möglich, zu niedrigen Gebühren über elektronische Plattformen am Devisenhandel teilzunehmen. Die Finanzierung des grenzüberschreitenden Güterhandels spielt laut einer Studie der Bank für Internationalen Zahlungsausgleich (BIZ) kaum noch eine Rolle für den Devisenhandel. Auf einen zugrunde liegenden Warenhandel entfallen maximal fünf Prozent des Umsatzes. Der restliche Teil sind Arbitrage- und Spekulationsgeschäfte zwischen den international operierenden Finanzinstituten und Anlegern. Der Devisenhandel wird von nur fünf Banken – Citigroup, Deutsche Bank, Barclays, UBS und HSBC – dominiert, die über 60 % des globalen Handels abwickeln.

Am stärksten wuchsen die außerbörslich gehandelten Finanzderivate, die um mehr als das Dreihundertfache auf 600.000 Mrd. USD im Jahr 2011 zunahmen. Hinzu kamen tiefgreifende Veränderungen, wobei die traditionellen Bankdienstleistungen und Finanzprodukte durch innovative und teilweise komplexe Finanzierungs- und Risikotransfertechniken ergänzt wurden. Durch das sprunghafte Ansteigen der internationalen Finanzströme entwickeln sich die ehemals nationalen Finanzmärkte zu internationalen Finanzmärkten, auf denen Transaktionen in den verschiedensten Währungen abgewickelt werden. Die wichtigsten Finanzzentren sind dabei London, New York, Tokio, Singapur und Frankfurt, auf denen Finanzunternehmen wesentliche Nachfrager für die Immobilienmärkte sind.

4.3.1   Kapitalanlage in Immobilien

Hinter der Immobilienfinanzierung stehen Kapitalanleger, die für einen bestimmten Zeitraum mit ihrem Kapital eine Rendite erzielen möchten. Mit der Erweiterung der Finanzierungskanäle in den letzten Jahren ging die Einführung neuer Anlagevehikel einher, die eine enge Verzahnung von Kapital- und Immobilienmarkt aufweisen. Immobilien haben sich in den letzten Jahren neben Aktien und Anleihen als Finanzprodukt weltweit etabliert und werden zunehmend unter finanzwirtschaftlichen und renditebezogenen Gesichtspunkten betrachtet. Zu dieser Kapitalmarktorientierung tragen neue Formen der Immobilienfinanzierung bei, wie die Emission von Aktien und die Ausgabe von Fondsanteilen sowie eine Vielzahl immobilienspezifischer derivater bzw. verbriefter Anlagevehikel. Gleichermaßen entwickelten sich auch auf Seiten der Immobilienanlage in den letzten Jahren anspruchsvolle und komplexe Modelle und Methoden. Damit ist eine Anpassung der Anlagestrategien der Investoren verbunden, die sich bei ihren Entscheidungen zunehmend an den Entwicklungen und Indikatoren des globalen Kapitalmarktes (z. B. globale Zinsdifferenzen) orientieren. Damit stehen sie mit anderen Anlagealternativen im ständigen Wettbewerb (Benchmark).

Kapitalanlage in direkte und indirekte Immobilienanlagen

Den Investoren stehen je nach Bedürfnissen und Strategie verschiedene Anlagealternativen zur Verfügung. Immobilienanlageprodukte können nach direkter oder indirekter Form unterschieden werden.

Die **direkte Immobilienanlage** ist der Kauf von einer oder mehreren Immobilien mit Hilfe von Eigen- oder Fremdkapital. Der Käufer wird wirtschaftlicher und rechtlicher Eigentümer und kann die Immobilie entweder selbst nutzen oder im Rahmen z. B. eines Mietverhältnisses an Dritte zur Verfügung stellen. Der Investor hat daher uneingeschränkte Kontrolle über das Objekt. Allerdings ist eine direkte Investition mit einem hohen Kapitaleinsatz und langer Kapitalbindung sowie hohen Transaktions- und Verwaltungskosten verbunden. Zudem trägt der Investor das alleinige Risiko für mögliche Mietausfälle, Wertverluste oder Schäden am Objekt. Ein Sonderfall der direkten Immobilienanlage ist der Kauf einer selbst genutzten Wohnimmobilie.

Bei dem **indirekten Immobilieninvestment** können Beteiligungen an Unternehmen erworben werden, deren Geschäftsschwerpunkt auf Investitionen in Immobilien gerichtet ist. Weiterhin kann in eine Gesellschaft mit einer Immobilien oder einem Immobilienportfolio investieren werden. Außerdem können Anteile an Immobiliengesellschaften über die Börse erwerben werden. Bei indirekten Anlageformen investiert der Anleger nicht selbst in Immobilien, sondern erwirbt Anteile an einem „Finanzvehikel", welches seinerseits mit Immobilien handelt oder diese bewirtschaftet. Solche Finanzvehikel werden im weitesten Sinne am Kapitalmarkt gehandelt. Investoren haben daher nur eine geringe Kontrolle über das Objekt sowie einen geringen Einfluss auf die Wertentwicklung. Jedoch ist eine Beteiligung bereits mit geringen Investitionsvolumen möglich. Der Investor hat zudem die Möglichkeit ein diversifiziertes Portfolio aufzubauen. Die Haftung beschränkt sich hierbei in der Regel auf das eingesetzte Kapital. Zu den indirekten Immobilienanlageklassen zählen die geschlossenen und offenen Fonds, Spezialfonds, Immobilien-AGs oder REITs und alternative Investmentvehikel wie z. B. Beteiligungsgesellschaften.

Bei einem **indirekten Investment über Finanzintermediäre** (auch als intermediäre Anlage bezeichnet) erfolgt die Geldanlage bei Banken bzw. Finanzintermediären wie Versicherungen, die für Immobilieninvestments Fremdkapital zur Verfügung stellen. Als Anlageprodukt stehen dabei z. B. Pfandbriefe oder Anleihen zur Verfügung. Der Anleger hat selbst keinen Einfluss auf die Immobilienfinanzierung, über die Verwendung der Einlagen entscheidet die Bank bzw. Versicherung.

Kapitalanlage in Eigen- oder Fremdkapital

Es kann zudem zwischen Investments in Eigen- oder Fremdkapital differenziert werden, wobei das Kapital entweder öffentlich oder privat gehandelt wird. Den Anlegern stehen somit grundsätzlich vier verschiedene Alternativen für Immobilieninvestments mit teilweise komplexen Eigenkapital- und Fremdkapitalprodukten zur Verfügung. Es gibt eine Vielzahl von finanzmarktbasierten Anlagemöglichkeiten in Immobilien, die aufgrund unterschiedlicher Risiko-, Ertrags- und Rückgabemöglichkeiten ein breites Feld von Anlagebedürfnissen bedienen. Dies erhöht die Attraktivität von Immobilien als Anlageprodukt sowie die verfügbare Liquidität, die dem Immobilienmarkt von den Finanzmärkten potenziell zur Verfügung gestellt werden kann. Es können die folgenden Typen von Immobilieninvestmentvehikeln unterschieden werden.

Tab. 4.1:   Vier Quadranten von Immobilieninvestmentmöglichkeiten; Quelle: eigene Darstellung in Anlehnung
an Wirtschaftsfaktor Immobilien 2013, S. 92

	Eigenkapital	Fremdkapital
Privat	Private Equity; Immobilienfonds (offene, geschlossene, Spezialfonds); Eigenkapital-anteil von gewerblichen Immobiliengesell-schaften von Versicherungen, Pensions-fonds, privaten Immobilienunternehmen, Family Offices und weiteren nicht-börsen-notierten Immobiliengesellschaften	Immobilienkredite wie Hypothekendarle-hen, Mezzanine-Kapital oder Non Perfor-ming Loans (notleidende Kredite)
Öffentlich	Immobilien-AGs oder REITs	Pfandbriefe, Verbriefungen (MBS), Unter-nehmensanleihen von Immobilienunter-nehmen, Covered Bonds mit gewerblichen Immobilien als Sicherheit

Anmerkung: Direktanlagen in Immobilien gehören zu den privaten Investments und werden i. d. R. mit Hilfe von
Eigen- und Fremdkapital finanziert.

Nach den verschiedenen Jahresberichten der DTZ (Money into Property) stammt das global
investierte Kapital in Immobilien im Jahr 2013 in Höhe von 12,9 Bio. USD zu ungefähr
45 % aus privatem Fremdkapital, was sich im Vergleich zum Vorjahr aber nur unterproporti-
onal (plus 3 %) erhöhte. Gut ein Drittel besteht aus privatem Eigenkapital. Dieses konnte
seinen Anteil zuletzt (wie schon in den Vorjahren) deutlich um fast 10 % ausdehnen, was vor
allem auf die allgemeine Erholung der Kapitalwerte der Immobilien zurückzuführen ist (das
Eigenkapital steigt, wenn c. p. das Anlagekapital (z. B. Immobilien) höher bewertet wird).
Das Eigenkapitalwachstum fand zum größten Teil im außerbörslichen Sektor statt, während
sich das globale Kreditvolumen vor allem durch nicht-bankgebundene Finanzierungsformen
ausdehnte.

Weltweit eine untergeordnete Rolle spielen börsengehandeltes Eigenkapital (Anteil von
knapp 10 %) und öffentliches Fremdkapital (gut 10 %). Aufgrund günstiger Zinsen war zuletzt das stärkste Wachstum beim öffentlichen Fremdkapital (u. a. Unternehmensanleihen)
festzustellen. In den einzelnen Staaten sieht das Bild jedoch sehr unterschiedlich aus. In
Deutschland dominieren privates Eigenkapital und öffentliches Fremdkapital mit jeweils
einem Anteil von rund 40 % die Finanzierung. Hingegen ist das private Fremdkapital in den
USA (ca. 50 %) und in China (gut 60 %) sowie fast allen weiteren großen Immobilienstaaten
die vorherrschende Kapitalquelle für Immobilieninvestments.

Neuere Entwicklungen

Die globalen Finanzmärkte determinieren gegenwärtig vielfach die globalen Immobilienmärkte. Nicht mehr die Immobilie steht im Mittelpunkt der Betrachtung, sondern oftmals das
Finanzprodukt, das weltweit gehandelt wird. Auch wenn die Kapital- und Immobilienmärkte
schon seit langem miteinander verbunden waren, so haben erst neue Finanzierungsmöglich-
keiten und Anlagevehikel die Immobilie zu einer mobilen Anlageklasse gewandelt. Die Zeit
des Immobilienmarktes, in der die Strategie des Immobilienbesitzes (buy-and-hold-Strategie)
nahezu ausschließlich in lokalen Bezügen erfolgte, geht damit auf den internationalen Immobilienmärkten zu Ende. Auch die enge Zusammenarbeit zwischen lokalen Kapitalgebern
und lokalen Immobilieninvestoren wird durch neue Finanzierungskanäle aufgebrochen. Ka-

pital kann über die Emission von Aktien oder anderen indirekten Anlageprodukten global akquiriert werden.

In einigen kapitalmarktorientierten Anlageformen wie z. B. in Derivaten oder Mortgage Backed Securities, die Immobilienrechte verbriefen und handelbar machen, findet die Immobilie selbst kaum noch Erwähnung. Ihr Standort scheint nicht mehr von Belang zu sein. Mit der neuen Vielfalt an Anlageformen werden Immobilien nicht mehr bloß als verortete Liegenschaften angesehen, sondern entwickeln sich zu prinzipiell mobilen Anlagen, die in immer kürzeren Zeiträumen auf Sekundärmärkten gekauft und verkauft werden. Aus Immobilien werden so gewissermaßen „Mobilien", die mit Anlagealternativen wie Aktien im Wettbewerb stehen. Ohne eine bestimmte Rendite bei definiertem Risiko und gegebener Liquidität erfolgt eine Umschichtung des Kapitals institutioneller Anleger und Sparer in andere Bereiche, was lokal ein Ausbleiben von Investitionen oder gar eine Desinvestition zur Folge haben kann. Die Shareholder-Abhängigkeit zwingt die Investoren zur kontinuierlichen Suche nach neuen Investitionsstandorten mit höherer Rendite.

Der Bezug zwischen Wertentwicklung am Immobilienmarkt und Performance der Anlage wird immer stärker verwässert. So sind beispielsweise Immobilienaktien Wertpapiere, deren Kursentwicklungen zwar vom Geschehen auf den Immobilienmärkten geprägt werden, sich aber der Volatilität des gesamten Aktien- und Kapitalmarktes nicht entziehen können. Wie die jüngste Immobilienkrise aufzeigt, birgt dies Risiken in sich, wenn das eigentliche Anlageprodukt, d. h. die Immobilie, hinter dem Spekulationsgedanken in Vergessenheit gerät.

4.3.2   Bedeutung der Banken

Die Banken sind als Intermediäre zwischen den Finanzmärkten und der Immobilienwirtschaft tätig, wobei die klassischen Bankkredite in vielen Ländern zu den bedeutendsten externen Finanzierungen gehören. Banken nehmen von den Finanzmärkten finanzielle Mittel auf, um diese an den Immobilienmarkt für Investitionen (Neubau oder Kauf) weiterzugeben. In Europa weisen die Banken eine dominierende Funktion als Intermediäre auf, während in den USA der Kapitalmarkt eine wesentlich bedeutsamere Rolle hat.

Die Struktur der Immobilienfinanzierung hat wichtige Rückwirkungen auf den Immobilienmarkt. Die Ermöglichung von neuen Finanzierungsformen jenseits der Bankenfinanzierung hat zu tief greifenden Restrukturierungen des Immobilienmarktes geführt. Bis in die 1990er Jahre nahmen lokale Banken bzw. lokale Zweigstellen nationaler Banken eine Quasi-Monopolstellung als Kreditgeber ein. Sie gewährten langfristige Hypothekendarlehen, deren Konditionen auf die Bonität des Käufers sowie die Güte des Objekts justiert wurden. Die Finanzierung von Immobilienentwicklungen und -investitionen war somit lange Zeit vorrangig ein Geschäft der lokalen Banken, die über ein umfassendes lokales Netzwerk und Marktkenntnisse verfügten. Damit zeichneten sich auch die Transaktionen im Immobiliensektor durch einen stark auf die jeweilige Region beschränkten Aktionsradius aus.

Entwicklung der Immobilienkredite

Der Internationale Währungsfonds hat Anfang 2000 das Projekt „Financial Soundness Indicators (FSI)" in Reaktion auf die Finanzmarktkrisen der späten neunziger Jahre initiiert. Für den Bereich Immobilienmärkte werden dabei sowohl Preise als auch Kredite für gewerbliche Immobilien sowie Wohnungsbaukredite berücksichtigt. Der Indikator „Kredite für gewerbliche Immobilien" misst die von Banken ausgereichten gewerblichen Immobilienkredite sowie deren Anteil am Gesamtkreditvolumen. Einbezogen werden aber auch noch sämtliche Kredite an das Baugewerbe (Unternehmenskredite) und für Projektentwickler gewerblicher Immobilien.

Aus Sicht der Zentralbanken ist diese Abgrenzung sinnvoll, da sich eine eventuelle Immobilienblase direkt auf die Bauwirtschaft auswirken wird. Ein hoher Kreditbestand an diese Branche kann im Fall einer Immobilienkrise zu Risiken für die kreditvergebenden Banken führen und damit zur Gefährdung des gesamten Finanzsystems. Nicht erst seit der jüngsten Finanzkrise ist zu beobachten, dass gravierende Störungen auf dem Immobilienmarkt in der Regel schwerwiegende Konsequenzen für das Finanzsystem haben. Dies liegt zum einen daran, dass Immobilienkäufe sehr häufig zu einem hohen Anteil fremdfinanziert werden. Zum anderen entfällt auf Immobilienkredite ein hoher Anteil der gesamten Kredite des Bankensystems. Dabei kommt den länderspezifischen institutionellen Rahmenbedingungen für Hypotheken- und Immobilienkredite eine zentrale Rolle zu.

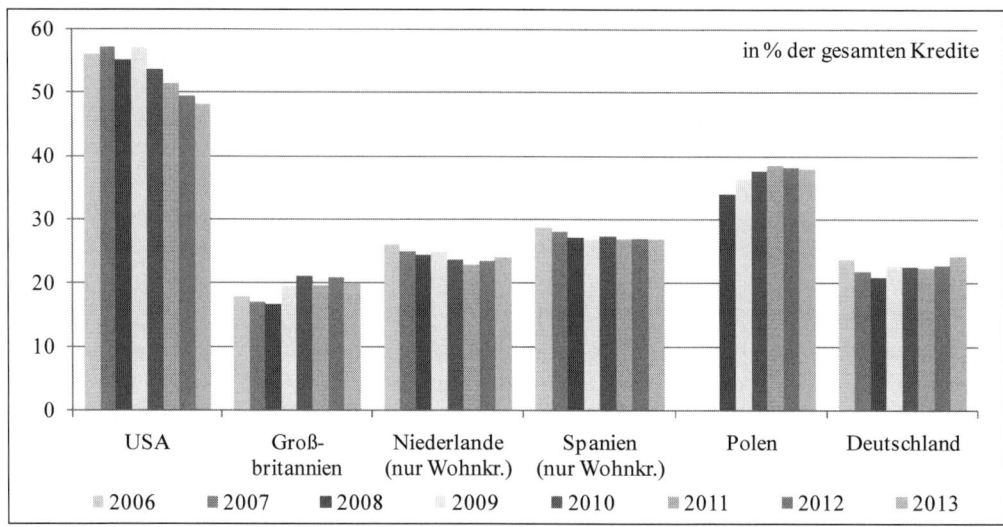

Abb. 4.12:   Kredite für wohnwirtschaftliche und gewerbliche Immobilien; Quelle: IWF-Statistiken, unter: http://fsi.imf.org, abgerufen am 14.10.2014

Einen ausführlichen Bericht über den Gewerbefinanzierungsmarkt in Großbritannien stellt der „The UK Commercial Property Lending Market Report" (De Montfort-Bericht) dar. Danach betrug der Wert der ausstehenden gewerblicher Kredite im Jahr 1999 knapp 50 Mrd. GBP und wuchs dann auf 250 Mrd. Seit diesem Zeitpunkt geht auch das Kreditvolumen in Großbritannien kontinuierlich zurück. Im vergangenen Jahr 2012 ist mit rund 8 % ein weiterer Rückgang auf gut 195 Mrd. GBP und damit rund 20 % unter dem Höchststand von 2009 zu verzeichnen.

Länderspezifische Regelungen bei der Immobilienfinanzierung

Sowohl hinsichtlich der typischen Ausgestaltung von Immobilienkrediten als auch der Refinanzierungssysteme weisen die einzelnen Länder unterschiedliche Immobilienfinanzierungssysteme auf. Die allgemein hohe Fremdfinanzierung von Immobilien bringt es mit sich, dass von negativen Entwicklungen auf diesem Markt **nachteilige Effekte auf das Finanzsystem** ausgehen. Dies liegt zum einen daran, dass Immobilienkäufe sehr häufig zu einem hohen Anteil fremdfinanziert werden. Zum anderen entfällt auf Immobilienkredite ein hoher Anteil der gesamten Kredite des Bankensystems. Dabei kommt den länderspezifischen institutionellen Rahmenbedingungen für Hypotheken- und Immobilienkredite eine zentrale Rolle zu. Sie sind selten das Resultat einer gezielten politischen Gestaltung, sondern häufig historisch gewachsen.

Tab. 4.2:   Institutionelle Charakteristika der Hypothekenfinanzierung; Quelle: Sachverständigenrat zur Begutachtung der gesamtwirtschaftlichen Entwicklung, Jahresgutachten 2013/14, S. 459

	Hypothekenbestand in Relation zum BIP 1) (in %)	Durchschnittlicher Anteil an Fremdkapital 2)	Anteil variabel verzinster Hypotheken 3)	Durchschnittliche Laufzeit der Hypotheken (Jahre)	Möglichkeit zur Eigenkapitalentnahme
USA	76	80	47	30	Ja
Großbritannien	84	85	.	25	Ja
Frankreich	42	75	15	15	Nein
Niederlande	106	90	18	30	Ja
Spanien	62	70	91	20	begrenzt
Polen	...	...	...	5-30	...
Deutschland	45	70	15	25	Nein

Anmerkungen: 1) Für das Jahr 2011. 2) In Prozent des Immobilienwerts, Beleihungsauslauf. 3) Variabel verzinste Hypotheken sind Hypotheken mit einer Zinsbindung von höchstens einem Jahr. Anteil am Neugeschäft des Jahres 2007 in %

Zinsbindung

Die Dauer der **Zinsbindung** ist eines der wichtigsten Merkmale eines Hypothekendarlehens. Nach der Studie Wirtschaftsfaktor Immobilien 2013 (S. 160ff.) dominieren in Großbritannien oder Spanien Darlehen mit variabler Verzinsung. In den Niederlanden und den skandinavischen Ländern stehen kurz- und langfristige Darlehen relativ gleichberechtigt nebeneinander. In Frankreich und Belgien, die durch eine ähnliche Refinanzierungsstruktur wie Deutschland gekennzeichnet sind, gibt es ebenfalls eine Dominanz des Festzinses. Immobilienkredite mit einer langen Laufzeit und einer festen Zinsbindung sind u. a. in Frankreich, den USA und Deutschland vorherrschend. In Deutschland hatten nur etwa 15 % der neu vergebenen Hypotheken im Jahr 2007 eine Zinsbindung unter einem Jahr. Über die Hälfte der neu vergebenen Immobilienkredite hatten 2012 eine feste Zinsbindung von mindestens fünf Jahren und etwa 38 % sogar von über zehn Jahren.

Variabel verzinsliche Darlehen sind nach der o. g. Studie dagegen beispielsweise in Großbritannien und Spanien üblich. Zudem gibt es Länder, in denen beide Ausgestaltungen vorhanden sind. Eine naheliegende Erklärung für diese Länderunterschiede ist, dass feste Zinsvereinbarungen in Ländern mit einem hohen Inflationsrisiko für Kreditgeber risikoreicher und im Vergleich zu einer variablen Zinsvereinbarung teurer sind. In Ländern mit einer ausgeprägten Inflationsvergangenheit sind variable Zinsvereinbarungen häufiger zu finden. Für viele europäische Länder hat sich durch die Einführung des Euros zwar das Inflationsrisiko reduziert, trotzdem unterscheiden sich z. B. Deutschland und Spanien noch immer in der Zinsbindung von Immobilienkrediten. Finanzierungssysteme sind in Europa vergleichsweise dauerhaft.

Bei variablen Zinsen kommt es wesentlich schneller zu einer steigenden Zinsbelastung. Die jüngste Immobilienkrise in den Vereinigten Staaten, die durch sehr niedrige Zinsen ausgelöst wurde, ist wesentlich durch variable Zinsen, geringe Tilgungsraten, hohe Beleihungsquoten und sinkende Kreditstandards verstärkt worden. Auch in Spanien wurden Immobilienkredite überwiegend variabel verzinst. Während eine variable Verzinsung den Kreditnehmern ein Fristentransformationsrisiko aufbürdet, kommt es durch hohe Beleihungsquoten zu einem Hebeleffekt (Leverage-Effekt), der sich vorteilhaft auf die Eigenkapitalrendite des Investors auswirkt, wenn die Preise steigen, aber zu entsprechend hohen Eigenkapitalverlusten führt, wenn die Preise fallen.

Kreditbetrag

Ein weiteres Unterscheidungsmerkmal bei der Immobilienfinanzierung stellt die **Bezugsgröße für den Kreditbetrag** dar. In einigen Ländern, wie Spanien, Polen und auch Deutschland, richtet sich die Kreditvergabe nach den Beleihungswerten, während in vielen anderen Ländern der Marktwert den Bezugspunkt darstellt. Eine Immobilie besitzt einen **Verkehrswert oder Marktwert**, der den voraussichtlich bei Verkauf erzielbaren Preis darstellt, während der Beleihungswert der Wert aus Sichtweise eines Kreditinstitutes oder Immobilienbewerters ist. Vor Vergabe von Realkrediten haben aufgrund der Vorschriften des Pfandbriefgesetzes Kreditinstitute den Beleihungswert zu ermitteln. Als **Beleihungswert** ist der Wert anzusetzen, der während der Beleihungszeit (i. d. R. Laufzeit des Kredites) beim Verkauf des Objektes jederzeit erzielt werden kann. Der Marktwert bezeichnet hingegen im Wesentlichen – in seinen unterschiedlichen internationalen Ausprägungen – den Preis einer Immobilie, der im Rahmen eines typischen Verkaufs erzielt werden könnte. Der Marktwert ergibt sich stichtagsbezogen in Abhängigkeit von der jeweiligen Marktlage bzw. kann dann ermittelt werden. Der Beleihungswert liegt daher i. d. R. unterhalb vom Verkehrs- bzw. Marktwert.

In Großbritannien bestehen keine Vorgaben für die Wertermittlung von Grundstücken, was sich auf die britische Tradition des Case Law zurückführen lässt. Die Entwicklung und Etablierung von Bewertungsstandards in der Praxis erfolgt durch die RICS, die das „Appraisal and Valuation Manual" (oder auch „Red Book") herausgibt. Es enthält eine Vielzahl von Bewertungsvorschriften, die als „Practice Statements" bezeichnet werden. Da es sich nicht um gesetzlich festgelegte Richtlinien handelt, ist die Einhaltung der Vorgaben des Red Book nur für Mitglieder der RICS verbindlich. Der gebräuchlichste Wertbegriff in der britischen Immobilienbewertung ist der „Market Value".

Weltweit wurden nach der OECD-Studie in den Jahren 1990 bis 2000 die **Beleihungsausläufe**, also das Verhältnis von Fremdkapital zu Immobilienwert, deutlich erweitert. Je höher diese Relation ausfällt, desto geringere Eigenmittel müssen aufgebracht werden, um eine Immobilie zu erwerben. In Frankreich, Großbritannien und Irland liegen die Quoten bei 80 % und mehr. In den Niederlanden wird der durchschnittliche Beleihungsauslauf sogar mit 115 % beziffert; im Durchschnitt der Euro-Länder sind es 79 % Nach Angaben der Europäischen Zentralbank aus dem Jahr 2009 sind in den südeuropäischen Ländern und in Deutschland die Beleihungsquoten auf einem vergleichbaren Niveau. Im internationalen Vergleich ist der maximal mögliche Beleihungsauslauf von Wohnimmobilienkrediten mit 80 % in Deutschland und Japan am niedrigsten. In Spanien und Frankreich ist es dagegen möglich, Wohnraum ohne eigene Mittel zu finanzieren (Beleihungsauslauf von 100 %). Die Aufnahme eines Immobilienkredites mit „negativem Eigenkapital", wobei dessen Höhe den Wert der Immobilien überschreitet, wurde zumindest vor Beginn der Finanzkrise in den USA, in Großbritannien und den Niederlanden häufig genutzt.

Der empirisch ermittelte **Eigenkapitalanteil bei der Immobilienfinanzierung** war nach der SVR-Studie in Deutschland 2012 mit knapp 30 % vergleichsweise hoch. Im Vereinigten Königreich, Belgien, Schweden und den Vereinigten Staaten liegt der Fremdfinanzierunganteil hingegen bei mindestens 80 % und in den Niederlanden sogar bei rund 90 % (Unterschiede zur OECD-Studie erklären sich z.B. durch die unterschiedlichen Jahre). Ein Grund für den hohen Eigenkapitalanteil in Deutschland kann darin gesehen werden, dass viele Banken Hypothekarkredite durch Pfandbriefe absichern, da diese geringeren Eigenkapitalanforderungen unterliegen, Laut § 14 Pfandbriefgesetz (PfandBG) ist eine solche Art der Absicherung nur erlaubt, sofern das Kreditvolumen 60 % des Beleihungswertes nicht überschreitet, Vereinfacht gesagt ist die Beleihung einer Immobilie jenseits der 60 % für den Kreditnehmer teurer, da die Bank den Kredit mit mehr Eigenkapital unterlegen muss, Die Beleihungsobergrenze und der relativ geringe Fremdkapitalanteil tragen im Falle eines Kreditausfalls zur Verlustbeschränkung bei. Es ist zwar möglich, aber eher eine Ausnahme, in Deutschland Immobilienkäufe zu 100 % mit Fremdkapital zu finanzieren, während dies beispielsweise in den Niederlanden zur gängigen Praxis gehörte. Der begrenzte Fremdfinanzierungsanteil lässt sich auch dadurch erklären, dass deutsche Banken ihre Immobilienkredite zum Teil mit gedeckten Schuldverschreibungen und hierbei insbesondere mit Pfandbriefen refinanzieren.

Ausweitung des Hypothekenkredits

In den Vereinigten Staaten und in Großbritannien ist es üblich, eine **Ausweitung des Hypothekenkredits** mit Hilfe des Mortgage Equity Withdrawal (MEW) nachträglich vorzunehmen, um dadurch Eigenkapital zu entnehmen. Dieses Vorgehen erfolgt z. B. wenn der Immobilienwert gestiegen ist. Beim MEW kann bei steigenden Immobilienpreisen das Hypothekenvolumen aufgestockt und die zusätzliche Leihsumme zu Konsumzwecken verwendet werden kann. MEW kann dazu führen, dass sich Immobilien- und Konjunkturzyklus gegenseitig verstärken: Ein Immobilienboom verstärkt über die leichtere Kreditverfügbarkeit die konjunkturelle Aufwärtsdynamik, die dann wieder den Auftrieb der Immobilien verstärkt.

In den Vereinigten Staaten haben steigende Immobilienpreise bis zum Jahr 2007 zu einem Wertanstieg der Kreditsicherheiten geführt. Dieser wurde dazu genutzt, bestehende Hypothekenkredite auszuweiten. Die zusätzlichen Kredite wurden dann meist für Konsumzwecke verwendet. Ein solches Vorgehen ist in den Niederlanden und Schweden auch durchaus üblich, birgt aber die Gefahr, dass der Kreditbettag bei rückläufigen Immobilienpreisen den Beleihungswert übersteigt und es zu einer Überschuldung der Kreditnehmer kommt. Der Anstieg des Immobilienwertes wird in Frankreich, Belgien oder Deutschland in der Regel nicht zu einer Ausweitung des Hypothekenkredits zur Eigenkapitalentnahme genutzt.

Exkurs: Hausfinanzierung in den USA

A potential borrower applies for a loan from a lender in what is called the primary market. The lender underwrites, or evaluates the borrower and decides whether and under what terms to extend a loan. Many different types of lenders make home loans, including banks, credit unions, and finance companies (institutions that lend money but do not necessarily accept deposits). If a mortgage is made, the borrower sends the required scheduled payments to an entity known as a mortgage servicer, which then remits the payments to the mortgage holder. If the borrower does not repay the mortgage as promised, the lender can repossess the property through a process known as foreclosure. The lender requires some additional assurance that, in the event that the borrower does not repay the mortgage as promised, it will be able to sell the home for enough to recoup the amount it is owed.

…

The secondary market is the market for buying and selling mortgages. If a mortgage originator sells the mortgage in the secondary market, the purchaser of the mortgage could choose to hold the mortgage itself or to securitize it. When a mortgage is securitized, it is pooled into a security with other mortgages, and the payment streams associated with the mortgages are sold to investors. Fannie Mae and Freddie Mac securitize mortgages that conform to their standards, known as „conforming mortgages." Mortgages that do not conform to all of Fannie Mae's and Freddie Mac's standards are referred to as „nonconforming mortgages." Ginnie Mae guarantees mortgage-backed securities (MBS) made up exclusively of mortgages insured or guaranteed by the federal government. Other financial institutions also issue MBS, known as private-label securities (PLS).

…

The characteristics of the borrower and of the mortgage determine the classification of the loan. What happens to a mortgage in the secondary market is partially determined by whether the mortgage is government-insured, conforming, or nonconforming. Depending on the type of MBS or mortgage purchased, investors will face different types of risks. Investors that purchase mortgages and MBS are an important source of funding for the mortgages originated in the primary market. Investors in MBS are typically large institutional investors, such as pension funds, domestic banks, foreign banks, and hedge funds. Investors choose which of the types of MBS to purchase based on the type and amount of risk the investor wishes to bear and on the expected return from their investment.
Quelle: Congressional Research Service, 2013, S. 4ff..

Refinanzierung der Banken

Eine **Restriktion für die Kreditvergabe** der Banken kann die Refinanzierung der Banken für Immobilienfinanzierungen sein. Die Refinanzierung (auch als Passivgeschäft bezeichnet) kann allgemein als die Kapital- oder Mittelbeschaffung der Banken bezeichnet werden, um selbst Kredite an Unternehmen oder Privatpersonen vergeben zu können (Kreditvergabe). Ausreichende Refinanzierungsquellen sind eine zwingende Voraussetzung für ein entsprechendes Fremdkapitalvolumen der Banken für den Immobilienmarkt. Die Refinanzierung macht die Kreditvergabe erst möglich. Demnach muss eine Bank entsprechend ihrer Kreditvergabe versuchen, von den Finanzmärkten die benötigten Mittel zur Refinanzierung zu beschaffen.

Die Banken refinanzieren sich in unterschiedlicher Weise und Intensität auf den Finanzmärkten. Generell gibt es kein typisches Refinanzierungsprofil für Banken: Welche Mittel zur Refinanzierung gewählt werden, hängt von vielen Faktoren wie dem Geschäftsmodell, der

aktuellen Marktlage und der individuellen Unternehmenssituation ab. Neben der Innenfinan-
zierung (u. a. durch Eigenkapitalgewinnung) stehen dabei den Banken weitere Möglichkeiten
zur Verfügung. Die Einlagen der Bankkunden können für die Refinanzierung genutzt werden. Die Finanzierung über den Finanzmarkt hat außerdem eine zunehmende Bedeutung
gewonnen, entweder über den Geld- oder über den Kapitalmarkt. Die Verbreitung der Kre-
ditverbriefungen für Hypotheken hat ebenfalls auf die Refinanzierungsmöglichkeiten. Die
Bank verkauft hier die vergebenen Kredite an den Markt und entlastet so ihre Bilanz vom
Risiko der Insolvenz des Kreditnehmers und kann gleichzeitig neue Kredite vergeben.

Generell kann zwischen einer **unbesicherten und besicherten Refinanzierung** (Funding)
unterschieden werden. Bei der unbesicherten Kreditaufnahme (ungedecktes Funding) durch
z. B. Anleihen haftet nur die Bank mit ihrer Bonität und es werden keine weiteren Sicherheiten zugeordnet. Bei der Refinanzierung von Immobilien gibt es dagegen die Besonderheit,
dass die Banken beim gedeckten Funding sowohl ihre Bonität als auch besicherte Immobili-
enforderungen als zusätzliche Sicherheiten einsetzen. Dies geschieht so bei der Refinanzierung über Pfandbriefe. Hierdurch sind die Kosten der Liquiditätsbeschaffung geringer als bei
dem ungedeckten Funding.

International wird die Refinanzierung unterschiedlich gestaltet, wie es in der Studie Wirtschaftsfaktor Immobilien 2013 (S. 160ff.) dargestellt wird. In den USA werden Hypothekendarlehen nicht durch Anleihen, sondern im Wesentlichen durch Mortgage Backed Securities
refinanziert. Für Frankreich zeigt sich ein Refinanzierungsmix, bei dem Covered Bonds zwar
auch wichtig sind, aber ein größerer Teil der Refinanzierung über Einlagen und unbesicherten Bankschuldverschreibungen erfolgt. In Spanien werden hingegen ungefähr die Hälfte
mittels Covered Bonds refinanziert und ein Viertel über MBS, auch in Großbritannien entfallen 14 % auf Covered Bonds und gut 30 % auf MBS. In den USA, Kanada und Italien spielen Covered Bonds keine Rolle. Besonders auffällig ist Dänemark, wo das Verhältnis von
Covered Bonds zu den ausstehenden Wohnungsbaukrediten 115 % beträgt. Zentral im „Däni-
schen Modell" sind ein stringentes Risikomanagement bei der Bilanzstruktur von Hypothekenbanken („asset-liability matching") und gesetzliche Vorschriften, die dazu verpflichten,
Covered Bonds als Refinanzierungsinstrument zu nutzen. In Deutschland werden rund 20 %
der Immobilienkredite durch Pfandbriefe refinanziert, MBS spielen hier dagegen fast keine
Rolle.

4.3.3   Inflation

Immobilien gelten als eine Anlageklasse, die weitgehend vor Inflation schützen soll. Die
„Flucht ins Betongold" ist geradezu sprichwörtlich, der Inflationsschutz gilt als ein wesentli-
cher Vorteil von Immobilieninvestitionen. Wenn die Preise für Güter und Dienstleistungen in
einer Volkswirtschaft allgemein steigen, so wird diese Entwicklung als Inflation bezeichnet.
Inflation als ein anhaltender Prozess spürbarer Preisniveausteigerungen bedeutet ein Sinken
der Kaufkraft des Geldes und somit eine Geldentwertung. Im Rahmen der EU wird der
„Harmonisierte Verbraucherpreisindex (HVPI)" zur Berechnung der Inflation verwendet. Die
EZB sieht das Ziel der Geldwertstabilität als erreicht an, wenn der Anstieg des HVPI unter
2 % liegt. Diese Definition ist EZB-spezifisch, da in Ländern außerhalb der EZB andere
Ziele verfolgt werden.

Ursachen und Folgen

Die **Ursachen der Inflation** lassen sich in monetäre und nichtmonetäre Ursachen unterscheiden. Als eine monetäre Inflationsursache wird die Ausweitung der Geldmenge angesehen, d. h. ein Anstieg der Geldmenge führt c. p. zu einem Anstieg des Preisniveaus. Ohne eine Ausweitung der Geldmenge ist Inflation auf Dauer nicht möglich. Eine nichtmonetäre Ursache wird darin gesehen, dass die Gesamtnachfrage einer Volkswirtschaft schneller steigt als das volkswirtschaftliche Angebot an Gütern und Dienstleistungen. Die zweite nichtmonetäre Ursache liegt auf der Angebotsseite (Angebotsinflation), wobei die Impulse für die Preissteigerungen von steigenden Produktionskosten ausgehen. So werden z. B. bei der Lohn-Preis-Spirale die Lohnerhöhungen als zentrale Ursache für Preissteigerungen angeführt. Weitere Ursachen einer Kosteninflation können auf steigende Kapitalkosten (Zinsen, Gewinne) oder politische Entscheidungen zurückgeführt werden, die für eine Vielzahl von Leistungen Gebühren verlangen und darüber hinaus Steuern erheben. Außerdem kann auch durch sich verteuernde Importwaren die Inflation im Inland gesteigert werden (importierte Inflation).

Die **Auswirkungen der Inflation** sind vielschichtig und bei den Volkswirten umstritten. Sie betreffen die verschiedenen Gruppen von Wirtschaftssubjekten unterschiedlich stark. Bei den Einkommensbeziehern sind vor allem Rentnerhaushalte und Bezieher fester Nominaleinkommen (z. B. Arbeitnehmer) von der Inflation eher negativ betroffen, da deren Einkommen oftmals erst mit einer zeitlichen Verzögerung der Inflation angepasst werden. Kurzfristig werden zu den Gewinnern einer Inflation die Unternehmen gezählt, deren Erlöse aufgrund der Preissteigerungen steigen; wenn sie die eingesetzten Produktionsfaktoren noch zu den geringeren Kosten bezogen haben. Schuldner sind tendenziell Gewinner, da durch die Inflation der Realwert des Kreditbetrages (inflationsbereinigte Wert des Kredites) abnimmt. In welchem Umfang eine derartige Umverteilung stattfindet, hängt im Wesentlichen davon ab, wie die Inflationsrate bei der Bestimmung der Nominalzinsen berücksichtigt worden ist. Von einer Inflation wird auch der Staat profitieren. Zum einen ist der Staat einer der größten Schuldner, sodass er bei den oben getroffenen Annahmen zu den Gewinnern zählen wird. Zum anderen bewirkt das progressive Steuersystem (bei Einkommen- und Körperschaftsteuer) eine Umverteilung zugunsten des Staates (sog. „kalte Progression"). Langfristig ergeben sich durch inflationäre Prozesse erhebliche wirtschaftliche Unsicherheiten, die das Risiko von ökonomischen Fehlentscheidungen erhöhen.

Effekte auf Immobilienmärkte

Die **Auswirkungen der Inflation auf die Immobilienmärkte** finden auf unterschiedliche Weise über den gesamtwirtschaftlichen Konsum statt. Eine inflationäre Preisentwicklung schränkt bei Annahme konstanter oder nur geringer steigender Nominaleinkommen die Kaufkraft der Haushalte ein. Dies reduziert allgemein die Konsumnachfrage und betrifft so ebenfalls die Nachfrage auf den Immobilienmärkten. Direkte Wirkungen auf die Immobiliennachfrage sind von Veränderungen der Bau- und der Immobilienpreise und des Mietniveaus als Teilbereiche der allgemeinen Preisentwicklung zu erwarten. Diese Parameter wirken unmittelbar auf die Immobilienmärkte, da bei steigenden Preisen und Mieten die Nachfrage sinkt.

In Zeiten hoher Inflationsraten gehören die Gläubiger von Immobilienkrediten (u. a. Banken) zu den Verlierern. Ursache hierfür ist, dass das Geld, was die Gläubiger durch die Tilgungen zurückerhalten weniger wert ist als das Geld, welches sie ursprünglich verliehen haben. Bei den Zinszahlungen hängt es davon ab, ob ein fester oder variabler Zinssatz vereinbart wurde. Ein weiterer Effekt könnte sich noch indirekt ergeben. Die Banken werden die Zinsen erhöhen, um sich in Zeiten hoher Inflation zu schützen. Aber ein Zinsanstieg verursacht einen höheren Schuldendienst (bei flexiblen Zinsen) für die Immobilienkäufer, sodass sich die potenzielle Nachfrage verringert. Für die Schuldner (Immobilienkäufer) ergeben sich durch die höheren Inflationsraten ein höherer Schuldendienst bzw. höhere Zinszahlungen. Bei bestehenden Kreditverträgen gilt dies nur, wenn die Zinsen flexibel sind und den höheren Inflationsraten entsprechend angehoben werden. Bei neuen Verträgen ergeben sich durch die Anpassung höhere Zinszahlungen. Weitere Effekte der Inflation betreffen die Eigentümer von Immobilien. Falls die Immobilien zu einer fixen Miete vermietet sind, erhalten die Besitzer bzw. Vermieter Einnahmen, die immer weniger wert werden.

Auch für die Immobilien-Investmentmärkte sind potenzielle Auswirkungen zu erwarten. Die Inflation kann die Investoren dazu veranlassen, ihre Portfolioentscheidungen zu überdenken. Um die Inflationswirkungen zu kompensieren, können Investoren sich veranlasst sehen, Anlagen mit einer höheren Rendite zu suchen, z. B. auf dem Kapitalmarkt. Dies kann dazu führen, dass die Investoren dem Immobilien-Investmentmarkt weniger Kapital zur Verfügung stellen und sich so die Nachfrage verringert.

Indirekte Auswirkungen durch die Inflation auf weitere Immobilienmärkte sind darauf zurückzuführen, dass bei hohen Preissteigerungen auch die Kosten für die Lebenshaltung steigen. Falls nicht die Einnahmen entsprechend ansteigen, werden weniger Einkommen für andere Ausgaben zur Verfügung stehen. Die Ausgaben für Wohnen werden aufgrund bestehender Verträge i. d. R. kurzfristig nicht verändert werden können. Dementsprechend werden zunächst die nicht-lebensnotwendigen Ausgaben eingeschränkt. Dies wird sich z. B. auf die Erholungs- und Freizeitimmobilienmärkte, also etwa Ferienimmobilien oder touristische Attraktionen negativ auswirken. Letztlich wirkt sich eine hohe Inflationsrate auf alle immobilienrelevanten Entscheidungen der Wirtschaftssubjekte aus. Immobilieneigentümer, Vermieter und Mieter können von einer Inflation negativ betroffen sein. Außerdem können höhere Inflationsraten Investoren dazu veranlassen, ihre Immobilieninvestments zu überdenken bzw. aufzuschieben. Dies alles kann zu massiven Störungen für alle Sektoren der Immobilienwirtschaft führen.

Immobilie als Inflationsschutz?

In Zeiten hoher Inflationsraten versuchen Anleger ihre Liquidität zu reduzieren bzw. ihre Investmententscheidungen zu überdenken und suchen Alternativen wie Gold, Kunst oder Immobilien. Immobilien gelten als eine Anlageklasse, die weitgehend vor Inflation schützt, wobei verschiedene Szenarien zu betrachten sind. **Erstens** gibt es Bestandshalter bzw. Investoren mit einer traditionellen buy-and-hold-Strategie, die langfristig in ihre Immobilien investiert sind und ihre Immobilien „ewig" halten wollen. Ein Beispiel dafür ist das klassische Zinshaus, bei dem die Immobilien (das Miethaus) für den Investor als Kapitalanlage Zinsen (hier: Mietzinsen) erbringt. Ein Indikator für die Bestätigung des Inflationsschutzes durch Immobilien kann ein empirischer Vergleich mit der Mietentwicklung sein. Hierzu wird die Entwicklung des Verbraucherpreisindex mit der Entwicklung der Mieten in einzelnen Marktsegmenten verglichen.

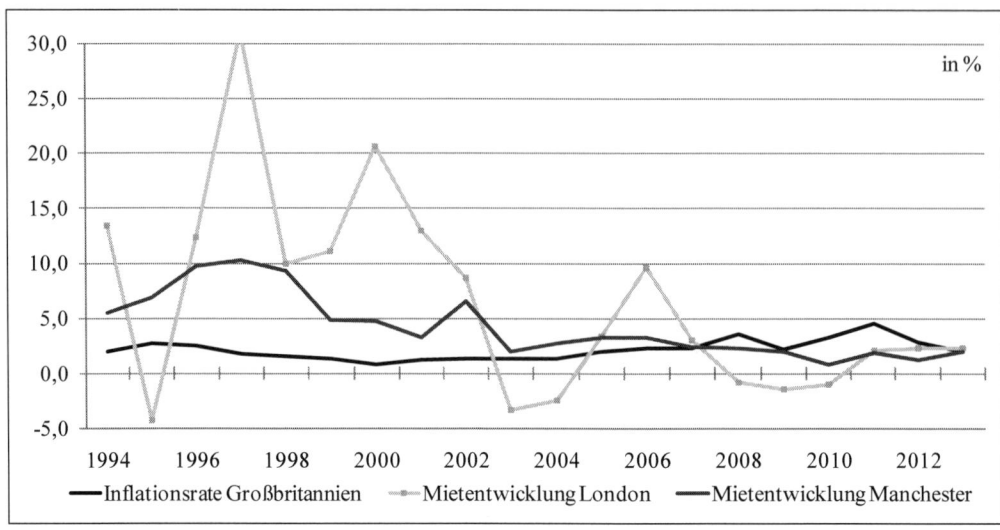

Abb. 4.13:   Inflation und Mietentwicklung für Neubaumietwohnungen in Großbritannien; Quelle: FERI-Datenbank
– Intranet, abgerufen am 03.09.2014

Die Wohnungsmieten für Neubaumietwohnungen guter Ausstattung in England (Schaubild 4.13) haben sich in den 1990er Jahren vor allem aufgrund des Booms im Finanzsektor außerordentlich stark erhöht. Die Mieten für neue Mietwohnungen in London verdreifachten sich fast in den letzten zwei Jahrzehnten und verdoppelten sich in Manchester. Gleichwohl gab es nach dem Platzen der „Dot-Com"-Blase und nach der Finanz- und Wirtschaftskrise auch Perioden in England, in denen die Mieten schwächer als die Inflationsrate angestiegen sind. Im gleichen Zeitraum haben sich die Preise für Eigentumswohnungen und Neubaumietwohnungen vervier- bis verfünffacht und liegen somit deutlich über der Inflationsrate, die in Großbritannien in den letzten 20 Jahren durchschnittlich gut 2 % betragen hat. Insbesondere in den letzten Jahren sind die Preise von Eigentumswohnungen in London sehr stark angestiegen. Dementsprechend schützen Immobilien einen klassischen Bestandshalter in Großbritannien nicht zu jeder Zeit vor Inflation.

Eine **zweite** Möglichkeit des Inflationsschutzes bei Mieten kann die Indexierung darstellen. Die Indexierung ist eine Wertsicherungsklausel in Verträgen, die sicherstellen soll, dass der Gläubiger auch künftig den Betrag erhält, der wertmäßig der ursprünglich vereinbarten Miete entspricht. Insbesondere die Mieten von Gewerbeimmobilien werden häufig an die Inflation gekoppelt. Bei Wohnimmobilien ist die Indexierung in vielen Ländern nicht ungewöhnlich. Bei den Einzelhandelsimmobilien sind die Mieten häufig abhängig vom Umsatz (neben einer Sockelmiete). Von daher kann damit gerechnet werden, dass es bei umsatzabhängigen Mieten zumindest zu einer partiellen Anpassung kommt.

Drittens sind Investoren am Markt aktiv, die an der Wert- oder Preisentwicklung interessiert sind. Sie können das Ziel haben, dass kein realer Wertverlust bei der Immobilie entsteht und damit der Immobilienpreis mindestens mit der Inflationsrate ansteigen soll.

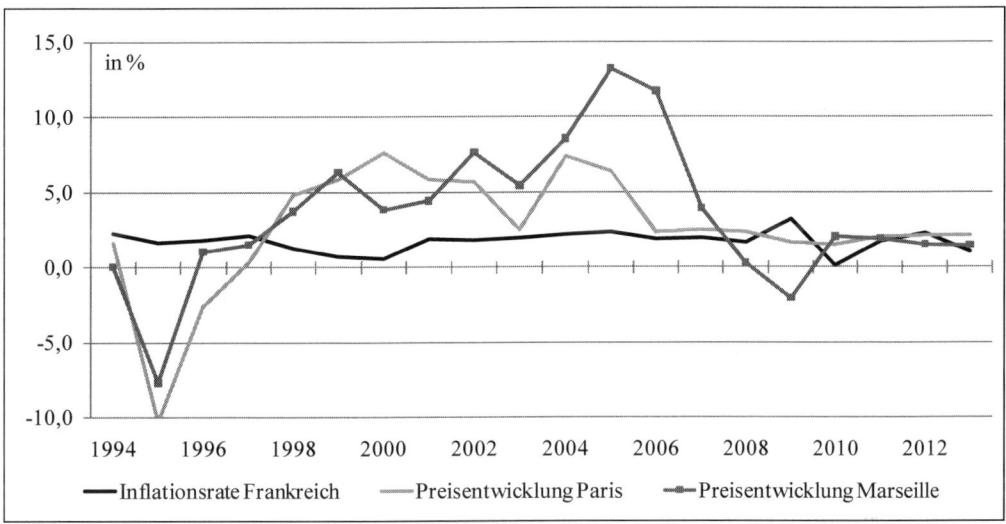

Abb. 4.14: Inflation und Preisentwicklung von Neubaumietwohnungen in Frankreich; Quelle: FERI-Datenbank, abgerufen am 14.10.2014

In **Frankreich** stiegen sowohl in Paris als auch in Marseille die Preise für durchschnittliche Eigentumswohnungen und Neubaumietwohnungen insgesamt in den letzten beiden Jahrzehnten deutlich schneller an als die Inflationsrate (siehe Abbildung 4.14). Aber auch hier gab es Ausnahmejahre, so waren Preisrückgänge für diese Wohnungsarten Mitte der 1990er Jahre und nach der Finanz- und Wirtschaftskrise zu verzeichnen. Die schwache konjunkturelle Dynamik in den letzten Jahren in Frankreich hat ebenfalls nur für verhaltene Preissteigerungen in diesem Segment in den beiden Städten gesorgt. Auch hier gibt es Zeiten, in denen ein Immobilieninvestment nicht vor Inflation schützt.

4.3.4 Zinsen

Der Zins ist der Preis für die Überlassung von Kapital bzw. anderen finanziellen Mitteln. Da der Zins einen Preis darstellt, kann er durch das Zusammenwirken von Angebot und Nachfrage erklärt werden. Es gibt verschiedene **Zinstheorien**, welche die Höhe und die Entwicklung des volkswirtschaftlich relevanten Zinssatzes erklären. Beim dominierenden Ansatz der Neoklassik ergibt sich der Zins auf dem Gütermarkt durch die reale Investitionsnachfrage und dem Angebot an Ersparnissen (Konsumverzicht). Investitionen und Ersparnisse sind selbst wiederum Funktionen des Zinses. Bei einem hohen Zinssatz werden nur wenige Investitionen durchgeführt, aber viel gespart, und umgekehrt.

Für die Erklärung der **Zinsstruktur** bzw. Zinsstrukturkurve wird eine Differenzierung bei den Zinsen vorgenommen. Bei den verschiedenen Anlageprodukten mit unterschiedlichen Laufzeiten bilden sich eine Vielzahl unterschiedlicher Zinssätze, die zusammen die Zinsstruktur darstellen. Dabei ist festzustellen, dass erstens der langfristige Zins normalerweise höher als der kurzfristige ist (ansonsten wird von einer inversen Zinsstrukturkurve gesprochen). Zweitens entwickeln sich die kurz- und langfristigen Zinsen weitgehend parallel, d. h. steigen oder sinken gleichzeitig.

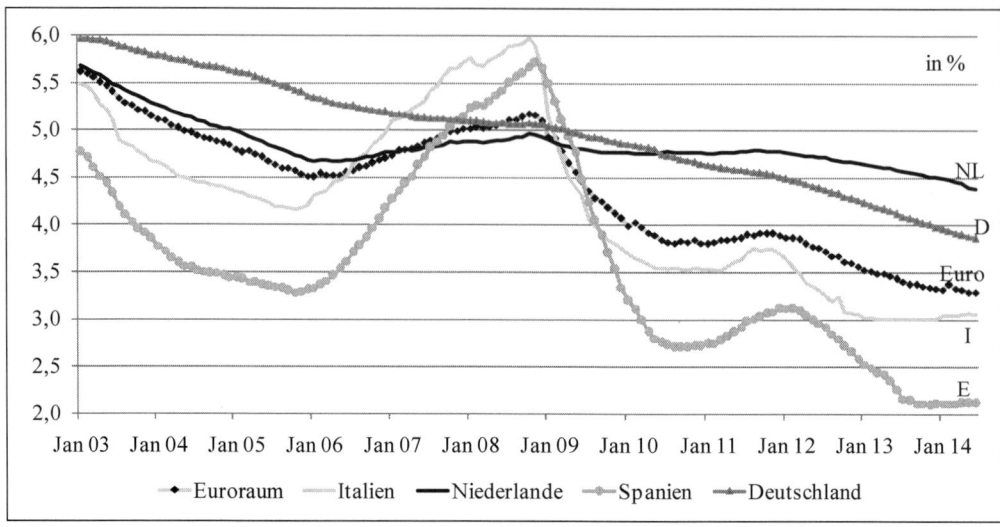

Abb. 4.15:   Zinsentwicklung in Europa; Quelle: Deutsche Bundesbank, unter:
http://www.bundesbank.de/Navigation /DE/Statistiken/Zeitreihen_Datenbanken/
ESZB_Zeitreihen/eszb_list_node.html?listId=interest_rates_35, abgerufen am 03.09.2014.

Effekte auf Immobilienmärkte

Die Zinsentwicklung hat eine Reihe von **Folgen für die Immobilienmärkte**. Es wird nur ein
recht kleiner Teil des Immobilienkaufs aus Eigenmitteln abgewickelt, während der größere
Teil in der Regel durch eine Hypothek gedeckt wird. Im Falle variabler Zinsen ändert sich
die Belastung des Hypothekennehmers unmittelbar mit den Zinsänderungen. Dies soll im
Folgenden anhand eines steigenden Zinses dargestellt werden. Bei einem Rückgang der
Zinsen werden hingegen die gegensätzlichen Reaktionen erfolgen. Die Auswirkungen hängen stark von dem Ausmaß und der Geschwindigkeit des Zinsanstiegs ab.

Das Zinsniveau und die Zinsveränderungen haben Effekte auf den **Bau und die Projektentwicklung** von Immobilien. Der Zins wirkt sich hierbei auf die Investitionstätigkeit der Unternehmen aus. Steigende Zinsen bedeuten höhere Kapitalkosten und erhöhen die Fremdfi-
nanzierungskosten. Dies führt zu einer Kostenbelastung der üblicherweise teilweise mit
Fremdkapital gebauten Immobilien. Für Investoren verringert sich die Möglichkeit, Projekte
durchzuführen und einen höheren Verschuldungsgrad einzugehen. Insgesamt dämpfen höhere Zinsen so die Investitionsbereitschaft für Projektentwicklungen und -neubauten, was sich
negativ auf die Angebotsseite auswirkt. Da gleichzeitig auch die Kosten und Preise für die
Immobilien steigen, kommt es damit zu einer geringeren Nachfrage nach diesen Immobilien.

Der Zinssatz spielt zweitens eine wichtige Rolle als Einflussfaktor beim **Kauf von Immobilien**. Durch ihn bestimmen sich direkt die Konditionen für die Finanzierung von Objekten, da
sich diese mit steigenden Zinsen verteuern. Immobiliengesellschaften und auch Privatpersonen nutzen zur Finanzierung in hohem Ausmaß Fremdkapital. Durch die höheren Zinsen
ergeben sich steigende Zinszahlungen und ein höherer Schuldendienst. So belastet ein erheblicher Anstieg der Finanzierungskosten die Unternehmen. Die höhere Zinsbelastung schlägt
sich in einem deutlich rückläufigen Ergebnis und einer geringeren Profitabilität nieder. Da
aber i. d. R. für die Finanzierung nur begrenzte Mittel zur Verfügung stehen, sinkt die Nach-

frage nach Immobilien folglich mit steigendem Zinssatz. Auch im privaten Bereich des Hauskaufs sinkt die Nachfrage. Daher können auf dem Investmentmarkt einige Immobilien nicht verkauft werden oder die Verkäufer sehen sich gezwungen, den Preis zu reduzieren.

Drittens kann das allgemeine Zinsniveau als **Benchmark** (Referenzzinssatz) Auswirkungen auf den Kauf von Immobilien durch institutionelle Investoren (institutioneller Immobilien-Investmentmarkt) haben. Die institutionellen Investoren haben die Möglichkeit in verschiedene Assets wie Wertpapiere (z. B. Bundesanleihen), Aktien oder Immobilien zu investieren. Die Investitionsbereitschaft in Immobilien wird u. a. durch die Spreads (Immobilienrenditen im Vergleich zur Zinsentwicklung auf dem Kapitalmarkt) beeinflusst. In den letzten Jahren profitierte der Immobilien-Investmentmarkt zum einen von der hohen Liquidität, zum anderen sind es die hohen Spreads zwischen den Immobilienanfangsrenditen und den Zinsen anderer Assets, die eine Anlage in Immobilien interessant erscheinen lassen.

4.3.5 Devisenmarkt

Die internationalen Immobilienaktivitäten werden von **Wechselkurseffekten** nachhaltig beeinflusst. Durch die zunehmende Internationalisierung der Immobilienmärkte hat in den vergangenen Jahren der Devisenmarkt für die Immobilienwirtschaft eine wachsende Bedeutung gewonnen. Bei allen Zahlungen über die Grenzen hinweg wird entweder heimische Währung in fremde oder fremde in heimische Währung umgetauscht, so wie dies bei grenzüberschreitenden Immobilieninvestments oder Mietzahlungen geschieht. Der auf den Devisenmärkten erzielte Wechselkurs und seine Entwicklung können zu zusätzlichen Erträgen bzw. zu Ertragseinbußen führen.

Devisenmarkt

Die ausländischen Zahlungsmittel werden Devisen genannt und auf dem **Devisenmarkt** gehandelt (siehe Abbildung 4.16). Der Wert ergibt sich bei freien Märkten (flexiblen Wechselkursen) aus dem Verhältnis von Angebot und Nachfrage von Devisen und drückt sich im Wechselkurs aus. In anderen Wechselkurssystemen wird der Wechselkurs von den beteiligten Ländern bzw. Zentralbanken festgelegt oder durch feste Bandbreiten vorgegeben.

Der **Wechselkurs** spiegelt das Austauschverhältnis zwischen zwei Währungen auf dem Devisenmarkt wider. Es ist der Preis, zu dem zwei Währungen miteinander getauscht werden. Die Notierung des Wechselkurses erfolgt in Deutschland in der international üblichen Mengennotierung. Die Mengennotierung zeigt die Menge an ausländischer Währung an, die für eine Einheit inländischer Währung erhältlich ist: z. B. 1,34 USD für 1,00 Euro. Es ist auch der in ausländischer Währung ausgedrückte Preis für eine Einheit Inlandswährung. Bei einem hohen/niedrigen Wechselkurs sind ausländische Güter (Immobilien) im Vergleich zu den inländischen c. p. relativ billig/teuer.

Auf dem Devisenmarkt entsteht ein **Angebot an inländischer Währung** (Devisennachfrage; Angebotsfunktion in Abbildung 4.18), wenn inländische Wirtschaftssubjekte

- ausländische Güter und Dienstleistungen importieren, z. B. wenn amerikanische Rechtsanwälte die Kaufverträge für Wohnungsgesellschaften in Deutschland erstellen;
- Transferzahlungen an Ausländer leisten, z. B. wenn ausländische Arbeitskräfte in Deutschland einen Teil ihres Einkommens in ihre Heimatländer überweisen;

- ausländisches Finanzvermögen erwerben (Kapitalexport), z. B. Kauf einer Immobilie im Ausland.

Auf dem Devisenmarkt entsteht eine **Nachfrage nach inländischer Währung** (Devisenangebot; Nachfragefunktion in Abbildung 4.18), wenn ausländische Wirtschaftssubjekte z. B. inländische Güter und Dienstleistungen erwerben (Export) oder inländische Immobilien kaufen (Kapitalimport).

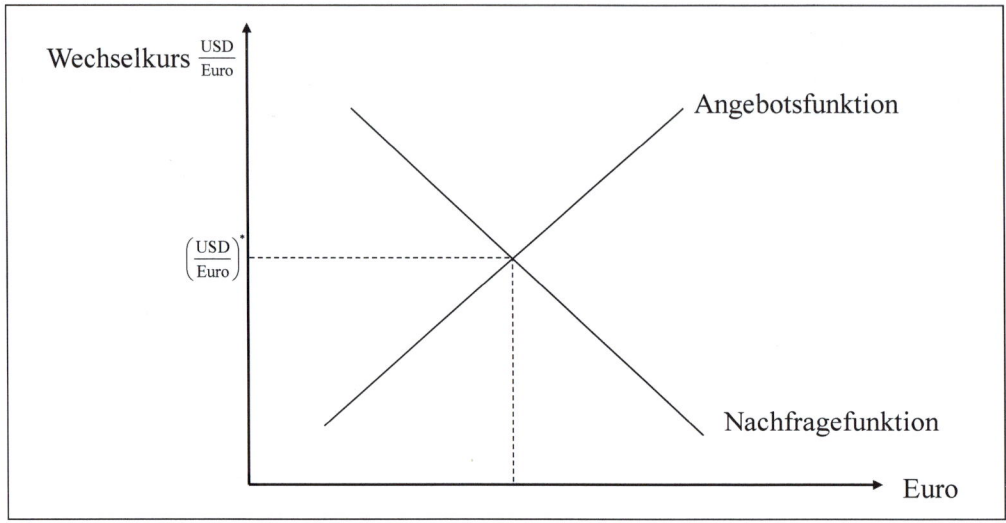

Abb. 4.16:   Flexibler Wechselkurs (Mengennotierung); Quelle: eigene Darstellung

Die Abbildung 4.16 zeigt den Devisenmarkt mit flexiblen Wechselkursen, wo sich im Schnittpunkt von Angebots- und Nachfragefunktion der gleichgewichtige Wechselkurs ergibt. Aufgrund von Änderungen von Angebot oder Nachfrage kommt es zu auch zu veränderten Wechselkursen.

Veränderungen des Wechselkurses werden als Auf- bzw. Abwertung bezeichnet. Eine **Aufwertung** ist der Anstieg des Wechselkurses (Preises) der einheimischen Währung gegenüber ausländischen Währungseinheiten. Die Aufwertung der inländischen Währung gegenüber der ausländischen Währung bedeutet gleichzeitig eine Abwertung der ausländischen Währung gegenüber der inländischen Währung. Das Sinken des Preises der einheimischen Währung gegenüber ausländischen Währungseinheiten wird demgegenüber als **Abwertung** bezeichnet. Die Abwertung der inländischen Währung gegenüber der ausländischen Währung bedeutet gleichzeitig eine Aufwertung der ausländischen Währung gegenüber der inländischen Währung und umgekehrt. Die wichtigsten Folgen der Aufwertung für das „aufwertende Land" sind die Verteuerung der Exportgüter und damit ein Rückgang des Exports sowie die Verbilligung der Importgüter und somit ein Importanstieg.

Effekte auf Immobilienmärkte

Durch die zunehmende Internationalisierung der Immobilienmärkte hat in den vergangenen Jahren der Devisenmarkt für die Immobilienwirtschaft eine wachsende Bedeutung gewonnen. Bei allen Zahlungen über die Grenzen hinweg, wie es bei grenzüberschreitenden Immobilieninvestments oder Mietzahlungen geschieht, wird entweder heimische Währung in fremde oder fremde in heimische Währung umgetauscht.

Die **Veränderungen des Wechselkurses** können erhebliche Auswirkungen auf die internationalen Immobilienmärkte haben. Die erzielbaren Renditen, die sich aus dem Cash Flow (u. a. Mieteinnahmen) und den Wertänderungen zusammensetzen, können durch Wechselkursänderungen beeinflusst werden. Dies kann z. B. die Entscheidung eines Unternehmens beeinflussen, Direktinvestitionen in einem anderen Land durchzuführen. Sowohl die mittel- bis langfristige Entwicklung als auch starke kurzfristige Schwankungen (hohe Volatilität) haben Einfluss auf das Geschehen auf den Immobilienmärkten, da sie die Planungssicherheit und die Investmentstrategien der Immobilienunternehmen betreffen können. Die rein rechnerische Bedeutung von Auf- und Abwertungen lässt sich an zwei Beispielen veränderter Währungsrelationen zwischen dem Euro und dem US-Dollar zeigen:

- Bei einer **Aufwertung des Euro** bedeutet dies, dass für einen Euro mehr USD erzielt werden, also z. B. von 0,50 USD = 1 Euro auf 0,67 USD = 1 Euro. Der Euro gewinnt im Vergleich zum US-Dollar an Wert, nach der Aufwertung erhält man für einen Euro 0,17 USD mehr.

  Diese Aufwertung würde sich bei dem Kauf einer Immobilie in den USA durch einen deutschen Investor wie folgt auswirken. Die Immobilie kostet 300.000 USD, also bei dem ursprünglichen Wechselkurs 600.000 Euro. Nach der Aufwertung (steigender Außenwert) kostet die gleiche Immobilie nur noch 450.000 Euro für den deutschen Investor, obwohl sich der Preis in den USA nicht verändert hat. Folglich wird, wenn die Nachfrage nach der Immobilie vom Preis abhängig ist, die Nachfrage aus Deutschland nach amerikanischen Immobilien steigen.

- Bei einer **Abwertung des Euro** ist dies andersherum, da man weniger USD für einen Euro erhält. So würde z. B. der Wechselkurs von 0,50 USD = 1 Euro auf 0,40 USD = 1 Euro sinken. Für einen Euro gibt es also nach der Abwertung 0,10 USD weniger.

  Eine Abwertung hätte bei dem Kauf einer Immobilie in den USA durch einen deutschen Investor die folgenden Folgen. Bei dem Beispiel von oben würde die Immobilie mit einem Verkaufswert von 300.000 USD nach der Abwertung für den deutschen Investor 750.000 Euro kosten, obwohl sich der Preis in den USA nicht verändert hat. Folglich wird, wenn die Nachfrage nach der Immobilie vom Preis abhängig ist, die Nachfrage aus Deutschland nach amerikanischen Immobilien sinken.

Wechselkurseffekte bei Immobilieninvestments

Ein deutscher Investor kauft eine Wohnung in den USA für 300.000 USD. Nach zwei Jahren ist der Wert der Immobilien auf 400.000 USD angestiegen und der Investor will nun die Immobilie wieder verkaufen, um den Gewinn von 100.000 USD vor Steuern und Gebühren zu realisieren.

Während der zwei Jahre des Wohnungsbesitzes veränderte sich aber der Wert des Dollars zum Euro. Als die Immobilie gekauft wurde, war der Euro 1,46 USD wert (1,46 USD = 1 Euro). Für den Kauf der Immobilie musste der Investor daher 205.479 Euro (300.000/1,46) ausgeben. Zum Zeitpunkt des geplanten Verkaufes ist aber der Wert des Dollars gefallen und der Wechselkurs beträgt nun 1,95 USD pro Euro (1,95 USD = 1 Euro). Der Verkaufspreis von 400.000 USD entspricht damit nur noch 205.128 Euro

(400.000/1,95). Die Wechselkursentwicklung hat also den Wertzuwachs der Immobilie wieder aufgehoben.

Ein anderes Beispiel zeigt in Abbildung 4.17 den theoretischen Kauf einer Büroimmobilie in London zu Beginn des Jahres 2007 durch einen institutionellen Investor aus Deutschland in der Endphase des Immobilienbooms des vergangenen Jahrzehnts. Das Gebäude wurde für 630 Mio. GBP oder umgerechnet 950 Mio. Euro gekauft. Wenn nun angenommen wird, dass sich der Wert der Immobilie entsprechend der Markt-Wertentwicklung verändert, kam es schon bald zu deutlichen Wertverlusten. Der Wert des Bürogebäudes betrug zur Jahresmitte 2009 in GBP nur noch 45 % des Ausgangswertes. Da es sich um einen deutschen Investor handelt, wäre in seinen Bilanzen auch der Wert der Immobilie in Euro auszuweisen und somit der Wechselkurs zu berücksichtigen. Dadurch sinkt der Wert der Büroimmobilien in Euro sogar um fast zwei Drittel. Zum Jahresende 2013 hat sich der Büroimmobilienwert wieder deutlich erhöht, liegt aber in GBP noch um 10 % und in Euro um gut ein Viertel unter dem Ausgangswert.

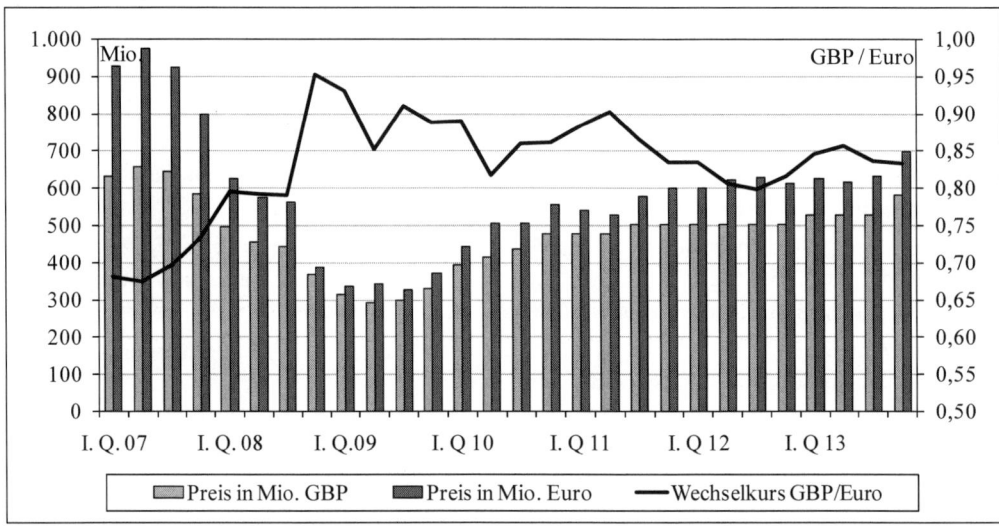

Abb. 4.17: Entwicklung des Wechselkurses GBP und Immobilienpreis und Miete; Quelle: eigene Berechnung auf Basis quartalsweiser CBRE-Publikationen über EMEA-Büromärkte, Deutsche Bundesbank, abgerufen am 14.10.2014

Darüber hinaus hat der Investor auch mit Einnahmen aus der Vermietung der Büroimmobilie kalkuliert, die an die Kapitalanleger ausgeschüttet werden. Bei einer vollvermieteten Immobilie erhielte der Investor zwar die anfangs vereinbarte Miete in GBP, aber aufgrund seines Sitzes in Deutschland wäre auch hier eine Umrechnung in Euro notwendig. Der Investor würde nur noch Mieteinnahmen in Höhe von gut zwei Drittel des Ausgangsniveaus zum Jahresende 2009 (Tiefpunkt) haben. Zum Jahresende 2013 müsste der Investor immerhin noch auf rund 20 % seiner ursprünglichen Miete in Euro verzichten. Falls das Bürogebäude zum Zeitpunkt des Kaufs nicht voll vermietet war, könnte der Investor die Büroflächen auf-grund der Finanz- und Wirtschaftskrise dann nur noch zu deutlich reduzierten Mieten vermieten. Am Tiefpunkt zum Jahresende 2009 hätte die Miete um gut 25 % unter dem Anfangswert gelegen.

Eher indirekt zeigen sich die Wechselkursentwicklungen auf den Einzelhandel in der Schweiz in einem weiteren Beispiel. Im Jahr 2012 begrenzten unvorteilhafte Wechselkurse zwischen dem Schweizer Franken und dem Euro (Abwertung des Euros) die Expansion des schweizerischen Einzelhandels und die Ausweitung von Einzelhandelsfläche. Es wird damit gerechnet, dass in diesem Jahr ungefähr 7 % der gesamten Kaufkraft der Schweizer im Einzelhandel der Nachbarländer Frankreich, Italien, Österreich und Deutschland ausgegeben wurden, da dort durch die Wechselkurse die Preise niedriger waren.

Wechselkursentwicklungen können aber auch bei der Kreditfinanzierung mit Hilfe von ausländischen Währungen negative Folgen haben. So wurden vor rund einem Jahrzehnt zahlreiche – bekannte – Bauprojekte wie die Allianz-Arena in München in Schweizer Franken oder andere Objekte auch in japanischen Yen finanziert. Durch die Fremdwährungsfinanzierung sollten trotz des Wechselkursrisikos und der Transaktionskosten die Vorteile eines niedrigen Zinsniveaus gesichert werden. Die Gesellschaft Allianz Arena (Tochterunternehmen der Bayern München AG) nahm ein Darlehen über 75 Mio. Euro bei einem Kurs von rund 1,50 Schweizer Franken auf (= 115 Mio. Franken). Der Euro sank aber aufgrund der Stärke des Schweizer Frankens auf ca. 1,20 Franken (2012) pro Euro. Nun wären 95 Mio. Euro notwendig, um den Kredit in Schweizer Franken zurückzuzahlen. Trotz der jährlichen Zinsersparnisse dürfte sich der Schaden laut SportBild für die Schalendiebe von Bayern München bei knapp 17 Mio. Euro belaufen.

Aufgrund der Krise des Schweizer Frankens Anfang 2015 wurde offensichtlich, dass aus vielen Ländern Hauseigentümer ihre Kredite in Schweizer Franken finanziert haben. Dies betrifft ungefähr 40 % der Immobilienkredite in Polen, die sich auf insgesamt rund 30 Mrd. Euro belaufen. Der damit verbundene Zinsvorteil wird nun durch den stark gestiegenen Frankenkurs mehr als kompensiert. Auch viele österreichische Immobilienanleger haben ihre Kredite in Franken abgeschlossen, was auch in starkem Ausmaß die Kreditnehmer in Kroatien und Ungarn betrifft.

4.4 Einfluss der demografischen Entwicklung

Die demografische Entwicklung ist für die Immobilienmärkte der Zukunft von großer Bedeutung. Weltweit ist die demografische Entwicklung von gemeinsamen und unterschiedlichen Entwicklungstrends geprägt. Die Weltbevölkerung ist auf allen Kontinenten in den vergangenen 60 Jahren angewachsen. Aber das demografische Altern besonders in europäischen Ländern, aber auch etwas in Japan und China wird diese Entwicklung verändern, da junge Generationen sich verringern und ältere einen größeren Anteil gewinnen.

In den alternden Gesellschaften sind die beiden wesentlichen Trends zum einen die rückläufige Bevölkerungszahl und zum anderen die Veränderung der Altersstruktur mit der Zunahme des Anteils älterer Menschen. Dabei sind die drei maßgebenden Einflussgrößen auf die zukünftige Bevölkerungsentwicklung:

1. die Geburtenhäufigkeit,
2. die Lebenserwartung sowie
3. die Migration, d. h. Wanderungsbewegungen.

Die demografischen Prozesse (außer Migration) vollziehen sich relativ langsam und lassen sich kurzfristig kaum verändern. Von daher sind auch langfristige Prognosen über die zukünftige Entwicklung und Struktur der Bevölkerung recht valide. Natürliche Veränderungen wie die Geburtenhäufigkeit und die Sterbewahrscheinlichkeit sind für die nächsten Jahrzehnte sehr gut einzuschätzen. Die folgenden Daten stammen i. d. R. von der „2012 Revision of the World Population Prospects" der United Nations Population Division.

4.4.1   Absolute Bevölkerungsentwicklung

Die Weltbevölkerung wird noch spürbar steigen und sich in der zweiten Hälfte dieses Jahrhunderts voraussichtlich auf über 10 Mrd. Menschen erhöhen. Eine Ursache für die Bevölkerungsentwicklung ist die noch hohe Geburtenrate, die jedoch in sehr vielen Ländern sinkt. Das Niveau, von dem dies aus erfolgt, ist allerdings von Land zu Land sehr unterschiedlich. Nur wenige Länder weisen eine niedrige Geburtenrate wie Deutschland mit rund 1,4 Kindern je Frau auf. In einigen Industrieländern liegt die Geburtenhäufigkeit auch heute noch in der Nähe von zwei Kindern je Frau, in Entwicklungsländern zum großen Teil noch so hoch, dass sie im Weltdurchschnitt bei 2,5 Kindern pro Frau liegt.

Neben einer hohen, aber abnehmenden durchschnittlichen Geburtenhäufigkeit kommt es weltweit zu einer allgemein steigenden Lebenserwartung. Hinzu kommen teilweise starke Wanderungen zwischen und in den Ländern. Diese drei Tendenzen zusammen führen in einzelnen Regionen und Ländern zu recht differenzierten Veränderungen der Bevölkerungszahlen.

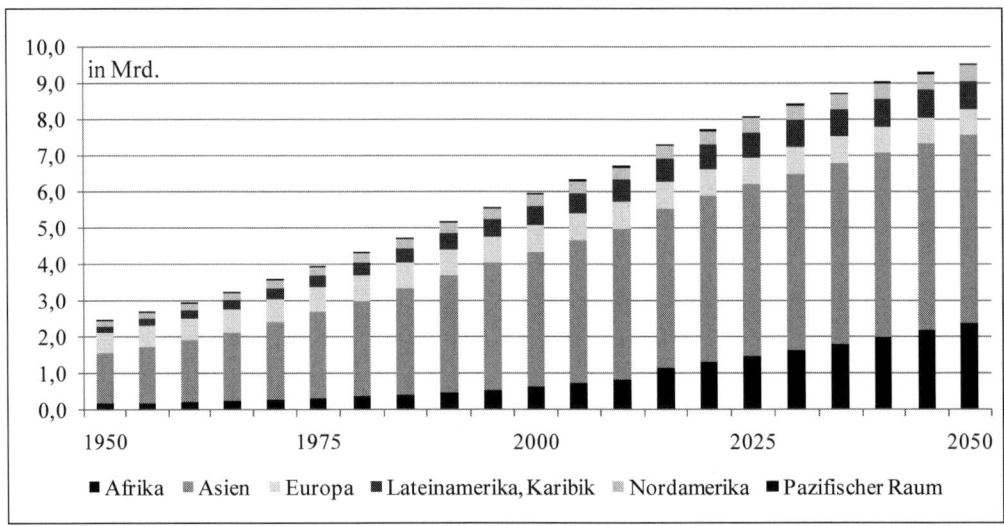

Abb. 4.18:   Bevölkerungsentwicklung; Quelle: UN 12. Bevölkerungsprognose, unter:
http://esa.un.org/unpd/wpp/unpp/p2k0data.asp, abgerufen am 05.08.2014

Im **internationalen Vergleich** zeigt sich bei der Entwicklung der Bevölkerungszahl kein einheitlicher Trend: So dürfte das Bevölkerungswachstum in Europa etwa ab dem Jahr 2020 rückläufig sein. In den anderen Teilen der Welt ist hingegen bis zum Jahr 2050 eine weitere

Erhöhung der Bevölkerungszahl, wenn auch mit abnehmender Dynamik, zu erwarten. In Asien, Afrika und sogar in Amerika (hier Nord- und Südamerika zusammen) steigt die Einwohnerzahl nach den Vorausberechnungen der Population Division der United Nations bis über das Jahr 2050 hinaus.

In **Asien** leben derzeit rd. 4 Mrd. Menschen, das entspricht etwa 60 % der Weltbevölkerung, und die Zahl der Menschen in Asien wird weiter stark steigen. Gemäß der Prognose der Vereinten Nationen dürften zur Jahrhundertmitte über 5,2 Mrd. Menschen in Asien wohnen. Insgesamt besteht zwar für die gesamte Region ein kräftiger Bevölkerungsgewinn, doch die Entwicklung verlangsamt sich. Außerdem gibt es erhebliche Unterschiede in den demografischen Trends der asiatischen Länder. Tatsächlich ist die Entwicklung sogar heterogener als jene in Europa. Heute ist China noch das bevölkerungsreichste Land der Welt. Über 1,3 Mrd. Menschen leben in China, etwa ein Drittel aller Menschen in Asien. Zwar dürfte die Zahl der Menschen in China noch bis etwa 2030 leicht zunehmen, doch die Wachstumsrate ist bereits seit Jahren stark rückläufig. Mit seiner deutlich höheren Geburtenrate dürfte bis dahin Indien das bevölkerungsreichste Land der Erde geworden sein. In Indonesien wird nach den Projektionen der Vereinten Nationen die Zahl der Einwohner bis 2050 um über 30 % zulegen, in Malaysia um knapp 45 %, auf den Philippinen um 60 %, in Pakistan um gut 80 % und in Afghanistan sogar um 160 %.

In den **Industrieländern** gehören Deutschland wie auch Japan, Italien und Russland zu den wenigen Ländern, in denen zukünftig immer weniger Menschen leben werden. Russland verzeichnet bereits seit den 1990er Jahren einen Bevölkerungsrückgang, der sich in den kommenden Jahrzehnten fortsetzen und womöglich noch beschleunigen dürfte. In Japan geht die Zahl der Einwohner auch schon zurück und bis zum Jahr 2050 wird sich der Bevölkerungsrückgang in Japan auf über 20 % belaufen. In Frankreich, Kanada, dem Vereinigten Königreich und den Vereinigten Staaten wird hingegen bis 2050 eine weiter steigende Bevölkerungszahl erwartet.

Ebenso heterogen stellt sich der Befund für die Gruppe der **Schwellen- und Entwicklungsländer** dar. In diesen nimmt die Anzahl der Einwohner deutlich schneller zu als in den industrialisierten Volkswirtschaften. Insbesondere in Lateinamerika und Asien wird sich der Zuwachs aber voraussichtlich spürbar verlangsamen. Projektionen bis zum Jahr 2050 zeigen für Indien, Indonesien sowie für Südafrika und Chile eine Bevölkerungszunahme.

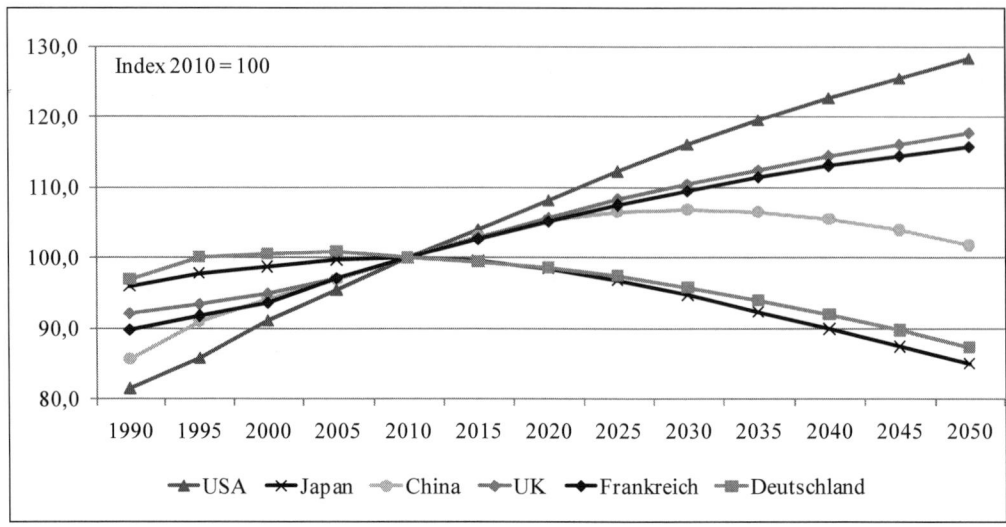

Abb. 4.19:   Bevölkerungsentwicklung in ausgewählten Ländern; Quelle: UN 12. Bevölkerungsprognose, unter:
             http://esa.un.org/unpd/wpp/unpp/p2k0data.asp, abgerufen am 05.08.2014

4.4.2   Struktureller demografischer Wandel

Hinsichtlich der Altersstruktur und insbesondere der Alterung der Bevölkerung wird es ebenfalls eine international differenzierte Entwicklung geben. Die Lebenserwartung und der
Altenquotient unterscheiden sich in Schwellen- und Entwicklungsländern noch immer spürbar von jenen in Industrieländern, und selbst zwischen den Industrieländern gibt es zum Teil
beachtliche Unterschiede.

Lebenserwartung

Die Lebenserwartung gibt an, wie viele weitere Lebensjahre Menschen eines bestimmten
Alters nach den geltenden Sterblichkeitsverhältnissen im Durchschnitt noch leben könnten.
Die mit Hilfe der Sterbetafel berechnete durchschnittliche Lebenserwartung wird in internationalen und zeitlichen Vergleichen als ein geeigneter Indikator für den Entwicklungsstand
eines Landes verwendet.

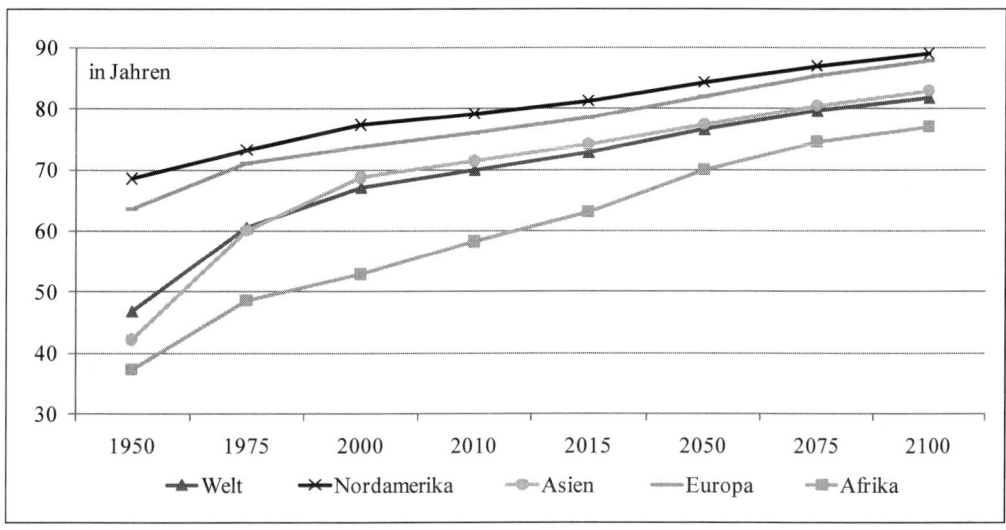

Abb. 4.20:   Lebenserwartung bei Geburt in einzelnen Weltregionen; Quelle: UN 12. Bevölkerungsprognose, unter: http://esa.un.org/unpd/wpp/unpp/panel_indicators.htm, abgerufen am 05.08.2014

Die Lebenserwartung hat in allen **G7-Ländern** zugenommen. In der ersten Hälfte des 20. Jahrhunderts ist dies vor allem auf eine geringere Sterblichkeitsrate im jüngeren Alter zurückzuführen. In der zweiten Hälfte des 20. Jahrhunderts ist auch die durchschnittliche fernere Lebenserwartung der 65-Jährigen erheblich gestiegen. Zwischen den Jahren 1960 und 2006 nahm diese im G7-Durchschnitt um fünf Jahre für Männer und um sechs Jahre für Frauen zu. Die höchste fernere Lebenserwartung für 65-jährige in der Gruppe der G7-Länder erreichen die Japaner mit 19 Jahren für Männer und 23 Jahren für Frauen, während die Männer und Frauen in den Vereinigten Staaten mit 17 beziehungsweise 20 Jahren den geringsten Wert verzeichnen.

Auch in **Asien** gibt es mit Blick auf die Lebenserwartung starke Unterschiede. In Japan und Singapur werden die Menschen bereits heute über 80 Jahre alt, in Indien nicht einmal 66 Jahre und in Afghanistan rd. 47 Jahre. Zwar begründen diese Unterschiede auch verschieden starke Niveaueffekte; es gibt einen deutlich negativen Zusammenhang zwischen der heutigen Lebenserwartung und dem erwarteten Anstieg der Lebenserwartung bis zum Jahr 2050. Gemeinsam ist allen Ländern, dass die Lebenserwartung steigt. Das ist Ausdruck steigenden Wohlstands und verbesserter gesundheitlicher Versorgung. Während die bessere Versorgung die Überlebenswahrscheinlichkeit Neugeborener erhöht, dürfte der wachsende Wohlstand ähnlich wie in Europa und den industrialisierten Ländern Asiens (Japan und Südkorea) in vielen anderen Ländern die Geburtenhäufigkeit senken. Beide Effekte, die höhere Lebenserwartung und die sinkenden Geburtenhäufigkeiten, werden auch Asiens Bevölkerung altern lassen.

Altenquotient

Gemeinsam ist allen Ländern eine Verschiebung der Altersstruktur. Der Anteil der Senioren nimmt in fast allen Ländern bis zur Jahrhundertmitte zu, denn die Lebenserwartung steigt weiterhin gemäß den Vorausberechnungen der UN. Allerdings gibt es mit Blick auf die Verschiebungen der Altersstruktur Unterschiede im Ausmaß der Entwicklung, denn die Anteilsgewinne der Senioren hängen nicht nur vom Anstieg der Lebenserwartung, sondern auch von der Fertilitätsrate ab.

Eine zu niedrige Geburtenzahl im Verhältnis zu den Sterbefällen führt in Verbindung mit der steigenden Lebenserwartung zu deutlichen **Veränderungen in der Altersstruktur** der Bevölkerung. Durch die relativ niedrigen Geburtenzahlen sinkt die Anzahl der jungen Menschen, die den Sockel der Bevölkerungspyramide bilden. Die steigende Lebenserwartung verbreitert die Spitze. Ein geeigneter Indikator für den Strukturwandel ist der Altenquotient.

Altenquotient
Der Altenquotient ist definiert als das zahlenmäßige Verhältnis der Personen im Alter von 65 Jahren und älter zu 100 Personen im Alter von 20 bis 64 Jahren.

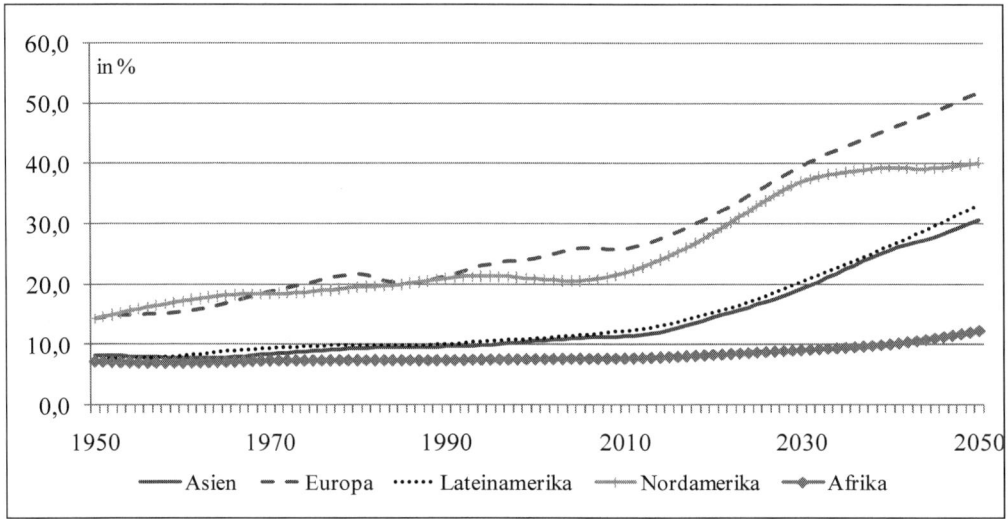

Abb. 4.21:   Altenquotient in Weltregionen; Quelle: UN 12. Bevölkerungsprognose, unter: http://esa.un.org/unpd/wpp/unpp/panel_indicators.htm, abgerufen am 05.08.2014

Hinsichtlich der Altersstruktur und insbesondere der Alterung der Bevölkerung gab es international eine recht unterschiedliche Entwicklung. Der Altenquotient steigt in **Nordamerika** bis 2030 stark an, was sich bis zum Jahr 2050 abschwächt. Eine ähnliche Entwicklung zeichnet sich für **Europa** durch die zunehmende Alterung ab. Durch den Eintritt von geburtenstarken Jahrgängen ins Rentenalter wird sich der Wandel der Altersstruktur im nächsten Jahrzehnt voraussichtlich noch weiter beschleunigen. So dürfte sich in Europa der Altenquotient von 26 im Jahr 2010 auf 52 im Jahr 2050 fast verdoppeln.

Selbst in der vermeintlich homogenen Gruppe der großen Industriestaaten, zusammengefasst in der Gruppe der **G7-Länder**, lässt sich keine gleichförmige Entwicklung der Altersstruktur beobachten. Zwar hat sich der Altenquotient zwischen den Jahren 1950 und 2010 in allen G7-Ländern erhöht, allerdings verläuft die Entwicklung bereits seit den 1990er Jahren höchst unterschiedlich. Im Jahr 1950 verzeichnete Japan mit 10 den niedrigsten und Frankreich mit einem Wert von fast 20 den höchsten Altenquotient. Dieses Bild hat sich seitdem stark gewandelt: Japan zählte im Jahr 2010 mit einem Altenquotient von 38 zu den am stärksten gealterten Volkswirtschaften; eine relativ junge Bevölkerungsstruktur wiesen hingegen die Vereinigten Staaten und Kanada mit einem Wert von jeweils ungefähr 22 auf. Der Alterungsprozess ist ebenfalls in den Ländern zu beobachten, deren Bevölkerungszahl noch zunimmt, da die Lebenserwartung ansteigt und die Anzahl der geborenen Kinder je Frau in diesen Staaten seit den 1960er Jahren abnimmt. Der UN-Prognose zufolge wird bis zum Jahr 2050 der Altenquotient in allen G7-Ländern weiter ansteigen, allerdings nicht einheitlich. Japans Gesellschaft wird am stärksten altern. So beträgt dort der Altenquotient im Jahr 2050 voraussichtlich 76, dagegen in den Vereinigten Staaten lediglich 39. Für Deutschland wird davon ausgegangen, dass der Altenquotient dann bei 62 liegen wird, nur Japan und Italien würden demnach innerhalb der G7-Länder eine noch ältere Bevölkerungsstruktur aufweisen.

Für die Gruppe der **Schwellen- und Entwicklungsländer** zeigt sich, dass viele von ihnen in den kommenden Jahrzehnten eine starke Alterung erfahren werden, wenngleich die Entwicklung unterschiedlich stark ausgeprägt sein wird. In Teilen Asiens und Lateinamerikas, die derzeit eine relativ junge Bevölkerungsstruktur aufweisen, stehen die demografischen Umwälzungen noch bevor. Der Altenquotient erhöhte sich in Asien und Lateinamerika zwischen den Jahren 1950 und 2010 leicht, während er in Afrika relativ konstant blieb. Die stärkste Alterung wird vor allem in China und Brasilien erwartet. Die sprunghaft steigende Alterung in China kann als Folge der seit den 1980er Jahren verfolgten „Ein-Kind-Politik" angesehen werden. Dies wird vermutlich dazu führen, dass sich der Altenquotient von knapp 13 im Jahr 2010 auf rund 45 im Jahr 2050 mehr als verdreifachen wird. In abgeschwächter Form wird eine ähnliche Entwicklung für Brasilien erwartet. Viele Schwellen- und Entwicklungsländer vollziehen somit den Alterungsprozess der meisten Industrieländer zeitlich verzögert nach.

Bei einer **regionalisierten Bevölkerungsprognose** für die USA wird davon ausgegangen, dass die Lebenserwartung sowohl für Männer als auch für Frauen etwa ein Jahr unter der Lebenserwartung eines Westeuropäers liegt. Gleichwohl werden die beiden anderen Faktoren (hohe Geburtenhäufigkeit und umfangreiche Zuwanderung) die Bevölkerungsentwicklung für die kommenden Jahrzehnte prägen: Nach den Projektionen des US Census Bureau nimmt die Zahl der Einwohner gegenüber dem Basisjahr von 2005 bis 2030 um knapp ein Viertel zu. Dann würden über 360 Mio. Menschen in den USA leben, und im Jahr 2050 würden dann knapp 420 Mio. Menschen dort leben, während die UN in ihrer aktuellen Berechnung von 403 Mio. Menschen für 2050 ausgeht. Weil die UN keine regionalisierten Prognosedaten für die USA anbieten, werden für die regionalisierten Prognosen die Daten des US Census Bureaus verwendet. Während die Zahl der Einwohner in Arizona um mehr als 80 % zunehmen könnte, wird für 14 der 50 Bundesstaaten bereits für die nächsten Jahre ein Ende des Bevölkerungsanstiegs erwartet. Für den District of Columbia (Washington DC) wird sogar ein Rückgang um über 20 % ausgewiesen. Auch wenn es sich hierbei wohl nur um eine Extrapolation der früheren Entwicklung handelt, macht die Projektion deutlich, dass auch in den USA einige Schrumpfungsregionen neben Wachstumsregionen vorkommen. Die Zahl der Wachstumsregionen ist aber noch deutlich größer als die Zahl der Schrumpfungsregionen. Auch sind – mit Ausnahme der Projektion für Washington DC – alle bis 2030 ausgewiesenen Bevölkerungsrückgänge überschaubar. Auch die Altersstruktur wird sich deutlich verändern: Bis zum Jahr 2030 wird die Zahl der über 85-Jährigen in den USA um rd. 90 % steigen. Gegen Ende des Projektionszeitraums wird sich der Anstieg sogar verstärken, weil dann die letzten geburtenstarken Jahrgänge der Nachkriegszeit dieses Alter erreichen werden. Die

Zahl der Erwerbsfähigen und die Zahl der Kinder werden in den USA bis 2030 aber gleichfalls noch stetig zunehmen sodass der Altenquotient nicht entsprechend ansteigen wird.

4.4.3   Migration und Verstädterung

Migration bedeutet die räumliche Verlagerung des sozialen Lebensmittelpunktes von Menschen auf Zeit oder auf Dauer. Dies kann innerhalb von Staatsgrenzen erfolgen (Binnenmigration) oder aber grenzüberschreitend (Außenmigration). Dabei variieren die Formen der Migration je nach Motiv oder auslösendem Ereignis.

Die Ursachen für Wanderungen sind vielfältige, doch ist ihnen allen gemeinsam, dass sie auf eine Verbesserung der Lebenssituation abzielen. Sie lassen sich nach Push- und Pull-Faktoren einteilen. Wanderungsmotive, die unter dem Sammelbegriff Push-Faktor (abstoßender Faktor) zusammengefasst werden können, haben die unbefriedigend empfundene Situation in der Heimat als Grundlage. Im Konkreten kommen als Ursachen Krieg, Verfolgung (religiöse, politische, Verfolgung aufgrund des Geschlechts), Armut, Hunger oder Umweltkatastrophen bzw. klimatische Bedingungen in Frage. Grundlage für Wanderungsmotive, die unter dem Sammelbegriff Pull-Faktor (anziehender Faktor) zusammengefasst werden können, ist, dass die Wanderungsziele ein Bild von Sicherheit und Wohlstand vermitteln und für das Verlassen der Heimat werben. Im Konkreten kann dies ein Arbeitskräftebedarf (Anwerbung), höhere Löhne oder Familienzusammenführung bedeuten. Eine klare Unterscheidung zwischen Flüchtlingen (Flucht vor Verfolgung und Gewalt) und Wirtschaftsflüchtlingen (Suche nach besseren Lebensbedingungen, Flucht aufgrund von Existenzgefährdung, Flucht vor Umweltbedrohung) ist oftmals schwierig.

Außenmigration

Unter Außenmigration werden Wanderungen über Staatsgrenzen hinaus verstanden; dies wird teilweise auch als transnationale oder internationale Migration bezeichnet. Die Außenmigration kann dabei sowohl permanent als auch zeitweise erfolgen. Weltweit sollen nach Angaben der UN derzeit rund 3,2 % der Weltbevölkerung (ca. 230 Mio. Menschen) in Ländern leben, in denen sie nicht geboren wurden. Ungefähr die Hälfte stammt dabei aus den Entwicklungsländern.

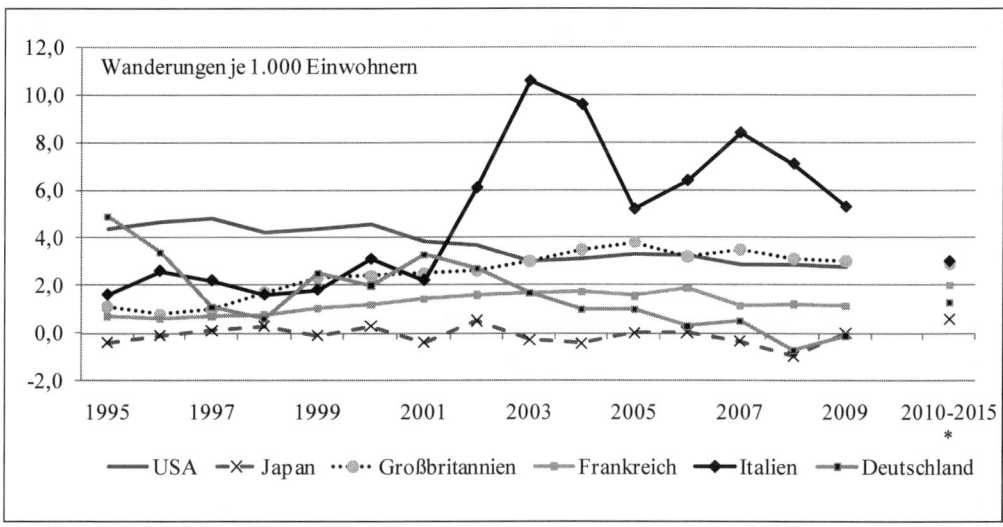

Abb. 4.22: Wanderungssaldo; Quelle: UN 12. Bevölkerungsprognose, unter:
http://esa.un.org/unpd/wpp/unpp/p2k0data.asp, abgerufen am 05.08.2014

Der jeweilige Wanderungssaldo zeigt für die G6-Länder ein unterschiedliches Bild, wobei
die Daten bis 2009 im Schaubild 4.22 Ist-Werte darstellen und der Zeitraum 2010 bis 2015
prognostiziert den Durchschnittswert für diese Periode. Die Vereinigten Staaten und Frankreich verzeichneten einen relativ stabilen Saldo von durchschnittlich 2,9 beziehungsweise 1,9
je 1.000 Einwohner. Seit 1950 wanderten jährlich über 400.000 Menschen netto in die USA,
seit 1985 belief sich der Wanderungssaldo sogar auf über eine Million Menschen. In Großbritannien ist der Wanderungssaldo erst seit Anfang der 1990er Jahre und der Öffnung des
Eisernen Vorhangs durchgehend positiv. Japan registrierte sogar eine leichte Nettoabwande-
rung von durchschnittlich 0,1 je 1.000 Einwohner. In Italien lag der Wanderungssaldo in den
Jahren 1960 bis 2000 lange Zeit auf einem relativ niedrigen Niveau. Erst seit Anfang der
2000er Jahre hat Italien aufgrund der Zuwanderung aus dem ehemaligen Jugoslawien sowie
aus Afrika und Asien eine vergleichsweise hohe Nettozuwanderung erfahren, sodass sich der
jährliche Wanderungssaldo in den Jahren 2001 bis 2012 sehr deutlich auf durchschnittlich 7,0
je 1.000 Einwohner erhöht hat.

Binnenmigration

Erheblich bedeutender ist die Wanderung innerhalb eines Landes, zumeist von ländlichen in
städtischen Gebieten. Im Zuge der Globalisierung hat eine massive Landflucht in aller Welt
eingesetzt. Die Menschen zieht es besonders in Asien, Afrika und Lateinamerika in die Mega-Cities, d. h. Städte mit mehr als 10 Mio. Einwohnern. Diese Wanderungen haben neben
kulturellen und politischen vor allem wirtschaftliche Motive. Die Tendenzen zeigen, dass die
Globalisierung offenkundig zu einer dramatischen Landflucht führt – mit deutlichen Folgen
für die unbeherrschbaren Mega-Cities. Die Binnenwanderung dürfte in absehbarer Zeit zu
erheblichen sozialen Problemen führen. Schon jetzt ist die Infrastruktur in vielen Mega-
Cities überfordert. Die Städte sind überlastet und auf den Massen-Zuzug von ungeschulten
Arbeitskräften nicht vorbereitet. Aus Sicht der globalen Industrie hat diese Verschiebung
große Vorteile: Die Bürger sind in den Städten bereit, zu niedrigen Löhnen zu arbeiten. Je

massiver die Migration, desto billiger werden die Arbeitskräfte. Die größte Binnenwanderung der Geschichte wird in China erwartet. Im Rahmen die Urbanisierung wird damit gerechnet, dass die städtische Bevölkerung von derzeit knapp 700 Mio. auf fast 1 Mrd. Menschen ansteigen wird.

Verstädterung

Auf der Suche nach Beschäftigung, Ausbildungsmöglichkeiten und einem höheren Lebensstandard wandern die Menschen in die Städte. Nach Schätzung der Vereinten Nationen lebten Mitte des letzten Jahrzehnts zum ersten Mal in der Geschichte der Menschheit mehr Menschen in Städten als auf dem Land. Vor 200 Jahren lebten etwa 3 % aller Menschen in Städten. Im Jahr 1900 waren es 10 % und Mitte des 20. Jahrhunderts knapp 30 %. Die UN gehen davon aus, dass dieser Prozentsatz weiter ansteigen wird, bis um die 75 % im Jahr 2050.

Jeden Monat wächst der Anteil der Menschen, die in Städten wohnen, weltweit um mehrere Millionen. Steigt die Bevölkerungszahl einer Stadt um mehr als 3 % jährlich, was in zahlreichen afrikanischen Städten zurzeit der Fall ist, dann verdoppelt sich die Bevölkerung dieser Stadt in weniger als 25 Jahren. Gab es im Jahr 1900 nur 17 Millionenstädte weltweit, so ist diese Zahl inzwischen auf 430 angewachsen. Bis 2025 wird es sehr wahrscheinlich neun Megastädte mit mehr als 20 Mio. Einwohnern geben.

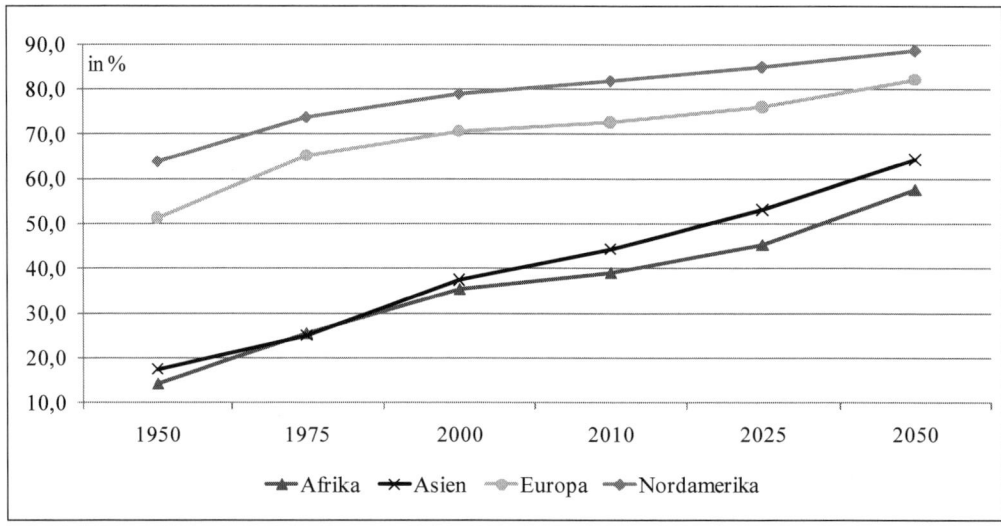

Abb. 4.23:   Verstädterung nach Weltregionen: Anteil der Bevölkerung in städtischen Regionen; Quelle: UN
12. Bevölkerungsprognose, unter: http://esa.un.org/unpd/wpp/unpp/p2k0data.asp, abgerufen am
05.08.2014

In den Industrieländern ist die Verstädterung schon weit fortgeschritten, wenn auch in den Weltregionen und Ländern sehr unterschiedlich. Schon rund drei Viertel der Bevölkerung in Europa, Australien oder den USA lebt in Ballungsräumen; in Asien oder Afrika nur ein Drittel. In den USA befinden sich rund 80 % der Bevölkerung in städtischen Verdichtungsräumen, die sich vor allem an der Ostküste, an den großen Seen, in Florida, Texas und Kalifornien konzentrieren. Zu den größten Metropolregionen zählen New York, Los Angeles, Chicago oder Dallas. In China beträgt der Anteil der Stadtbevölkerung über 50 %, in Indien sind es nur etwas mehr als 30 %. Für einige afrikanische Staaten werden sogar noch deutlich niedrigere Quoten ausgewiesen. Aber auch hier gibt es mit Südafrika oder Tunesien Ausnahmen mit einem Anteil von ungefähr der Hälfte. Das Wachstum in den Städten ist die Quelle für die Nachfrage nach Immobilien, speziell Wohnimmobilien.

Vor allem in den Entwicklungsländern ist derzeit die Wanderung der Menschen vom Land in die Städte immer noch sehr stark, da einerseits die Landflucht später begonnen hat und andererseits die Lebensbedingungen auf dem Land für viele erschwert werden durch ungerechte Besitzverhältnisse in der Landwirtschaft und ungünstige Naturbedingungen, wie z. B. Dürreperioden und Bodenerosion. Verstärkt wird das Phänomen noch durch die hohen Geburtenzahlen. In vielen bevölkerungsreichen Ländern der Erde leben allerdings noch immer sehr viele Menschen auf dem Land, auch wenn die Bilder von den Metropolen in China und Indien einen anderen Eindruck vermitteln. Das Wachstum der Städte wird in den kommenden Jahrzehnten überwiegend in den Schwellen- und Entwicklungsländern stattfinden. Zum Jahrtausendwechsel gab es 261 Städte mit mehr als 1 Mio. Einwohnern in Entwicklungsländern, im Jahr 1994 14 Mega-Cities mit mehr als 10 Mio. Bewohnern. Diese Zahl soll sich bis 2015 verdoppeln.

Das rasante Wachstum der Städte überstrapaziert die Kapazitäten der Regierungen und Verwaltungen, selbst grundlegende Versorgungsleistungen wie Wasser, Abwasser oder Strom bereitzustellen. Die Folge sind informelle Armenviertel (Slums) in vielen Großstädten wie den Favelas in Brasilien oder der Kairoer „City of Dead". In vielen Städten der Entwicklungsländer kommen täglich tausende Menschen an, mit der Hoffnung auf ein besseres Leben. Die meisten werden enttäuscht und lassen sich in den Slums nieder, da sie sich eine ordentliche Wohnung nicht leisten können. Nach UN-Schätzungen lebten 1990 rund 700 Mio. Menschen in Slums, etwas mehr als 13 % der damaligen Weltbevölkerung. Im Jahr 2000 waren es schon 920 Mio., etwas mehr als 15 % der Weltbevölkerung. Bis zum Jahr 2050 wird diese Zahl mit großer Wahrscheinlichkeit bis über 2 Mrd. ansteigen, das wären dann gut 20 % aller Menschen. Einige sehr pessimistische Aussagen gehen sogar davon aus, dass schon im Jahr 2030 die Hälfte der Menschheit in Armutsunterkünften leben wird. In manchen Großstädten der Entwicklungsländer ist es tatsächlich heute schon über die Hälfte der Einwohner.

4.4.4   Auswirkungen des demografischen Wandels auf die Immobilienmärkte

Die in den vergangenen Kapiteln beschriebenen demografischen Veränderungen wirken sich auch auf die Immobilienmärkte aus. Dabei sind die Effekte nach den verschiedenen Objektarten zu differenzieren.

Effekte auf dem Büroimmobilienmarkt

Für die **Nachfrage nach Büroimmobilien** spielt die demografische Entwicklung eines Landes (bzw. einer Region) eine wichtige Rolle. Die Entwicklung der Anzahl der Bürobeschäftigten, also der Nutzer von Büroflächen, ist ein Einflussfaktor für die Büroflächennachfrage. Aus volkswirtschaftlicher Sicht ist dies damit das Arbeitskräfteangebot einer Volkswirtschaft.

Gleichzeitig wird die Arbeitskräftenachfrage und die Büroflächennachfrage von den Unternehmen bestimmt.

Der demografische Wandel wird zunächst über das **Arbeitsangebot** wirksam. Dabei ist weniger die Gesamtbevölkerung bedeutend, sondern die Bevölkerung im erwerbsfähigen Alter (Erwerbspersonenzahl) und damit das vorhandene Arbeitskräftepotenzial. Schon heute ist festzustellen, dass ein früherer Einstieg in das Erwerbsleben und ein späterer Übergang in den Ruhestand erfolgt. Dies spiegelt sich in einer höheren Erwerbsbeteiligung und damit einer steigenden Erwerbsquote wider. Weiterhin besteht mit den Erwerbslosen oft ein Potenzial, welches nicht im Arbeits- bzw. Produktionsprozess genutzt wird. Durch den gesamtwirtschaftlichen Strukturwandel erhöhen sich die Bürobeschäftigtenquote und damit die Anzahl der Bürobeschäftigten. Unter Berücksichtigung dieser Anpassungsmechanismen relativiert sich zwar die Abnahme des Erwerbspersonenpotenzials in vielen Ländern, aber die demografische Entwicklung bleibt eine wesentliche, langfristige Restriktion für das Angebot an Bürobeschäftigten.

Die **Arbeitsnachfrage** hängt hingegen vor allem vom Produktionsniveau der Gesamtwirtschaft ab: steigt dies, nimmt auch die Arbeitsnachfrage der Unternehmen zu. Damit wird die Entwicklung des realen Bruttoinlandsproduktes zur bestimmenden Größe für die Nachfrage nach Arbeitskräften und letztlich auch nach Bürobeschäftigten. Eine Erhöhung der Arbeitsnachfrage seitens der Unternehmen führt zu einem höheren Bedarf an Büroflächen. Die gesamtwirtschaftliche Nachfrage nach Gütern und Dienstleistungen wird langfristig auch durch die demografische Entwicklung beeinflusst. Im **Zusammenspiel** von Arbeitsangebot und Arbeitsnachfrage der Unternehmen ergibt sich das gesamtwirtschaftliche Beschäftigungsniveau. Der Effekt auf die letztlich tätigen Bürobeschäftigten ist international sehr verschieden.

Die Bedeutung der Büroberufe hat in den **Industrieländern** lange Jahre deutlich zugenommen. Der Strukturwandel hin zu mehr Dienstleistungen ist das Ergebnis starker Produktivitätsgewinne in der Landwirtschaft und im Produzierenden Gewerbe einerseits und dem hohen Ausstattungsniveau bei vielen industriellen Gütern bzw. dem noch nicht vergleichbar hohen Niveau bei Dienstleistungen andererseits. Ein Teil der Entwicklung ist auch das Ergebnis einer Re-Allokation von Arbeit, die in einer globalisierten Welt dazu geführt hat, dass Industriearbeitsplätze aus Industrieländern in Schwellenländer verlagert werden. Dies hat dort den Strukturwandel von der landwirtschaftlich geprägten hin zur industriell geprägten Wirtschaft beschleunigt.

In der Studie „Emerging Trends in Real Estate Europe 2014" vergleicht PWC die Auswirkungen der demografischen Entwicklung auf die lokalen Büromärkte in elf europäischen Städten. Dabei wird die Bevölkerungsentwicklung der letzten 20 Jahre zu Grunde gelegt und mit der Performance der lokalen Büromärkte verglichen. PWC kommt zu dem Ergebnis, dass es erstens eine leichte positive Korrelation zwischen dem Bevölkerungswachstum und der Rendite (gesamt) gibt. Die am stärksten wachsenden Städte (Stockholm und London) weisen auch die höchsten Renditen auf, während stagnierende Städte wie Berlin eine geringe Performance haben. Zweitens wird die demografische Entwicklung mit der Höhe des Leerstandes im Jahr 2012 verglichen. Hier gibt es eine geringe negative Korrelation. Je höher das Bevölkerungswachstum war, desto niedriger ist die Leerstandsrate. PWC weist aber auch darauf hin, dass die Datenbasis eher schwach und weitere Analysen notwendig sind.

Besonders **Schwellen- und Entwicklungsländer** stehen erst am Anfang des Strukturwandels zu einer Dienstleistungsgesellschaft. Es ist zu erwarten, dass der Anteil der Dienstleistungen allmählich in die Richtung westlicher Niveaus klettern wird. Es wird mehr Dienstleistungen und dann auch mehr Büroarbeitsplätze geben. In den osteuropäischen Büromärkten kann der Strukturwandel den ungünstigen demografischen Ausblick noch einige Jahre deutlich überkompensieren. Für China und v. a. für Indien stellt sich die Lage für die Büroimmobilienmärkte sogar noch entspannter dar, da hier die Gesamtzahl der Erwerbstätigen noch lange steigen wird.

Das Flächenangebot ist in Schwellen- und Entwicklungsländern häufig noch qualitativ verbesserungsfähig. Je dynamischer eine Wirtschaft expandiert, je stärker die Nachfrage nach beratenden Dienstleistungen zunimmt, desto stärker wird auch die Nachfrage nach hochwertigem Büroraum steigen. Der Anteil hochwertiger Immobilien (Class A) ist in vielen Städten verhältnismäßig gering. In den kommenden Jahrzehnten wird nicht nur die Nachfrage nach neuen Büroimmobilien steigen, es wird v. a. auch die Nachfrage nach modernen und effizienten Gebäuden stark zunehmen. Vor allem die hochwertigen IT-Dienstleistungen lassen sich nur in modernen Gebäuden mit verlässlicher Stromversorgung anbieten. Es müssen also auch zahlreiche alte Immobilien ersetzt werden.

Die **Global Cities** profitieren am stärksten von der demografischen Entwicklung einer wachsenden Bevölkerung, der Migration und der Urbanisierung. Dabei ist das Ausmaß der globalen Integration mitentscheidend für die wirtschaftliche Entwicklung von Städten und deren Büromärkten. In diesen konzentrieren sich Hauptverwaltungen nationaler und multinationaler Unternehmen, Banken und spezielle wissensintensive Dienstleistungen wie Finanz- und Rechtsberatungen. Dies führt zu einem großen Spektrum an hochwertigen Büromietern, da diese Immobilien suchen, um Kontroll- und Managementaufgaben in der Weltwirtschaft wahrnehmen zu können. Ihre Flächennachfrage richtet sich für gewöhnlich auf Bürogebäude in 1a-Lagen mit hochwertiger Ausstattung, die internationalen Standards und ihrem Bedarf an Exklusivität, Image und Repräsentation entsprechen.

Effekte auf dem Einzelhandelsimmobilienmarkt

Die demografischen Veränderungen wirken sich langfristig auf die Nachfrage im Einzelhandel (Umsatz) und damit indirekt auf die Einzelhandelsimmobilien aus. Auch hier ist zwischen den Effekten einer Veränderung der absoluten Bevölkerungszahl, der regionalen Verteilung der Effekte und der sich verändernden Altersstruktur zu differenzieren.

Für den Einzelhandel ist entscheidend, wie sich ihr Umsatz entwickelt, der sich aus der Anzahl der Verbraucher/Konsumenten multipliziert mit dem durchschnittlichen Umsatz/Konsumsumme ergibt. Unter c. p.-Bedingungen würde somit eine **sinkende Bevölkerungszahl** einen negativen Effekt für den Einzelhandel haben, da weniger Personen zu weniger Nachfrage führen. Eine geringe Nachfrage führt zu Umsatzrückgängen im Einzelhandel, dies führt zunächst zu geringeren Umsätzen pro Fläche und somit zu einer geringeren Flächenproduktivität. Aufgrund der vielfach vorhandenen umsatzabhängigen Mieten kommt es somit zu geringeren Mieteinnahmen für die Eigentümer der Einzelhandelsimmobilien. Ob es aufgrund der gesunkenen Flächenproduktivität auch dazu kommt, dass Geschäfte geschlossen werden, hängt vom Ausmaß des Umsatzrückgangs und der jeweiligen betriebswirtschaftlichen Kalkulation ab. Es verringern sich aber die Anreize für Investoren, neue Projektentwicklungen in diesem Bereich vorzunehmen. Im umgekehrten Fall sind entsprechend positive Effekte und damit Anreize für neue Projekte und Investments zu erwarten.

Veränderungen werden zusätzlich auf der **regionalen Ebene** zu erwarten sein, da hier der demografische Effekt erheblich stärker und differenzierter ausfallen wird. Der Einzelhandel in den Zuzugsgebieten würde profitieren, während in den Fortzugsgebieten Rückgänge zu erwarten sind. Orte und Regionen mit hoher Zuwanderung verfügen auch häufig über eine entsprechend hohe Kaufkraft, sodass hier mit einer insgesamt höheren Nachfrage für den Einzelhandel gerechnet werden kann. Hingegen besteht in einigen Gebieten schon heute eine Landflucht, die sich in Zukunft noch verstärken wird. Dies wird deutlich negative Auswirkungen für den Einzelhandel haben, da die Umsätze erheblich zurückgehen werden.

Weiterhin ergibt sich der **strukturelle Effekt** aufgrund einer zunehmend älteren Bevölkerung. Die veränderte Bevölkerungsstruktur wirkt sich auf unterschiedliche Weise auf den einzelhandelsrelevanten Konsum aus. Negative Effekte sind aufgrund des niedrigeren Einkommensniveaus der älteren Bevölkerungsgruppe zu erwarten. Das Einkommen der Älteren, das hauptsächlich aus ihrer Rente besteht, liegt unter dem einer Person in der erwerbsfähigen Altersgruppe. Gleichzeitig verfügen jedoch die älteren Menschen im Allgemeinen heute über ein höheres Einkommen als vorangegangene Generationen. Bei der Vermögensverteilung variiert das Nettovermögen ebenfalls stark mit dem Lebensalter. Das höchste Vermögen gibt es in den Haushalten, die sich vor und kurz nach dem Übergang in den Ruhestand befinden. Dies wirkt sich eher positiv auf den Konsum aus. Aufgrund der strukturellen Veränderungen sind weiterhin Effekte durch strukturelle Verschiebungen beim Konsum zu erwarten – allerdings nur geringe. Trotz beispielsweise höherer Ausgaben der älteren Menschen für Gesundheit bleiben die Anteile der Ausgaben im Einzelhandel an den Konsumausgaben relativ konstant, sodass der Einzelhandel durch diese altersbedingte Veränderung der Nachfragestruktur nur gering betroffen sein wird.

Die sich verändernde Altersstruktur der Bevölkerung erhöht außerdem die **Anforderungen älterer Menschen an die Einzelhandelsimmobilien**. Aufgrund der häufig eingeschränkten Mobilität sind ältere Menschen auf den Einkauf in der Nähe ihres Wohnortes angewiesen oder auf gute Erreichbarkeit mit dem ÖPNV oder dem Auto. Eine gute Erreichbarkeit des Standortes soll den in ihrer Mobilität eingeschränkten Kunden weiterhin ein Einkaufserlebnis ermöglichen. Bei der Ladengestaltung (u. a. barrierefreien Eingang, breitere Gänge und kurze Wege) und auch bei der Ladenkonzeption (z. B. geringere Sortimentsangebotsbreite) sind die Anforderungen einer älter werdenden Gesellschaft zu berücksichtigen. Altengerechte Handelsformate mit einem entsprechenden, auf diese Zielgruppe zugeschnittenen Sortiment werden an Bedeutung gewinnen. Weiterhin ist die Anordnung der Waren ebenso ein wesentlicher Bestandteil der barrierefreien Immobilie. Vermehrter Service (u. a. gut lesbare Preise) und mehr Online-Angebote werden ebenfalls aus demografischen Gründen für den Einzelhandel bedeutender. Um dem Bedürfnis nach dem Einkaufserlebnis und gesellschaftlichen Kontakten gerecht zu werden, wird beim Einkauf der soziale Aspekt weiter in den Vordergrund gerückt (u. a. Sitzgelegenheiten).

Effekte auf dem Wohnimmobilienmarkt

Aus Sicht der Wohnungswirtschaft ist die **Zahl der Haushalte** der wichtigste demografische Einflussfaktor auf die Nachfrage nach Wohnungen. Diese stellen die eigentlichen Nachfrager dar und müssen mit Wohnraum bzw. Wohneinheiten versorgt werden. Die Entwicklung der Zahl der Haushalte steht somit auch im Vordergrund der Analyse und nicht die Bevölkerungsentwicklung, auch wenn diese in bestimmten Zusammenhängen mit der Haushaltsentwicklung steht.

Die Zahl der Haushalte hängt von den Lebensgewohnheiten der Bevölkerung ab und ist eine sich im Zeitablauf verändernde Größe. Der stetige **Rückgang** der durchschnittlichen Haushaltsgröße, wenn auch auf unterschiedlichem Niveau, führt zu diesem strukturellen Effekt, der für die Nachfrageentwicklung am Wohnungsmarkt von großer Bedeutung ist. Darüber hinaus ist die Haushaltsgröße verantwortlich für die benötigte Größe der Wohnungen. Anhand der Zahl der Personen in einem Haushalt lässt sich der künftige Bedarf an mehr oder weniger Wohnfläche bzw. Wohnräumen ableiten. Gleichwohl gibt es auch immer wieder gegenläufige Trends. So stieg laut US-Census die Anzahl der Personen pro Haushalt in den **USA** seit Beginn der Krise 2008von 2,075 auf 2,13 Personen, da vor allem junge Erwachsene länger bei ihren Eltern wohnen bleiben. Der Anteil der 18 – 34-Jährigen die noch bei ihren Eltern wohnen stieg seit den frühen 2000ern von ca. 27 % auf ca. 31,5 % im Jahr 2012 an.

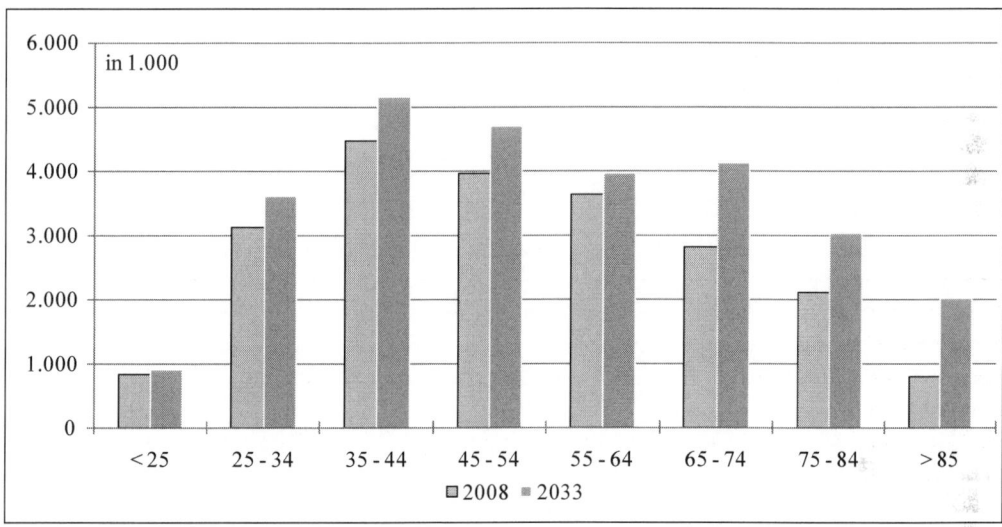

Abb. 4.24:   Anzahl der Haushalte in England, Department for Communities and Local Government, Household projections (2008 to 2033), unter: https://www.gov.uk/government/statistics, abgerufen am 05.08.2014

Für England wird erwartet, dass die Zahl der Haushalte insgesamt bis zum Jahr 2033 ansteigen wird (siehe Abbildung 4.24). Besonders stark werden die Haushaltsgruppen ab 65 Jahren ansteigen, während die Gruppe bis unter 25 Jahren nur unterdurchschnittlich anwachsen wird.

Bei der Bestimmung der zukünftigen Wohnflächennachfrage sind neben der Entwicklung der Haushaltszahlen weitere Effekte zu berücksichtigen. Zunächst ist der **Lebenszykluseffekt** bzw. Alterseffekt zu beachten. Ein Haushalt passt über seine Lebenszeit die Nachfrage nach Wohnungen an die jeweilige Familien-, Vermögens- und Einkommenssituation an. Mit einer Familiengründung und steigendem Einkommen fragt ein Haushalt mehr Wohnfläche nach. Insgesamt steigt über das Lebensalter die Nachfrage nach Wohnraum.

Der **Remanenzeffekt** (Beharrungstendenz) geht davon aus, dass im höheren Lebensalter die Wohnflächennachfrage gehalten wird, auch wenn sich die Lebensumstände ändern. In jungen Jahren nimmt die Wohnungsnachfrage zunächst deutlich zu (siehe Lebenszykluseffekt). Im Alter wird jedoch nicht immer in kleinere Wohneinheiten gewechselt, auch wenn sich durch familiäre Veränderungen wie Auszug der Kinder oder Tod des Lebenspartners der Bedarf an Wohnfläche eigentlich vermindert hat. Falls sich z. B. durch den Renteneintritt das Einkommen verringert, kommt es ebenfalls nicht zu einer geringeren Flächennachfrage. Es bleibt häufig bei einer großen Wohnung und damit verbunden bei einer hohen Flächeninanspruchnahme. Die Ursachen hierfür sind u. a. Gewohnheiten („Einen alten Baum verpflanzt man nicht") oder die hohen Transaktionskosten, die mit einem Umzug verbunden sind.

Neben diesen Wirkungen innerhalb des Lebenszyklus einer Generation unterscheiden sich auch verschiedene Generationen hinsichtlich ihres Wohnverhaltens und damit ihres Bedarfs an Wohnfläche. Als **Kohorteneffekt** wird die Beobachtung beschrieben, dass die Wohnungsgröße in Abhängigkeit von der Generationszugehörigkeit bzw. einer Gruppe von Geburtsjahrgängen (Kohorte) variiert. Nachfolgende Generationen leben zumeist in größeren Wohnungen als die vorangegangenen Kohorten, was die steigenden Einkommen und den höheren Wohlstand einer Gesellschaft widerspiegelt. Empirische Studien weisen diesen Effekt vor allem für die Haushalte älterer Menschen nach. Während der allgemein zunehmende Wohlstand eher für einen anhaltenden Kohorteneffekt spricht, kann eine zunehmende Altersarmut eher zu geringerer Wohnflächennachfrage führen.

Die **Struktur der Haushalte** ist wichtig für die Wohnungsnachfrage, wobei die Verschiebungen in der Größen- und Altersstruktur bedeutsam sind. So wird von dem Trend einer weiteren Schrumpfung der Haushaltsgröße ausgegangen. Auch die Senioren spielen eine immer wichtigere Rolle als Nachfrager. Quantitativ gesehen wird die Zahl der Haushalt von über 65-jährigen deutlich ansteigen (siehe Abbildung 4.25 für England). Da ältere Menschen in spürbar größeren Wohnungen leben als Menschen unter 30 Jahren, wird sich dies zudem noch positiv auf die Wohnungsnachfrage auswirken. Qualitativ ergeben sich durch die Alterung der Bevölkerung aber andere Anforderungen an die Wohnungen, an deren Ausstattung, Lage und Erreichbarkeit (altengerechte Wohnungen).

Zusammenfassend wird das starke Bevölkerungswachstum verbunden mit dem Trend zu kleineren Haushaltsgrößen global einen enormen Bedarf nach Wohnraum generieren. Für die kommenden Jahrzehnte werden die demografischen Trends in den meisten Ländern zu einem starken Anstieg der Nachfrage nach Wohnraum sorgen: Die Zahl der Menschen wird sich deutlich erhöhen, weil die Lebenserwartung zunimmt und weil in vielen Ländern noch immer mehr als zwei Kinder je Frau geboren werden. Hinzu kommt, dass aufgrund der Trends zu einer geringeren Anzahl von Personen pro Haushalt die Zahl der Haushalte sogar noch überproportional zunehmen wird. Da die demografischen Veränderungen regional sehr unterschiedlich ausfallen werden, ist auch mit regional signifikant unterschiedlichen Entwicklungen beim Wachstum der Wohnungsnachfrage zu rechnen. Diese Entwicklung wird durch den Urbanisierungstrend verstärkt, sodass insbesondere in den Städten die Haushaltszahl steigen wird.

Übungsfragen und Fallstudien
1. Warum greift der Staat in die Immobilienwirtschaft und -märkte ein? Spielt die Politik eine bedeutende Rolle auf den Immobilienmärkten?

2. Erklären Sie die unterschiedlichen Rahmenbedingungen für die Immobilienmärkte in einzelnen Staaten.

3. Die verschiedenen Teilmärkte des Immobilienmarktes werden von der wirtschaftlichen Entwicklung beeinflusst. Nach Objektarten lassen sich die folgenden Teilmärkte unterscheiden:
   a) Büroimmobilien,
   b) Einzelhandelsimmobilien und
   c) Wohnimmobilien.
   Wie wirkt sich das mittelfristig für USA, Großbritannien und China prognostizierte Wirtschaftswachstum auf die verschiedenen Immobilienmärkte aus?

4. Wie können Wechselkursbewegungen die Immobilieninvestments beeinflussen?

5. Wie wirkt sich der Wechselkurs auf die Investitionsentscheidungen der institutionellen Anleger aus?

6. Die verschiedenen Teilmärkte des Immobilienmarktes werden von der demografischen Entwicklung beeinflusst. Nach Objektarten lassen sich die folgenden Teilmärkte unterscheiden
   a) Büroimmobilien,
   b) Einzelhandelsimmobilien und
   c) Wohnimmobilien.
   Wie wirkt sich der demografische Wandel in den USA, Großbritannien und China auf die verschiedenen Immobilienmärkte aus?

7. Beschreiben Sie die zentralen zukünftigen Herausforderungen und mögliche Reaktionsmöglichkeiten für die internationalen Immobilienmärkte:
   a) Büroimmobilienmärkte,
   b) Einzelhandelsimmobilienmärkte,
   c) Wohnimmobilienmärkte und
   d) Immobilien-Investmentmärkte.

Fallstudie
Herr Höwedes ist Angestellter im zentralen Planungsamt der Stadt Peking. In der nächsten Sitzung des Rates des zentralen Planungsamtes soll über die Wohnungspolitik in der chinesischen Hauptstadt beraten werden. Herr Höwedes soll dazu die entsprechende Arbeitsvorlage vorbereiten, in der zum einen die demografische Entwicklung für Peking qualitativ aufgezeigt werden. Zum anderen sollen bereits Vorschläge für die staatliche Angebotspolitik auf dem Wohnungsmarkt erarbeitet werden.

Ihre Aufgabe: Unterstützen Sie Herrn Höwedes bei der Erstellung seines Arbeitspapieres.

5   Internationale Standort- und Marktanalysen

Das Immobilien-Research beschäftigt sich mit der systematischen und wissenschaftlichen Analyse von Immobilienmärkten, wobei in der Praxis aber sowohl die Aufgaben als auch die Art der Analysen unterschiedlich sind. Im folgenden Kapitel wird auf die Analyse internationaler Immobilienmärkte selbst eingegangen, wobei eine idealtypische Vorgehensweise aufgezeigt wird. Dabei werden die grundsätzlichen Aspekte der einzelnen Schritte der internationalen Immobilienmarktanalyse dargestellt. Eine ausführliche Beschreibung einer Standort- und Marktanalyse findet sich in dem ersten Lehrbuch „VWL für die Immobilienwirtschaft".

Lernziele zu Kapitel 4
- Die verschiedenen Teilbereiche der Immobilienmarktanalyse kennen.
- Die Relevanz der Vergangenheitsentwicklung und der Prognose der zukünftigen Entwicklung erkennen.

Die Analyse internationaler Immobilienmärkte wird definiert als eine methodische und fachlich fundierte Analyse der wesentlichen Rahmenbedingungen für die verschiedenen Aktivitäten auf den Immobilienmärkten. Das generelle Ziel einer Immobilienmarktanalyse besteht darin, die gegenwärtigen und perspektivischen Bedingungen im Marktumfeld sowie auf dem Immobilienmarkt zu erfassen, zu analysieren und vor dem Hintergrund der jeweiligen Nutzung zu beurteilen. Aufgrund einer internationalen Standort- und Marktanalyse bekommt z. B. ein Bauträger, Investor oder Finanzierer einer Immobilie erste Hinweise auf Potenziale und Risiken einer geplanten Investition. Fällt eine Immobilienmarktanalyse negativ aus, kann das ein entscheidendes Kriterium für die Ablehnung des Vorhabens sein.

Da keine gesicherten Informationen über die Zukunft verfügbar sind, ist bei einer Immobilienmarktanalyse zunächst die Entwicklung von Markt und Marktumfeld in der Vergangenheit bis zur Gegenwart zu analysieren. Insbesondere die Unterschiede, die fehlende Transparenz und Datenverfügbarkeit in den Emerging Markets erschweren dabei vielfach die Analyse ausländischer Immobilienmärkte. Der Immobilienmarkt ist in den Teilbereichen Standort, Angebot und Wettbewerb sowie Nachfragepotenzial zu betrachten. Die jeweiligen Marktergebnisse und die -entwicklungen in Form von z. B. Preisen, Renditen, Mieten oder Leerständen haben sich vor dem Hintergrund bestimmter Rahmenbedingungen und Einflussfaktoren gebildet. Eine Prognose des Marktgeschehens setzt somit erst die Prognose des Marktumfeldes mit seinen verschiedenen Rahmenbedingungen und Einflussfaktoren für die verschiedenen Teilbereiche voraus (siehe Schaubild 5.1). Erst auf dieser Basis ist es ökonomisch sinnvoll, das weitere Geschehen auf dem Markt zu analysieren und zu prognostizieren.

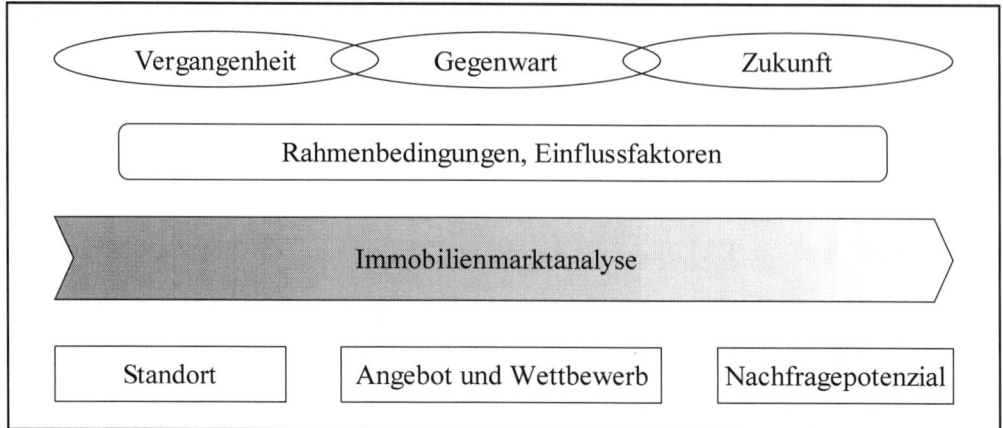

Abb. 5.1:   Zeitliche Dimensionen einer Immobilienmarktanalyse; Quelle: eigene Darstellung

Eine idealtypische Immobilienmarktanalyse, die auch für internationale Immobilienmärkte typisch ist, setzt sich aus den folgenden Teilbereichen zusammen: Bestimmung des Einzugs- gebietes, Beurteilung des Standortes, Analyse des Marktes mit Angebot (Wettbewerb) und Nachfragepotenzial sowie darauf aufbauend die Darstellung und Interpretation der Markter- gebnisse (siehe Abbildung 5.2).

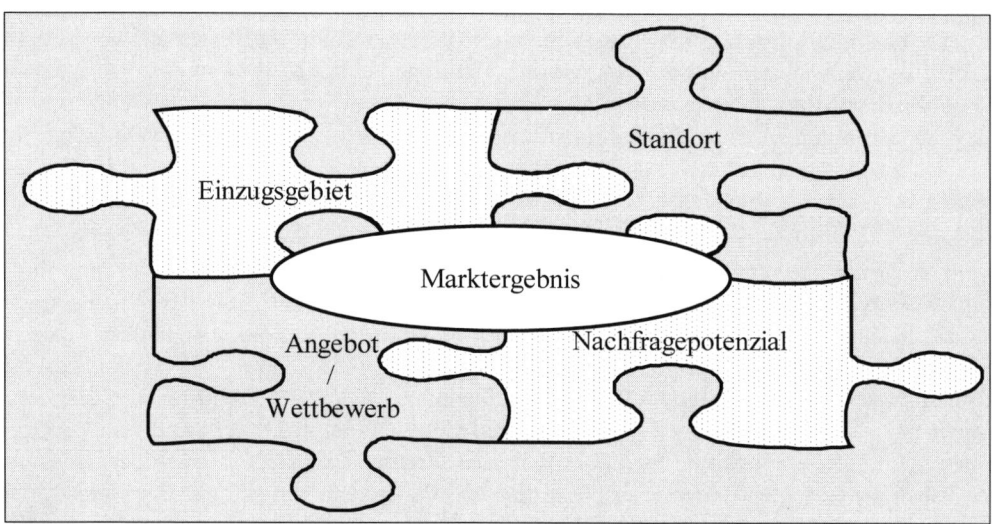

Abb. 5.2:   Teilbereiche einer Immobilienmarktanalyse; Quelle: eigene Darstellung

5.1   Bestimmung des Einzugsgebietes

In diesem Kapitel geht es um die Abgrenzung bzw. Zonierung des Einzugsgebiets. Dabei sollen vor allem die Einwohnerzahlen und deren Entwicklung sowie die projektrelevante

Kaufkraft ermittelt werden. Die Bestimmung des Einzugsgebietes ist für Objektarten wie Einzelhandels- oder Freizeitimmobilien eine wesentliche Voraussetzung für die weitere Marktanalyse. Für andere Objektarten wie Büro- oder Wohnimmobilien ist das Einzugsgebiet weniger relevant, da die Herkunft der Nachfrager üblicherweise nicht regional begrenzt ist.

Das Einzugsgebiet einer Einzelhandelsimmobilie ist das Gebiet, aus dem die potenziellen Nachfrager stammen. In der Analyse wird das Einzugsgebiet der Einzelhandelsimmobilie in Bezug auf die Erreichbarkeit einer Immobilie und die im potenziellen Einzugsgebiet vorzu-findenden sozio-ökonomischen Strukturen untersucht. Dabei wird in Abbildung 5.3 das Ein-zugsgebiet von Wrocław mit Hilfe der Isochronenmethode dargestellt, wobei Isochronen Linien mit gleicher Zeitentfernung darstellen. Die Zeitdauer, die dabei bei den Isochronen je nach Betriebstyp verwendet wird, unterscheidet sich erheblich. Für Shoppingcenter wird von 30-Minuten-Isochronen ausgegangen, wobei aber innerhalb dieser Grenzen nur die jeweilige potenzielle Nachfrage erhoben wird.

Das tatsächliche Einzugsgebiet kann aber sicherlich nicht exakt definiert werden, sondern stellt immer nur eine Näherungslösung dar. Insbesondere in Emerging Markets ist von einer mangelnden Datenverfügbarkeit und nur wenigen Vergangenheitserkenntnissen auszugehen. Aufgrund zunehmender Marktaktivitäten und wachsender Konkurrenz gibt es hier auch häu-fig starke Veränderungen beim tatsächlichen Einzugsgebiet.

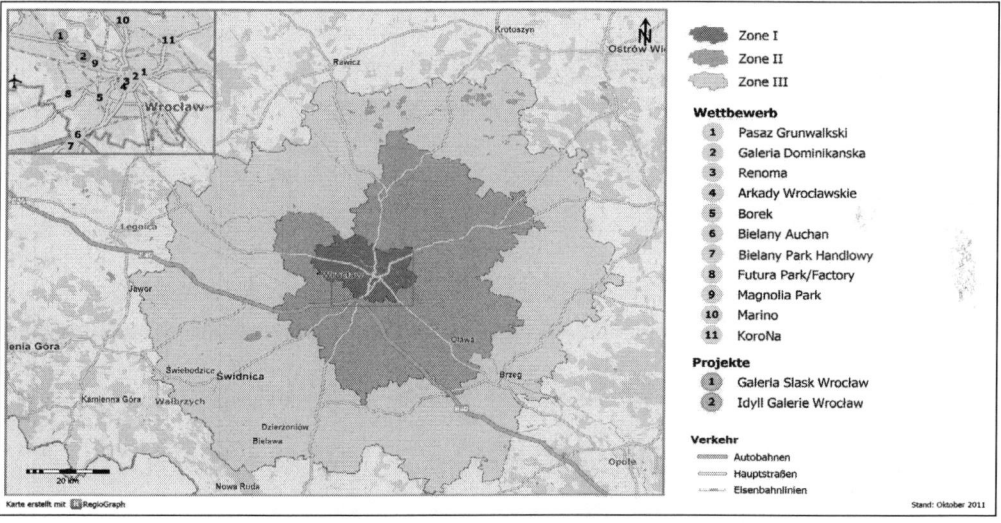

Abb. 5.3:   Isochronen des Einzugsgebiets Wrocław /Breslau; Quelle: GfK GeoMarketing

5.2   Standortanalyse

Die Grundlage für die optimale Wahl eines Standortes bildet eine Standortanalyse, bei der eine Beschreibung und Bewertung nach einheitlichen Kriterien erfolgen sollte. Ein Standort ist ein geografischer Ort eines Unternehmens oder einer Immobilie. Der Standort bildet für den wirtschaftlichen Erfolg eines Immobilienobjektes einen wesentlichen Faktor. Ein Standort determiniert die Nutzungsmöglichkeiten und entsprechend die Wertentwicklung einer Immobilie. Der Standort spielt schließlich auch in Bezug auf die Verkäuflichkeit von Immobilien und für die Nutzer eine wichtige Rolle. Im Rahmen der Immobilienmarktanalyse wird die langfristige Standortqualität in Abhängigkeit von der jeweiligen Objektart beurteilt. Die Eignung eines Standortes kann sich in Abhängigkeit von der Nutzung deutlich verändern. Ein Standort ist also nicht von vorneherein gut oder schlecht, sondern diese Beurteilung hängt insbesondere von der beabsichtigten Nutzung ab.

Standortanalyse
Die Aufgabe der Standortanalyse im Rahmen einer Immobilienmarktanalyse besteht darin, alle derzeitigen sowie zukünftig absehbaren Faktoren im näheren und weiteren Umfeld einer Immobilie zu erheben, zu beschreiben und zu beurteilen.

Standortfaktoren
Unter Standortfaktoren werden alle für eine Immobilie bedeutenden räumlichen Bedingungen verstanden, die den Standort wesentlich prägen und somit die nutzungsspezifische Qualität der Lage bestimmen. Die Standortqualität beeinflusst wiederum die Realisierungs- und Marktchancen eines Immobilienprojektes.

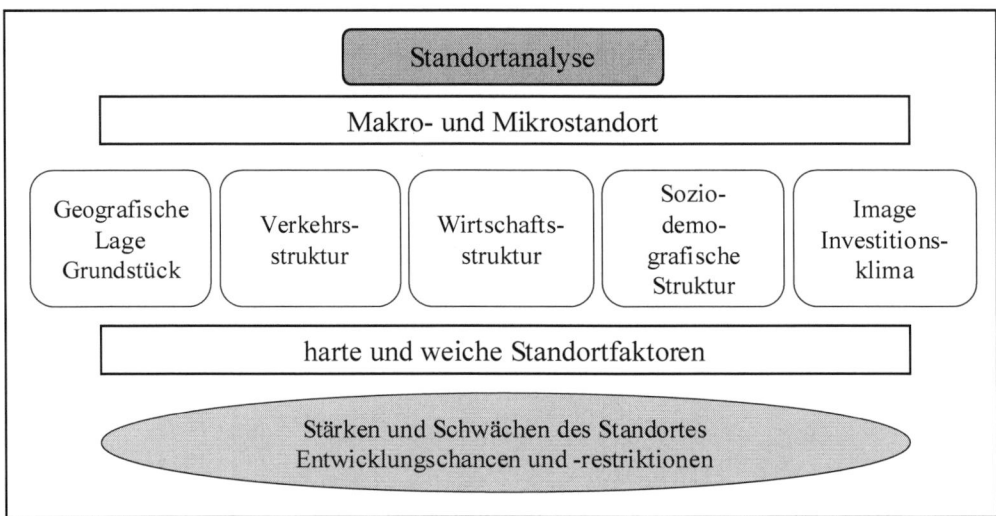

Abb. 5.4:   Standortanalyse; Quelle: eigene Darstellung

Bei der Standortanalyse (siehe Abbildung 5.4) wird zunächst unterschieden nach dem Makrostandort (weitere Umgebung in Abhängigkeit von dem betrachteten Objekt) und dem Mikrostandort (direkte Umgebung) einer Immobilie. Insbesondere bei der internationalen Analyse des Makrostandortes sind mehr Aspekte (z. B. Wechselkurs, Rechts- und Steuersystem) zu berücksichtigen als bei einer ausschließlich nationalen Betrachtung. Des Weiteren kann dann jeweils eine Untergliederung in harte und weiche Standortfaktoren vorgenommen werden.

Während sich die harten Faktoren relativ leicht erfassen und quantifizieren lassen, ist dieses bei den weichen eher nicht gegeben, da diese häufig subjektiven Bewertungen unterliegen.

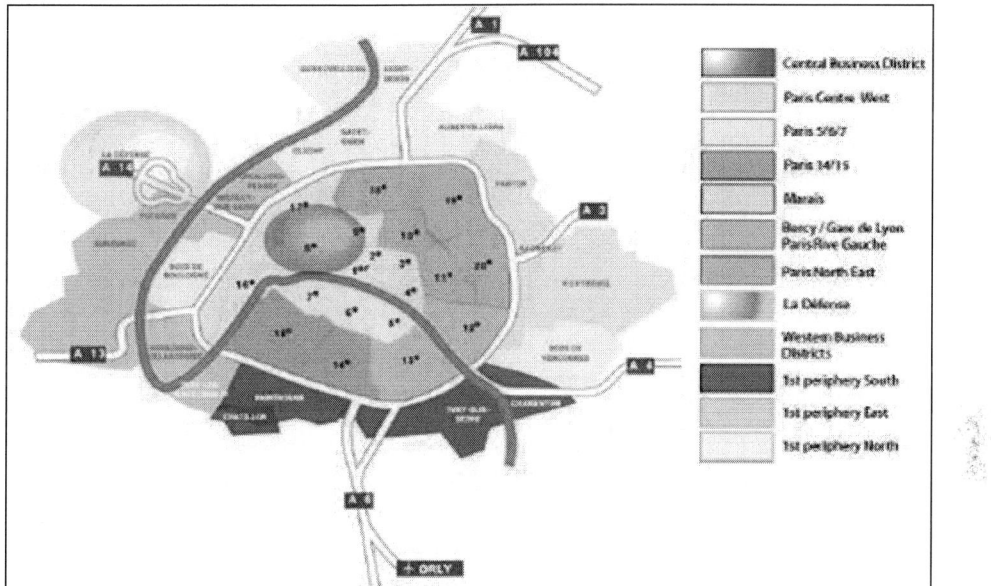

Abb. 5.5:   Standort Büromarkt Paris; Quelle: Colliers Marktbericht Büromarkt Paris

Bei der Standortanalyse kann z. B. die Aufteilung des gesamten Marktes nach verschiedenen Mikrostandorten vorgenommen werden, so wie es in Schaubild 5.5 für den Büromarkt Paris beispielhaft dargestellt wird. Der Büromarkt gliedert sich insbesondere in den Central Business District (CBD) und die verschiedenen Teilmärkte bzw. Standorte, die unterschiedliche Strukturen und Entwicklungspotenziale aufweisen können. Während im CBD die Unternehmen ansässig sind, die Wert auf die Firmenadresse legen, sind in den Randbereichen eher die Back-Office-Standorte zu finden. Im CBD befinden sich darüber hinaus die relativ kleineren und teureren Büroflächen.

Zur Beurteilung von Standorten existieren drei unterschiedliche Methoden. Als erstes können Standortanalysen individuell bzw. nicht-standardisiert erstellt werden, was gerade auf Emerging Markets zutrifft. Zweitens können insbesondere zur Beurteilung von Alternativstandorten Checklisten erstellt werden. Dementsprechend werden die relevanten Einzelkriterien weitgehend standardisiert und getrennt voneinander bewertet. Drittens können auf der Basis von Checklisten Scoring-Modelle entwickelt werden, um die einzelnen Standortmerkmale in Abhängigkeit ihrer Bedeutung entsprechend individuell zu gewichten.

5.3   Marktanalyse

Die Marktanalyse zielt auf die Einschätzung der jetzigen und zukünftigen Angebots- bzw. Wettbewerbsbedingungen und der Nachfragesituation in den unterschiedlichen internationalen Immobilienmärkten. Voraussetzung für die Analyse ist eine exakte Marktabgrenzung, sei es etwa ein Investment- oder Vermietungsmarkt. Dabei werden die Marktgröße, -struktur und -dynamik untersucht.

Beim Angebot sowie der Nachfrage werden die grundsätzlichen und die spezifischen Rahmenbedingungen und Einflussfaktoren analysiert. Dabei kann zwischen grundsätzlichen Einflussfaktoren wie der demografischen Entwicklung und marktspezifischen wie der Haushaltsentwicklung bei den Wohnungsmärkten unterschieden werden. Auf der Grundlage der Angebots- und Nachfrageverhältnisse ergibt sich das Marktergebnis und die -entwicklungen in Form von Preisen und Renditen für den Investmentmarkt sowie Mieten und Leerständen für die Vermietungsmärkte. Entscheidend ist auch hier jeweils die Prognose der zukünftigen Entwicklung (siehe Abbildung 5.6).

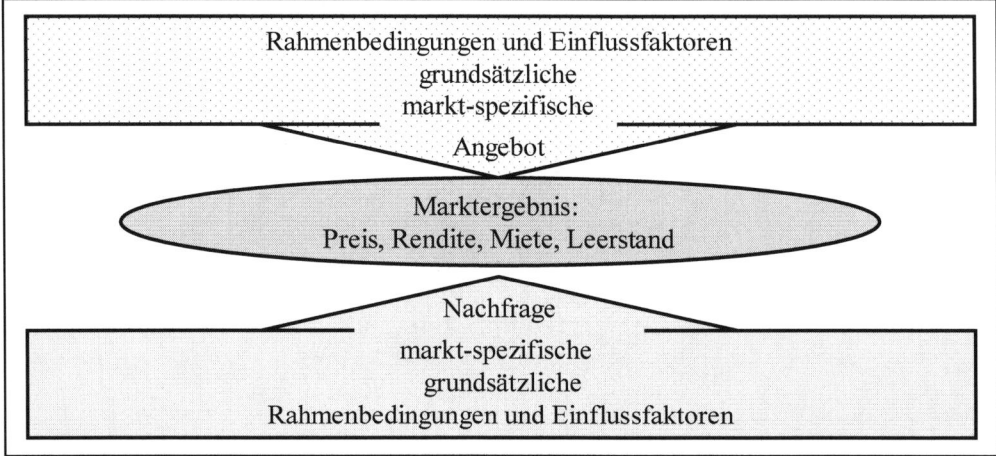

Abb. 5.6:   Überblick Immobilienmarktanalyse; Quelle: eigene Darstellung

Angebotsanalyse

Die Angebotsanalyse ist ein wesentlicher Baustein der Marktanalyse und analysiert die Bedingungen des Angebots im näheren und weiteren Umfeld. Eine ausschließliche Betrachtung der Nachfrage ist nicht ausreichend, um das zukünftige Potenzial eines Marktes einzuschätzen und damit marktgerechte Entscheidungen bei Investitionen oder Neubauprojekten vornehmen zu können. Nur über die Beurteilung des vorhandenen Flächenbestandes im Verhältnis zur entsprechenden Nachfrage heute und in der Zukunft kann das Flächenangebot eines Standortes sinnvoll bewertet werden.

Die Angebotsanalyse untersucht die Qualität und die Quantität des bereits vorhandenen, in Bau befindlichen, projektierten und geplanten Immobilienbestandes eines Marktes. In einzelnen Emerging Markets wird z. B. ein erheblicher Teil des Bestandes neu gebaut. In chinesischen Städten gibt es teilweise deutlich zweistellige Zuwachsraten, während in den westlichen Industrieländern der Anteil bei rund 2 % liegt. Von dem Bestand in den Mature Markets wird jährlich nur ein geringer Anteil vermietet oder verkauft und stellt dann das Angebot auf den entsprechenden Investment- oder Vermietungsmärkten dar. Je nach Untersuchungszweck kann zum einen der gesamte Bestand oder zum anderen nur das gegenwärtige oder zukünftige Angebot analysiert werden.

Wettbewerbsanalyse

Die Wettbewerbsanalyse ist eine spezielle Form der Angebotsanalyse und ermittelt die relevante Marktposition eines Teils der Immobilienwirtschaft (z. B. Unternehmen oder Immobilien) im Vergleich zum Wettbewerb (Konkurrenz). Die Aufgabe der Wettbewerbsanalyse besteht darin, die vorhandene ebenso wie die zukünftige Wettbewerbssituation sowohl in quantitativer als auch in qualitativer Dimension zu erfassen und zu bewerten (siehe Schaubild 5.7).

Bei der Beurteilung der Konkurrenz findet deren Standortqualität mit u. a. der Erreichbarkeit besondere Beachtung. Erst auf dieser Basis lässt sich eine Einschätzung über das tatsächliche Einzugsgebiet und damit der Marktanteile der anderen Anbieter vornehmen. Der Einfluss einer starken Konkurrenz wird sich ebenso auf die Ausdehnung des Einzugsgebietes auswirken. Darüber hinaus sind die angrenzenden Wettbewerber außerhalb des betrachteten Einzugsgebietes zu beachten, da es üblicherweise zu Überschneidungen der Einzugsgebiete kommen wird. Wichtig ist ebenso, bei der Analyse nicht nur die jetzige Lage zu bewerten, sondern auch die zukünftige Konkurrenzsituation zu beachten. Eine hohe Dynamik bei der Nachfrage macht einen Markt attraktiv für neue Anbieter, sodass sich durch den Markteintritt der Marktanteil der bestehenden Anbieter verringern kann.

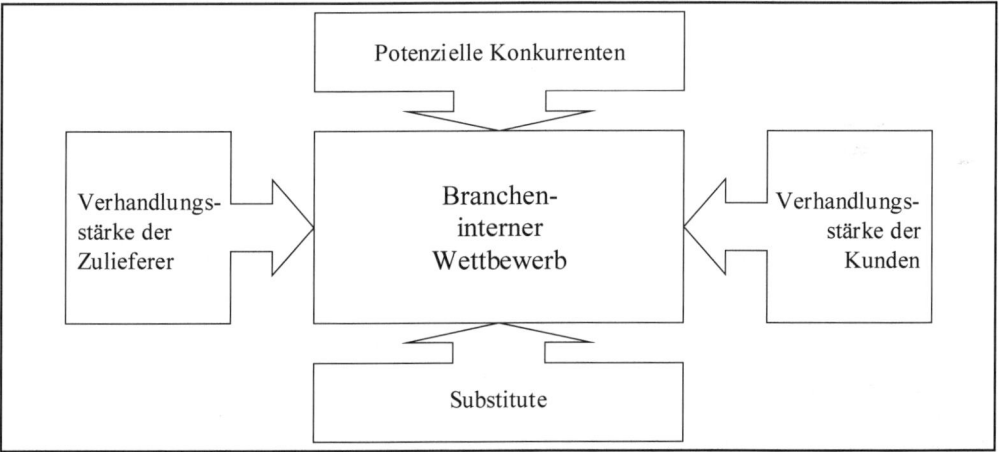

Abb. 5.7:   Grundschema einer Wettbewerbsanalyse; Quelle: eigene Darstellung

Nachfrageanalyse

Die Nachfrageanalyse ist die zweite Komponente der Marktanalyse, in der die Faktoren untersucht werden, die über das Ausmaß der aktuellen und potenziellen Nachfrage Auskunft geben. Bei der Analyse sind die verschiedenen Einflussfaktoren zu berücksichtigen, die die Entscheidungen der Nachfrager beeinflussen. Dabei werden sowohl quantitative als auch qualitative Faktoren berücksichtigt. Die Nachfrageanalyse setzt häufig die Bestimmung eines

Einzugsgebiets voraus, wie es für Einzelhandels- oder Freizeitimmobilien üblich ist. Bei Büro- oder Wohnimmobilien ist eine regionale Abgrenzung der Herkunft der Nachfrager deutlich schwieriger möglich. Hier bietet sich eine Analyse nach anderen Kriterien wie der spezifische Flächenbedarf der Nachfrager bei Büroimmobilien oder das Einkommen bei Wohneigentum an.

Die im Einzugsbereich gegebenen Strukturen haben entscheidenden Einfluss auf das Marktpotenzial. Je höher die Übereinstimmung mit der – je nach Angebot sehr unterschiedlichen – Zielgruppenstruktur ist, desto größer ist das Potenzial. Die unter den jeweiligen Rahmenbedingungen zu erwartenden Zielgrößen (z. B. Besucher, Pro-Kopf-Ausgabe, Marktanteil) zu ermitteln, ist eine der vordringlichsten Aufgaben der Nachfrageanalyse. Auch hier sind die internationalen Unterschiede größer, als wenn nur die nationale Perspektive zu analysieren wäre (z. B. Einkommensunterschiede).

5.4   Ergebnisse einer Standort- und Marktanalyse

Im Rahmen einer Immobilienmarktanalyse wird zunächst das Einzugsgebiet bestimmt (soweit möglich und notwendig) und sowohl der Standort als auch der Markt als Zusammentreffen von Angebot und Nachfrage analysiert. Dabei wird nicht nur die Vergangenheitsentwicklung berücksichtigt, sondern auch eine Prognose über die zukünftige Entwicklung des Marktumfeldes und des Marktes selber erstellt. Als Konsequenz dieser Erkenntnisse ergeben sich das Marktergebnis und dessen Entwicklung, in denen sich alle Faktoren widerspiegeln. Die Indikatoren für die Märkte und die Marktergebnisse unterscheiden sich je nachdem, welcher Markt betrachtet wird. Dies gilt insbesondere für die Unterscheidung von Vermietungs- und Investmentmärkten. Für die Vermietungsmärkte sind wesentliche Indikatoren die Höhe und die Entwicklung von Mieten und Leerständen, für die Immobilien-Investmentmärkte sind es die Trends bei Preisen und Renditen.

Ein Hinweis auf den Umfang der Geschäftstätigkeit auf einem Markt ist der Flächenumsatz, der sowohl mengenmäßig (z. B. Anzahl der Transaktionen) als auch wertmäßig (z. B. Umsatzvolumen) dargestellt werden kann. Bei Gewerbeimmobilien hat der Flächenumsatz eine wichtige Rolle, bei dem alle Flächen erfasst werden, die in einem bestimmten Markt in einem Zeitraum vermietet werden. Diese Größe spiegelt den Umfang des Marktgeschehens und der Vermietungsleistung wider. Der Umsatz kann nach weiteren Kriterien analysiert werden, z. B. nach Teilmärkten oder Ausstattung, Größen- oder Miethöhenklassen. Da dieser Indikator jedoch wenig über die tatsächliche Ausdehnung der Flächennachfrage aussagt, wird die Nettoabsorption (net absorption) herangezogen. Diese Größe misst die Veränderung der in Anspruch genommenen Fläche während eines Zeitraumes in einem Marktgebiet. Dieser Indikator wird jedoch üblicherweise nur für Büromärkte ausgewiesen.

Durch das Zusammenspiel von Angebot (Flächenfertigstellungen) und Flächennachfrage (Nettoabsorption) auf den Vermietungsmärkten ergibt sich der Leerstand. Der Leerstand umfasst alle Flächen, die nicht vermietet, aber unmittelbar zu beziehen sind. Auch der Leerstand kann nach der Ausstattung und anderen Kriterien unterschieden werden, um eine teilmarktgerechte Analyse vornehmen zu können.

In den Immobilienpreisen und -mieten verdichten sich die Marktinformationen. Preise und Mieten sowie deren Veränderungen sind bedeutende Indikatoren für Angebotsknappheiten oder -überschüsse auf einem Markt. Bei den Mieten spiegeln die Neu- und Wiedervermietungsmieten die aktuelle Marktlage am besten wider. Bestandsmieten lassen alleine nur wenige Rückschlüsse auf die aktuelle Situation am Mietmarkt zu. Je entspannter ein Markt ist, desto stärker nähern sich die Neu- und Wiedervermietungsmieten jedoch den Bestandsmieten an. In einem angespannten Markt mit deutlichen Differenzen zwischen Angebot und Nachfrage liegen diese jedoch weiter von den Bestandsmieten entfernt. Im internationalen Vergleich werden diese Indikatoren vielfach unterschiedlich definiert.

Aufgrund der unterschiedlichen Preiselastizitäten sind Schwankungen bei den Mieten häufig festzustellen. Erst mit einem Time-Lag reagiert das Angebot auf die gestiegenen Mieten, die auf eine erhöhte Nachfrage zurückzuführen sind. Entsprechend steigt oft auch noch das Angebot, wenn die Nachfrage bereits rückläufig ist; als Ergebnis sinken dann die Mieten wieder. Umgekehrt haben Mietentwicklungen wiederum Signalwirkungen: einerseits als Investitionsanreize in anziehenden Märkten und andererseits in abschwächenden Märkten, um Planungen zu verwerfen oder zurückzustellen. Auch hier ist wiederum jeweils mit einer Zeitverzögerung zu rechnen.

Auf den Investmentmärkten bilden sich die Preise durch die Anbieter (Verkäufer) und die Nachfrager, die eine Immobilie kaufen wollen. Während diese Preise für Wohnimmobilien auch ausgewiesen werden, werden bei Gewerbeimmobilien die Renditen oder als Kehrwert der Faktor bzw. Vervielfältiger (Multiplikator) angegeben. Die Renditen (teilweise Cap rate) berechnen sich allgemein als Mieten durch Kaufpreis, wobei bei der Berechnung international unterschiedliche Einnahmen und Kosten berücksichtigt werden. Von den Maklern werden auch Kapitalwerte berechnet, die aus den geschätzten Spitzenmieten und -renditen abgeleitet werden und den theoretischen Wert der Flächen bester Qualität in bester Lage darstellen.

Übungsfragen und Fallstudien

1. Aus welchen Bestandteilen setzt sich eine Standort- und Marktanalyse eines internationalen Immobilienmarktes zusammen?

2. Welche Besonderheiten bestehen bei der Analyse internationaler Märkte im Vergleich zu deutschen Märkten?

3. Interpretieren Sie die Schaubilder 5.3 und 5.5. Welche Erkenntnisse können Sie allein aufgrund der Abbildungen gewinnen; ohne weitere Marktberichte gelesen zu haben?

Fallstudie

Herr Raul arbeitet als international ausgerichteter Researcher bei einem offenen Immobilienfonds. Der regionale Schwerpunkt seiner Tätigkeit liegt dabei auf der Analyse der internationalen Wohnimmobilienmärkte. Er ist für die jährlichen Research-Berichte verantwortlich, die den Kunden des Fonds kostenlos zur Verfügung gestellt werden. Neben der damit verbundenen Öffentlichkeitsarbeit liegen seine Schwerpunktaktivitäten bei der internen Beratung, beim eher strategisch ausgerichteten Portfoliomanagement und bei den kurzfristigen Investitionsentscheidungen.

Der offene Immobilienfonds hat die Finanzkrise relativ gut überstanden. Gerade in den letzten Monaten hat der Zufluss an Liquidität wieder stark zugenommen. Die privaten Anleger haben auf der Suche nach attraktiven und sicheren Geldanlagen erneut den offenen Immobilienfonds entdeckt. Auf der letzten Anlageausschusssitzung ist daher beschlossen worden, ein neues Objekt für den Fonds zu kaufen. Angesichts der Anlagegrundsätze des Fonds hat dieses Wohnobjekt in einer „Gateway-City" zu liegen. Dies sind Städte, die als erstes für globale Investoren in einem Kontinent bzw. Land interessant sind. Entsprechend einer Vorauswahl kamen drei Wohnobjekte in die engere Auswahl, die sich in New York, London und Shanghai befinden.

Herr Raul als der zuständige Analyst erhält die Aufgabe, für die nächste Sitzung des Anlageausschusses seine Empfehlung zu liefern, welches Objekt der Fonds kaufen soll.

Ihre Aufgabe: Unterstützen Sie Herrn Raul bei seiner Analyse und erstellen Sie eine SWOT-Analyse für die nächste Sitzung. Bei einer derartigen Vorlage werden für die einzelnen Standorte jeweils in kurzer Form die Stärken und Schwächen des Standortes für Wohnimmobilien aufgezeigt und weiterhin die Chancen und Risiken, die sich aus dem Marktumfeld (z. B. makroökonomische Einflüsse) ergeben.

6 Die Entwicklungen internationaler Immobilienmärkte

Aufbauend auf den Erkenntnissen der bisherigen Kapitel wird im abschließenden Kapitel die Entwicklung der einzelnen internationalen Immobilienmärkte analysiert. Hierbei wird sowohl auf die drei wesentlichen Vermietungsmärkten für Büro-, Einzelhandels- und Wohnimmobilien als auch auf die Investmentmärkte eingegangen. Es sollen ebenso globale wie nationale Trends und Unterschiede angesichts der Globalisierung aufgezeigt werden.

Auf den Vermietungsmärkten gibt es unterschiedliche Akteure und verschiedene Rahmenbedingungen und Einflussfaktoren, die sich auf die Angebots- und Nachfrageseite auswirken. Entsprechend verliefen die Entwicklungen auf den einzelnen nationalen Märkten teilweise sehr unterschiedlich, was ebenfalls für die Perspektiven der Märkte gilt. Während bei den Büromärkten jeweils sechs wesentliche internationale Standorte (üblicherweise mit Frankfurt als Vergleich) bezüglich verschiedener Indikatoren analysiert werden, stehen bei den Einzelhandels- und Wohnimmobilien die europäischen Märkte im Fokus der Betrachtung.

Bei den Investmentmärkten erfolgt eine stärker global-orientierte Analyse, da hier auch die Globalisierung am weitesten fortgeschritten ist. Trotzdem lassen sich ebenfalls recht unterschiedliche nationale bis lokale Trends feststellen. Entsprechend werden zunächst globale Statistiken ausgewertet, um danach auf die Unterschiede und die differenzierten Investmentstrategien einzugehen.

Die Daten für die Analysen in dem folgenden Kapitel wurden mir freundlicherweise von RCA Real Capital Analytics und CBRE Econometrics Advisors kostenlos zur Verfügung gestellt. Weitere Daten stammen aus einer Vielzahl von Publikationen verschiedener Markt-Researcher.

Lernziele zu Kapitel 6

- Die wesentlichen Rahmenbedingungen und Einflussfaktoren auf den verschiedenen internationalen Vermietungsmärkten unterscheiden können.
- Die unterschiedlichen Marktergebnisse auf den internationalen Vermietungsmärkten interpretieren können.
- Die differenzierte Entwicklung auf den globalen und nationalen Immobilien-Investmentmärkten erklären können.
- Das grenzüberschreitende Investmentverhalten der Marktakteure beschreiben und analysieren können.

6.1 Internationale Büroimmobilienmärkte

Büroimmobilien stellen Flächen in Form abgeschlossener Räume dar, in denen spezielle Einrichtungen und geeignete Arbeitsmittel vorhanden sind, um allgemeine Verwaltungstätigkeiten oder die Tätigkeiten des Dienstleistungssektors zu erledigen. Die Büroflächen werden auf dem Büroflächenmarkt (Vermietungsmarkt) oder Investmentmarkt (Käufe) gehandelt.

Bürofläche

Als Bürofläche werden diejenigen Flächen gezählt, auf denen typische Schreibtischtätigkeiten durchgeführt werden bzw. durchgeführt werden können.

Die allgemeinen Rahmenbedingungen der Immobilienmärkte, die auch für den Büroimmobilienmarkt gelten, sind bereits in Kapitel 4 analysiert worden. Unabhängig von ihrer spezifischen Ausprägung werden die Immobilienmärkte nachfrageseitig vor allem von gesamtwirtschaftlichen und sozio-demografischen Faktoren und angebotsseitig vom Bausektor, der sich auf den Immobilienbestand auswirkt, bestimmt (dargestellt in Abbildung 6.1). Die auf den Märkten zustande gekommenen Preise und Mieten beeinflussen ihrerseits wiederum Angebot und Nachfrage. In diesem Kapitel wird zum einen noch auf die spezifischen Einflussfaktoren eingegangen und zum anderen die Entwicklung der Marktergebnisse, insbesondere die des Vermietungsmarktes, dargestellt. Die im Folgenden näher analysierten sechs Büromärkte gehören zu den acht größten Global Cities.

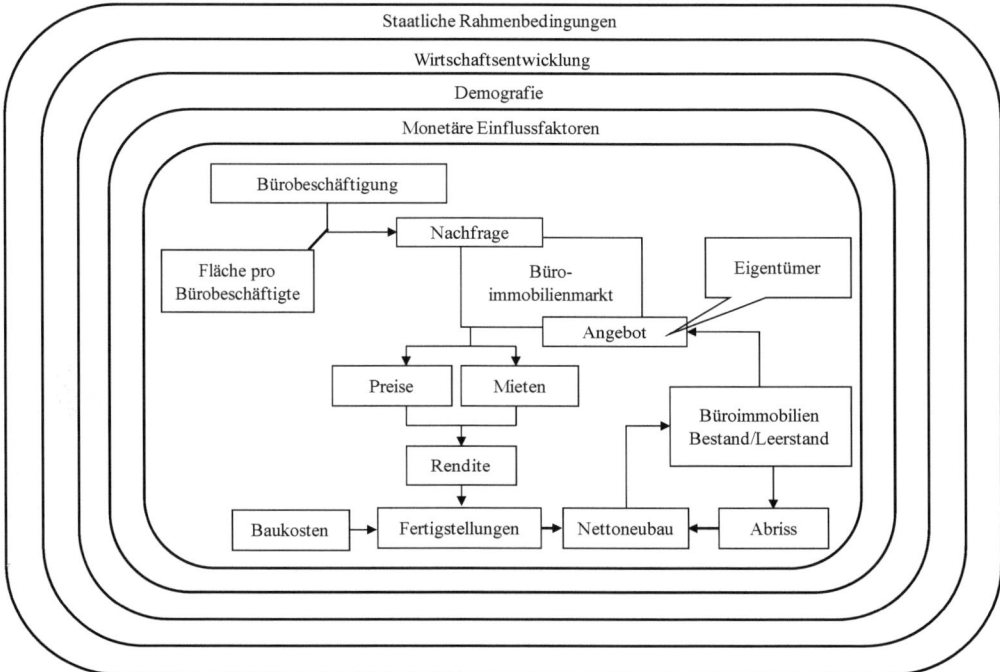

Abb. 6.1:   Büroimmobilienmarkt; Quelle: eigene Darstellung

6.1.1   Angebot – Einflussfaktoren und Entwicklungen

Büroflächenangebot
Das Büroflächenangebot umfasst die Flächen, die für eine Vermarktung (Kauf oder Vermietung) zu einem Beobachtungszeitpunkt vorgesehen und noch verfügbar sind.

Über das Angebot von Bürofläche zur Vermietung oder Verkauf zu einem bestimmten Zeitpunkt liegen üblicherweise keine öffentlich zugänglichen statistischen Daten vor. Hiervon ist der Büroflächenbestand zu unterscheiden, auf den im Folgenden näher eingegangen werden soll.

Büroflächenbestand

Beim Büroimmobilienmarkt handelt es sich um einen Bestandsmarkt. Der **Büroflächenbestand** setzt sich aus den vorhandenen Büroflächen zusammen, unabhängig davon, ob diese benutzt werden oder leer stehen. Der Büroflächenbestand steht insgesamt als Angebot den Unternehmen, die Bürofläche nachfragen, zur Verfügung: zu einem bestimmten Zeitpunkt jedoch immer nur ein Teil des Bestandes. Zu einem Zeitpunkt neu fertiggestellte Bürofläche machen i. d. R. ebenfalls nur einen kleinen Anteil am Gesamtbestand aus. Auf dem Büroimmobilien-Investmentmarkt oder -Vermietungsmarkt wird gleichfalls jeweils nur ein kleiner Teil des gesamten Büroflächenbestandes gehandelt.

Büroflächenbestand
Der Büroflächenbestand ist die Gesamtfläche der fertig gestellten, benutzten und leer stehenden Büroflächen in einem geografisch abgegrenzten Marktgebiet zu einem bestimmten Zeitpunkt.

Über die **Eigentümer** des Bestandes von Büroflächen finden sich üblicherweise keine Angaben, eine Ausnahme bildet der Büromarkt Londons. Mit dem Zufluss globaler Kapitalströme befinden sich in den Global Cities immer mehr Büroimmobilien im Besitz ausländischer Investoren. Während sich zum Beispiel in London 1980 noch weniger als 10 % der Büroimmobilien in ausländischem Besitz befanden, war es 2011 bereits über die Hälfte.

Bei der Angabe über den **Büroflächenbestand** finden sich in den verschiedenen Marktberichten häufig sehr unterschiedliche Angaben. Der dort angegebene Bestand umfasst üblicherweise Flächen im jeweiligen Büromarktdistrikt (CBD) und/oder den Randlagen einer Stadt. Jedoch gelten weltweit unterschiedliche Standards zur Flächenberechnung, wobei vier Normen dominieren. In Großbritannien und in der überwiegenden Zahl der asiatischen Länder sowie in Zentral- und Osteuropa dominiert der RICS Code of Measuring Practice (COMP). Berechnet werden hierbei in der Regel nur die unmittelbar nutzbaren Flächen und nicht z. B. das Treppenhaus und die Eingangsbereiche. In Deutschland setzt sich immer mehr die Berechnung der Mietfläche für gewerblichen Raum der Gesellschaft für Immobilienwirtschaftliche Forschung (gif) durch. Die Europäische Norm bezieht sich in erster Linie auf das Facility Management; ein Bestandteil ist die Flächenberechnung, die sich an der DIN-Norm 277 orientiert. In den USA ist die Method for Measuring Floor Area in Office Buildings des American National Standards Institute (ANSI) und der Building Owners and Managers Association International (BOMA) maßgeblich. Sie wird auch u. a. in Kanada, Australien und Südafrika genutzt. Durch die Berücksichtigung unterschiedlicher Flächen (z. B. Sozialräume oder Flure) bei den jeweiligen Standards fällt die Flächenangabe unterschiedlich aus. In den verschiedenen Marktberichten finden sich häufig sehr unterschiedliche Angaben über den Bestand an Bürofläche, da neben der Flächenabgrenzung die Informationen über die Märkte oder z. B. die Marktabgrenzungen sehr unterschiedlich sind.

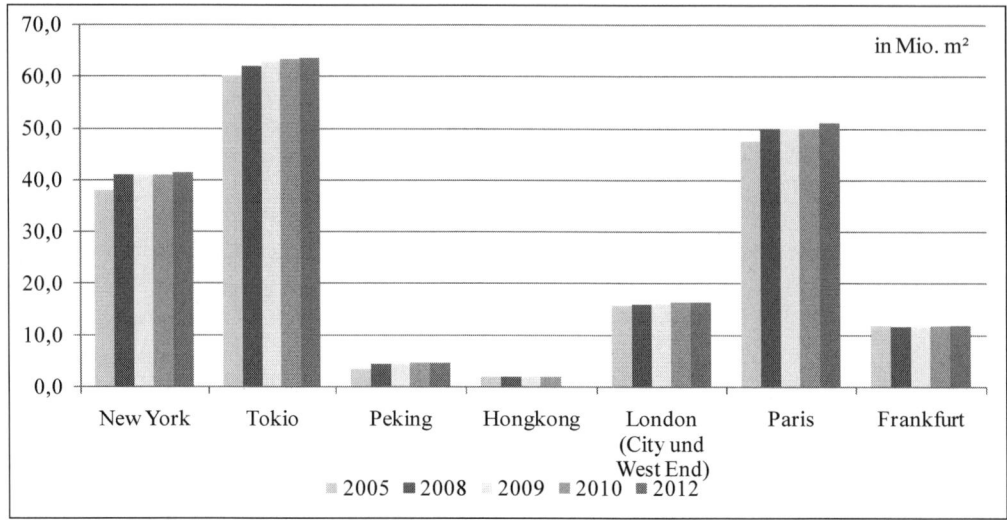

Abb. 6.2:   Büroimmobilienbestand; Quelle: Colliers Global Office Real Estate Review, verschiedene Jahrgänge

Nach der Definition von Colliers (Global Office Real Estate Review) wird unter dem Büro-immobilienbestand verstanden: „Includes all existing multi- or single-tenant leased and own-er-occupied office properties greater than or equal to 10,000 square feet (net rentable area). In some larger markets this minimum size threshold may vary up to 50,000 square feet. Does not include medical or government buildings." Die einzelnen Märkte weisen einen sehr un-terschiedlichen Bestand auf. Üblicherweise wächst der Bestand im Zeitablauf.

Länder- und Marktberichte der DekaBank

Der Flächenbestand in den rund **60 US-Büromärkten** beträgt knapp 4 Mrd. sq ft bzw. 370 Mio. m². Auf die zwölf größten Märkte entfällt davon gut die Hälfte der Gesamtfläche. In den USA ist New York City als Finanzzentrum, Medienstandort und Sitz zahlreicher Welt-konzerne der größte Büromärkte. Der Bestand in New York umfasst rund 450 Mio. sq ft. An zweiter Stelle steht Washington D.C. als Regierungssitz, Sitz der Weltbank und des Internati-onalen Währungsfonds mit gut 300 Mio. sq ft. Auf dem dritten Platz folgt Chicago mit unge-fähr 225 Mio. sq ft als Industrie- und zweitgrößter Bankenstandort und Messestadt, Sitz zahlreicher Konzerne und Verbände sowie einem wichtigen Drehkreuz für den nationalen und internationalen Flugverkehr.

Die Struktur des britischen Büromarktes ähnelt dem des gesamten Immobilienmarktes in **Großbritannien**, der geprägt ist durch seine erhebliche Flächenkonzentration im Großraum London und im Südosten Englands. Wertmäßig wird geschätzt, dass sich knapp die Hälfte des gesamten gewerblichen Immobilienmarktes in dieser Gegend befinden. Der britische

Büromarkt konzentriert sich auf London (Central, 14,1 Mio. m²) und hier auf die zwei traditionellen Bürostandorte (City 6,0 Mio. m² und West End 6,2 Mio. m²) und den eher jungen Standort Docklands (1,9 Mio. m²), welcher sich als weiterer Central Business District herausgebildet hat. Im Vergleich zu West End befinden sich auf dem City-Büromarkt eher die größeren Flächen, bei denen die Mietlaufzeit deutlich länger und die Miete selbst nur ungefähr halb so hoch sind. West End ist dagegen eher der Luxusstandort (vor allem für Einzelhandel), der über die entsprechend kürzeren Laufzeiten und höheren Mieten verfügt. City und Docklands werden dominiert vom Finanzsektor sowie von unternehmensorientierten Dienstleistern. West End dagegen ist eher kleinteilig strukturiert mit einer großen Palette an spezialisierten Dienstleistungen sowie Medien- und Technologieunternehmen. Die Finanzbranche als Nutzer tritt hier vor allem in Form von Hedgefonds und Private Equity-Unternehmen auf. Der Büroflächenbestand in der gesamten Region London umfasst rund 30 Mio. m². Regional bedeutende Märkte sind insbesondere in Manchester, Birmingham, Edinburgh, Glasgow, Leeds und Bristol vorzufinden.

Rund 60 % der **französischen Büroflächen** befinden sich in Paris und Umgebung, der Île-de-France. Dies entspricht einem Flächenbestand von gut 50 Mio. m², was den größten zusammenhängenden Büroflächenbestand Europas ergibt. Davon befinden sich rund 17,4 Mio. m² in Paris innerhalb des Stadtgebietes/der Ringautobahn „Boulevard Périphérique" und hier in Central Paris, dem innerstädtischen Zentrum, in La Défense und im Western Business District. Da die Bautätigkeit im CBD weitgehend auf Revitalisierungen begrenzt ist, hält sich der Flächenbestand hier seit Jahren weitgehend stabil bei 8,5 Mio. m². Im Pariser Stadtgebiet haben sich entlang der Seine moderne Bürogebäude etabliert. Westlich der City entwickelte sich seit den 1960er Jahren die durch Hochhäuser geprägte Bürostadt La Défense. Hier haben vor allem Großunternehmen aus der Finanzbranche, Versorger und Pharmaunternehmen ihre Büros. Die Struktur mit den zahlreichen Großbauten macht den Teilmarkt sehr volatil. Ebenfalls großflächige Gebäude bietet der Western Business District, der die Vororte im Westen umfasst. Diese können wegen ihrer dynamischen Entwicklung und heterogenen Strukturen nach Submärkten weiter differenziert werden.

Struktur der Büroflächen

Der Bestand an Bürofläche wird nach Kriterien z. B. in verschiedenen **Klassen bzw. Kategorien** eingeteilt, da eine alleinige Betrachtung des gesamten Büromarktbestandes für Analysezwecke bei Investments oder Projektentwicklungen nicht ausreichend ist. Bei der Unterteilung nach Gebäudequalitäten werden u. a. das Gebäude und die Ausstattung qualitativ beurteilt und in A (sehr gute Qualität, neubaugleich), B (mittlere Qualität) sowie C (einfache Qualität, sanierungsbedürftig) eingestuft. Schaubild 6.3 zeigt den Anteil der Büroflächen in Downtown (CBD, Innenstadt oder zentrale Lage) und Suburban (Peripherie, dezentrale Lage oder Nebenlage) in den USA gesamt und drei einzelnen Städten.

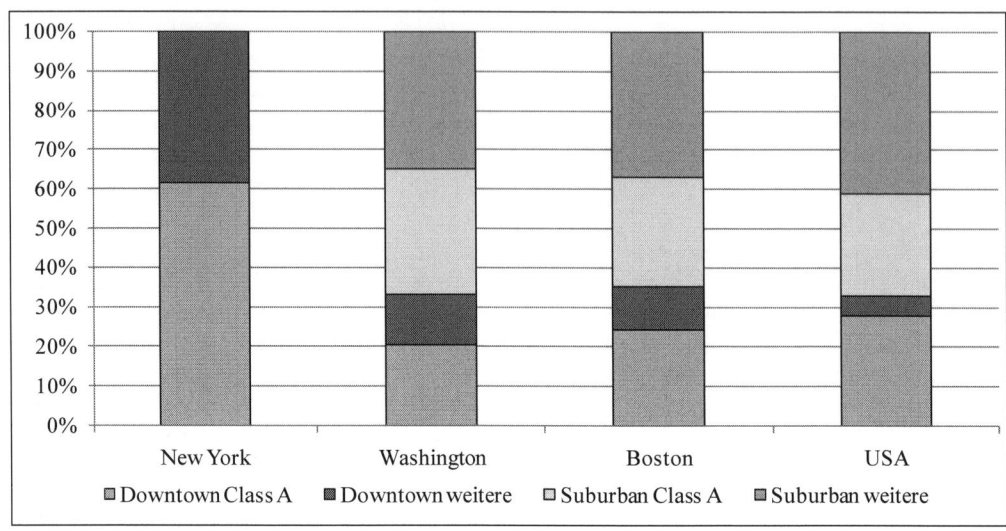

Abb. 6.3:   Differenzierter Büroimmobilienbestand; Quelle: Colliers North American Office Real Estate Review, Q4 2013

Das Verhältnis zwischen Downtown und Suburban fällt in den USA sehr unterschiedlich aus. Bei den Analysen von Colliers wird der Bürobestand in New York nur mit den Bereichen Midtown, Midtown South und Downtown Manhattan berücksichtigt und dem Central Business District zugeordnet. Während in Chicago die große Mehrzahl und in San Francisco und Seattle immerhin über die Hälfte der Büroflächen im Stadtkern liegen, sind es in Washington und Boston aufgrund der sehr verteilten Siedlungsstruktur nur jeweils rund 30 %. Insgesamt gehören in den USA somit rund 30 % des Bestandes zum Central Business District, während Nebenlagen einen Anteil von rund 70 % aufweisen.

In New York weisen 60 % der Flächen im CBD eine sehr gute Qualität (Class A) auf, doch dieser Anteil ist je nach Bürostandort sehr unterschiedlich. Der Anteil von Kategorie A-Flächen ist in Los Angeles am höchsten, in Denver, Houston und Seattle beträgt er nur etwa die Hälfte. Dies verdeutlichen letztlich auch die Daten für die USA insgesamt. Die verschiedenen Büroklassen weisen nach den nationalen Büromarktberichten der USA von Marcus & Millichap auch unterschiedliche Nettoabsorptionen auf. Dabei hat die bessere A-Klasse sowohl im Aufschwung eine höhere als auch im Abschwung eine geringere negative Nettoabsorption. Bis auf wenige Ausnahmen gilt dies für die letzten 20 Jahre. Weiterhin zeigen sich bei den Leerstandsquoten Unterschiede. In den vergangenen Jahren war diese Quote umso niedriger, je besser die Kategorie war.

Büroflächenfertigstellungen

Der Bestand an Büroimmobilien selbst wird durch die Nettoneubauten (Baufertigstellungen abzüglich Abgänge) erhöht, wobei neben der Nachfrage die Kosten (einschließlich Grundstück) bei der Entscheidung über die Realisierung eines Projektes wichtige Orientierungsgrößen darstellen. Die **Büroflächenfertigstellungen** bestimmen im Zusammenspiel mit der Flächennachfrage (Nettoabsorption) die Höhe der Leerstände und wirken sich auch auf die Mieten aus.

> **Fertigstellungen**
> Zu den Bürofertigstellungen zählen Flächen, die innerhalb eines bestimmten Zeitraumes auf den Markt gekommen sind.

Zu dem zukünftigen Bestand zählen die Flächen in Bau, wobei in den Marktberichten die gesamte Fläche in dem jeweiligen Central Business District und / oder in den Nebenlagen berücksichtigt wird, die sich in Bau befindet, aber noch nicht fertiggestellt ist. Dadurch wird ein Hinweis auf die Entwicklungspipeline für jeden Markt gegeben. In den Statistiken werden üblicherweise sowohl die noch verfügbaren als auch die bereits vorvermieteten Flächen berücksichtigt.

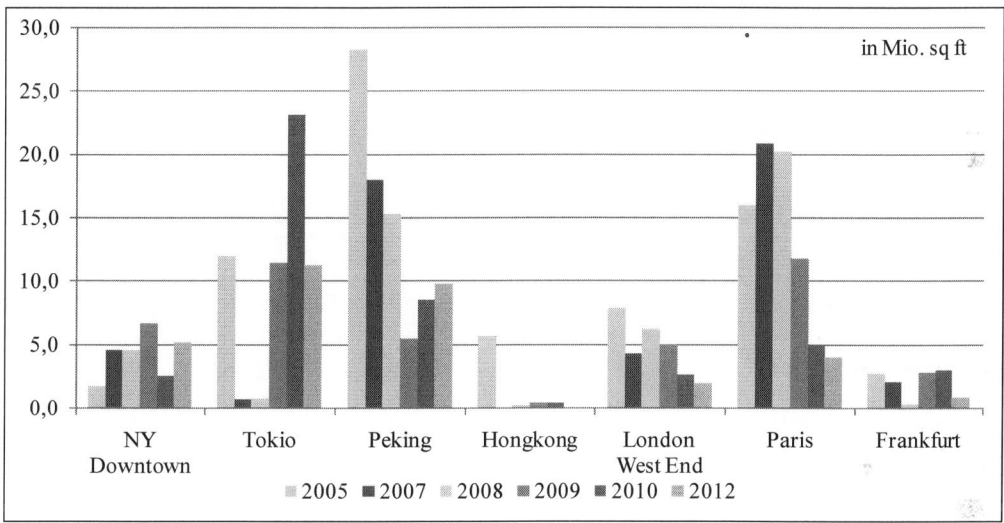

Abb. 6.4:   Büroflächen in Bau in Mio. sq ft; Quelle: Colliers Global Office Real Estate Review, verschiedene Jahrgänge

Länder- und Marktberichte

Aufgrund der Finanz- und Wirtschaftskrise kam es in den **USA** 2008 zu einem drastischen Einbruch bei den Fertigstellungen. Der seit 2011 einsetzende Aufschwung weist im Vergleich zu früheren Zyklen eine geringere Dynamik auf. Dies ist zum einen darauf zurückzuführen, dass die Leerstandsquote mit rund 18 % ein 20-jähriges Hoch aufwies. Zum anderen gibt es eine starke Zurückhaltung bei der Finanzierung von Projektentwicklungen. Im Jahr 2013 wurden in den US-CBD ca. 6,5 Mio. sq ft und in den Nebenlagen rund 25,8 Mio. sq ft fertiggestellt. Das Fertigstellungsvolumen war 2013 zwar doppelt so hoch wie im Vorjahr, blieb aber weit unter dem Durchschnitt der vergangenen zehn Jahre. Kurzfristig wird für die CBD-Märkte ein leichtes Wachstum erwartet, außerhalb dieser Märkte aber nur eine geringe Angebotsausweitung. Mittelfristig ist wieder mit einem Aufschwung zu rechnen. Trotz Kosteneinsparungs- und Flächeneffizienzanstrengungen der Unternehmen führt das Wirtschaftswachstum zu einer stärkeren Nachfrage nach vor allem modernen Büroflächen, die jedoch z. T. nicht auf dem Markt verfügbar sind. (Quelle: Colliers)

In den Emerging Markets in **Asien** dominiert eine außerordentlich hohe Pipeline von Bü-
roprojekten. Der Bestand an Class-A-Fläche wird hier daher in den nächsten Jahren mit deutlichen Wachstumsraten zunehmen, in einigen chinesischen Märkten ist sogar mit einer Ver-
doppelung des Bestandes zu rechnen. Die Nachfrage wird zeitweise allerdings vielfach zu
gering ausfallen, um die Angebotsausdehnung zu absorbieren. In den großen Bürostädten der
Mature Markets fallen hingegen sowohl das Angebots- als auch das Nachfragewachstum
deutlich moderater aus. (Quelle: Colliers)

In **Tokio** waren aufgrund der langen Rezession in den 1990er Jahren die Fertigstellungen
lange Zeit rückläufig, erst zum Jahrtausendwechsel setzte eine Belebung ein. In den vergangenen Jahren waren die Projektentwickler aber relativ restriktiv mit Neubauten. Die Fertigstellungen konzentrierten sich auf die drei zentralen Wards (Bezirke) Tokios. (Quelle: Miki)

Eine schwache Angebotsentwicklung war nach CBRE auch in **Peking** festzustellen, wo seit
der Finanz- und Wirtschaftskrise nur rund 250.000 m² jährlich neu auf den Markt kamen.
Dieses ist nur ein Bruchteil der Fertigstellungen in den Zeiten vor der Krise, sodass es aktuell
einen Mangel an neuem Angebot gibt.

In **Hongkong** gibt es durchschnittlich nur relativ wenig Fertigstellungen. So kam im Jahr
2013 nur ein Projekt auf den Markt, was auch noch vollständig vorvermietet war. Insgesamt
ist das Angebot von Class-A- Flächen stark eingeschränkt.

In **Europa** kann zwischen den Spitzenlagen und den übrigen Flächen differenziert werden.
Das Angebot an moderner Fläche insbesondere in den wesentlichen Top-Märkten wie London beginnt knapp zu werden, da die Mieter besonders diese Flächen bevorzugen. Demnach
werden die Projektentwickler wieder aktiv und es ist zu erwarten, dass die Fertigstellungen
mittelfristig ansteigen werden, wenn auch aufgrund der Finanzierungssituation nur moderat.
Insgesamt ist die Pipeline aufgrund der geringen Anzahl an Projektentwicklungen relativ
gering. Von daher würden bei einem Nachfrageanstieg die Leerstände zurückgehen. (Quelle:
Colliers)

Der Büromarkt **London** wurde von der Finanz- und Wirtschaftskrise besonders betroffen,
was sich deutlich bei den Fertigstellungen zeigte. Die Krise hat mit einer Zeitverzögerung
die Projektentwicklungen im Londoner Büromarkt fast zum Stillstand gebracht. Die Ursache
für den im Vergleich zu früheren Immobilienzyklen schwächer ausfallenden Aufschwung ist
auf die Ursachen der Finanzkrise zurückzuführen. Die Störungen der Finanzmärkte sorgten
dafür, dass die Kreditfinanzierung für Projektentwicklungen stark eingeschränkt wurde. Im
Jahr 2009 gab es schon den Peak bei den Fertigstellungen im laufenden Immobilienzyklus,
der im Vergleich zu den vorherigen Zyklen wesentlich schwächer ausfiel. Die Fertigstellungspipeline sank deutlich, da die Finanzierung der Projekte nicht mehr möglich war. In den
ersten Jahren dieses Jahrzehnts kamen einige Millionen sq ft Bürofläche nicht auf den Markt,
die eigentlich erwartet wurden. So wurden im Jahr 2011 nur 1,7 Mio. sq ft fertiggestellt, was
sehr viel weniger als die 4,4 Mio. sq ft im langfristigen 30-Jahre-Durchschnitt sind. In der
Zwischenzeit hat sich die Entwicklung gedreht. In den Bürotürmen, die seit 2010 gebaut
wurden, sind die meisten Flächen schon vor der Fertigstellung weitgehend vermietet. (Quelle: CBRE Econometrics Advisors)

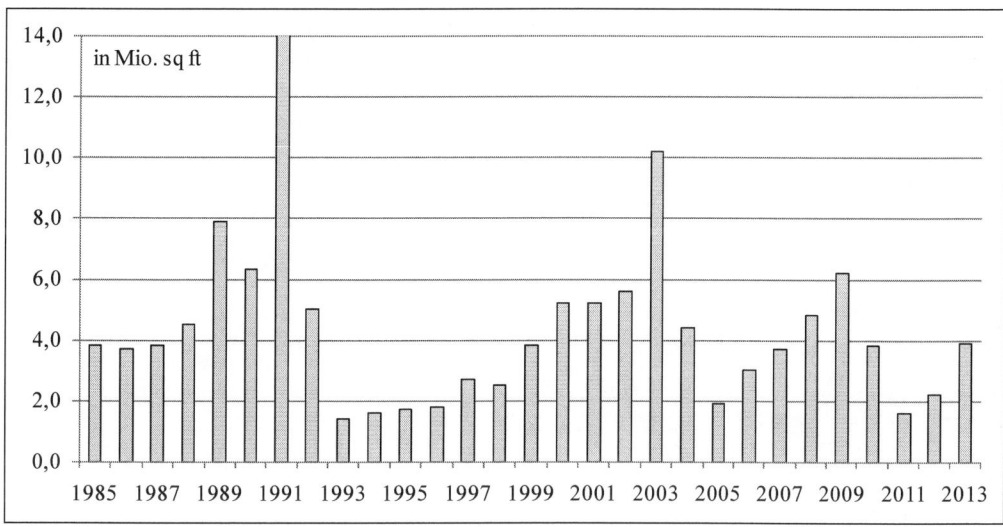

Abb. 6.5:   London Pipeline der Fertigstellungen; Quelle: CBRE Econometrics Advisors about Real Estate, Central London office supply crunch: will rents hit new peaks, Feb. 2014, S. 2

Es ist für den Büromarkt London davon auszugehen, dass sich die Bedingungen für die Vermieter auch mittelfristig noch positiv darstellen. Es ist nicht mit einem sehr starken Anstieg bei den Fertigstellungen zu rechnen. Für die nächsten Jahre besteht noch ein hohes Maß an Unsicherheit über das Ausmaß an Projektentwicklungen. Dies wird vor allem auf einen Mangel an Projektentwicklungsfinanzierungen zurückgeführt.

Aufgrund staatlicher Planungsvorgaben fällt die Fertigstellungspipeline in der **Île-de-France** regelmäßig relativ stabil aus. Wie auch schon in den Vorjahren waren Ende 2013 knapp 2 Mio. m² in Bau, davon war mehr als die Hälfte vorvermietet. Schwerpunkt der spekulativen Bautätigkeit ist neben La Défense insbesondere der Western Business District. In La Défense besteht weiterhin ein erhebliches Potenzial sowohl für Neuentwicklungen als auch für Sanierungen der oftmals aus den 1970er Jahren datierenden Bürotürme.

Anbieter von Büroflächen

Über die Anbieter von Büroimmobilien auf dem Vermietungsmarkt liegen keine detaillierten Statistiken und Informationen vor. Selbstgenutzte Objekte in den Metropolen sind vergleichsweise selten, wodurch sich ein breites Betätigungsfeld für professionelle Vermieter ergibt. Jedoch gibt es über die verschiedenen Anbieter (Eigentümer bzw. Vermieter) bei der Vermietung von Büroimmobilien keine flächendeckenden Informationen. Die wenigen ausgewählten Daten über die Marktteilnehmer auf dem Büro-Investmentmarkt, die Büroimmobilien besitzen, lassen wenig Rückschlüsse auf die Angebots- und Anbieterstruktur zu.

6.1.2   Nachfrage – Rahmenbedingungen und Trends

Die weltweite Nachfrage nach Büroflächen profitierte in den letzten Jahren von der insgesamt positiven Wirtschaftsentwicklung im Zusammenspiel mit dem Strukturwandel zugunsten der Bürotätigkeiten. Die Nachfrager von Büroflächen sind Unternehmen, die diese Flä-

chen für ihre Beschäftigten, die für eine Tätigkeit Büroflächen in Anspruch nehmen, benötigen. Hauptmotive der Nachfrage nach Büroflächen sind zum einen die Expansion der Unternehmen, dies geschieht insbesondere in Zeiten wirtschaftlicher Prosperität. Ein verbesserter
Wirtschaftsaufschwung wird das Jobwachstum verbessern und zu einer höheren Auslastung
der Büroflächen führen. Zum anderen steht als Ziel die Reduzierung von Kosten im Vordergrund. Die Unternehmen suchen dann nach neueren flexibleren Flächen zu günstigeren Mieten. Diese werden überwiegend in City-Randlagen und gut angebundenen dezentralen Lagen
gefunden. Dadurch wird zwar der Umsatz gesteigert, aber die Nettoabsorption verringert
(vgl. Kapitel 6.1.3).

> **Büroflächennachfrage**
> Summe aller sich am Markt befindlichen aktiven Flächengesuche bezogen auf ein definier-
> tes Marktgebiet innerhalb eines bestimmten Zeitraums.

Die Höhe der Nachfrage zeigt die Attraktivität des jeweiligen Büromarktes an und ist daher
auch für potenzielle Investoren interessant. Die Werte für diesen Indikator sind aber nur
schwer zu ermitteln und werden daher nur selten erhoben bzw. veröffentlicht. Häufig wird
statt der Nachfrage der Indikator Umsatz, der sich i. d. R. auf den Umsatz der Makler bezieht, verwendet.

Die Nachfrage nach Büroimmobilien wird durch weitere makroökonomische Faktoren bestimmt. Die **konjunkturelle Entwicklung** (Indikator: Bruttoinlandsprodukt) bzw. auch die
erwartete wirtschaftliche Entwicklung sind wesentliche Einflussfaktoren auf die Nachfrage
nach Büroflächen. Die Entwicklung des BIP wirkt direkt auf die Nachfrage nach Büroimmobilien, da eine wachsende Wirtschaft c. p. auch einen höheren Bedarf an Beschäftigten und
ebenso Bürobeschäftigten zur Folge hat. Nimmt die wirtschaftliche Aktivität (BIP) zu und
werden neue Arbeitsplätze geschaffen, zieht mit einer Verzögerung auch die Nachfrage nach
Büroimmobilien an. Umgekehrt führt ein Wirtschaftsabschwung zu einem Rückgang der
Büroflächennachfrage. Die kurzfristige Nachfrage der Marktteilnehmer nach Büroimmobilien hängt auch von deren Erwartungen hinsichtlich der weiteren konjunkturellen Entwicklung der Gesamtwirtschaft ab. Optimistische Erwartungen beeinflussen die Nachfrage positiv, wohingegen pessimistische Erwartungen die Nachfrage dämpfen. Weitere gesamtwirtschaftliche Einflussfaktoren auf die Büroflächennachfrage sind zum einen die **Zinsentwicklung** und zum anderen die durch den **Staat** festgelegten Rahmenbedingungen.

Als weiterer wesentlicher Bestimmungsfaktor für die Nachfrage nach Flächen auf dem Büroimmobilienmarkt gilt die **Zahl der Bürobeschäftigten**. Die Entwicklung der Anzahl der
Bürobeschäftigten in den USA zeigt das Schaubild 6.6, aus dem hervorgeht, dass es immer
nach den globalen Krisen zu Rückgängen bei der Bürobeschäftigung kam.

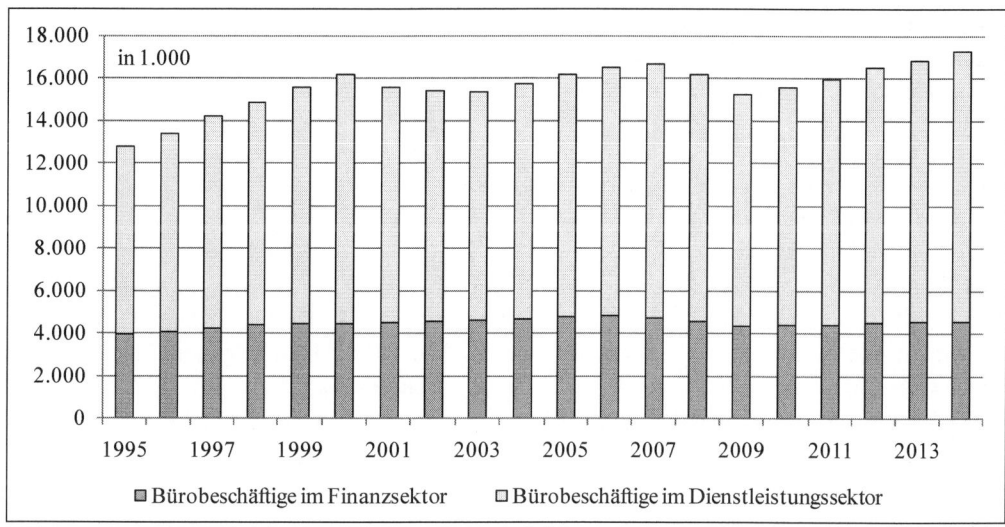

Abb. 6.6:   Entwicklung der Bürobeschäftigten in den USA; Quelle: CBRE Econometrics Advisors, Intranetquelle, abgerufen am 17.10.2014

Die teuersten Bürolagen befinden sich in international stark vernetzten Global Cities, gekennzeichnet u. a. durch die Zentralen zahlreicher globaler Unternehmen, exzellente Arbeitskräfte sowie große Privatvermögen. Ein verstärkter Wettbewerb um Flächen hat die Mietpreise auf diese Höchststände getrieben, wobei sich die Entwicklung am deutlichsten in den Top-Bürolagen der Welt zeigt. Der Finanzsektor ist dabei häufig der wichtigste Nachfrager. Der generelle Mangel an verfügbaren Flächen in diesen Lagen sorgt für einen zusätzlichen Schein der Exklusivität. Darüber hinaus werden auch junge Unternehmen aus anderen Branchen angezogen, nicht zuletzt wegen des dort ansässigen hochwertigen Einzelhandels, des attraktiven Gast- und Hotelgewerbes und anderer Tourismusattraktionen.

In der langfristigen Betrachtung ist der **wirtschaftliche Strukturwandel** zu berücksichtigen, da sich mit der Veränderung der Wirtschaftsstruktur auch die Art der von den Unternehmen benötigten Immobilien ändert. Der „Drei-Sektoren-Hypothese" folgend bedeutet dies ein Wachstum des Dienstleistungssektors (tertiärer Sektor), wohingegen Industrie und Landwirtschaft an Bedeutung verlieren. Da die Dienstleistungsunternehmen wie das Kredit- und Versicherungsgewerbe oder die unternehmensnahen Dienstleistungen (insbesondere Unternehmensberater) wichtiger Träger der Nachfrage nach Büroflächen sind, ist von deren Entwicklung insgesamt ein positiver Effekt für die Büroflächennachfrage zu erwarten. Darüber hinaus sind positive Effekte für die Büronachfrage von einer weiteren Strukturkomponente zu erwarten, die auf einer Verschiebung der Beschäftigungsanteile innerhalb einer Branche beruht. Die sektorale Bürobeschäftigtenquote, der Anteil der Bürobeschäftigten an der Gesamtbeschäftigung einer Branche, nimmt für die Mehrzahl der Branchen zu.

Die **Entwicklung der Bürofläche pro Beschäftigten** stellt eine weitere Einflussgröße für die Nachfrage nach Büroflächen dar. In dieser Größe spiegeln sich insbesondere Veränderungen im Lebens- und Arbeitsraum „Büro" wider und das Streben nach mehr Flächeneffizienz. Bei der Prognose der zukünftigen Flächenausstattung je Büroarbeitsplatz ist zu berücksichtigen, dass diese sich durch die Veränderung der Arbeitsabläufe und der Arbeitsorganisation der Bürotätigkeit wandeln wird. Für die gesamtwirtschaftliche Nachfrage nach Bürofläche ist wichtig, wie viel Fläche jeweils durch einen weiteren Bürobeschäftigten nachgefragt wird. Diese Flächeneffizienz, definiert als Fläche pro Arbeitsplatz, beträgt nach DTZ in Moskau nur 8 m² und in Helsinki 23 m² (doppelt so viel wie der europäische Durchschnitt). Die deutschen Bürostandorte verfügen über eine überdurchschnittliche Fläche, während in London und Paris die Fläche pro Beschäftigten geringer ausfällt. DTZ erwartet, dass es in vielen der effizientesten Städte c. p. auch zu dem stärksten Anstieg bei den Mieten kommen wird. Schließlich haben die Mieter in diesen Standorten die geringsten Möglichkeiten, durch eine Erhöhung der Flächeneffizienz den zu erwartenden Anstieg der Mieten zu kompensieren.

Nach CBRE Econometrics Advisors hat sich die Flächeneffizienz auf dem amerikanischen Büromarkt im langfristigen Vergleich nicht sehr verändert. Aufgrund der Konjunkturschwankungen kommt es aber zu zyklischen Bewegungen. So sinkt im Aufschwung die Flächeninanspruchnahme je Arbeitnehmer, da zunächst Bürobeschäftigte eingestellt werden und erst später im Zyklus mehr Fläche nachgefragt wird.

Länder- und Marktberichte

Die Nachfrage auf dem **Büromarkt in den USA** profitiert weiter von den anhaltend guten Geschäftserwartungen. Mittelfristig wird für die USA ein relativ hohes Wirtschaftswachstum erwartet, von dem aber nicht alle Büromärkte gleichermaßen profitieren können. Im Jahr 2013 erhöhte sich in den USA die Nachfrage vorwiegend nach Class-A-Büroflächen. Die Nettoabsorption stieg an, bedingt durch den moderaten Bestandszuwachs verminderte sich die Leerstandsquote im Class A-Segment. Die starke Zuwanderung in den Süden und Westen der USA unterstützte die Nachfrage an den dortigen Büromärkten. In High-Tech-Standorten reduzierte sich der Leerstand nach wie vor am schnellsten. Die Bürobeschäftigung hat zum Jahresanfang 2014 wieder den letzten Höchstwert vor der Krise erreicht. Die Nachfrage nach Büroflächen sollte im Jahr 2014 angesichts der positiven Konjunkturaussichten anziehen. Die zunehmende Dynamik am Mietmarkt in Verbindung mit den anhaltend moderaten Angebotszuwächsen dürfte zum weiteren Abbau des Leerstands beitragen sowie außerdem das Mietwachstum ankurbeln und die Gewährung von Mietanreizen (z. B. mietfreie Monate) weiter reduzieren. (Quelle: DekaBank)

Die vergangenen Jahre waren laut Colliers in **Asien** durch eine Konsolidierung der Büromärkte gekennzeichnet. Schwächere ökonomische Rahmenbedingungen schlugen sich in einer geringeren Nachfrage der Mieter nieder; seit Beginn dieses Jahrzehnts sinkt die Nettoabsorption in Asien. Gleichzeitig übersteigt das neue Angebot die Nachfrage seit Jahren, was zu einem Druck auf die Mieten führte. Aufgrund der sehr differenzierten Bedingungen auf den Angebotsseiten in Asien schwankt die Mieterwartung innerhalb dieser Region sehr stark, auch wenn mittelfristig insgesamt wieder Wachstum zu erwarten ist.

In **Tokio** profitieren laut dem Immobiliendienstleister Miki die Mieter von den derzeit günstigen Marktbedingungen und nutzen diese zum Bürowechsel, um günstigere Konditionen oder Standorte zu realisieren. Aufgrund der staatlichen Konjunkturmaßnahmen wird sich die Nachfrage in der kommenden Zeit wohl beleben.

Die ökonomische Schwächephase hinterließ nach CBRE auf dem **Pekinger** Büromarkt ihre Spuren. Die Nachfrage ist leicht zurückgegangen, lag jedoch in den letzten 5 Jahren mit 600.000 m² deutlich über den Fertigstellungen. Langfristig wird aber die Nachfrage nachhaltig hoch sein, da Peking als Hauptstadt Chinas der bedeutendste Standort für Multinationale

Konzerne bleibt, um in dem Land Geschäfte zu starten oder zu tätigen. Auch verfügt Peking über ein breit diversifiziertes Branchenprofil.

Die Euro-Krise und die nachlassende Konjunktur Chinas haben auch die wirtschaftliche Entwicklung **Hongkongs** negativ betroffen. Entsprechend schwächer fiel die Nachfrage nach Büroflächen aus. Die Nachfrage in den letzten Monaten stammte vor allem von Finanzinstituten und Anwälten, die expandieren wollten.

London ist nach New York das zweitgrößte Finanzzentrum der Welt, wobei in keiner Volkswirtschaft die Finanzbranche eine so hohe Bedeutung wie in Großbritannien hat. In der Finanz- und Wirtschaftskrise fiel der Stellenabbau kürzer und geringer als nach dem Platzen der „Dot-Com"-Blase 2001. Die Büromärkte in den Docklands und in der City waren aufgrund der Dominanz des Finanzsektors am stärksten vom Stellenabbau betroffen. Nach dem nachfolgenden Stellenaufbau war 2012 aufgrund der konjunkturellen Schwäche eine Stagnation zu verzeichnen. Seit 2013 ist wieder ein Beschäftigungsaufbau gegeben, der auch in den folgenden Jahren anhalten und so zu mehr Nachfrage nach Bürofläche führen wird. Für den Zeitraum 2015 bis 2019 wird ein durchschnittlicher Anstieg der Bürobeschäftigung in Central London um ca. 2,0 % p. a. prognostiziert. Getragen wird der Aufschwung vor allem von der Nachfrage aus den Sektoren Technologie, Medien und Telekommunikation. Auch der Finanzsektor baut wieder Stellen auf und fragt daher Büroflächen nach. (Quelle: DekaBank)

Nach dem Boom Mitte des letzten Jahrzehnts war die Nachfrage am Büromarkt **Paris** nachhaltig trotz der Finanz- und Wirtschaftskrise. Dies ist vor allem auf die stark diversifizierte Branchenstruktur in der Region zurückzuführen. Trotzdem ist tendenziell ein Rückgang der Nachfrage festzustellen. Die anhaltende Unsicherheit infolge der schlechten Wirtschaftslage Frankreichs dominierte in der letzten Zeit die Nachfrage. Größere Unternehmen haben versucht, ihre Kosten durch eine höhere Flächeneffizienz zu reduzieren. Um Auszüge und somit Leerstände zu vermeiden hat daher die Bereitschaft der Eigentümer, den bestehenden Mietern bei Neuverhandlungen finanziell entgegenzukommen, im Laufe der letzten Jahre merklich zugenommen. (Quelle: DekaBank)

6.1.3   Marktergebnis

Ein Merkmal dieses Marktes ist die extreme Ausprägung der Zyklen bei den einzelnen Indikatoren des Marktergebnisses. Alle zyklusverursachenden und -verstärkenden Faktoren wirken in besonderem Maße auf die Marktsituation bei Büroimmobilien. Durch lange Planungs- und Realisierungszeiten ist das Angebot im Verhältnis zur Nachfrage träger, sodass die Zyklen ausgeprägter sind.

Umsatz

Der Vermietungsumsatz kann nur annäherungsweise geschätzt werden, da hierzu keine amtlichen Statistiken vorliegen. Er wird von den Maklerhäusern anhand der eigenen Abschlüsse und der Kenntnis über fremde Deals berechnet und nach der räumlichen Lage sowie den Flächengrößen und Ausstattungsqualitäten analysiert. Mit Hilfe der Kennziffer Flächenumsatz kann festgestellt werden, in welchen Regionen und von welchen Marktteilnehmern die Büroflächen nachgefragt werden. Dieses kann sowohl für Projektentwickler als auch für Investoren wertvolle Hinweise liefern, in welchen Teilgebieten ihre Investitionen die größeren Erfolgsaussichten haben.

Flächenumsatz
Der Flächenumsatz ist die Summe aller Flächen, die in einem abgegrenzten Büroimmobilienmarkt innerhalb eines bestimmten Zeitraumes neu vermietet oder an einen Eigennutzer verkauft werden.

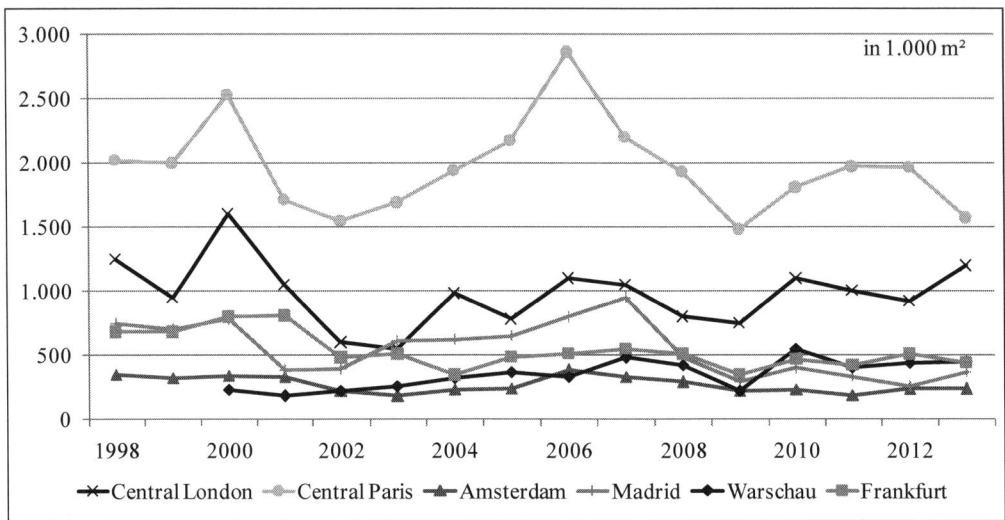

Abb. 6.7:   Büroflächenumsatz; Quelle: BNP Paribas Real Estate, Büromarkt Europa, verschiedene Jahrgänge

Der Flächenumsatz in **London** schwankt im längerfristigen Trend zwischen 0,5 und 1,5 Mio. m². Die Extrempunkte bildete dabei der „Dot-Com"-Boom im Jahr 2000 und danach das Tief im Jahr 2002. Nach dem Rückgang 2008/07 steigt der Flächenumsatz seit 2011 wieder an, wovon insbesondere die City profitierte.

In den anderen europäischen Städten gibt es ähnliche Entwicklungen, wobei aber teilweise der Höhepunkt durch den Immobilienboom gegeben ist wie z. B. in **Paris**. Der Umsatz in der Île-de-France ist im Vergleich zu anderen Büromärkten relativ beständig. Nach dem Höhepunkt zu Beginn des Jahrtausends mit dem „Dot-Com"-Boom kam es zu einem kurzfristigen Rückgang und einem erneuten Peak in 2006. Auch in Paris führte die Finanz- und Wirtschaftskrise zu einer geringeren Nachfrage, dem anschließenden Aufschwung fehlte aber die Dynamik früherer Zyklen. In den **spanischen** Bürostandorten ist nach der weltweiten Krise ein stetiger Rückgang der Umsätze festzustellen.

Nettoabsorption

Die Nettoabsorption ist die Veränderung der belegten/genutzten Büroflächen innerhalb eines Jahres und damit die Differenz der aktuell belegten Fläche (Zeitpunkt t) zu der im Vorjahr belegten Fläche (Zeitpunkt t–1). Oder anders ausgedrückt, ergibt sich die Nettoabsorption damit als die Differenz zwischen Büroflächenbestand und Leerstand innerhalb eines bestimmten Zeitraumes:

Nettoabsorption = $(\text{Bestand} - \text{Leerstand})_t - (\text{Bestand} - \text{Leerstand})_{t-1}$, wobei t für den betrachteten Zeitpunkt steht. Sie kann je nach Standort und betrachtetem Jahr positiv oder negativ ausfallen. Die Nettoabsorption wird nur in wenigen Marktberichten ausgewiesen.

Nettoabsorption
Die Nettoabsorption ist die Veränderung der in Anspruch genommenen Büroflächen innerhalb eines bestimmten Zeitraums in einem Marktgebiet.

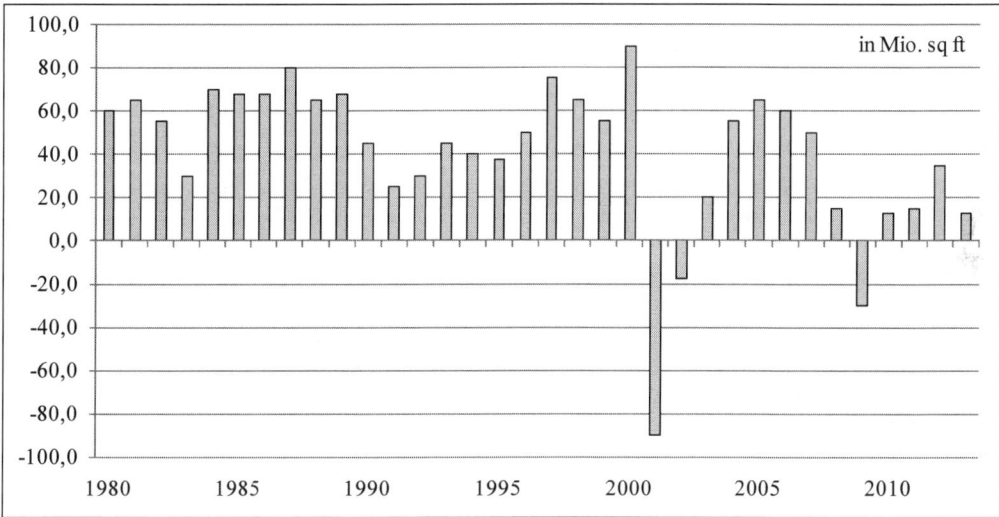

Abb. 6.8:   Nettoabsorption USA; Quelle: CBRE Econometrics Advisors, Intranetquelle, abgerufen am 17.10.2014

Nach den Daten von CBRE kam es in den **USA** zu einer stark zyklischen Nachfrage nach Bürofläche. Insbesondere durch die zwei Krisen in Folge der Terroranschläge 2001 sowie der Finanz- und Wirtschaftskrise kam es sogar zu einem Rückgang der belegten Büroflächen in den USA und auch New York.

In **Hongkong** sorgte der Immobilienboom Mitte des letzten Jahrzehnts für einen deutlichen Anstieg der Nettoabsorption, der seinen Peak im 2. Quartal 2008 erreichte, danach folgten aber fünf Quartale mit einer negativen Nettoabsorption. Nach Jahren einer positiven Nachfrage war dann 2013 wieder eine insgesamt negative Nettoabsorption zu verzeichnen, was auch auf die Erhöhung der Grunderwerbssteuer zurückzuführen war. Hinzu kam das Bestreben vieler Unternehmen, angesichts der unsicheren konjunkturellen Lage Kosten zu sparen.

Auch in **London** belastete die Konjunktur die Nachfrage nach Bürofläche. Eine negative Nettoabsorption gab es in den Krisen nach der Jahrtausendwende und im Jahr 2008. Auch in den Jahren 2011 bis 2013 wurde mehr Fläche freigesetzt als neu vermietet. Für das Jahr 2014 wird hingegen eine positive Nettoabsorption erwartet.

Büroflächenleerstand

Eine der wesentlichen Kenngrößen für den Büromarkt ist der **Büroflächenleerstand**, dessen Veränderung sich durch das Zusammenwirken von Angebot (Fertigstellungen) und Nachfrage (Nettoabsorption) ergibt.

Leerstand

Zum Leerstand zählen alle fertig gestellten Büroflächen, die zum Erhebungszeitpunkt ungenutzt sind, zur Vermietung, zur Untervermietung oder zum Verkauf (zum Zwecke der Weiternutzung) angeboten werden.

Der Leerstand bezieht sich im Allgemeinen auf die leerstehende Fläche, die in einem jeweiligen Marktgebiet aktiv angeboten wird (einschließlich Untervermietung). Dabei werden nur marktfähige Objekte berücksichtigt. So zählen Flächen, die zum Erhebungszeitpunkt ungenutzt sind, aber nicht zur Vermietung bzw. Verkauf angeboten werden, nicht zum Leerstand. Die **Leerstandsquote** wird als das Verhältnis des Leerstandes zum Flächenbestand angegeben. Es ist der Anteil des Bestandes an vollständig fertiggestellter Bürofläche der Kategorie A, B und C entweder im Central Business District oder im gesamten Stadtgebiet, der nicht vermietet ist. Diese Kennziffern geben Rückschlüsse auf die Attraktivität des jeweiligen Büromarktes. Ein hoher Leerstand kann auf potenzielle Schwierigkeiten bei der Vermietung oder dem Angebot hinweisen. Die Leerstandsentwicklung ist wiederum eine wichtige Variable bei der Bestimmung der Entwicklung der Mieten für Büroimmobilien.

Bei der Betrachtung der Leerstandsquoten ist zu beachten, dass sich die Quoten zum einen auf unterschiedlichen Niveaus bewegen und zum anderen die Entwicklungen stark unterschiedlich verlaufen. Es ist auffällig in Abbildung 6.9, wie stark z. B. in Peking die Leerstandsquoten in den vergangenen Jahren gesunken sind.

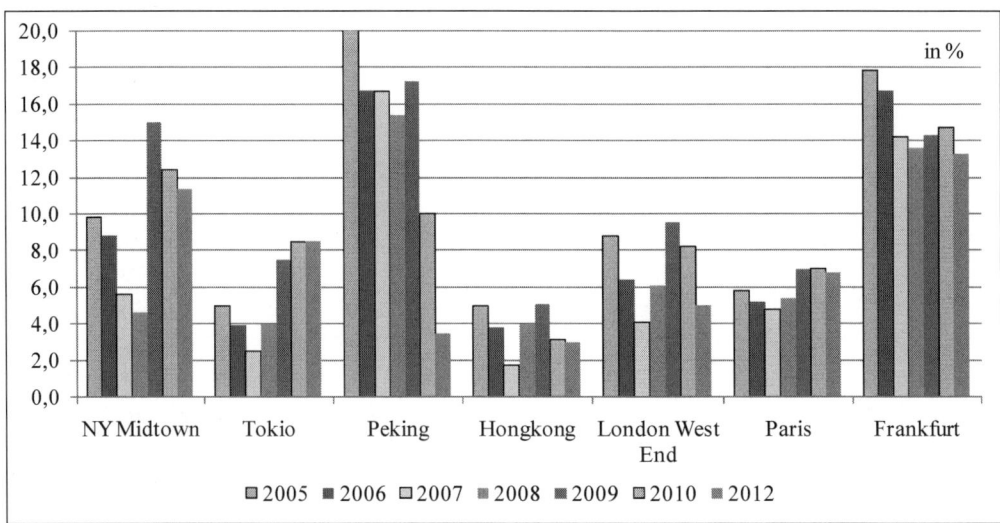

Abb. 6.9:   Büroleerstandsquoten; Quelle: Colliers Global Office Real Estate Review, verschiedene Jahrgänge

Länder- und Marktanalysen

Nach der Finanz- und Wirtschaftskrise haben sich nach Colliers die Leerstandsquoten in den **USA** aufgrund der niedrigen Fertigstellungen in den letzten Jahren nicht stark verändert. Der Leerstand auf dem Büromarkt in den großen Städten der USA hatte seinen Höchststand 2010 erreicht. Der landesweite Schnitt fällt jedoch mit 15,1 % weiterhin sehr hoch aus. Ein Grund hierfür ist, dass der Angebotsüberhang, welcher während des „Dot-Com"-Booms aufgebaut wurde, während des Aufschwungs von 2003 bis 2007 nicht wesentlich abgebaut werden konnte. Selbst das zyklische Tief aus dem Jahr 2007 lag mit 12,4 % ungefähr 4,5 Punkte über dem 2000er-Niveau. Der Anstieg der letzten Jahre war also relativ verhalten, jedoch ist nicht damit zu rechnen, dass der Leerstand zeitnah fallen wird. Vielmehr ist nur ein leichter Rückgang 2014/15 zu erwarten, da das BIP-Wachstum unter seinem Potenzial liegen wird.

In **Asien** stellt sich die Situation sehr unterschiedlich dar. Es ist wahrscheinlich, dass die Leerstandsquoten in den Emerging Markets steigen werden, in denen jedes Jahr viel Bürofläche neu fertiggestellt wird. In einigen asiatischen Ländern ist die Quote deutlich angestiegen, da die Wachstumsrate des BIP sich verringert hat und gleichzeitig viel Bürofläche neu auf den Markt gekommen ist.

In **Tokio** sanken seit Beginn des Jahrtausends die Leerstandsquoten in den fünf Wards des CBD kontinuierlich bis zur Finanz- und Wirtschaftskrise. Da wurde ein Tief von rund 2,5 % erreicht, danach kam es aufgrund von höheren Fertigstellungen und einem Einbruch bei der Nachfrage zu einem Sprung bei der Leerstandsquote auf ca. 9,0 % in 2011. Seitdem sinken die Leerstände wieder. Höhere Leerstände im Jahr 2013 ergaben sich aufgrund der zu vielen Fertigstellungen des Vorjahres, die nicht vom Markt aufgenommen wurden. Es wird jedoch erwartet, dass diese relativ rasch wieder abgebaut werden. (Quelle: Miki)

Von 2000 bis 2007 stagnierten die Leerstände in **Peking** auf einem Niveau von rund 14 % (Colliers geht von einem höheren Niveau, aber der gleichen Tendenz aus). Auch hier kam es aufgrund der weltweiten Krise zu einer deutlichen Zunahme der Leerstände (19,0 %), die dann aber kontinuierlich schrumpfte. Seit dem Höhepunkt Mitte 2009 mit 23 % sank die Quote rasch wieder bis auf 3 % im Jahr 2013. (Quelle: CBRE)

Hongkong weist nach CBRE eine relativ konstante Entwicklung bei den Leerständen auf, die nur durch die Krise stark angestiegen waren. Im historischen Mittel lag die Quote bei rund 5 % und aufgrund der Finanz- und Wirtschaftskrise verdoppelte sie sich. Aufgrund des geringen Angebots liegt die Quote inzwischen wieder auf ihrem langfristig niedrigen Niveau.

Der Leerstand in **Central London** betrug laut Colliers zur Jahresmitte 2013 rund 9,6 %. Im Vergleich zum Vorjahr hat sich die Quote um einen Punkt erhöht. Rund drei Viertel des Leerstands besteht aus Class A-Flächen. Im West End erhöhte sich aufgrund der wirtschaftlichen Schwäche der Leerstand seit Jahresbeginn 2013 von 6,7 auf 7,5 %, in der City von 11,3 auf 11,9 %. In den Docklands blieb das verfügbare Angebot mit 8,9 % ungefähr konstant.

Die Leerstandsquote des **Pariser Büromarktes** ist eine der niedrigsten in Europa und ist gleichzeitig in den letzten Jahren relativ stabil. Dies ist vor allem auf relativ geringe Fertigstellungen zurückzuführen. In Paris erklomm die Leerstandsquote 2013 wegen der verhaltenen Nachfrage mit über 7 % den höchsten Wert seit 1997. Gleichzeitig variiert die Leerstandsquote jedoch stark zwischen den einzelnen Teilmärkten. Die Quoten reichten Ende des Jahres 2013 von 5,9 % in der City bis hin zu 15,3 % im Western Business District, der in den letzten Jahren den Schwerpunkt der Fertigstellungen bildete. Den stärksten Anstieg von 6,6 % auf 12,3 % musste La Défense wegen der Fertigstellung spekulativer Großprojekte

hinnehmen. Die Büroraumnachfrage wird hauptsächlich durch die Anzahl der Büroangestell-
ten und die Firmenaussichten determiniert. Da der Ausblick für beide Faktoren relativ
schwach ist, werden Mieter weiter zurückhaltend bei ihrer Nachfrage sein, Mietverträge
nachverhandeln und weniger am Markt als Neukunden auftreten. Neue Mieter konzentrieren
eher sich auf gute Qualitäten an guten Standorten. Angesichts einer nur moderaten Konjunk-
turerholung bei vergleichsweise reger spekulativer Bautätigkeit in den westlichen Vororten
dürfte der Leerstand in Central Paris noch leicht steigen. (Quelle: Colliers)

Büromieten

Die Spitzenmiete reflektiert die typische Miete, die ein erstklassiger Mieter für eine Bürofla-
che in der Standardgröße mit hoher Qualität und Ausstattung innerhalb des CBD zu zahlen
hat. Diese Mieten sollen das Niveau reflektieren, zu dem relevante Transaktionen durchgeführt werden. Es müssen aber damit nicht tatsächliche Deals abgebildet werden, insbesondere dann, wenn der Dealflow gering ist. Falls derartige Transaktionen nicht stattgefunden
haben, handelt es sich bei dieser Spitzenmiete um eine erzielbare Miete, die auf Expertenschätzungen basiert. Dabei werden die Büromieten u. a. als Net rent Top Class A pro sq ft in
USD pro Jahr für ein Class-A-Bürogebäude im Central Business District ausgewiesen. Bei
der Gross rent (Bruttomiete) werden die zusätzlichen Kosten wie Steuern, Servicegebühren
oder betrieblichen Aufwendungen berücksichtigt.

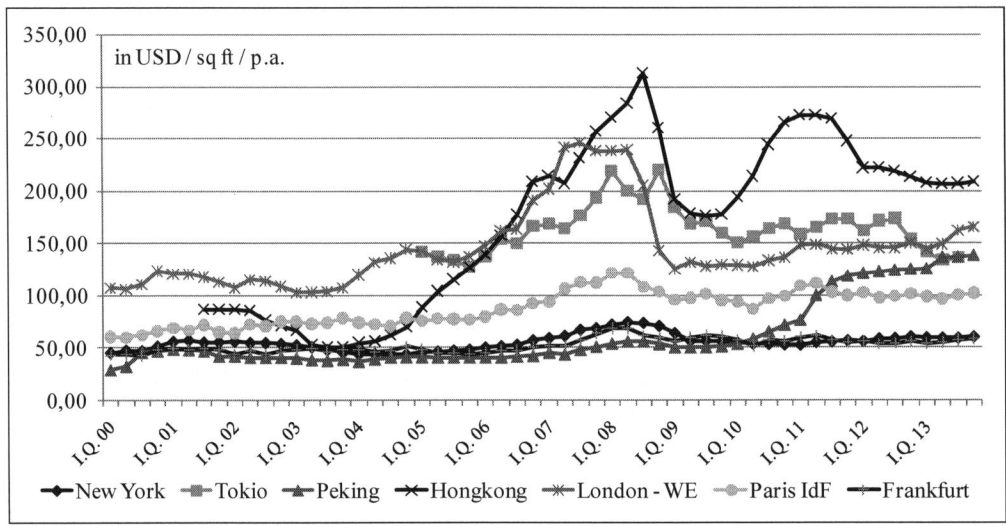

Abb. 6.10:   Bürospitzenmieten; Quelle: CBRE Econometrics Advisors, Intranetquelle, abgerufen am 17.10.2014

Durch das Schaubild 6.10 wird offensichtlich, dass die Mieten zwischen den verschiedenen
Märkten sich signifikant unterscheiden. Die Büromieten sind zwar in den betrachteten Top-
Standorten seit der Jahrtausendwende angestiegen, wenn auch mit unterschiedlichen Phasen
und Dynamik bzw. Volatilität. Interessant ist vor allem, dass die Lagen mit den höchsten
Mieten nicht nur in den Mature Markets liegen: die höchste Miete wird derzeit in Hongkong
verlangt. Auch sind sie nicht in der gleichen geografischen Region zu finden. Üblicherweise
war der Peak im Immobilienboom 2007 bzw. 2008. Nach den Daten von CBRE Economet-

rics Advisors konnte dieses Niveau noch nicht wieder erreicht werden. Ein Ausnahme stellt Peking dar, wo sich die Mieten seit 2009 fast verdreifacht haben.

Länder- und Marktanalysen

Nach der Analyse von **CBRE** (Global Prime Office Occupancy Costs, Juni 2014) finden sich Unterschiede zwischen den Märkten sowohl bei der Richtung als auch dem Ausmaß der Mietveränderung. Bei der Entwicklung der Mieten an den 10 Top-Standorten sind deutliche Unterschiede festzustellen. Der Peak bei den Mieten lag üblicherweise zwischen den Jahren 2006 bis 2010, danach setzte ein Abschwung ein, der teilweise auch aktuell noch anhält, so gingen in Hongkong die Mieten auch 2012 noch zurück. An den meisten Standorten ist aber schon wieder ein Aufschwung zu verzeichnen, der schon seit ein oder zwei Jahren andauert. Im Jahr 2013 befinden sich laut CBRE sowohl Asien (Jakarta und Kuala Lumpur), Amerika (Seattle) als auch Europa (Dublin und London West End) unter den Standorten mit höchsten Wachstumsraten im Jahresvergleich. Insgesamt 10 Bürostandorte wiesen einen Zuwachs von mehr als 10 % auf. Mietrückgange von mehr als 10 % waren hingegen nur auf Mallorca, in Panama und Lyon festzustellen. Bei den Mieten ist zu beachten, dass diese in USD ausgewiesen werden und daher auch Wechselkursschwankungen unterliegen, obwohl sie häufig in lokaler Währung zu zahlen sind. So kann es zu Verzerrungen sowohl bei der Höhe als auch bei der Veränderung der Miete kommen. Eine verbesserte Nachfrage und begrenztes neues Angebot wird dazu führen, dass die Mieten ansteigen werden. Selbst in einer nur langsam wachsenden Wirtschaft wird die Nachfrage nach den besten Flächen an den besten Standorten voraussichtlich langfristig hoch sein.

In den **USA** sind die höchsten Büromieten in New York zu erzielen, gefolgt von Washington D.C., Seattle, San Francisco, Los Angeles, Miami, Boston und Chicago. Angesichts des weiterhin hohen Leerstands haben sich die Mieten bis dato noch nicht erholt, nur New York und die Region um San Francisco haben leichte Anstiege zu verzeichnen. New York bildete insgesamt auch während der Krise eine Ausnahme in Bezug auf die Büroperformance. Aufgrund einer verstärkten Nachfrage kommt es kurzfristig trotz neuen Fertigstellungen, die aber größtenteils schon wieder vermietet sind, zu steigenden Mieten. (Quelle: DekaBank)

Nach ihrem Tief im Jahr 2003 stiegen die Mieten bei den Neubauten **Tokios** bis 2007 kontinuierlich an. Wie an anderen Standorten kam es auch hier zu einem Einbruch, der rund ein Drittel des Höchstpreises betrug. Nach den Daten von Colliers hielt der Rückgang auch 2012 an. Nach Miki wuchsen die Mieten in den beiden Jahren nach 2011 hingegen wieder leicht. Die verbesserte Nachfrage wird wieder zu weiter steigenden Mieten führen.

Während in **Peking** nach CBRE vom Jahrtausendwechsel bis 2010 eher eine stabile Entwicklung bei den Mieten festzustellen war, haben sich diese seitdem innerhalb von knapp 4 Jahren fast verdoppelt. Peking gehört damit zu den teuersten Bürostandorten der Welt. Erst in den letzten Quartalen kam es aufgrund der Nachfrageschwäche zu stagnierenden Mieten. Colliers geht mittelfristig von weniger starken Mietsteigerungen aus.

In **Hongkong** kam es nach einigen Jahren mit Mietsteigerungen 2008 zu einem Einbruch um mehr als ein Drittel. Im folgenden Aufschwung stiegen laut CBRE zunächst die Mieten wieder an, um danach in den letzten Jahren zu stagnieren. Nach Colliers sind die Mieten aber weiter auf einem stärkeren Rückgang.

Im Jahr 2009 lagen die Mieten auf dem **Londoner** Büromarkt um gut ein Drittel unter ihrem Peak des Jahres 2007, dem Jahr vor der Finanz- und Wirtschaftskrise. Im Jahr 2013 war

wieder Mietwachstum in London festzustellen, da ein vermehrter Wettbewerb um die verfügbaren Flächen zu verzeichnen war. Die Spitzenmieten für die teuersten Lagen registrier-
ten 2012 und 2013 allein in der City keine großen Veränderungen. Die Nachfrage von Fi-
nanzdienstleistern, die traditionell das Mietwachstum antreibt, war zu schwach. Auch mittelfristig ist mit einem Anstieg der Büromieten zu rechnen. Projektentwicklungen haben zwar
schon damit begonnen, auf die allgemeine Verbesserung der Marktbedingungen zu reagieren.
Aber aufgrund der langen Planungs- und Bauzeiten und gleichzeitig einer sehr restriktiven
Finanzkonstellation wird es wohl noch einige Zeit dauern, bis das Angebot wächst.

Die höchsten Mieten auf den Londoner Teilmärkten werden im West End gezahlt. Die Büroflächen weisen eine geringe durchschnittliche Mietfläche von 1.500 m² auf. Demnach werden diese Flächen größtenteils von kleinen, aber zahlungskräftigen Mietern, wie Anwaltskanzleien und Hedgefonds, nachgefragt. Unternehmen mit größerem Flächenbedarf zieht es
hingegen in die Teilmärkte City und Docklands. Letzterer ist ein Beispiel dafür, in welchem
Maße eine gute Verkehrsanbindung den Immobilienmarkt beeinflussen kann: Der am östlichen Rand Londons gelegene Teilmarkt war ursprünglich durch eine schlechte Verkehrsanbindung gekennzeichnet, was einen Abschlag von 50 % zu den im Teilmarkt City gezahlten
Mieten zur Folge hatte. Nachdem jedoch im Jahr 1999 die U-Bahn-Linie „Jubilee line" zu
den Docklands erweitert wurde, sank der Abschlag auf 25 %. Infolgedessen konkurrieren
seither die Teilmärkte City und Docklands um die gleichen Mieter. (Quelle: DekaBank)

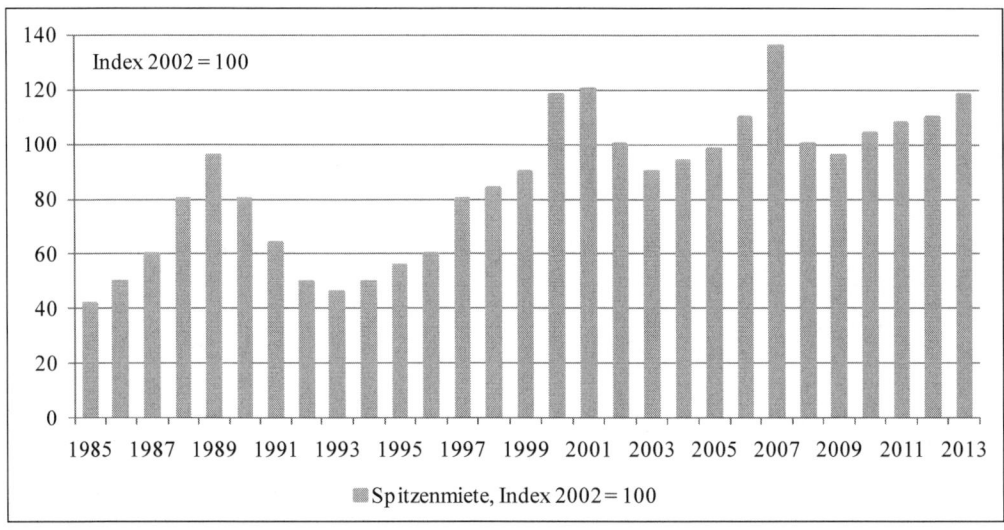

Abb. 6.11:   London, Spitzenmiete; Quelle: CBRE Econometrics Advisors about Real Estate, Central London office
              supply crunch: will rents hit new peaks, Feb. 2014, S. 3

Paris verzeichnete im Jahr 2007 den Höchststand bei den Mieten, nachdem diese seit der
Mitte des Jahrzehnts um gut die Hälfte angestiegen waren. Nach dem Rückgang um ca. 30 %
stagnierten in 2011 und 2012 die Mieten. Die geringe Anzahl an Top-Deals in Paris hat in
den letzten Quartalen zu volatilen Verläufen der Spitzenmieten geführt. 2013 gab die Spitzenmiete im CBD nach, während die anderen beiden Teilmärkte leichte Mietanstiege verzeichneten. Umfangreiche Incentives, also z. B. mietfreie Zeiten am Anfang der Vertrags-

laufzeit, selbst in den besten Adressen mindern weiterhin die Mietpreise. Mittelfristig ist wieder von jährlichen Anstiegen auszugehen. (Quelle: DekaBank)

Besonderheiten bei den Büromieten

Noch nicht erfasst sind bei den Spitzenmieten weitere wesentliche Aspekte, nämlich die Dauer der Mietverträge sowie die Incentives, die von den Vermietern gewährt werden. Nach CBRE variiert die übliche **Mietvertragsdauer** zwischen 10 Jahren in Dublin und nur 2 Jahren in Peking oder Barcelona. Üblicherweise gibt es in den Mature Markets länger laufende Mietverträge. Daneben bestehen aber auch gestaffelte Mietvertragslaufzeiten wie die 3/6/9-Jahresverträge in Frankreich. In Großbritannien sind Mietverträge mit 10 Jahren Laufzeit und einer vorzeitigen Kündigung nach 5 Jahren üblich. Bei den **mietfreien Zeiten** ist die Spannweite enorm und hängt jeweils von den aktuellen Marktbedingungen ab. Ein Mieter wird Incentives in dem Ausmaß erhalten, die typisch für die aktuelle Marktsituation sind. Sie betrug in Peking am Jahresbeginn 2014 knapp 1 Monat und reicht bis 35 Monate in Melbourne. Lange mietfreie Zeiten sind derzeit auch in Großbritannien üblich. Sie erreichen in der City eine Spanne von 21 bis 24 und im West End von 16 bis 18 Monaten bei einem zehnjährigen Mietvertrag. Die Effektivmieten liegen somit bis zu 20 % unter den Nominalmieten.

Renditeentwicklung

Die Prime Yields (Spitzenrendite, Cap Rates, siehe Schaubild 6.12), die ein Investor erhält, beziehen sich auf den Kauf eine Class-A-Gebäudes an einem Prime-Standort (z. B. CBD), das vollständig zu den aktuellen Mietkonditionen vermietet ist. Auch hier gilt, dass derartige Transaktionen typisch für die jeweilige Marktsituation sind und damit repräsentativ. Falls es aber nicht genügend Transaktionen gibt, die den Annahmen genügen, kann auch eine erzielbare Spitzenrendite geschätzt werden.

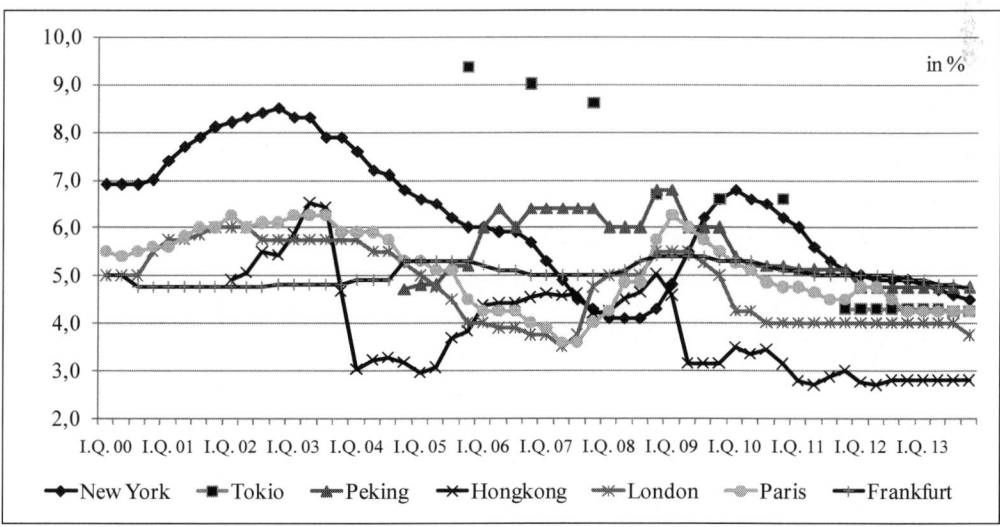

Abb. 6.12:   Büromarktrenditen; Quelle: CBRE Econometrics Advisors, Intranetquelle, abgerufen am 17.10.2014

Aufgrund des Immobilienbooms zu Beginn des vergangenen Jahrzehnts wuchs das Interesse der Investoren an Büroimmobilien stark an. Dabei stiegen an allen betrachteten Märkten die Preise teilweise wesentlich schneller als die Mieten, was zu sinkenden Renditen führte. Bei den Bürorenditen ist üblicherweise ein säkularer Rückgang festzustellen. Einzig in der Phase nach der Finanz- und Wirtschaftskrise zogen die Renditen an. Der Preisrückgang hielt aber nicht lange an und bis zum Jahr 2013 sind die Preise schon wieder deutlich stärker als die Mieten angestiegen. Die geringsten Renditen wiesen zum Jahresende 2013 Hongkong und London auf.

6.2   Internationale Einzelhandelsimmobilienmärkte

Unter Einzelhandelsimmobilien werden Gebäude verstanden, die Verkaufsflächen bereitstellen, um Waren an den Endverbraucher verkaufen zu können. Das Spektrum reicht von klassischen Innenstadtimmobilien der Fachgeschäfte über Fachmärkte bis hin zu multifunktionalen Shoppingcentern. In den einzelnen Ländern haben sich traditionell ganz unterschiedliche Strukturen im Einzelhandel entwickelt. Der Markt für Einzelhandelsimmobilien wird durch unterschiedliche Einflussfaktoren sowohl auf der Angebots- als auch der Nachfrageseite bestimmt.

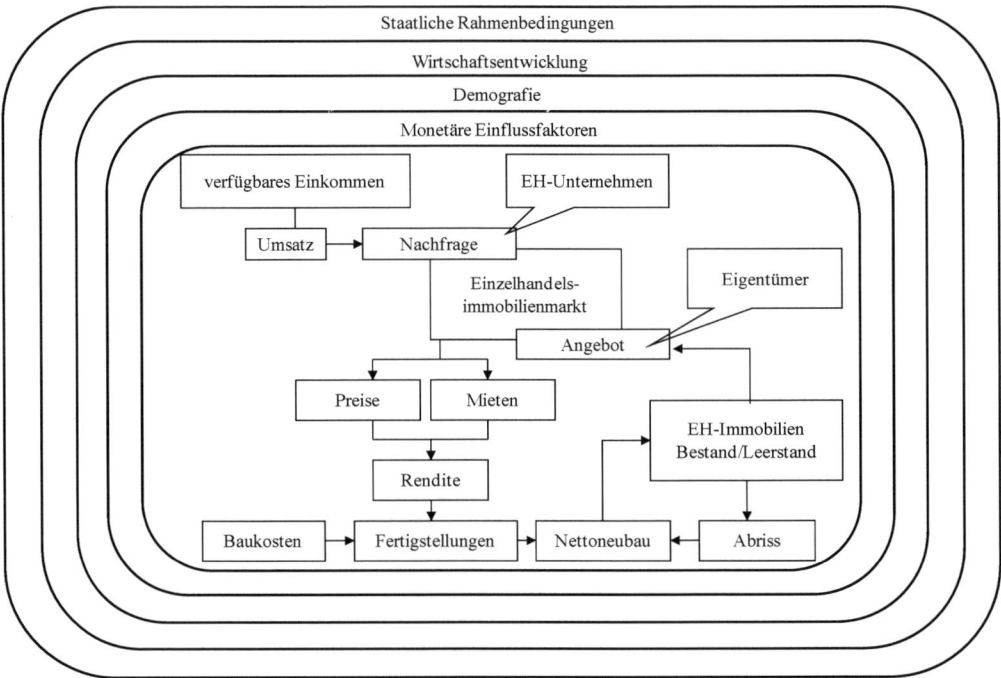

Abb. 6.13:   Einzelhandelsimmobilienmarkt; Quelle: eigene Darstellung

Einzelhandelsunternehmen treten als Nachfrager von derartigen Immobilien auf, wobei ihre Nachfrage stark von den wirtschaftlichen Erfolgsaussichten der jeweiligen Objekte abhängt.

Hierfür stellt eine günstige Entwicklung der Konsumnachfrage am Standort eine notwendige Bedingung dar.

6.2.1   Angebot – Einflussfaktoren und Entwicklungen

Das Angebot an Einzelhandelsimmobilien von den Immobilieneigentümern oder den Projektentwicklern wird vom Bestand und den Leerständen beeinflusst. Hierbei ist zu berücksichtigen, dass die jeweilige Lage und Betriebsform besondere Anforderungen an die angebotenen Verkaufsflächen stellt.

Bestand und Fertigstellungen

Verkaufsfläche/Bestand
Unter der Verkaufsfläche wird die Fläche verstanden, die dem Verkauf von Waren dient. Enthalten sind auch Freiflächen, die nicht nur vorübergehend für Verkaufszwecke genutzt werden.

Die Verkaufsfläche pro Kopf ist ein wichtiger Gradmesser für die Reife eines Markts und die dort vorherrschende Wettbewerbssituation. In den weltweiten **Top-Einzelhandelslagen** ist das Angebot an Prime-Objekten nur schwerlich ausdehnbar. Die Ursache dafür ist der Mangel an verfügbaren Core-Flächen, die nicht beliebig erweitert werden können. Die hohen und weiter steigenden Mieten können zum einen durch neue Projektentwicklungen gedämpft werden. Die Entwicklungsaktivitäten bleiben aber begrenzt und es fehlen oftmals Neuentwicklungen. Zum anderen kann durch das Refurbishment bestehender Objekte ein neues Angebot geschaffen werden. Trotz einer starken Nachfrage nach Einzelhandelsfläche durch die internationalen Einzelhandelslabels kommt es nur selten zu einer Ausweitung oder Veränderung der traditionellen Luxuseinzelhandelsgebiete in neue Gebiete. Vielmehr kommt es zu einem mehr oder weniger starken Anziehen der Mieten in den Spitzenlagen.

Länder- und Marktanalysen

Als wichtige überregionale Einzelhandelszentren der **USA** sind Atlanta, Chicago, Dallas/Fort Worth, Los Angeles und New York zu nennen. Vor allem der hochwertige Einzelhandel in den beliebten Ferienregionen Florida, Texas und Kalifornien wird stark ausgebaut. Die 1a-Lagen in den Innenstädten der USA verzeichnen eine wachsende Nachfrage und steigende Umsätze und dadurch auch steigende Mieten. Sie verfügen über ein breit gefächertes, spezialisiertes Angebot und bieten zudem ein emotionales Einkaufserlebnis, das durch das Internet nicht ohne weiteres ersetzt werden kann. Außerdem tendiert die Generation der „Echo Boomer", d. h. die Kinder der „Baby Boomer", wieder mehr zum Leben in den Innenstädten. In den 1a-Lagen finden sich inzwischen neben Luxusmarken auch Filialisten aus dem konsumorientierten Segment sowie kleinere Supermärkte (Convenience Stores). Das aktuelle Neubauvolumen, das zuletzt etwas anzog, ist insgesamt weiterhin sehr gering und beträgt nur 0,2 % des gesamten Bestandes. Das ist deutlich weniger als der langjährige Durchschnitt von 1,4 %. Das neue Angebot ist deutlich niedriger als im langfristigen Durchschnitt. Regional ist die Fertigstellungsquote als Anteil am Bestand in San Francisco oder in Los Angeles am höchsten, also in Regionen mit relativ starkem Wirtschaftswachstum und niedrigen Leerständen. (Quelle: DekaBank)

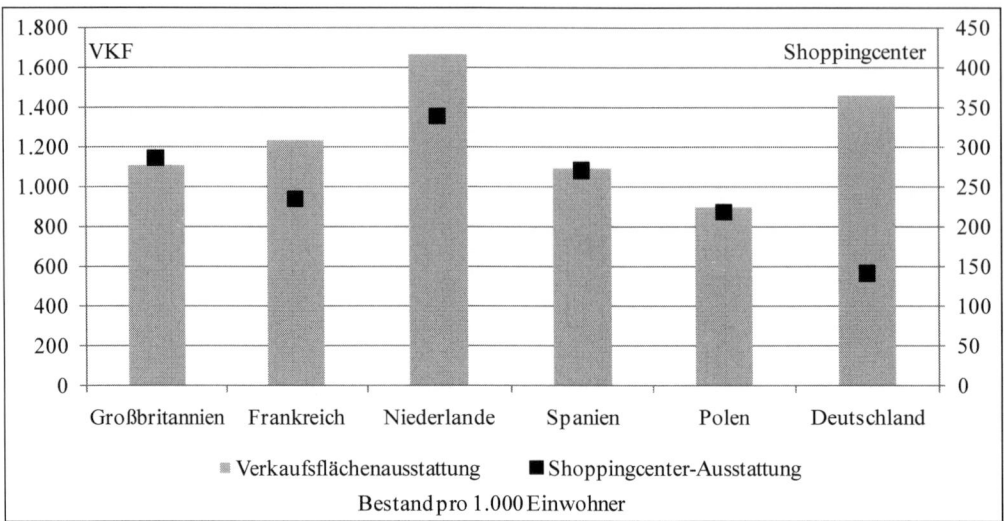

Abb. 6.14:   Einzelhandelsflächenbestand in Quadratmeter pro 1.000 Einwohnern; Quelle: Shoppingcenter Bestände in Europa: DekaBank, Einzelhandelsmärkte in Europa 2014; Verkaufsfläche: GfK GeoMarketing, GfK Kaufkraft Europa 2013/2014

Mit 1,11 m² Verkaufsfläche pro Einwohner laut der GfK-Studie Europa konnte die Flächenausstattung in den **32 europäischen Ländern** im Vergleich zum Vorjahr um plus 1,9 % weiter ausgebaut werden. Der höchste Ausstattungsgrad findet sich in Österreich (1,8 m²), den Niederlande (1,6 m²), der Schweiz (1,5 m²) und Deutschland (1,4 m²). Die höchsten Steigerungsraten gab es in den nord- und osteuropäischen Staaten wie Finnland oder Bulgarien. In Spanien wurde ein Teil der Fläche abgebaut. Deutschland wies im Jahr 2013 aufgrund der Schließung zahlreicher Baumärkte ebenfalls einen Rückgang der Gesamtladenflächen auf. In einigen Ländern Europas führen Einwohnerverluste dazu, dass der Ausstattungsgrad bei konstantem oder nur geringem Flächenzuwachs überproportional wuchs. So zum Beispiel in Rumänien, wo die Verkaufsfläche insgesamt um 2,3 % und je Einwohner sogar um 9,1 % anstieg.

Der Einzelhandelsbestand in **London** (1a-Lagen und Shoppingcenter) umfasst ungefähr 4,3 Mio. m². Historisch waren die Einkaufslagen mehr auf die etablierten Straßen, denn auf große Shoppingcenter fokussiert. Aufgrund der stetig wachsenden Nachfrage, insbesondere von den stark wachsenden Touristenzahlen und der steigenden Bevölkerungszahl, ist hier ein Wandel festzustellen. Hinzu kommt der Wunsch vieler Einzelhändler sich in London niederzulassen. Von daher existieren derzeit Pläne für den Bau von einer weiteren Million Quadratmeter Einzelhandelsfläche in und um London während des nächsten Jahrzehnts. (Quelle: DekaBank)

Die Einzelhandelsflächen von **Paris** zählen neben London und New York zu den beliebtesten Standorten der Welt. Der internationale Tourismus beflügelt den Einzelhandel und insbesondere das Luxussegment der globalen Metropole, während gleichzeitig die schwache Binnenkonjunktur und E-Commerce belasten. Bevorzugte Lagen befinden sich im 2., 8., 9. und 16.

Arrondissement wie die bekannten Châtelet-Les Halles, Rue Saint-Honoré und Rue de Rivo-li. Zu den wichtigsten Einzelhandelslagen mit zahlreichen Flagship-Stores internationaler Filialisten aber auch Luxuslabels gehören die Champs-Élysées. Die nördliche Straßenseite ist attraktiver und daher die Toplage, da sich hier namhafte Designer und Luxuslabels konzentrieren. Luxusboutiquen sind am Place Vendôme, in der Rue du Faubourg Saint-Honoré und an der Avenue Montaigne angesiedelt. Die beiden größten Kaufhäuser Le Printemps und Galeries Lafayette befinden sich auf dem Boulevard Haussmann. In Paris sind einige große Projektentwicklungen geplant. (Quelle: DekaBank)

Der Gesamtbestand an Einzelhandelsflächen in den **Niederlanden** wird auf 31 Mio. m² geschätzt, der sich auf etwa 223.000 Ladeneinheiten verteilt. Mit 1,6 m² je Einwohner ist der Flächenbesatz im europaweiten Vergleich sehr hoch. Die innerstädtischen Einkaufslagen haben in den Niederlanden auch traditionell einen großen Stellenwert. Die Bedeutung des innerstädtischen Einzelhandels beruht auf der in der Vergangenheit zurückhaltenden Genehmigungspolitik für peripheren Einzelhandel mit dem Ziel, die Innenstädte lebendig zu halten und eine Zersiedlung des ohnehin schon dicht besiedelten Landes zu verhindern. In Amsterdam beträgt der Verkaufsflächenbestand rd. 1,1 Mio. m². Die Haupteinkaufsstraßen in der mit Grachten durchzogenen City sind die Kalverstraat sowie der südliche Abschnitt des zwischen Dam und Hauptbahnhof verlaufenden Nieuwendijk. Der Filialisierungsgrad übertrifft mit 60 % den europäischen Vergleichswert (50 %). Die mit Abstand höchste Durchdringung von über 80 % weist die Toplage Kalverstraat auf, in der zugleich die Spitzenmiete von 2.900 Euro/m²/Jahr erzielt wird. (Quelle: DekaBank)

Der Einzelhandelsmarkt in **Polen** wird nach den Analysen der DekaBank durch Shoppingcenter dominiert. Polen verfügt über ca. 11,8 Mio. m² Einzelhandelsflächen, wovon der Großteil mit 8,2 Mio. m² auf 340 moderne Shoppingcenter entfällt. Die acht größten Stadtregionen Kattowitz, Tri-City (Danzig--Gdynia--Sopot), Posen, Wrocław, Krakau, Łódz und Stettin vereinen gut 40 % aller polnischen Einzelhandelsflächen. In den meisten Städten fehlt eine zentrale Haupteinkaufslage. Der Filialisierungsgrad in den 1a-Lagen ist sehr niedrig. Stattdessen dominieren dort Gastronomie, Dienstleister und lokale Einzelhändler. Etwa ein Fünftel des landesweiten Einzelhandelsbestandes entfällt auf Fachmarktzentren (Retail Parks) und Fachmärkte inklusive großflächigem Lebensmitteleinzelhandel (Hypermarkets). (Quelle: DekaBank)

Shoppingcenter

Quelle für Länder- und Marktanalysen zu Shoppingcenter wenn nicht anders angegeben: DekaBank.

Der Bestand an Shoppingcenter-Flächen (60 Städte in den **USA**) beläuft sich auf rund 590 Mio. m². Etwa zwei Drittel der Fläche entfallen auf Neighborhood & Community Center, die überwiegend den täglichen Bedarf decken, gut ein Fünftel auf regionale Shoppingcenter und der Rest auf Power Center (Fachmarktzentren). Zu den größten Märkten gehören Chicago, Houston, Atlanta und Los Angeles. Die größten Shoppingcenter der USA befinden sich in Minneapolis, Miami und Orange County (Kalifornien). In den USA belaufen sich die im Bau befindlichen Shoppingcenter-Flächen auf einem historischen Tiefstand. Ein auffälliger Trend in US-Städten ist u. a. die Entstehung kleinerer Geschäfte im „City Format", die auf große Handelsketten wie Wal-Mart (Walmart Neighborhood Market) und Target (City

Target) zurückgeht. Allerdings werden diese Entwicklungen die hohen Spitzenmieten in den Toplagen nicht abfedern.

Zwischen den **europäischen Ländern** gibt es bei der Versorgung mit Einkaufszentren deutliche Unterschiede. Im Vergleich zum Durchschnitt von 287 m² Fläche je tausend Einwohner erscheinen für DTZ Skandinavien, die Niederlande und Litauen mit Flächen von jeweils über 400 m² je tausend Einwohnern überversorgt. Hier sind jedoch die klimatischen, historischen und städtebaulichen Rahmenbedingungen zu berücksichtigen. Dagegen sieht DTZ die Ukraine, Rumänien, Ungarn und die Türkei mit Flächen von 53 bis 188 m² je tausend Einwohner als unterentwickelt an. Gute Perspektiven bescheinigt DTZ Ankara und Istanbul, gefolgt von London und einigen regionalen Märkten wie Manchester und Bukarest. Zu den aufstrebenden Märkten zählt DTZ Städte in den Benelux-Ländern und Frankreich.

Das Neubauvolumen von Shoppingcentern in Europa hat sich laut DTZ seit 2007 (ca. 400 neue Shoppingcenter) kontinuierlich reduziert und befand sich 2013 auf dem niedrigsten Stand seit zehn Jahren. Es wurden nur noch ungefähr 130 Center neu errichtet. Von den 5,4 Mio. m² an neuen Shoppingcenter-Flächen entfielen 60 % auf Russland, die Türkei und Polen. In Westeuropa lagen die Schwerpunkte in Frankreich und Großbritannien. In Frankreich entfällt ein vergleichsweise hoher Anteil der Fertigstellungen auf Erweiterungen und Modernisierungen bestehender Einkaufszentren, da der Bestand deutlich älter ist als im europäischen Durchschnitt. Während die Anzahl neuer Objekte in Europa immer mehr zurückgegangen ist, sind die Malls im Schnitt größer geworden. Die durchschnittliche Fläche pro Shoppingcenter hat sich seit den 1990er Jahren um rund 30 % auf durchschnittlich 26.000 m² erhöht.

Der Gesamtbestand an Shoppingcenter-Fläche in **Großbritannien** belief sich gegen Ende 2013 auf ca. 18 Mio. m² (2012: rund 17,6 Mio. m²) in 816 Zentren. Rund 20 % aller Einzelhandelsumsätze entfallen auf Shoppingcenter. Sie befinden sich mehrheitlich in den Innenstädten mit guter Anbindung an die 1a-Lagen (High Street Retail). Allerdings ist der Bestand im europäischen Vergleich deutlich älter: die Hälfte stammt aus der Zeit vor 1990, nur rund 30 % aus den Jahren nach 2000. Mit 283 m² je tausend Einwohner liegt Großbritannien beim Versorgungsgrad mit Shoppingcenter-Fläche leicht über dem europäischen Durchschnitt. 2012 wurden in Großbritannien keine neuen Shoppingcenter fertig gestellt, nur ein saniertes Objekt ging in Betrieb. Die Fertigstellung erreichte den niedrigsten Wert seit 1962. Im Jahr 2013 kamen elf sanierte bzw. erweiterte Objekte mit zusammen 300.000 m² auf den Markt, darunter „Trinity Leeds" mit 93.000 m². Gegenwärtig befinden sich 0,2 Mio. m² in Bau, die im Wesentlichen auf vier Projekte entfallen.

Die Ausstattung mit Shoppingcenter-Flächen in **Frankreich,** dem mit 65 Mio. Einwohnern zweitgrößten Konsumentenmarkt Europas, beläuft sich auf 234 m² je tausend Einwohner und entspricht damit dem europäischen Durchschnitt. Der Bestand an Shoppingcenterflächen in **Paris** allein beträgt ca. 4 Mio. m². Der moderne Anteil ist mit knapp 39 % stark unterdurchschnittlich (europaweiter Durchschnitt: 64 %). Mittelgroße Einheiten zwischen 15.000 und 40.000 m² dominieren landesweit. Regional weist die Île-de-France mit 414 m² den mit großem Abstand höchsten Pro-Kopf-Besatz an Shoppingcenter-Flächen auf. An zweiter und dritter Stelle mit rd. 270 m² stehen die Regionen Provence-Alpes-Côte d'Azur und Haute-Normandie gefolgt von der nördlichen Region Nord-Pas-de-Calais (261 m²).

Von den landesweit zehn größten Objekten konzentrieren sich acht in der Île-de-France. Der Entwicklung von Einkaufszentren in Frankreich wurde 1996 durch eine rigide Nutzungsge-

nehmigungspolitik für Handelsflächen ab 300 m² gesetzlich Einhalt geboten (Loi Raffarin).
Dies hat zu Modernisierungen und Erweiterungen existierender Einkaufszentren geführt, da
Genehmigungen hierfür einfacher und schneller zu erhalten waren. Demnach weist der Flächenbestand eine relativ starke Überalterung auf, da viele der Einkaufszentren aus den
1970er Jahren stammen. Entgegen dem europaweiten Trend nehmen in Frankreich die Fertigstellungen 2013/14 nach schwachen Vorjahren deutlich zu. Angesichts der zunehmenden
Konkurrenz werden zahlreiche Bestandsobjekte weiterentwickelt. Zwei Drittel der Fertigstellungen in 2013 entfielen auf Refurbishments und Erweiterungen.

Der landesweite Bestand an Shoppingcenter-Flächen in den **Niederlanden** beläuft sich auf
rd. 5,7 Mio. m². Mit 339 m² je tausend Einwohner rangiert der Flächenbesatz innerhalb Europas damit weit vorne. Dies geht auf den politischen Willen zurück, mit Shoppingcentern
die tagtägliche Nahversorgung der Bevölkerung sicherzustellen. Kleine Nachbarschaftszen-
tren und District Center dominieren, lediglich 18 % des Bestandes entfallen auf Einkaufszentren mit mehr als 40.000 m². Der Bestand ist vergleichsweise alt und in den vergangenen
sechs Jahren nur wenig gewachsen. 28 % aller Flächen wurden nach 2000 errichtet, 59 %
hingegen schon vor den 1990er Jahren. Im Sommer 2014 befanden sich rd. 1,1 Mio. m² in
der Pipeline, davon waren allerdings erst 12 % in Bau.

Der Flächenbesatz liegt in **Polen** mit 215 m² je tausend Einwohner unter dem EU-27-
Durchschnitt, hat sich aber durch das Bestandswachstum von gut 7 % pro Jahr seit 2008
signifikant erhöht. Rund vier Fünftel der Shoppingcenter wurden nach 2000 errichtet, der
Markt wird durch mittlere und große Objekte dominiert. Nach einem vergleichsweise schwä-
cheren Vorjahr hat sich das Fertigstellungsvolumen für Shoppingcenter 2013 wieder deutlich
erhöht. In Städten mit weniger als 100.000 Einwohnern gibt es nach wie vor noch Nachhol-
bedarf bei der Flächenversorgung, dort werden vorwiegend kleine und mittlere Center-
Größen realisiert. Generell bleibt die Erweiterung bestehender Objekte ein wichtiges Thema.
Aufgrund des anhaltend hohen Neubauvolumens wird sich die Polarisierung bei Shoppingcentern jedoch weiter verstärken. Während Objekte mit optimalem Standort und Mietermix
aufgrund der hohen Nachfrage leichte Mietzuwächse verbuchen dürften, sind in schlecht
konzipierten Centern in sekundären Lagen steigende Leerstände und Mietrückgänge zu erwarten.

Entwicklungstrends beim Angebot

Die Struktur ebenso wie die Entwicklung von Einzelhandelsstandorten ist das Ergebnis eines
Zusammenwirkens der Entscheidungen von Konsumenten, Einzelhandelsunternehmen sowie
von Politik und Verwaltung (siehe Abbildung 6.15).

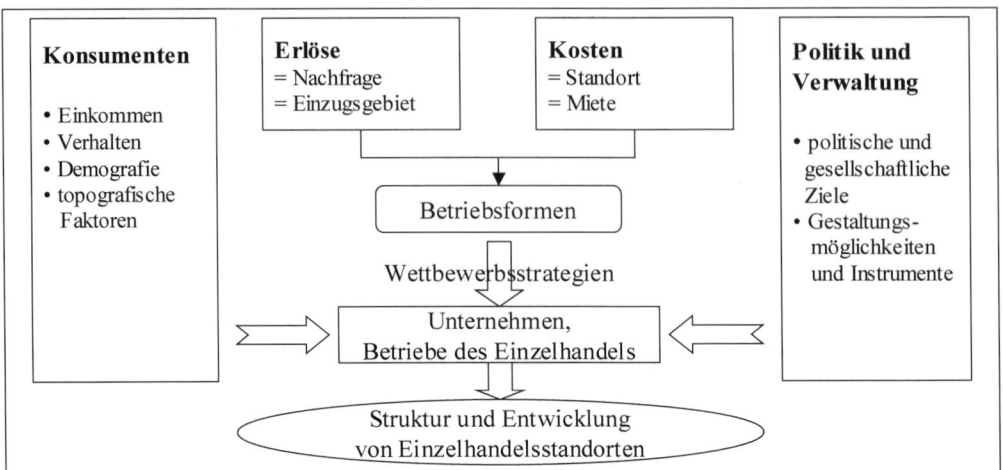

Abb. 6.15:   Einflussfaktoren auf Einzelhandelsstandorte; Quelle: eigene Darstellung

Die **Konsumenten** bestimmen die Struktur und Entwicklung von Einzelhandelsstandorten mittels ihres Kaufverhaltens und ihrer Nachfrage. Die Ansprüche der Konsumenten an den Einzelhandel sind in den letzten Jahren deutlich gewachsen und gleichzeitig vielfältiger geworden.

Entscheidungen und Vorgaben von **Politik und Verwaltung** bestimmen darüber hinaus den Handlungsrahmen der Unternehmen. Hierzu zählen Vorgaben stadtplanerischer Art (z. B. Ansiedlungsverbote für bestimmte Betriebsformen und Sortimente an einzelnen Standorten) wie auch der generelle gesetzliche Rahmen. Einen Beitrag zur Flächenexpansion haben die Kommunen und die Verwaltung geleistet, indem sie zur Verbesserung der Attraktivität ihres Einzelhandelsstandortes und um Kaufkraft in ihrem Gebiet zu halten neue Betriebe ansiedelten. Die grundsätzlichen Rahmenbedingungen der Standortgegebenheiten (Flächenverfügbarkeit, Standorterschließung oder teilweise Preise für Grundstücke) werden ebenso von den Kommunen beeinflusst.

Die **Unternehmen** im Einzelhandel reagieren auf diese beiden Einflussgrößen durch die Wahl der für den Standort optimalen Betriebsform und die Auswahl einer geeigneten Wettbewerbsstrategie. Die Einzelhandelsunternehmen haben mit einer entsprechenden Ausdifferenzierung des Angebotes und Flächenexpansion reagiert und auch die Betriebsformen haben entsprechend ihre Marktanteile verändert. Die Unternehmen wollen einerseits über Umsatzsteigerungen ihre Marktstellung verbessern, was aber häufig nur über Flächenwachstum erreicht werden kann wie bei den Discountern und Drogerieketten. Zum Flächenwachstum trägt andererseits die weitere Expansion erfolgreicher Unternehmen bei. Gleichzeitig gibt es natürlich das Beharrungsvermögen der bestehenden Einzelhandelsunternehmen, die trotz wirtschaftlicher Schwierigkeiten nicht sofort ihre Geschäfte aufgeben. Schließlich haben die Unternehmen die Sortimente in ihren Handelsgeschäften durch neue Konzepte ausgeweitet, was ebenfalls zur Flächenausweitung führte.

Exkurs: Globaler Anstieg der E-Commerce-Umsätze im Einzelhandel
Jones Lang LaSalle erwartet für das Jahr 2013 weltweite Online-Einzelhandelsumsätze in Höhe von rund 890 Mrd. Euro. Aktuell beläuft sich der Anteil des globalen Online-

Umsatzes am gesamten Einzelhandelsumsatz auf 4 %. Die Tendenz ist rapide steigend. Zwischen 2007 und 2012 erhöhte sich der globale Online-Umsatz um jährlich 14,8 %. Zum Vergleich: der gesamte Einzelhandelsumsatz stieg im gleichen Zeitraum um lediglich 0,9 %.

Der Onlinehandel wird in den kommenden Jahren noch weitere Marktanteile am Einzelhandelsumsatz gewinnen. Dafür spricht unter anderem, dass traditionell stationär agierende Einzelhändler ebenfalls immer stärker im Internet vertreten sind und deren Sortiment auch online bestellt werden kann. Die Filialisierung wird sich fortsetzen, wodurch kleinere und mittlere Händler weiter den Markt verlassen werden. Beim Branchenangebot werden Anbieter aus den Bereichen Unterhaltungselektronik, Elektroartikel und Bücher zunehmend aufgeben, da hier die Konkurrenz durch den Onlinehandel am größten ist.

Nachdem mittlerweile 39 % der Weltbevölkerung über einen Internet-Zugang verfügen, ist die wachsende Präferenz für den Online-Einkauf ein globales Phänomen. Einzelhändler nutzen neue Infrastrukturen, um die Auslieferungsanforderungen optimal zu erfüllen. Im Rahmen einer Multi-Channel-Strategie, welche Vertriebskanäle wie stationären Handel, Internet und Mobiltelefon verbindet, können die Verbraucher die für sie komfortabelste Form der Bestellung, des Empfangs und der Rücksendung von Waren auswählen. Dabei unterscheiden sich die Modelle weltweit.

In Großbritannien und anderen entwickelten Märkten ist das sogenannte „Click-and-Collect", bei dem die Kunden zwar online bestellen, die Ware dann aber selbst im Geschäft abholen, für viele Einzelhändler die am schnellsten wachsende Online-Vertriebsform. Die meisten Verbraucher ziehen die Selbstabholung der Lieferung vor.

Deutschland erzielt nach Großbritannien den zweitgrößten E-Commerce-Umsatz in Europa. Durch das Wachstum im E-Commerce ist eine beträchtliche Nachfrage nach neuen E-Fulfillment-Einrichtungen (Gesamtheit aller Aktivitäten, die nach dem Abschluss eines Vertrags der Belieferung des Kunden dienen) entstanden, die von Einzelhändlern betrieben werden. In den USA eröffnen Einzelhändler zunehmend E-Fulfillment-Zentren in unmittelbarer Nähe der großen Städte.

In den Schwellen- und Entwicklungsländern entwickeln sich die E-Commerce-Lieferketten sehr differenziert und werden dabei von aufsichtsbehördlichen, wirtschaftlichen und kulturellen Faktoren beeinflusst. Aufgrund ihrer Bevölkerungsgröße könnten die Schwellenländer die Mature Markets mit Blick auf das Umsatzvolumen mittelfristig überholen. Bis 2017 werden für Indonesien, China, Indien und Mexiko die höchsten Wachstumsraten prognostiziert. Dagegen wird das Wachstum in den reifen Märkten nur gemäßigt verlaufen, auch wenn die Industrieländer wie die USA und Großbritannien weiterhin zweistellige Jahreswachstumsraten verzeichnen dürften.

Quelle: Jones Lang LaSalle, 2013.

6.2.2 Nachfrage – Rahmenbedingungen und Trends

Die **Nachfrage** nach Einzelhandelsimmobilien kommt von den Einzelhandelsunternehmen. Insbesondere die Nachfrage der Einzelhändler nach Prime-Lagen weltweit wird weiter anhalten. Einzelhändler zielen hier auf hochwertige Einkaufslagen und Touristen aus dem Ausland ab. Dies sind u. a. die expandierenden Fast-Fashion-Händler, die weiter in neue Märkte einsteigen und dort, wo sie bereits etabliert sind, auch Schwestermarken einführen. Es besteht weiterhin eine starke Nachfrage nach Prime-Immobilien durch die Etablierung von Flagship-Stores. Schließlich gelten die etablierten Lagen als weitgehend immun gegen negative Auswirkungen des Online-Handels.

Wirtschafts- und Kaufkraftentwicklung

Die Nachfrage im Einzelhandel wird wesentlich von der **wirtschaftlichen Entwicklung** beeinflusst. Von besonderer Relevanz ist hierbei die Entwicklung der Konsumausgaben der privaten Haushalte. Nach dem Ende der Rezession durch die „Dot-Com"-Krise herrschte auf den weltweiten Einzelhandelsmärkten üblicherweise ein stärkerer Konsumanstieg. Mit der folgenden Finanz- und Wirtschaftskrise und den damit verbundenen fehlenden Finanzmitteln für die Konsumenten sank auch die Konsumfreudigkeit der Bürger. Dies hatte einen mittelbaren Einfluss auf die Einzelhandelsmärkte, deren Umsätze teilweise erheblich zurückgingen. Die Entwicklung der Konsumausgaben in den europäischen Ländern verlief aber sehr unterschiedlich.

Der **Einzelhandelsanteil am privaten Konsum** in den Ländern der EU-28 sank nach der GfK im Jahr 2013 erneut, und zwar auf 30,8 %. Als Gründe für den anhaltend rückläufigen Anteil des Ladeneinzelhandels am Konsum sind die steigenden Kosten für Energie, Wohnen und Freizeitaktivitäten. Darüber hinaus wird die generelle Konsumbereitschaft in einigen Ländern aufgrund wirtschaftlicher Unsicherheiten gedämpft. Auffallend gering ist der Einzelhandelsanteil in Italien (26,8 %) und in Griechenland (25,3 %), der dort durch die Wirtschaftskrise bedingt sehr niedrig ausfällt. Mit knapp 29 % folgen darauf Deutschland und Großbritannien. Hier liegen die Gründe eher in den hohen Einkommen, von denen ein im Vergleich kleinerer Teil zur Grundbedarfsdeckung ausreicht.

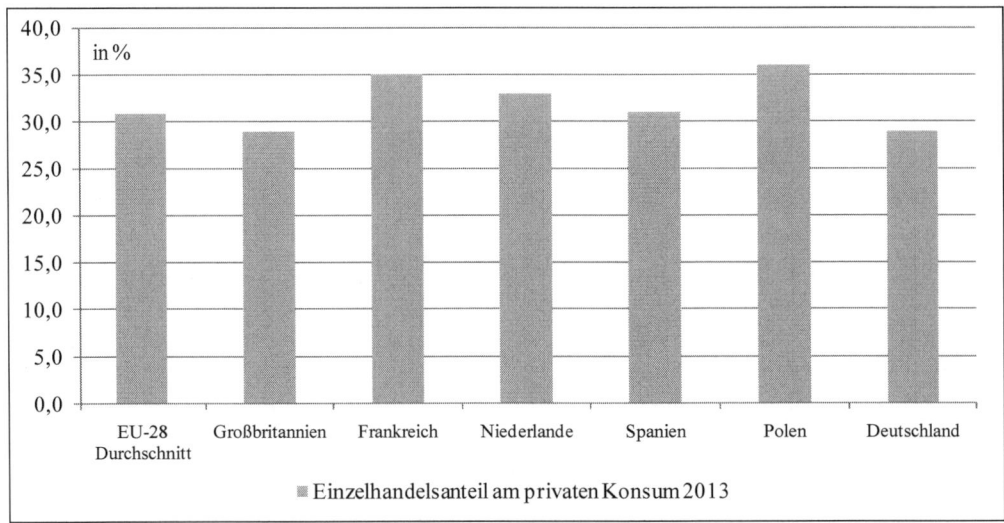

Abb. 6.16:   Einzelhandelsanteil am privaten Konsum; Quelle: GfK GeoMarketing, GfK Kaufkraft Europa
            2013/2014, S. 16

Eine entscheidende Einflussgröße für die Nachfrage der Haushalte und damit für den Umsatz des Einzelhandels ist die **Kaufkraft der Einwohner**. Die Kaufkraft betrachtet das verfügbare Einkommen ohne Steuern und Sozialabgaben inklusive Transferleistungen und wird pro Kopf und Jahr in Euro ausgewiesen. Die GfK Kaufkraft bezieht sich auf die nominalen verfügbaren Einkommen, d. h. die Werte sind nicht inflationsbereinigt. Basis der Berechnung sind neben Daten der Einkommensteuerstatistik einschlägige Statistiken zur Berechnung von Transferleistungen sowie Prognosewerte der Wirtschaftsinstitute. Die Gesamtsumme der GfK Kaufkraft wird von der Bevölkerung sowohl für private Konsumausgaben als auch für monatliche Fixkosten wie Mieten, Energiekosten, private Altersvorsorge und Versicherungen sowie andere Ausgaben, beispielsweise Urlaub oder Verkehr, verwendet. Die Studie „GfK Kaufkraft Europa" wird jährlich flächendeckend für **42 europäische Länder** berechnet. Laut dieser Studie standen den europäischen Verbrauchern für das Jahr 2013 insgesamt etwa 8,62 Bio. Euro für ihre gesamten Ausgaben sowie zum Sparen zur Verfügung. Dies entsprach einer Kaufkraft von 12.890 Euro pro Einwohner im Durchschnitt der 42 Länder.

In den betrachteten Ländern Europas gab es beträchtliche Unterschiede in der Summe. Unverändert stand Liechtenstein auf Rang eins – mit einer Pro-Kopf Kaufkraft von 58.844 Euro. Die Schweizer folgten mit 36.352 Euro auf Rang zwei, und Norwegen hielt mit 31.707 Euro pro Kopf Rang drei. Deutschland hatte im Jahr 2013 eine Kaufkraft in Höhe von 1.687 Mrd. Euro, was einer Kaufkraft pro Kopf von 20.621 Euro entsprach und damit um rund 60 % über dem europäischen Durchschnitt lag. Moldawien bildete mit nur rund 1.284 Euro pro Kopf weiterhin das Schlusslicht. Das war nicht mal ein Zehntel des rechnerischen europäischen Durchschnitts.

Besonders stark entwickelt sich die Kaufkraft 2014 in **Großbritannien**, wo mit plus 6,2 % ein deutlich über dem EU-28-Durchschnitt (plus 2,5 %) liegendes Wachstum erwartet wird.

Von den großen **französischen Städten** weist die Hauptstadt Paris die höchste einzelhandelsrelevante Kaufkraft auf. Die zweitgrößte Stadt Marseille und Lille – beides traditionelle Industriestandorte– belegen dagegen die unteren Plätze. Dank der überdurchschnittlich hohen Umsatzkennziffer weist Lille jedoch eine höhere Zentralitätskennziffer auf als Paris. Die Zentralitätskennziffer stellt die Relation zwischen Umsatzkennziffer und Kaufkraftziffer dar und zeigt die Attraktivität des Standortes im regionalen Vergleich an.

Von den vier großen Städten der **Niederlande** weisen die Hauptstadt Amsterdam und Utrecht eine überdurchschnittlich hohe einzelhandelsrelevante Kaufkraft auf, Den Haag und Rotterdam hingegen liegen unter dem Landesdurchschnitt. Die Nachfrage von Einzelhändlern war 2013 wegen der anhaltend rückläufigen Einzelhandelsumsätze generell verhalten und selektiv. Ausnahmen hiervon waren das Luxussegment sowie Toplagen, auf die sich die internationalen Einzelhändler bei Neueröffnungen von Ladenlokalen konzentrieren.

Die Kaufkraft lag 2013 in **Spanien** mit rund 12.370 Euro pro Kopf ungefähr im europäischen Durchschnitt, in den letzten Jahren gab es jedoch teilweise deutliche Kaufkraftverluste. Für 2014 ist wieder ein leichtes Wachstum zu erwarten.

Polen liegt mit seiner Kaufkraft von 5.870 Euro je Einwohner im europäischen Ranking auf Platz 28 und damit im unteren Drittel. Im Schnitt verfügen die Einwohner Polens jeweils etwa über die Hälfte des europäischen Kaufkraft-Durchschnitts (12.890 Euro) und nur rund 28 % der deutschen Kaufkraft. Innerhalb Polens besteht eine hohe Spanne, da z. B. in Warschau die Kaufkraft ungefähr 80 % höher als im Landesdurchschnitt ausfällt. Selbst im relativ kaufkraftstarken Kreis Warschau haben die Einwohner mit 10.478 Euro pro Kopf etwa 5.200 Euro jährlich weniger zur Verfügung als im Landkreis Görlitz, dem kaufkraftschwächsten deutschen Kreis.

Demografische Entwicklung

Die demografischen Veränderungen wirken sich langfristig auf die Nachfrage im Einzelhandel aus. Hier ist zwischen den Effekten einer sich verändernden absoluten Bevölkerungszahl, der sich verändernden Altersstruktur und der regionalen Verteilung zu differenzieren.

Der Einzelhandelsmarkt der **USA** profitiert von der starken Einwanderung. So werden im Süden der USA viele Städte mittelfristig durch Lateinamerikaner dominiert. Die Ausrichtung der Werbemedien und des Einzelhandels auf diesen Trend ist derzeit stark erkennbar. Aufgrund positiver Geburtenraten sowie stetigem Einwanderungszuwachs ist das Land eines der am schnellsten wachsenden Industrieländer der Welt. Dieser Trend wird langfristig, wenn auch abgeschwächt, anhalten. Verschiebungen wird es dabei hinsichtlich der Altersstruktur geben. Beispielsweise wird ein starker Anstieg für die Bevölkerungsgruppe im Rentenalter erwartet. Die Altersgruppe der 20–64-jährigen wird in den nächsten Jahren dagegen anteilig eher sinken. Aufgrund der Bevölkerungssituation mit Einwohnern unterschiedlichster Abstammung und Herkunft liegen entscheidende Unterschiede im regionalen Konsumverhalten vor. (Quelle: DekaBank)

Touristen als Nachfrager

In einigen **Metropolen** stellen ausländische Touristen nach CBRE einen deutlichen Anteil an den Nachfragern in den Haupteinkaufsstraßen dar. Der Einzelhandel in Metropolen wie Hongkong, Paris oder London lebt zu einem Großteil vom Shoppingtourismus. In der Diversifizierung des Einzelhandelsangebots liegt der Unterschied zwischen regionaler und globaler Bedeutung einer Stadt als Einkaufsort. Das Angebot muss sich deutlich von dem einer normalen Metropole unterscheiden, um für Shoppingtouristen attraktiv zu sein. Das breitgefächerte Angebot einer Shoppingmetropole beginnt bereits am Flughafen mit einem großen Einzelhandelsbereich und setzt sich in den Innenstädten mit Luxus-Flagships fort. In diesen Metropolen stellen kaufwillige Touristen den stärksten Faktor dar, der zur ständigen Vergrößerung der Einzelhandelslandschaft beiträgt. Unter den ausländischen Touristen haben die Chinesen eine besondere Bedeutung, da rund ein Viertel der Duty-free-Produkte weltweit von diesen gekauft werden. Bei den teuren Produkten fällt ihr Anteil sogar noch höher aus. Frankreich ist dabei vor den USA und Singapur das hauptsächliche Einkaufsland für Luxusprodukte.

Wesentlich stärker als in anderen britischen Städten ist nach der DekaBank der **Londoner** Einzelhandel durch den Tourismus geprägt, was ihm bei rückläufigen Umsätzen im Inland der letzten Zeit und aufgrund des für Ausländer günstigen Wechselkurses zu deutlichen Impulsen verhilft. London ist weltweit als Shopping-Adresse ein Begriff und verzeichnet dadurch eine anhaltend hohe Nachfrage internationaler Filialisten.

Paris ist eine der wichtigsten Shoppingadressen Europas. Die jährlich Millionen ausländischer Besucher machen sie zu einem attraktiven Standort für internationale Einzelhändler. Im Gegensatz zu allen anderen Branchen zeigte sich der Handel mit Luxusgütern auch in den letzten Jahren dank der Ausweitung des globalen Tourismus wenig beeindruckt von der schwachen Konjunktur in Frankreich. Das zunehmende Interesse internationaler Einzelhandelsunternehmen an Paris ist zumindest teilweise auf die steigende Zahl internationaler Touristen – vor allem aus China – zurückzuführen, die alljährlich die Stadt besuchen: 2013 wurden allein 1,4 Mio. chinesische Touristen in Paris registriert. Ein chinesischer Tourist gibt während seines Aufenthaltes in der Stadt rund die Hälfte seines Geldes direkt im Einzelhandel aus. Neben dem Luxussegment bleibt Paris dadurch trotz der einheimischen Nachfrage-schwäche auch ein beliebtes Expansionsziel internationaler Filialisten. Das Luxussegment zeigt sich dabei besonders dynamisch, und diese Unternehmen eröffnen bevorzugt Stores in den traditionellen Spitzenlagen.

Exkurs: Touristische Nachfrage in München
In der Münchner Innenstadt geht jeder vierte Euro des Gesamtumsatzes auf Übernach-tungstouristen zurück. Shoppingtouristen in München geben täglich durchschnittlich rund 142 Euro im Einzelhandel aus. Unterschiede gibt es jedoch bei einem Blick auf die Her-kunft der Touristen. Ausländische Shoppingtouristen tätigen durchschnittlich deutlich hö-here Ausgaben pro Tag als deutsche Shoppingtouristen. Während im Laufe ihres Aufent-halts deutsche Shoppingtouristen ca. 100 Euro pro Tag in der Münchner Innenstadt für Einkäufe ausgeben, liegen die täglichen Ausgaben der ausländischen Shoppingtouristen bei 260 Euro. Arabische Gäste besuchen mit durchschnittlichen 22 Läden pro Tag die meisten Geschäfte und geben durchschnittlich 350 Euro am Tag aus. Deutsche Touristen besuchen hingegen im Schnitt nur zehn Geschäfte pro Tag.
Nach Betriebsformen sind Warenhäuser für Shoppingtouristen die beliebtesten Anlauf-punkte in der Innenstadt. Eine hohe Bedeutung haben auch lokale Traditionsbetriebe. Die-se sorgen mit ihrer regionalen Verankerung für das typische Einkaufsflair einer Stadt.
(Quelle: Savills)

Länder- und Marktanalysen

Im laufenden Jahr 2014 dürfte sich die Flächennachfrage in den USA erstmals wieder lang-sam ihrem Vorkrisenniveau annähern, aber noch deutlich unter den Werten der vorangegan-genen Zyklen. Die Finanz- und Wirtschaftskrise hatte sich nachhaltig negativ auf die Netto-absorption (siehe Abbildung 6.17) ausgewirkt, erst langsam erholt sich der Einzelhandel in den USA von diesem Schock. Aktuell gibt es ein solides Wachstum bei der Beschäftigung und die Konsumausgaben steigen.

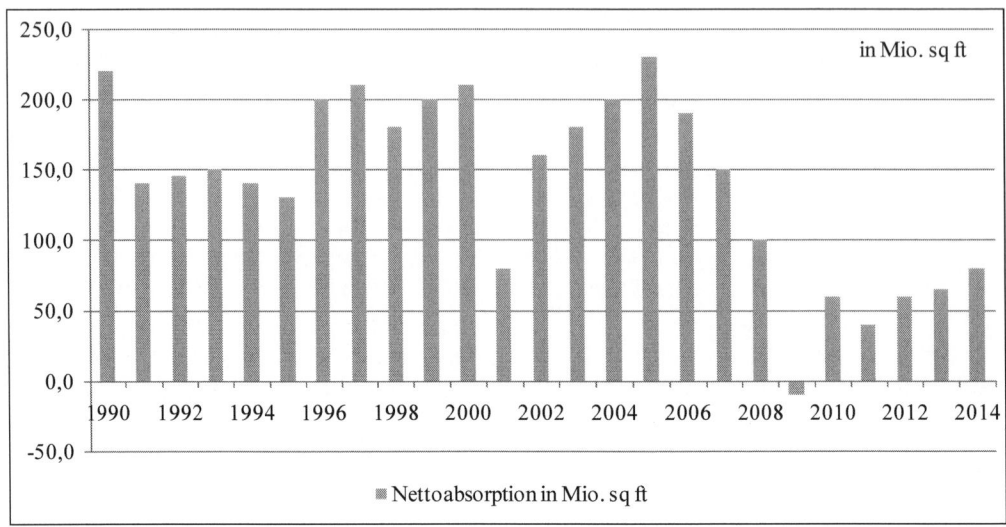

Abb. 6.17:   Nettoabsorption im Einzelhandel; Quelle: Marcus & Millichap, National Retail Report, 2014, S. 5

Für internationale Einzelhändler bleibt **Europa** auch zukünftig ein sehr attraktives Ziel für ihre Expansionspläne. Die Mieternachfrage für die Objekte in den besten Lagen wird relativ stark bleiben, daher sind in diesen Geschäftslagen die Leerstandsquoten gering und die Prime Mieten relativ hoch und wachsend. Hingegen leidet die Nachfrage nach Flächen in zweitklassigen Lagen in vielen Ländern, sodass hier die Leerstände hoch und die Mieten weiter unter Druck sein werden. (Quelle: DekaBank)

London ist nach einer Studie des Immobiliendienstleisters CBRE wie auch in den vergangenen Jahren der Standort mit der größten Präsenz internationaler Einzelhandelsgesellschaften. Gut die Hälfte der internationalen Unternehmen ist in London vertreten und vor allem die Luxusquartiere in West End stehen im Fokus. Londons Position als eines der attraktivsten Ziele für Touristen zeigt sich auch im Einzelhandel der Stadt. Eine Vielzahl internationaler Einzelhändler hat ein Geschäft in London, allein in den letzten drei Jahren haben mehr als 50 internationale Marken ihre erste UK-Filiale in London eröffnet. Der Zustrom asiatischer bzw. chinesischer Touristen wird die Nachfrage von Neueinsteigern verstärken, ihre Marke den neuen Konsumenten zu präsentieren. Für einige von ihnen ist dies ein Test, bevor sie in den asiatischen oder chinesischen Markt eintreten.

Im Luxussegment bleibt **Paris** trotz der einheimischen Nachfrageschwäche ein beliebtes Expansionsziel internationaler Filialisten. Die Händler konzentrieren sich bei Neueröffnungen auf die besten Lagen in der Hauptstadt, aber auch die großen Regionalmetropolen sowie große Einkaufszentren stehen im Fokus und profitieren dabei z.T. von finanziellen Schwierigkeiten anderer Anbieter. (Quelle: DekaBank)

Wenn es um den **aktuellen Markteintritt** von Einzelhandelsunternehmen geht, sind Paris, Tokio, Hongkong, Abu Dhabi und Berlin die Top-5 Standorte. Frankfurt, München und Köln gehören ebenfalls zu den Top-20 Standorten. In der französischen Hauptstadt eröffneten im vergangenen Jahr 50 Händler erstmals neue Stores. Für die Attraktivität des Einzelhandels von Paris spricht, dass sich die Anzahl der ausländischen Einzelhändler, die 2013 ihren ersten französischen Store in einer High-Street-Lage von Paris eröffneten, gegenüber dem Vorjahr annähernd verdoppelt hat. Tokio ist die zweitattraktivste Stadt für globale Einzelhändler. Im vergangenen Jahr haben 48 neue Konzepte in der japanischen Hauptstadt eröffnet, doppelt so viele wie im Jahr davor. (Quelle: CBRE)

6.2.3   Marktergebnis

Einzelhandelsumsätze

Die **Umsatzentwicklung** ist von grundsätzlicher Bedeutung für die Entwicklung des Einzelhandels und damit für die davon abhängige Nachfrage des Einzelhandels nach Verkaufsflächen. Der Einzelhandelsumsatz hängt selbst wieder entscheidend von der Entwicklung der Wirtschaft, der verfügbaren Einkommen und den daraus bestrittenen Konsumausgaben der privaten Haushalte ab.

> **Umsatz**
> Der Einzelhandelsumsatz ist jeglicher Warenabsatz an den Endverbraucher. In der amtlichen Statistik und in den Auswertungen privater Marktbeobachter werden die einbezogenen Betriebe und Vertriebsformen unterschiedlich berücksichtigt.

Ein wichtiger Einflussfaktor für die Nachfrage/Umsatz ist die wirtschaftliche Entwicklung. Ein Aufschwung in der Wirtschaft wird sich positiv auf die Einzelhandelsumsätze auswirken. Die Wirtschaftsentwicklung reflektiert sich entsprechend in einer wachsenden Zuversicht bei den Verbrauchern, die sich dann auch bei den Konsumausgaben niederschlägt.

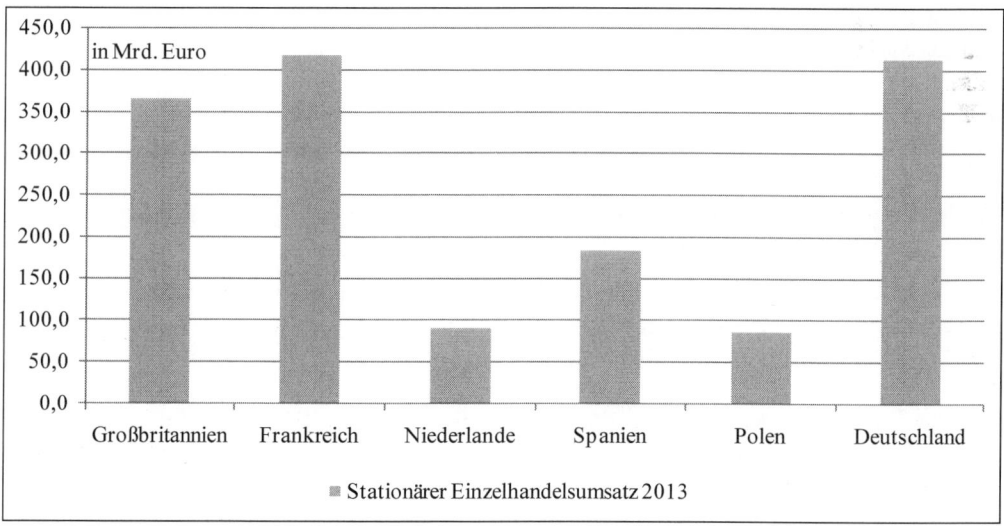

Abb. 6.18:   Einzelhandelsumsätze; Quelle: GfK GeoMarketing, GfK Kaufkraft Europa 2013/2014, S. 8

Länder- und Marktanalysen

Die Einzelhandelsumsätze in den **USA** sind 2013 um 4,4 % gegenüber dem Vorjahr angestiegen. Dies ist der schwächste Anstieg in diesem Aufschwung. Die Einzelhandelsumsätze zeigen in diesem Aufschwung das übliche zyklische Muster: Nach dem starken Einbruch 2009 folgte anschließend eine kräftige Erholung. Die zunehmende Konsumdynamik in 2014 wie auch im Jahr 2015 wird vermutlich nicht mit einer ebenso stark zunehmenden Wachstumsdynamik im Einzelhandel einhergehen. Für einen wachsenden Konsum spricht die zunehmende Lohndynamik. Zudem hat sich die Verschuldungssituation der privaten Haushalte verbessert. (Quelle: DekaBank)

In der **Europa** waren die Umsätze im Einzelhandel nach der GfK-Studie zwischen 2001 und 2007 durchschnittlich um 1,5 % pro Jahr gestiegen. Die beiden Krisenjahre 2008 und 2009 waren in fast allen Ländern durch starke Umsatzrückgänge bzw. deutlich niedrigere Wachstumsraten geprägt. In der Phase zwischen 2011 und 2013 unterscheiden sich die Einzelhandelsmärkte in Europa: In etwa der Hälfte der Staaten lagen die Veränderungsraten ab 2011 über den Raten der Jahre 2008. Beispiele hierfür sind die drei baltischen Staaten. Dagegen beschleunigte sich die Schrumpfung der Einzelhandelsumsätze nach 2010 sogar noch in den Staaten der südlichen Peripherie, die im Fokus der Schuldenkrise stehen. Ähnlich negativ wie in diesen Staaten entwickelten sich die Umsätze in den Niederlanden, wo zwischen 2007 und 2013 ein Rückgang um insgesamt 13 % zu verzeichnen war. Die stärksten Umsatzrückgänge wurden im selben Zeitraum in Griechenland und Spanien mit knapp 40 % bzw. knapp 30 % registriert.

Im Jahr 2013 stagnierte in den von der GfK betrachteten europäischen Ländern der Umsatz im stationären Handel mit rund 3,1 Bio. Euro (minus 0,1 %). Der Umsatz im Ladeneinzelhandel stieg in Polen um 5,1 %. Deutlichere Einbußen musste einmal mehr der Einzelhandel in den Niederlanden (minus 3,6 %) und Spanien (minus 3,5 %) hinnehmen. Das Ranking der größten Einzelhandelsmärkte in Europa blieb davon unberührt und wird weiterhin von Russland vor Frankreich und Deutschland angeführt.

Die höchsten Wachstumsraten in Europa werden mittelfristig in den baltischen Staaten mit einem durchschnittlichen Anstieg von 4,5 % erwartet. Von den drei Kernmärkten wird Großbritannien mit einem jährlichen erwarteten Wachstum von 2,5 % von 2014 bis 2018 am meisten von einer Erholung der Einzelhandelsumsätze profitieren. In Frankreich und Deutschland, wo die Einzelhandelsumsätze in den letzten fünf Jahren (plus 0,1 %) stagnierten, werden mittelfristig jährliche Steigerungen von 1,3 bzw. 1,2 % erwartet.

Als Stütze des kontinentalen Einzelhandels erwiesen sich während der Krise die **französischen** Händler. Nur 2009 gab der Umsatz um 1 % nach, ansonsten wuchs das Handelsvolumen auch nach Ausbruch der globalen Krise. Allerdings wurde die Wachstumsdynamik der Vorkrisenzeit bisher bei weitem nicht erreicht. 2013 haben die Einzelhandelsumsätze nur leicht an Dynamik gewonnen. Im Gegensatz zu allen anderen Branchen zeigte sich der Handel mit Luxusgütern auch in den letzten beiden Jahren dank der Ausweitung des globalen Tourismus wenig beeindruckt von der schwachen Konjunktur. (Quelle: DekaBank)

Der Umsatz im **polnischen Ladeneinzelhandel** sank im Zuge der Wirtschaftskrise 2009 und 2010 nur marginal und konnte bereits in den folgenden Jahren zu einer vergleichsweise schnellen Erholung ansetzen. Zwar hat die Entwicklung seitdem an Dynamik verloren, doch im Zuge der verbesserten Konjunkturlage ist in den nächsten Jahren mit höheren Zuwachs rechnen. Das Wachstum der Einzelhandelsumsätze in Polen dürfte in den kommenden Jahren über dem europäischen Durchschnitt liegen. Die Größe des Marktes und die hohe Konsumbereitschaft insbesondere der städtischen Bevölkerung sollte die Nachfrage internationaler Filialisten auf einem weiterhin hohen Niveau halten. (Quelle: DekaBank)

Flächenproduktivität

Die Flächenproduktivität (Umsatz je m² Verkaufsfläche) ist laut GfK geeignet, standortbezogene Umsatzpotenziale zu bewerten. Grundsätzlich besteht ein enger Zusammenhang zwischen der Höhe der Kaufkraft, dem Einzelhandelsumsatz sowie der durchschnittlichen Flächenproduktivität in den jeweiligen Ländern.

So standen auch im Jahr 2013 wieder die skandinavischen Länder, Luxemburg und die Schweiz an der Spitze der Staaten mit den höchsten Raumleistungen. Insgesamt hat das Verkaufsflächenwachstum in vielen Ländern nach zunächst aufgeschobenen Projektentwicklungen infolge der Finanzkrise wieder angezogen, mit der Folge, dass die rechnerische Flächenproduktivität – entgegen dem Trend der letzten Jahre – rückläufig (minus 2,1 %) war. Die Länder mit den geringsten Flächenleistungen befinden sich in Ost- und Südosteuropa. Aufgrund der guten Umsatzentwicklung beim Gros dieser Länder konnten dort die Flächenproduktivitäten in 2013 allerdings erhöht werden.

Leerstände

Informationen über Leerstände in Einzelhandelsobjekten sind nur in geringem Ausmaß verfügbar. In den Top-Standorten der **USA** war die Leerstandsquote deutlich geringer als im landesweiten Durchschnitt. Diese belief sich im ersten Quartal 2014 auf 6,5 % und fiel damit auf eine Quote wie zuletzt 2008. Regionale Shoppingcenter und Power Center wiesen mit rund 5,5 % geringere Leerstände auf als Strip Malls und Neighborhood & Community Center mit über 10 %. Die regional höchsten Leerstände befanden sich in Phoenix und Las Vegas, die niedrigsten in San Francisco. (Quelle: DekaBank)

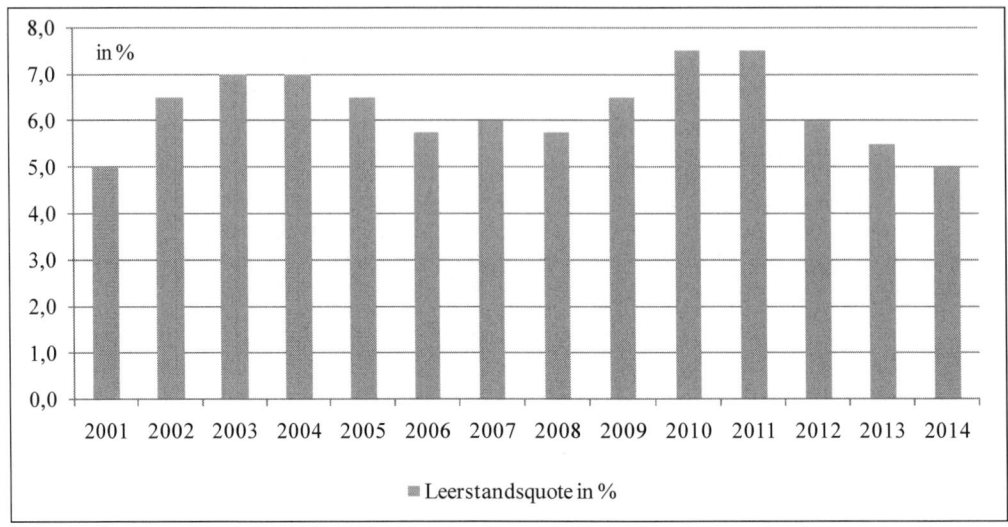

Abb. 6.19:   Einzelhandelsleerstände in den USA; Quelle: Marcus & Millichap, National Retail Report, 2014, unter:
             http://www.marcusmillichap.com/research/researchreports/reports/2014/04/03/national-retail-report,
             abgerufen am 15.12.2014

BNP Paribas Real Estate veröffentlicht derartige Daten z. B. über den Einzelhandel in **Groß-britannien**. Demnach standen zum Jahresende 2013 und nach Colliers auch im Jahresverlauf 2014 im Landesschnitt rund 13 % der Flächen leer. Da London nur eine Leerstandsquote von unter 10 % aufwies, war der Leerstand in den anderen Landesteilen teilweise deutlich höher. Im Norden Englands standen fast 20 % der Einzelhandelsflächen leer.

Nach den Analysen der DekaBank hat sich der durchschnittliche Ladenleerstand in den **Londoner** Einkaufslagen im zweiten Halbjahr 2012 vermindert und lag am Jahresanfang 2013 bei 2,4 % (bezogen auf die Anzahl der Ladenlokale). Der Abstand zum britischen Durchschnitt von 16,2 % hat sich weiter vergrößert. Die Stabilität der Londoner Einkaufslagen beruht nicht zuletzt auf der hohen Diversifizierung des Besatzes, der deutlich vom Rest des Landes abweicht. Die Leerstandsquote in den wichtigsten Einkaufszentren britischer Städte lag Ende 2013 bei 11 % (2012: 10,2 %; bezogen auf die Anzahl der Ladenlokale). Großflächige Einkaufszentren (> 40.000 m²) verzeichneten mit 9,5 % (2012: 8,4 %) deutlich weniger Leerstand als kleinere Center mit rund 16,0 %.

Der landesweite Leerstand in den **Niederlanden** ist zur Jahresmitte 2014 weiter auf mittlerweile etwa 11 % gestiegen, wobei es große Unterschiede zwischen den Lagen bzw. Regionen und den Einzelhandelsformen gibt. Fachmärkte haben generell höhere Leerstände als die innerstädtischen Haupteinkaufsstraßen. Den stärksten Leerstandsanstieg verzeichneten die sekundären Einkaufslagen, die vermehrt von Umzügen bzw. Geschäftsaufgaben betroffen waren. Der Leerstand bei Ladenlokalen in den Hauptlagen und wichtigsten Einkaufszentren Amsterdams ist seit Jahren relativ stabil bei etwa 3 %.

Einzelhandelsmieten

Die Prime Rent (Spitzenmiete) repräsentiert das obere Ende der Mieten für eine Immobilie der Standardgröße mit einer Fläche von 200 m², die die höchste Qualität und Ausstattung am besten Standort in einem Marktgebiet innerhalb eines Betrachtungszeitraums aufweist. Die

Spitzenmiete bezieht sich auf die Miete, die eine internationale Einzelhandelskette für eine Fläche im Erdgeschoss zahlt, die entweder in der Haupteinkaufsstraße oder in einem Shoppingcenter liegt. Diese Mieten sollen das Niveau reflektieren, zu dem relevante Transaktionen durchgeführt werden. Es müssen aber damit nicht tatsächliche Deals abgebildet werden, insbesondere dann, wenn der Dealflow sehr gering ist. Falls derartige Transaktionen nicht stattgefunden haben, handelt es sich bei dieser Miete um eine erzielbare Miete, die auf Expertenschätzungen basiert.

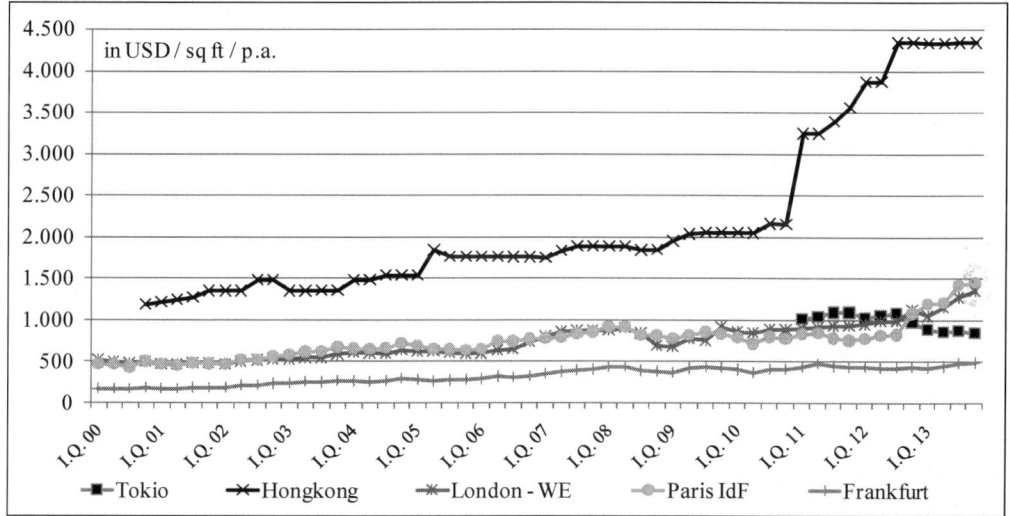

Abb. 6.20:   Einzelhandelsmieten; Quelle: CBRE Econometrics Advisors, Intranetquelle, abgerufen am 17.10.2014,

Es ist offensichtlich, dass die Mieten zwischen den verschiedenen Märkten signifikant differieren. Interessant ist weiterhin, dass die Lagen mit den höchsten Mieten sich nicht nur in den Mature Markets befinden. Auch liegen sie nicht in der gleichen Region. Unterschiede gibt es außerdem sowohl bei der Richtung als auch dem Ausmaß der Mietveränderung.

Die Mieten in den Einzelhandels-Spitzenlagen sind in den vergangenen Jahren stetig angestiegen und haben sich mehr als verdoppelt. In Hongkong haben sich diese sogar fast vervierfacht. Einzig in London-City war der Anstieg nicht so kräftig, während er in West End am stärksten aller Städte war. In Tokio gab es sogar einen Rückgang der Mieten. In den Shoppingcentern waren in allen betrachteten Städten die Anstiege nicht so stark wie bei den High Streets. Im internationalen Vergleich lagen die Mieten in London deutlich über dem Niveau von Paris und Frankfurt.

Im Allgemeinen kam es auf den ausländischen Einzelhandelsmärkten zu einem kontinuierlichen Anstieg der Einzelhandelsmieten, da sich der Wettbewerb um die besten Flächen in Metropolen noch verstärkt hat. Mittelfristig ist damit zu rechnen, dass die Einzelhandelsmieten an den teuersten Standorten weiter ansteigen werden. Zum einen gibt es eine anhaltende Nachfrage von Luxuseinzelhändlern nach diesen Flächen. Diese sind bereit, Rekordmieten für die begehrtesten Ladenflächen zu bezahlen. Zum anderen ist das Flächenangebot begrenzt. Die Lagen sind nicht beliebig ausdehnbar und neue Fertigstellungen und Refurbishments sind nicht problemlos zu realisieren. Hohe und steigende Mieten können nur durch mehr Projektentwicklungen vermieden werden. Aber in der jüngsten Vergangenheit und auch in der kurzen Frist gibt es vielfach nur wenig neue Verkaufsflächen in diesen Lagen.

Länder- und Marktberichte

Die Berichte der verschiedenen Researcher weisen erhebliche Unterschiede insbesondere bei den Ranglisten und Daten auf. Dieses ist u. a. darauf zurückzuführen, dass unterschiedliche Währungen verwendet werden. Weitere Unterschiede können sich aufgrund unterschiedlicher Marktabgrenzungen oder Definitionen ergeben, die aber häufig nicht veröffentlicht werden.

Nach den Analysen von **Colliers** sind weltweit die Mieten in den vergangenen Jahren kontinuierlich gestiegen, wenn auch regional differenziert. In dem Zeitraum von 2008 bis Mitte 2010 waren weltweit nur leichte Mietsteigerungen festzustellen, danach setzte ein regional differenzierter Aufschwung ein. Die steigenden Mieten reflektieren bestimmte realwirtschaftliche Trends. Die betrachteten Mieten beziehen sich nur auf Spitzenmietenflächen, die nur einen geringen Anteil an der gesamten Einzelhandelsfläche ausmachen. Nach diesen Daten war die 5th Avenue in New York mit 3.150 USD/sq ft/p. a. der weltweit teuerste Standort. Dies ist darauf zurückzuführen, dass an diesem Markt mehr Luxuseinzelhändler vorhanden sind als an jedem anderem Markt. Aufgrund einer starken Nachfrage von Touristen und einem Mangel an verfügbarer Fläche ist es für Einzelhändler schwierig, eine entsprechende Fläche zu finden. Mit deutlichem Abstand war Hongkong im Jahr 2013 der zweitteuerste Einzelhandelsstandort weltweit, wo über 2.000 USD für einen sq ft pro Jahr bezahlt werden müssen. Hongkong profitiert am meisten von den Geldausgaben der chinesischen Touristen im Ausland. Die Mieten sind in den letzten Jahren überdurchschnittlich angestiegen, innerhalb der letzten 10 Jahre haben sie sich verdoppelt. Mit wiederum großem Abstand folgen die zwei führenden europäischen Märkten Paris und London. Zwischen diesen vier führenden Märkten und den weiteren Top-10-Städten besteht ein weiterer deutlicher Abstand.

Nach **CBRE** war 2013 Hongkong dagegen die weltweit teuerste Stadt für internationale Einzelhändler. In der Spitze sind jährlich rund 33.850 Euro pro m² zu bezahlen. Auch die Spitzenmieten in New York (25.774 Euro/m²), Paris (11.340 Euro/m²) und London (10.594 Euro/m²) haben neue Rekordniveaus erreicht. Obwohl sich die Spitzenmieten in diesen globalen Schlüsselmärkten zuvor bereits auf hohem Niveau bewegten, legten sie nochmals deutlich zu: So stiegen die Spitzenmieten in Paris um 29 %, in London um 18 % und in New York um 11 % im Vergleich zum Vorjahr.

Bei der DekaBank verzeichneten die Einzelhandelsmieten in 1a-Lagen **Europas** im Jahr 2013 einen durchschnittlichen Anstieg von 2,5 %. Dahinter verbirgt sich jedoch eine große Spannbreite. Die Shoppingcenter hatten im europäischen Durchschnitt das fünfte Jahr in Folge rückläufige Mieten. Allerdings handelt es sich dabei eher um generelle Trends, von denen Einzelobjekte je nach Lage, Größe und Mieterbesatz erheblich abweichen können.

Die Mieten in den Shoppingcentern **Großbritanniens** variieren sehr stark entsprechend der Branche und auch der Größe und Bedeutung des Einzelobjekts. Für Ladenlokale bis zu 2.000 sq ft mit einem Mieter aus der Modebranche gilt in Top-Objekten ein Rahmen von 115 bis 160 GBP/sq ft/Jahr. 2012 und 2013 verzeichneten landesweit gesehen Shoppingcenter und Fachmarktzentren leichte Mietrückgänge, während innerstädtische 1a-Lagen außerhalb Londons stagnierten. Von 2015 bis 2020 wird für die 1a-Lagen der Regionalzentren ein Mietwachstum von ca. 2,0 % pro Jahr erwartet, in Londoner Toplagen dürfte es entsprechend höher ausfallen. Bei Shoppingcentern ist in diesem Zeitraum mit einem leicht niedrigeren

Anstieg zu rechnen. **London** zählt zu den teuersten Einzelhandelsstandorten Europas. Die 1a-Lagen erweisen sich als krisenresistent. In London befindet sich die mit Abstand teuerste Lage in der Old Bond Street. Sie verfügt über ein großes Angebot an hochwertiger Mode und Luxusartikeln. Als weitere Luxus-Adresse etabliert sich zunehmend die Mount Street in Mayfair. 2013 verzeichneten die zehn Top-Einkaufsstraßen einen durchschnittlichen Mietzuwachs von gut 6 % (2012: 10 %).(Quelle: DekaBank)

Nach CBRE hat in **London** die hohe Nachfrage des Luxussegments nach erstklassigen Einzelhandelsflächen die Mieten auf ein Rekordniveau gehoben. Die begrenzte Verfügbarkeit von erstklassigen Flächen hat zu einer erhöhten Nachfrage nach zweitklassigen Flächen im Zentrum Londons geführt. Dennoch ist der britische Markt extrem gegensätzlich bei Einkaufszentren und Einkaufsstraßen minderer Lagequalität, die zunehmend unter Leerständen und sinkenden Mieten leiden.

Die Nachfrage auf dem **französischen Einzelhandelsmarkt** konzentriert sich auf erstklassige Flächen insbesondere in und um Paris. Das große Interesse von internationalen Einzelhändlern für die begrenzte Anzahl der verfügbaren Top-Lagen in Paris führte in den vergangenen Jahren zu einem stetigen Mietwachstum. Seit dem ersten Quartal 2012 sind die Angebotsmieten in Top-Lagen um bis zu 80 % gestiegen. Mieten in Einkaufszentren in Frankreich sind nicht zuletzt aufgrund der reduzierten Zahl von genehmigten Neubauten ebenfalls stabil geblieben. (Quelle: CBRE)

Das Luxussegment ist nach der DekaBank als wichtiger Nachfragetreiber in **Paris** verantwortlich für den außergewöhnlichen Mietanstieg auf dem Champs-Élysées auf 18.000 Euro/m²/Jahr, was ein Plus von 80 % seit 2011 bedeutet. Hierin enthalten sind allerdings auch die hohen Ablösesummen für Ladenlokale, sog. Key Money. Auch bei Nichtberücksichtigung dieser Übernahmezahlungen verzeichnete Paris seit 2011 einen Anstieg der Spitzenmiete um 23 % auf 7.600 Euro/m²/Jahr, während die Spitzenmieten in den 1a-Lagen der Regionalmetropolen auf stabilem Niveau verharrten. Für Einkaufszentren werden nach einer zweijährigen Stagnationsphase ab 2015 im Mittel landesweit Mietsteigerungen von jährlich knapp 3 % erwartet. Während der Abwärtsdruck auf sekundäre Objekte steigt, dürften sich die großen bei Händlern stark nachgefragten und gut geführten Einkaufszentren weiterhin überdurchschnittlich entwickeln. Im europaweiten Kontext gelten französische Einkaufszentren generell als gut vermietet. Die höchsten Shoppingcenter-Mieten von 2.000 Euro/m²/Jahr werden im Großraum Paris sowie in Lyon erzielt. Die höchsten Mieten in Fachmarktzentren (Retail Parks) werden ebenfalls im Großraum Paris sowie in Lille und Marseille aufgerufen.

In **Amsterdam** dürfte nicht zuletzt auch die Dominanz nationaler und lokaler Anbieter in den zahlreichen kleineren Distrikt Centern zu den im europaweiten Vergleich erschwinglichen Spitzenmieten bei Shoppingcentern in Höhe von durchschnittlich 433 Euro/m²/Jahr führen. (Quelle: DekaBank)

Die Mieten in 1a-Lagen entsprechen in **Warschau** in etwa dem Niveau des führenden Einkaufszentrums. Im internationalen Vergleich weist die polnische Hauptstadt aufgrund der schwachen Ausprägung der 1a-Lage ein sehr niedriges Mietniveau auf. Die Mieten für Shoppingcenter blieben 2013 stabil. Trotz der stabilen Mieten haben Mietanreize eine große Bedeutung. Das hohe Neubauvolumen hat dazu geführt, dass nur wenige Center bei der Neueröffnung voll vermietet sind. Bei den Spitzenmieten in Shoppingcentern ist kurzfristig insgesamt mit stagnierenden Mieten zu rechnen. (Quelle: DekaBank)

Renditen von Einzelhandelsimmobilien

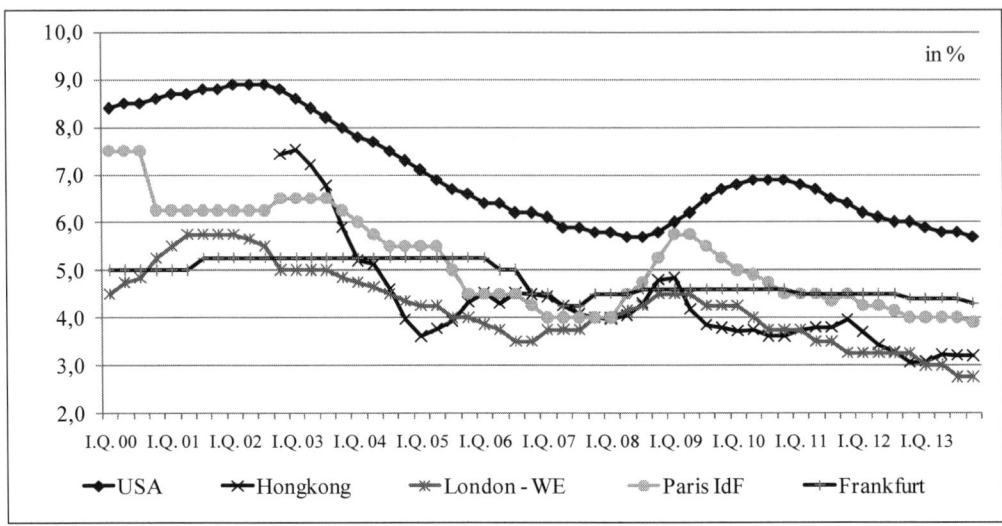

Abb. 6.21:   Renditen von Einzelhandelsimmobilien; Quelle: CBRE Econometrics Advisors, Intranetquelle, abgerufen am 17.08.2014

Die Renditen von Einzelhandelsimmobilien in den betrachteten Städten folgen einem ähnlichen Verlauf. Aufgrund eines stärker werdenden Interesses der Investoren stiegen die Preise für Einzelhandelsimmobilien stärker als die Mieten. Die Renditen in den Einzelhandelslagen der betrachteten Städte sind tendenziell rückläufig, wobei die Abnahmen unterschiedlich stark ausgefallen sind. Der Tiefpunkt der Renditen war im Jahr 2007 zu verzeichnen, dem Höhepunkt des Immobilienbooms. Ausnahmen waren zum einen die Entwicklung in Warschau, da sich hier erst noch ein Investmentmarkt für Einzelhandelsimmobilien bilden musste, die hohen Renditen spiegeln das von den Investoren höher eingeschätzte Risiko wider. Zum anderen ist die Rendite in New York vor dem Hintergrund des in den USA vorzufindenden allgemeinen höheren Renditeniveaus und der Verwendung von Cap Rates zu bewerten.

Nach den Daten des Verbandes für Pfandbriefbanken waren die Rückgänge bei den Renditen in den Spitzenlagen der europäischen Städten üblicherweise höher als bei den Shoppingcentern. Darüber hinaus ist bei den Shoppingcentern festzustellen, dass zu Beginn des Jahrtausends die Unterschiede zwischen den einzelnen Städten höher waren als im Jahr 2013, wo es nur 50 Basispunkte Unterschiede gab.

6.3   Internationale Wohnungsmärkte

Auf dem Wohnungsmarkt treffen sich das Angebot und die Nachfrage nach Wohnungen/Häusern, wobei diese sowohl gekauft als auch gemietet werden. Marktgegenstand ist das Konsumgut Wohnung, das von den Haushalten nachgefragt und von der Wohnungswirtschaft etc. angeboten wird. Wohnungen sind nach außen abgeschlossene, zu Wohnzwecke bestimmte, in der Regel zusammenliegende Räume, die die Führung eines eigenen Haushaltes ermöglichen. Aufgrund der Heterogenität (z. B. unterschiedliche Wohnungen (sachliche) und unterschiedliche rechtliche Rahmenbedingungen (staatliche Interventionen)) und der Standortgebundenheit der Wohnungen gibt es eine Vielzahl von Teilmärkten, die differenzierte Entwicklungen aufweisen.

Grundsätzlich kann zwischen dem Markt für Wohnungsnutzungen (Vermietungsmarkt) und für Wohnimmobilien (Kauf; Investment) unterschieden werden. Bei den Wohnungsnutzungen stellen Vermieter den Mietern Wohnungen zur Verfügung, ohne dass Eigentumsrechte übertragen werden. Auf dem Vermietungsmarkt treten private Haushalte als Nachfrager zur Selbstnutzung auf und sowohl Unternehmen als auch private Haushalte als Anbieter. Auf dem Wohnimmobilienmarkt werden hingegen Eigentumsrechte gehandelt und durch einen Kauf diese Rechte übertragen.

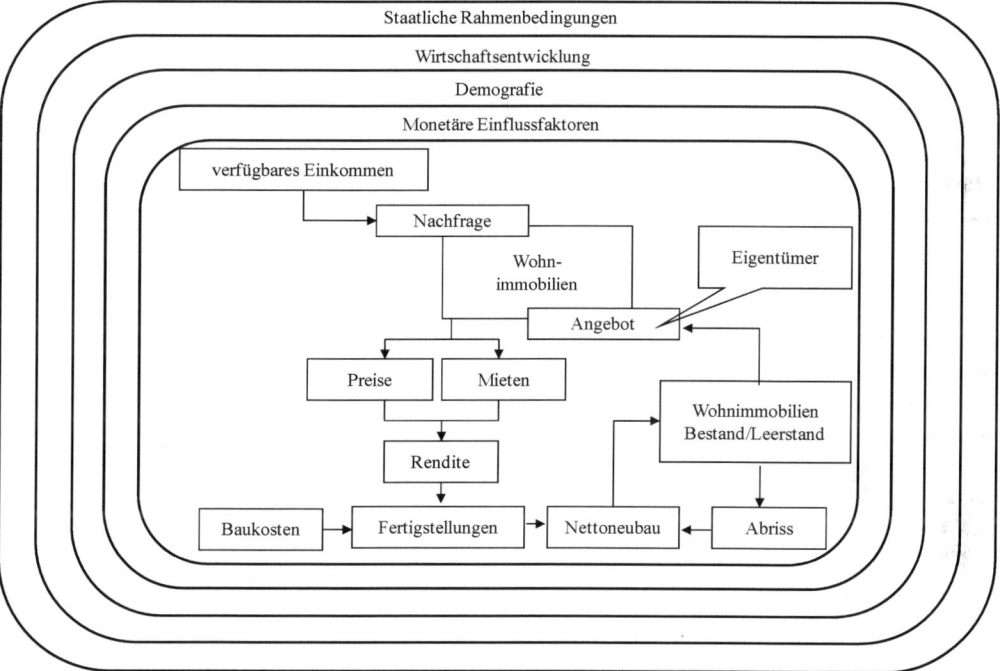

Abb. 6.22:   Wohnimmobilienmarkt; Quelle: eigene Darstellung

Die Strukturen und Besonderheiten des Wohnungsmarktes variieren zwischen den einzelnen Ländern. Unterschiede zwischen den nationalen Wohnungsmärkten können auf verschiedene Faktoren auf der Angebots- und Nachfrageseite zurückgeführt werden. Bei dem internationalen Vergleich der Wohnungsmarktdaten sind jedoch auch erhebliche Datenprobleme und -unterschiede festzustellen. Im Folgenden wird im Wesentlichen auf die Studie „Wirtschaftsfaktor Immobilien 2013", die OECD-Studie „Housing Markets and Structural Policies in OECD Countries" sowie die Patrizia-Studien „Europäische Wohnungsmärkte2013/14" und „Wohnungsmarktbericht Europa 2014/2015" und die Studie des RICS Research „European Housing Review 2012" zurückgegriffen. Es werden vorwiegend europäische Wohnungsmärkte analysiert.

6.3.1   Angebot – Einflussfaktoren und Entwicklungen

Das **Wohnungsangebot** auf dem Vermietungs- oder Investmentmarkt besteht nur aus einem geringen Teil des vorhandenen Wohnungsbestandes. Bei den Vermietungen und bei den Verkäufen setzt sich das Wohnungsangebot im Wesentlichen aus den freigezogenen Bestandswohnungen (incl. Leerstände) und aus den fertiggestellten Neubauwohnungen zusammen. Aufgrund der langen Nutzungsdauer der Wohnimmobilien sind sowohl die Zugänge bzw. Fertigstellungen als auch die Vermietungen sowie die Abgänge pro Jahr gering im Vergleich zum Bestand, auch wenn es deutliche nationale Unterschiede gibt.

Bestand und Fertigstellungen an Wohnimmobilien

Wohnungsbestand
Zum Wohnungsbestand werden alle Wohnungen in Wohngebäuden gezählt, die mindestens zur Hälfte – gemessen an der Gesamtnutzfläche – Wohnzwecken dienen.

Der Bestand an Wohnimmobilien in den einzelnen Ländern ist im Wesentlichen von der Bevölkerungs- und Haushaltszahl abhängig. Deutschland verfügt als bevölkerungsreichstes westeuropäisches Land auch über den größten Wohnungsbestand. Mit aktuell 41,3 Mio. Wohneinheiten gibt es in Deutschland etwa so viele Wohnungen wie in Spanien und Polen zusammen oder rund ein Drittel mehr als in Frankreich, dem zweitgrößten westeuropäischen Land gemäß Einwohnerzahl. Einen geeigneteren Vergleichsindikator für die Wohnungsversorgung stellt der Bestand je Einwohner (Bestandsintensität) dar, da hier der Bestand um die Anzahl der Einwohner bereinigt wird.

Im Jahr 2012 gab es in Europa einen Bestand von durchschnittlich 473 Wohnungen pro 1.000 Einwohner, der mit dem von 2011 vergleichbar ist. Insgesamt ist festzustellen, dass erstens die Bestandsintensität in diesem Jahrtausend gewachsen ist. Bei dem OECD-Vergleich der Bestandsintensität von 1980 und 2005 ist festzustellen, dass in den **USA** nur sehr geringes Wachstum stattfand. In **Spanien** ist sie hingegen sehr stark angestiegen. Zweitens haben die osteuropäischen Länder einen vergleichsweise geringeren Bestand als die west- sowie insbesondere südeuropäischen Länder.

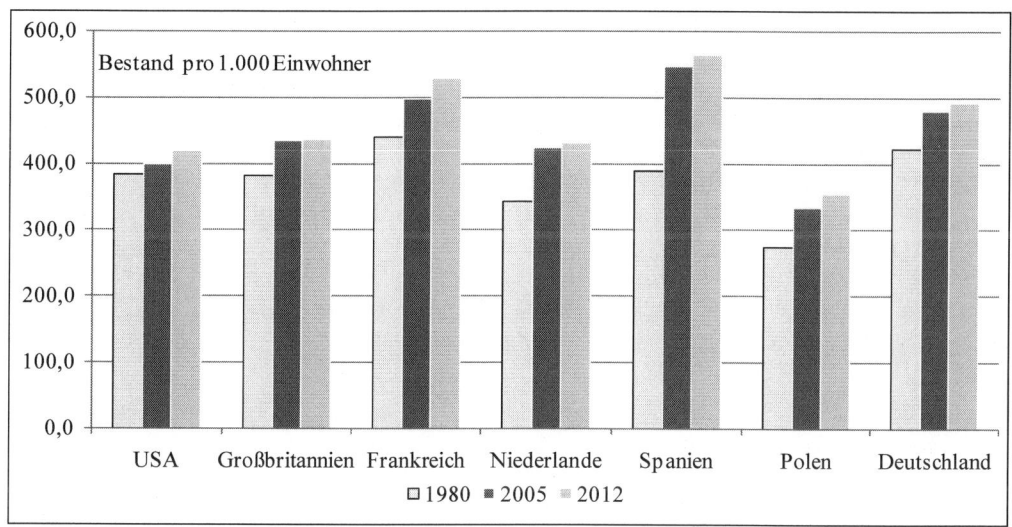

Abb. 6.23: Bestandsintensität; Quelle: Deloitte, Property Index - Overview of European Residential Markets,
European Housing 2012, o.O., Mai 2013, S. 6; OECD-Studie, Calculations based on OECD Housing
Market questionnaire, unter: www.oecd.org/eco/growth/47431120.xls, abgerufen am 06.08.2014

Im Vergleich zu anderen ausgewählten Ländern weist **Frankreich** den zweitgrößten relativen
Bestand auf, wo es mit rund 33 Mio. ca. 12 % mehr Wohnungen als im EU-Durchschnitt
gibt. Rund 60 % des Bestandes sind freistehende Häuser, meistens von den Eigentümern
bewohnt, und der Rest sind mehrgeschossige Wohngebäude, von denen die meisten vermietet
sind. Diese befinden sich allgemein in den innerstädtischen Bereichen großer Städte. Gut
15 % sind in Gebäuden mit mehr als 4 Stockwerken. Von den rund 33 Mio. Wohnungen sind
rund 85 % Erstwohnsitz und knapp 10 % Zweitwohnungen.

In **Spanien** findet sich der größte Wohnimmobilienbestand je Einwohner, der mehr als 20 %
über dem Durchschnitt liegt. Der hohe Bestand in Spanien wie in Frankreich ist aber sehr
speziell, da hier jeweils eine Vielzahl von Zweit- und Ferienwohnungen zu berücksichtigen
sind. Ein nicht unerheblicher Anteil der Zweitwohnungen Spaniens befindet sich in Küsten-
nähe bzw. auf den Inseln. Viele Ausländer haben dort Ferien- oder Alterswohnungen; deren
Nachfrage ist ein wichtiger Teil des Marktes, speziell an der Mittelmeerküste. Diese wurden
schwer von der Finanz- und Wirtschaftskrise getroffen, sodass es hier jahrelang ein Über-
schussangebot gab. In der letzten Zeit hat sich die Lage aber durch neue Käuferschichten aus
z. B. osteuropäischen Ländern wieder verbessert.

Die geringste Bestandsintensität weist **Polen** auf, hier liegt der relative Bestand um 25 %
unter dem OECD-Schnitt. Es ist anzunehmen, dass in Ländern mit einer unterdurchschnittli-
chen Bestandsintensität noch ein Bedarf an neuen Fertigstellungen besteht.

Wohnungsfertigstellungen
Die Fertigstellungen sind die jährlichen Baumaßnahmen. Diese Wohnungen befinden sich in Wohn- und Nichtwohngebäuden und umfassen auch Maßnahmen im Bestand.

Die Bauaktivität auf dem Wohnungsmarkt der **USA** kam nach dem wirtschaftlichen Einbruch 2008 fast zum Erliegen, da die Zukunftsaussichten getrübt und die Nachfrage strukturell belastet waren. Der Rückgang der Nachfrage hat trotz des massiven Einbruchs der Fertigstellung um 75 % zu einem Anstieg der Bestände geführt. Die Fertigstellungen müssten um weitere 70 % ansteigen, um den langfristigen Durchschnitt zu erreichen. Wird zusätzlich noch die aufgestaute Nachfrage sowie die stetig ansteigende Haushaltszahl berücksichtigt, so muss die Bauaktivität deutlich dynamischer als im langfristigen Durchschnitt ausfallen.

In den Ländern **Europas** haben sich die Fertigstellungen von Wohnungen unterschiedlich entwickelt. In einigen Ländern führte die wachsende Nachfrage zu steigendem Angebot, aber gleichzeitig wirkte sich anderswo die Finanz- und Wirtschaftskrise negativ aus. Zwischen Mitte der 1990er Jahre und der Mitte des letzten Jahrzehnts war ein starker Anstieg in Spanien, Irland und den nordischen Staaten festzustellen, während die Fertigstellungen in Deutschland oder der Schweiz stagnierten. Darüber hinaus dominierte in fast allen Staaten der Neubau, wohingegen Modernisierungsinvestitionen in Großbritannien oder Schweden aufgrund des alten Bestandes einen höheren Anteil hatten.

Bei einem **langfristigen Vergleich in Europa** (Patrizia-Studie), bei dem die Fertigstellungen der kommenden drei Jahre (2013–2015) mit denen der letzten drei Jahren (2010–2012) verglichen werden, zeigt sich eine mehr oder weniger stabile Entwicklung. Ausnahmen bilden zwei Gruppen. Bei der einen Gruppe gibt es steigende Fertigstellungen: Deutschland und Norwegen. In Norwegen wird diese Entwicklung insbesondere durch die kontinuierliche Immigration gefördert. Dies führt dazu, dass zu wenige Wohnimmobilien im Land – besonders in städtischen Gebieten wie um Oslo – verfügbar sind und damit die Preise stetig steigen. In Deutschland führten die Binnenmigration in die Wirtschaftszentren sowie die geringe Zahl von Neubauten in den letzten Jahrzehnten zu steigenden Preisen und Mieten in diesen Regionen.

Die Märkte mit sinkenden Fertigstellungszahlen in Europa befinden sich in den Mittelmeerländern Italien, Spanien und Portugal. Diese haben nach wie vor mit den Folgen der Finanzkrise zu kämpfen. Besonders im Fall von Spanien schrumpft das Baugewerbe weiter, was auf die zum Zeitpunkt des Beginns der Finanzkrise geplatzte Immobilienblase zurückzuführen ist. Die allgemeinen Marktkennzahlen verdecken aber regionale Unterschiede innerhalb eines Landes wie z. B. in Dänemark. Im Gebiet um Kopenhagen besteht derzeit eine zu große Nachfrage, die vom Angebot nicht gedeckt werden kann, während sich ländliche Gegenden mit einem mehr oder weniger großen Überangebot konfrontiert sehen.

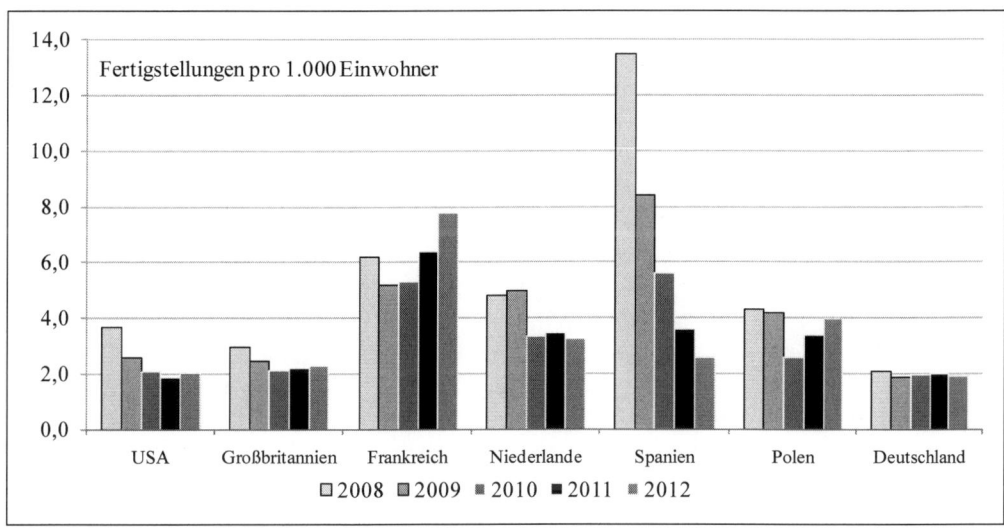

Abb. 6.24: Fertigstellungen pro 1.000 Einwohner; Quelle: Deloitte, Property Index – Overview of European Residential Markets, European Housing Review 2012, o.O., Mai 2013, S. 6; National Statistical Offices

Kurzfristig sanken nach der Deloitte-Studie die Fertigstellungen insgesamt in Europa von 3,9 (2011) auf 3,3 Wohnungen pro 1.000 Einwohner im Jahr 2012. Einzig Dänemark und Großbritannien wiesen 2012 bei der Fertigstellungsintensität einen ähnlichen Wert wie im Vorjahr auf. Für 2012 weist Frankreich die höchste Intensität bei den Fertigstellungen mit 7,8 Fertigstellungen pro 1.000 Einwohner auf. Bei diesem Indikator weisen Deutschland und Großbritannien die geringste Intensität auf.

In den **USA** kam es aufgrund der Krise 2008 zu einer Halbierung der Fertigstellungen. Aufgrund der sich wieder belebenden Nachfrage hat sich auch die Neubautätigkeit nun wieder erholt.

Die Bauaktivität in **Großbritannien** ist zwischen 2001 und 2007 nur leicht angestiegen und wurde durch die Weltwirtschaftskrise 2008/09 nachhaltig belastet. Da es jedoch im Boom nicht zu einer massiven Übertreibung der Bautätigkeit wie in Spanien gekommen ist, blieb der Rückgang moderat und ab 2010 stagnierte die Zahl der Fertigstellungen auf einem Niveau leicht unterhalb des Vorkrisendurchschnitts. Das Verharren der Bautätigkeit auf einem international niedrigen Niveau war auf hohe Arbeitslosigkeit und schwache Lohnzuwächse zurückzuführen. Insgesamt sind die negativen Einflussfaktoren jedoch aktuell rückläufig. Die moderate Bautätigkeit liegt weiterhin auf einem niedrigen Niveau; mittelfristig werden Preisdruck und Demografie wieder zu einer höheren Bautätigkeit führen.

Die Fertigstellungen in **Frankreich** erreichten 2007 einen Höhepunkt. Zwar sanken sie danach, blieben aber trotzdem deutlich über dem Niveau anderer europäischer Staaten. Dies ist auf die staatlichen Hilfsmaßnahmen zurückzuführen. Insbesondere angesichts der staatlichen Intervention wurden Geschosswohnbauten fertiggestellt. Insgesamt waren in den letzten Jahren die Fertigstellungen bei den Wohnungen deutlich volatiler als bei den Häusern.

Die Expansion der **spanischen Wohnungswirtschaft** ist eines der extremsten Beispiele einer weltweiten Hauspreisblase. Seit Anfang der 2000er Jahre wurde in Spanien eine Politik der expansiven Flächenausweisung verfolgt. Weitere treibende Faktoren waren steigende Einkommen, günstige Zinsen und eine großzügige Hypothekenvergabe. Zugleich stiegen die Einwohnerzahlen durch Zuwanderungen. Die Bauwirtschaft und der sich darum ausbildende Servicesektor entwickelten sich zu den wichtigsten Stützen der spanischen Wirtschaft. Aber die Folgen der globalen Finanz- und Wirtschaftskrise erreichten den spanischen Immobilienmarkt und stürzten ihn in eine tiefe Krise. Die Neubautätigkeit brach auf ein Zehntel des Niveaus von vor der Krise ein. Besonders Madrid, aber auch die Provinzhauptstädte und die Touristenregionen an der Küste sind von diesen Entwicklungen betroffen. Noch ist keine nachhaltige Entwicklung festzustellen.

Die Wohnungsfertigstellungen in **Polen** nahmen seit Beginn des Jahrtausends stetig zu und erreichten 2008 ihren Peak. Der Boom mit einem Anstieg von mehr als 50 % in fünf Jahren ist vor allem auf einen Anstieg der Tätigkeiten von privaten Bauträgern zurückzuführen. Nach einem kurzfristigen Rückgang stiegen diese in den letzten beiden Jahren wieder an. Im Jahr 2012 lagen sie schon wieder um 20 % über dem europäischen Durchschnitt.

Wohnungsmarktstrukturen

In Deutschland beträgt die **durchschnittliche Wohnungsfläche** rd. 45 m² pro Bewohner, im Jahr 2002 waren es noch gut 40 m². Nach Just (2009, S. 265) wohnte jeder Mensch in Dänemark durchschnittlich auf rd. 52 m², in Italien waren es etwa 36 m², in Spanien sogar nur 31 m² und in vielen osteuropäischen Ländern wurden Werte von zum Teil deutlich unter 30 m² je Person gemessen. In Polen waren es beispielsweise 23 m² pro Person. Es ist sehr wahrscheinlich, dass sich diese Lücke zwischen den ost- und westeuropäischen Wohnstandards bei steigenden Einkommen schließt, zumindest wird die Flächennachfrage pro Kopf weiter zunehmen. In den USA beträgt die durchschnittliche Wohnfläche rd. 75 m² pro Haushalt.

Der Bestand an Wohnimmobilien in Europa weist 2012 eine sehr differenzierte Struktur auf. 4 % der Haushalte beanspruchen Wohnungen mit einem Raum, knapp ein Viertel Wohnungen mit 4 Räumen und 40 % mit 5 und mehr Räumen. Im internationalen Vergleich leben die Menschen in osteuropäischen Ländern in kleineren Wohnungen. In den letzten beiden Jahren befand sich die größte Anzahl an großen Wohnungen (Räume) in Großbritannien, Deutschland und Spanien. Die Mehrzahl hier hat Wohnungen mit 5 und mehr Räumen. Die geringste Raumanzahl pro Wohnung findet sich in Ungarn und Österreich, wo historisch Wohnungen mit 2 oder 3 Räumen dominieren.

Bezüglich der **Wohnungsstruktur (EFH oder MFH)** ist der Anteil der Wohnungen in Einfamilienhäusern mit jeweils rund 70 % in Belgien und den **Niederlanden** am höchsten. Danach folgen **Frankreich** und Dänemark mit jeweils rund 60 %. In Österreich oder Schweden beträgt dieser Anteil rund 45 bis 50 %, während er in Deutschland und Spanien mit knapp 30 % relativ gering ist. Dabei ist jedoch die Zurechnung von Zweifamilienhäusern oder Reihenhäusern in der Statistik häufig nicht eindeutig.

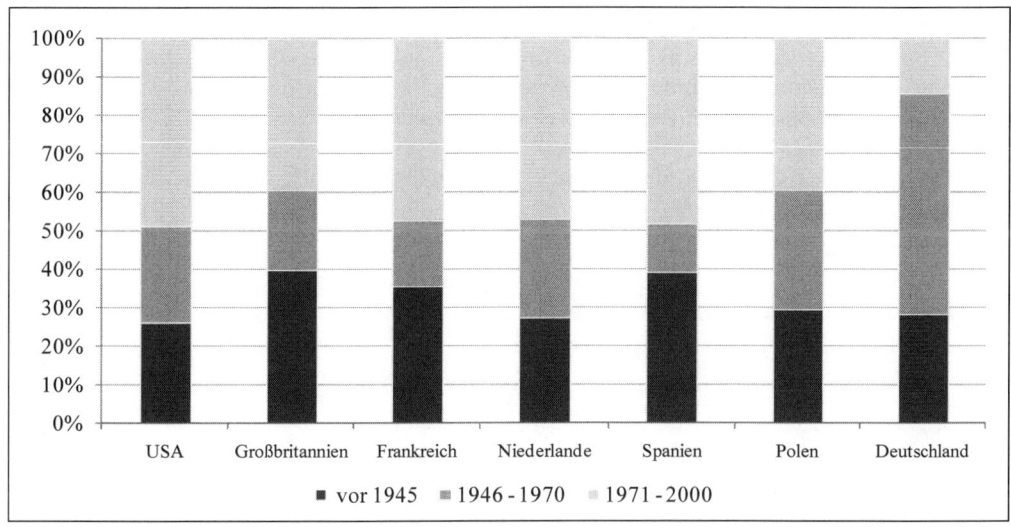

Alter der Wohnungen; Quelle: OECD-Studie, Calculations based on OECD Housing Market questionnaire, unter: www.oecd.org/eco/growth/47431120.xls, abgerufen am 04.12.2014

Das **Alter der Wohnungen** in den europäischen Ländern ist sehr unterschiedlich. In den
meisten Ländern dominieren Wohnungen jüngeren Datums aus den Jahren nach 1970. Der
Anteil ist in den USA größer als beispielsweise in Frankreich oder Spanien; vergleichsweise
gering ist er in Großbritannien oder Polen. Ab 1997 gab es in Spanien einen Wohnbauboom,
entsprechend ist der Großteil des Bestandes relativ neu. In Deutschland stammt über die
Hälfte der Wohnungen aus der Zeit von 1946 bis 1970, was durch die notwendigen Neubauten nach den Kriegszerstörungen zu erklären ist.

Zwischen dem **privaten und öffentlichem/sozialem Eigentum** innerhalb des Mietmarkts
gibt es deutliche Unterschiede. Der öffentliche Wohnungsbestand gehört und wird angeboten
von staatlichen, kommunalen oder unabhängigen Organisationen wie Wohnungsgenossenschaften. In diesen liegen die Mieten oftmals unter dem Marktniveau und/oder die Zuord-
nung der Mieter erfolgt durch nicht marktkonforme Mechanismen wie administrative Regelungen.

Beim Mietwohnungsmarkt gibt es sehr unterschiedliche Engagements des öffentlichen Sektors. In den USA werden Wohnungen zu über 80 % von privaten Eigentümern vermietet,
wohingegen Genossenschaften einen minimalen Anteil haben. In Großbritannien sind es gut
55 % öffentliche Vermieter, Frankreich kommt nur auf einen Anteil von knapp über 40 %. In
den Niederlanden werden etwa 80 % aller Mietwohnungen durch die öffentliche Hand vermietet. Zwei Drittel der Mieter mieten bei einer Wohnungsbaugesellschaft, während nur
14 % privat vermietet werden, wobei auch hier noch die Hälfte staatlichen Mietregulierungen
unterliegt. In Spanien gibt es einen dominanten privaten Vermietungsmarkt und Wohnungsgenossenschaften, die einen Anteil von 20 % am Markt aufweisen. In Polen sind es vor allem
öffentliche Vermieter und Wohnungsgenossenschaften, die fast 90 % des Mietmarktes ausmachen. (Quelle: OECD)

Sozialwohnungen sind typischerweise Mietwohnungen, auch wenn Eigentumswohnungen
in einigen Ländern wie Italien oder Spanien dazu zählen. In den meisten OECD-Ländern ist
die Steuerung zwischen den verschiedenen staatlichen Ebenen aufgeteilt. Dabei ist die natio-

nale Regierung verantwortlich für die übergeordnete Politik und das Budget, während die lokale Ebene eher die entsprechenden Programme verantwortet. Der Bestand ist vorwiegend im öffentlichen Besitz, direkt durch die Kommunen oder durch kommunale Unternehmen. In den USA besitzen Non-Profit-Unternehmen einen bedeutenden Anteil an den Sozialwohnungen. In Großbritannien sind ungefähr 20 % des gesamten Wohnungsbestandes Sozialwohnungen, einer der höchsten Anteile in Europa. Diese Wohnungen befinden sich u. a. in kommunalem Eigentum, etwa ein Drittel der Sozialwohnungen gehört speziellen, nicht gewinnorientierten Wohnungsbaugesellschaften (Registered Social Landlords, RSL). Für Frankreich wird geschätzt, dass über 4 Mio. Wohnungen Sozialwohnungen sind und damit rund 20 % der Hauptwohnsitze ausmachen. Sie sind vorwiegend Mietshäuser, die sich in der Region Paris und in industriellen Zentren im Norden Frankreichs konzentrieren. In den Niederlanden sind sogar ungefähr ein Drittel der Wohnungen Sozialwohnungen. Rund ein Fünftel des Bestandes sind in Polen Formen von Sozialwohnungen, wobei Wohnungsgenossenschaften den größten Anteil halten.

Wohneigentumsquote

Bei dem OECD-Ländervergleich zeigt die Eigentümerstruktur (Anteil der Eigentümer in allen Wohnungen) im Jahr 2009 deutliche Unterschiede auf. In der Schweiz (34,6 %) und Deutschland (45,8 % laut Zensus 2011) wohnt weniger als die Hälfte der Haushalte in den eigenen vier Wänden. Im europäischen Vergleich verfügt der niederländische Markt ebenfalls über eine relativ niedrige Eigentumsquote. Selbstgenutztes Wohneigentum ist besonders beliebt in Spanien (81 %), Italien, Großbritannien, Kanada, Australien und den USA (zwischen 60 und 70 %). In Ungarn und Rumänien wohnen sogar über 90 % der Menschen in den eigenen vier Wänden.

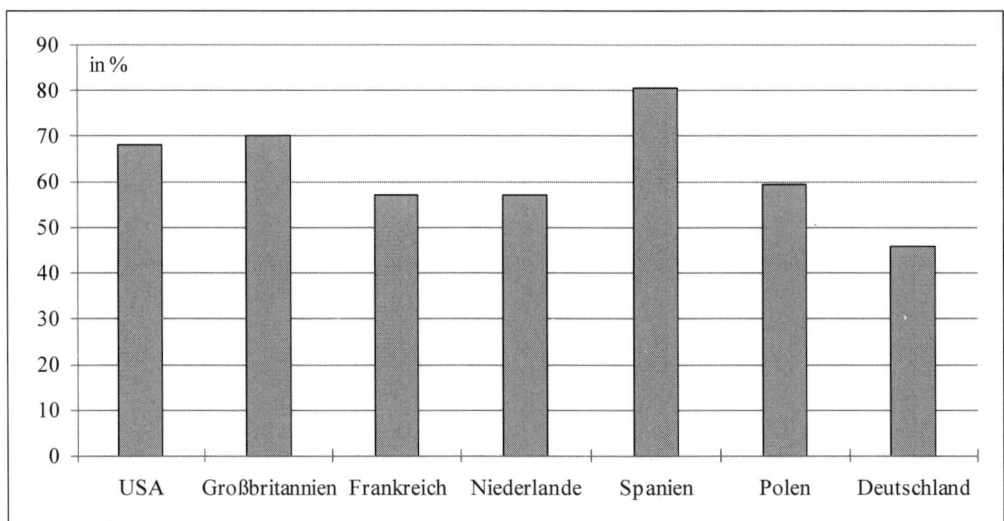

Abb. 6.26:   Wohneigentumsquoten 2009; Quelle: OECD-Studie, Calculations based on OECD Housing Market questionnaire, unter: www.oecd.org/eco/growth/47431120.xls, abgerufen am 06.08.2014

In den USA kam es seit Mitte der 1990er Jahre zu einem stetigen Anstieg der Wohneigen-tumsquote. Ab Mitte des vergangenen Jahrzehnts sinkt aber die Quote, was vor allem auf den Anstieg der Ausfälle bei den Hypothekarkrediten und wirtschaftlichen Unsicherheiten zu-rückzuführen ist.

Neben dem hohen Stellenwert von Wohneigentum in **Großbritannien** („An Englishman's home is his castle") hat auch die Politik den Trend zum Eigenheimerwerb gefördert. Die Regierung startete verschiedene Initiativen zur Verbesserung der Eigenheimbauaktivitäten. Zusammen mit Deregulierungen bezüglich Planungsvorlagen und an die Bauindustrie sowie durch weitere politische Einflussnahme – insbesondere unter Premierministerin Margaret Thatcher, die den Verkauf von Sozialwohnungen an die Mieter gefördert hat – wuchs die Quote auf heute rund 70 % (1951: knapp 30 %).

Die Eigentumsquote beträgt in **Paris** mit 25 % etwa die Hälfte des nationalen französischen Durchschnitts. Ein Markt für Einfamilienhäuser existiert im Stadtgebiet von Paris nur sehr eingeschränkt und im Wesentlichen für gebrauchte Objekte. In den **Niederlanden** wohnt gerade einmal die Hälfte der Bevölkerung im eigenen Haus. In den Städten ist die Quote noch niedriger, in Amsterdam sind es nur knapp 30 %.

Spanien hat mit gut 80 % eine der höchsten Eigentumsquoten Europas. Dies ist u. a. das Ergebnis verschiedener Wohnungsbauförderungs-Programme, mit denen die Behörden seit Mitte der 1960er Jahre auf die starke Migration von ländlichen Regionen in die Ballungs-räume reagierten (vor 1960 lebten nur circa 50 % der Spanier im Eigentum). Der spanische Staat fördert die Eigentumsbildung durch Vergabe günstiger Darlehen und durch die Gewäh-rung von Steuervorteilen, eine Förderung der Mietwohnungen findet dagegen kaum statt. Diese Steuervergünstigungen wurden aber in den vergangenen Jahren abgebaut. Eine weitere Ursache für die hohe Quote ist, dass ungefähr ein Viertel der Hauseigentümer noch eine Zweitwohnung besitzt.

Verschiedene Ursachen sind für die **unterschiedlich hohe Wohneigentumsquote** verant-wortlich. In Teilen Osteuropas erklärt sich die hohe Wohneigentumsquote zum Teil dadurch, dass Mieter nach dem Zusammenbruch des Ostblocks in staatlichen Wohnungen zu günsti-gen Konditionen Eigentum an ihrer Wohnung erwerben konnten. Bei den ehemaligen staatli-chen Beständen handelt es sich vornehmlich um Mehrfamilienhäuser und Plattenbausiedlun-gen, woraus eine andere Struktur des Wohneigentums als in den westlichen Ländern resul-tiert. Zusätzlich weisen einige Länder in Osteuropa, zum Beispiel Bulgarien, Rumänien oder Ungarn, noch immer eine deutlich geringere Urbanisierungsquote auf. Im Zuge der Industria-lisierung hat jedoch historisch die Urbanisierung zu hohem Bedarf an Mietwohnungen ge-führt. Daher kann der Urbanisierungsgrad eines Landes zumindest teilweise auch die Eigen-tumsquote in diesen Ländern erklären.

Oftmals wirken sich politische Eingriffe in das Marktgeschehen auf die Höhe der Eigen-tumsquote aus. Die Quote kann auch auf die unterschiedliche Förderpolitik der einzelnen Länder zurückgeführt werden. Teilweise bestand eine hohe staatliche Förderung des Miet-wohnungsbaus, sodass auch hierdurch die Wohneigentumsbildung beschränkt wurde. In Ländern mit einer niedrigen Eigentumsquote besteht üblicherweise ein relativ liberales Miet-recht und es gibt langfristig befriedigende Ertragserwartungen, sodass Investitionen in Miet-wohnungen attraktiv sind. Seit der Finanz- und Wirtschaftskrise hat hier teilweise ein Wandel stattgefunden. Aus politischer Sicht gilt Eigentum nicht mehr als die bevorzugte Wohnform, da zum einen die Folgen einer hohen Hypothekenlast gesehen werden. Zum anderen fehlen auch die öffentlichen Mittel zur weiteren Förderung.

Außerdem gibt es sozio-ökonomische Gründe für die verschiedenen Wohneigentumsquoten: Da Menschen mit hohem Einkommen überdurchschnittlich häufig Wohnungseigentümer sind, führen steigende Einkommen und günstige Arbeitsmarktaussichten tendenziell zu höheren Wohneigentumsquoten. Hinzu kommt, dass die relative Höhe von Hauspreisen sowohl zu Mieten als auch zu Einkommen die Wahl zwischen Eigentum und Miete beeinflusst. Wenn zusätzliches Bauland für Eigenheime knapp gehalten wird oder die relativen Baukosten für Eigenheime und Mietwohnungen stärker differieren, wirkt sich dies auf die Eigentumsbildung aus.

Teilweise sind die unterschiedlichen Quoten aber auch auf unterschiedliche statistische Methoden zurückzuführen. So wird in vielen Ländern nicht auf die Haushalte abgestellt, sondern auf die Zahl der Menschen, die im Wohneigentum leben, was den Vergleich schwierig gestaltet. Trotz großer Differenzen in der Mietstruktur besteht ein allgemeiner Trend zum Anstieg der Eigentumsquoten in vielen OECD-Ländern.

6.3.2   Nachfrage – Rahmenbedingungen und Trends

Die Wohnungsnachfrager sind die Haushalte, die aus einer oder mehreren Personen bestehen. Dabei fragen sie Wohnungen aus zwei Motiven nach: zum einen Wohnungen zur Miete und zum anderen im Rahmen von Käufen zur Selbstnutzung oder zur Kapitalanlage. Der Kauf von Wohnungsportfolios durch institutionelle Anleger wird hier nicht weiter betrachtet. Die Nachfrage der Haushalte hängt von verschiedenen mittel- und langfristigen Faktoren ab. Wesentliche Einflussfaktoren auf die Nachfrage nach Wohnungen bestehen in der demografischen Entwicklung, der Einkommenshöhe der Haushalte und deren Entwicklung sowie dem staatlichen Einfluss. Weitere länderspezifische Institutionen sind wesentliche Treiber für das Niveau und die Struktur der Nachfrage nach Wohnungen.

Demografischer Einfluss

Die Veränderungen in der Bevölkerungszahl und dabei insbesondere die **Haushaltszahl und -struktur** sind wichtige Einflussfaktoren für die Wohnungsnachfrage und auch für die Wertentwicklung. Starkes Bevölkerungswachstum war z. B. in Irland und Spanien verantwortlich für den Hauspreisanstieg zum Jahrtausendbeginn. Während der Wohnungsmarkt durch die natürliche Haushaltsentwicklung langfristig beeinflusst wird, kommt es durch Migration eher zu kurz- bis mittelfristigen Veränderungen. Das durch Migration ausgelöste Bevölkerungswachstum führt c. p. zu kurzfristig höheren Hauspreisen. Die Struktur der Haushalte wiederum beeinflusst die Nachfrage nach verschiedenen Wohnungstypen: so sind z. B. jüngere, einkommensschwache und kleinere Haushalte verglichen mit anderen Haushaltstypen eher Mieter.

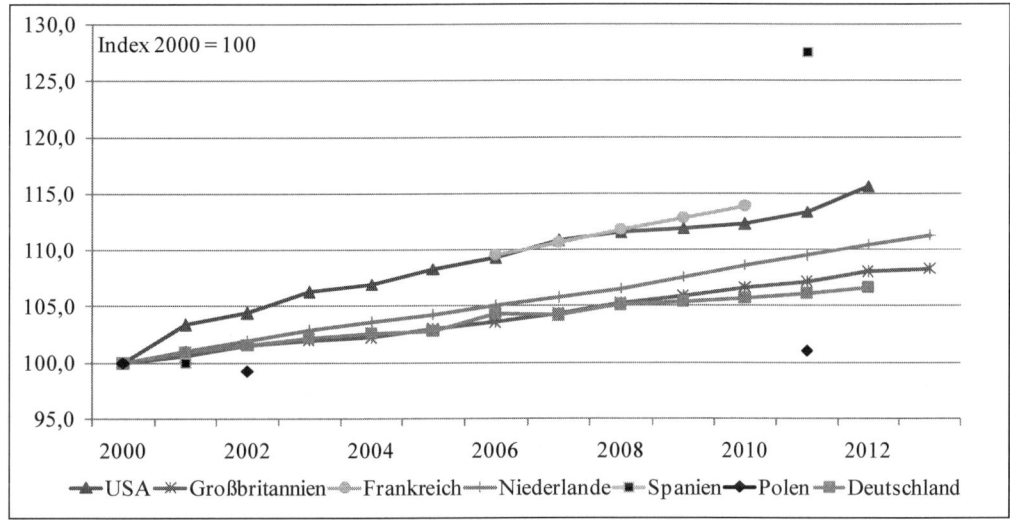

Abb. 6.27:   Entwicklung der Haushaltszahlen; Quelle: UNECE Statistical Database, unter:
              http://w3.unece.org/pxweb/Dialog/varval.asp?ma=08_GEFHPrivHouse_r&ti=Private+households+by+
              Household+Type%2C+Measurement%2C+Country+and+Year&path=../Database/STAT/30-GE/02-,
              abgerufen am 06.08.2014

Bei der **Zahl der Haushalte** kommt es in **Großbritannien** aufgrund der Zuwanderungen zu sehr positiven Prognosen. Der Druck auf den Häusermarkt wird daher anhaltend hoch bleiben. Für die nächsten 20 Jahre wird nach den Regierungsprognosen erwartet, dass die Zahl der Haushalte um ca. 6,3 Mio. und damit um rund 30 % über dem Niveau von 2006 liegt. Aufgrund der Alterung wird ein hoher Anteil davon Ein-Personen-Haushalte in der älteren Bevölkerungsgruppe sein. In **Frankreich** wird ein Zuwachs in ähnlicher Höhe erwartet. Aufgrund der sinkenden Haushaltsgröße wird die Haushaltszahl mehr als doppelt so stark wie die Bevölkerung ansteigen. Auch die Alterung der Bevölkerung trägt u. a. über den Remanenzeffekt zu einer wachsenden Haushaltsanzahl bei. Es wird daher mit einem Neu-baubedarf von rund 450.000 Wohnungen pro Jahr gerechnet.

Die Finanz- und Wirtschaftskrise hat insbesondere in **Spanien** zu starken demografischen Effekten geführt. Spanien erlebt aktuell eine Nettoauswanderung von jungen Menschen, nach dem vor der Krise die Zahl der Haushalte stark angestiegen war (siehe Abbildung 6.27). 2013 sank die Zahl der 15–30-Jährigen (und damit der potentiellen Käufer) um 3,1 % bzw. knapp 500.000 Einwohner. Zusammen mit einer der niedrigsten Geburtenraten in der EU wird ein Bevölkerungsrückgang von der Spitze von 46,7 Mio. (2012) auf nur noch 45,9 Mio. zum Ende des Jahrzehnts erwartet.

Die **durchschnittliche Haushaltsgröße** in den **USA** sank seit 1970 von 3,1 auf 2,5 Personen im Jahre 2000. In **Frankreich** beträgt sind es 2,3 Personen, mit abnehmender Tendenz. Auch in **Spanien** ist die Wohnraumbelegung rückläufig, mit durchschnittlich 2,9 Personen pro Haushalt (2003) liegt sie aber noch deutlich über dem EU-Wert.

Ökonomische Einflüsse

Die Nachfrage hängt zudem von der **Höhe und der Entwicklung der Einkommen** ab. Auch Unsicherheiten über die zukünftige Entwicklung der Einkommen beeinflussen die Nachfrage. Der Anteil der Ausgaben für Wohnen ist in den meisten von der OECD beobachteten Staaten angewachsen, was auch teilweise die gestiegenen Hauspreise widerspiegelt. Bei einem Anstieg der verfügbaren Einkommen kommt es zu einer steigenden Nachfrage und somit c. p. kurzfristig zu einem Preisanstieg. Auch durch eine sinkende Arbeitslosigkeit (langfristig), die die wirtschaftlichen Perspektiven der Haushalte verbessert, erhöht sich die Nachfrage.

Sinkende **Zinsen** lösen aufgrund der geringeren Belastung für die Haushaltseinkommen positive Impulse für die Wohnimmobilienmärkte aus. Dabei haben kurzfristige Zinsen einen stärkeren Einfluss in Ländern, in denen eine variable Verzinsung dominiert. Die langfristigen Zinsen haben stärkere Wirkungen bei festen Zinssätzen. Auch die Konkurrenzsituation im Bankensektor beeinflusst den Wohnungsmarkt, da bei starker Konkurrenz Zinssenkungen der Zentralbanken eher an die Kunden weitergegeben werden und die Kreditkonditionen c. p. niedriger sind.

Außerdem führen **Deregulierungen** der Finanzmärkte und Innovationen bei den Finanzprodukten zu einem merklichen Anstieg der Nachfrage nach Wohnimmobilien. Die OECD geht davon aus, dass Deregulierungen durchschnittlich für ein Drittel des Preisanstiegs in den betrachteten Ländern verantwortlich sind. In zahlreichen OECD-Ländern führten Liberalisierungen dazu, dass die Anforderungen bezüglich Anzahlungen oder Sicherheiten für die Haushalte reduziert wurden. Langfristig sind z. B. die Loan-to-Value-Ratios (Beleihungsauslauf) nachhaltig angestiegen, auch wenn länderspezifische Unterschiede weiterhin gegeben sind. Die Anzahlungsbedingungen beeinflussen vor allem ärmere und jüngere Haushalte, da diese weniger Zeit haben, um entsprechendes Kapital zu akkumulieren. So stieg die Eigentumsquote bei jüngeren Haushalten besonders in den Ländern, in denen die LTVs angestiegen sind.

Schließlich beeinflusst das **Steuersystem** die Nachfrage nach Wohnungen, was sich aber in den einzelnen Ländern unterschiedlich zeigt. Grundsätzlich wird Wohneigentum z. B. dadurch bevorteilt, dass bei der Besteuerung nicht der Marktwert der Immobilien angesetzt wird, sondern ein Schätzwert. Üblicherweise werden eigengenutzte Wohnungen bevorzugt, weil Steuern reduziert werden können oder Steuerausnahmen für zugerechnete Mieteinnahmen bzw. entsprechende Kapitalerträge möglich sind. Kalkulatorische Mieteinnahmen werden normalerweise nicht besteuert, bis auf wenige Ausnahmen wie in Luxemburg, den Niederlanden oder der Schweiz. Darüber hinaus können Kreditzinsen oft von der Steuer-Bemessungsgrundlage abgezogen werden. Das führt aber üblicherweise dazu, dass diese Steuerersparnis beim Hauspreis kapitalisiert wird. Zusätzlich sind in den meisten OECD-Staaten realisierte Gewinne aus dem Hausverkauf steuerbefreit. Allerdings verzerren Transaktionssteuern beim Hauskauf die Nachfrage nach Wohnungen.

Die **Transaktionskosten** beim Hauskauf differieren stark zwischen den einzelnen Ländern der OECD. Transaktionskosten können sowohl beim Verkäufer und beim Käufer als auch nur bei einer Marktpartei anfallen. Diese Kosten enthalten eine Vielzahl von unterschiedlichen Steuern und Gebühren, wie Transfersteuern (z. B. Stamp duties), Registrierungsgebühren und Notargebühren oder ähnliche staatliche Gebühren sowie ggf. Maklerhonorare. Relativ hoch sind diese Kosten in Spanien und Frankreich und signifikant niedriger in Großbritannien und den USA. Die Transaktionskosten können negative Auswirkungen auf die Anzahl der Transaktionen haben und die Liquidität am Wohnungsmarkt negativ beeinflussen.

Tab. 6.1:   Internationaler Vergleich von Transaktionskosten[1]; Quelle: RWI, 2011, S. 5

Land	Transaktionskosten
Großbritannien	13.800 Euro
Schweden	19.600 Euro
Irland	19.900 Euro
Deutschland (NRW 2011)	25.100 Euro
Niederlande	25.900 Euro
Frankreich	37.700 Euro
Spanien	46.400 Euro

[1] Kosten für Makler, Baugutachten, Registerinformationen (Grundbucheintragung), Anwalts- und Notarkosten, Grunderwerbsteuer) bei einem Kaufpreis von 300.000 Euro

Exkurs: Grunderwerbsteuer in Großbritannien
Für die Regierung in Großbritannien ist die Grunderwerbsteuer eine relativ sichere Einnahmequelle. Zum einen ziehen die Bewohner der britischen Inseln gerne und häufig um. Durchschnittlich wird jedes Einfamilienhaus und jede Eigentumswohnung wenigstens einmal in sieben Jahren verkauft. Zum anderen steigen die Immobilienpreise nicht nur in London, sondern in weiten Teilen des Landes kontinuierlich, sodass immer mehr Transaktionen in höhere Steuersätze gleiten. In den zwölf Monaten bis Ende Juni des Jahres 2014 hat der britische Staat landesweit erstmals mehr als 10 Mrd. GBP oder umgerechnet 12,5 Mrd. Euro an Grunderwerbsteuer eingenommen.
Für die überwältigende Mehrzahl der Käufe von Wohnimmobilien sechs verschiedene Steuersätze, die ausnahmslos vom Kaufpreis abhängen. Bei einem Kauf durch Privatpersonen wird bis zu einem Preis von 125.000 GBP überhaupt keine Steuer erhoben. Von diesem Wert bis zu 250.000 GBP ist es 1 %. Von 250.000 bis 500.000 GBP sind es 2 %, bis zu 925.000 Mio. GBP 5 %, bis zu 1,5 Mio. GBP 10 % und über 2 Mio. GBP 12 % sogenannter SDLT (Stamp Duty Land Tax).
Diese neuen Steuersätze gelten seit Dezember 2014 und danach sinkt die Steuerlast bei niedrigen Hauspreisen, bei einem teuren Objekt, z. B. ab 5 Mio. GBP sind es sogar 47 % Mehrbelastung.
Wenn der Käufer ein Unternehmen ist, was gerade bei Käufen durch Ausländer aus vielfältigen Gründen bis bin zur Vermeidung der Erbschaftsteuer relativ häufig vorkommt, dann gelten die genannten Steuersätze nur bis zu einem Kaufpreis von 500.000 GBP. Liegt der Kaufpreis höher, so beläuft sich die Grunderwerbsteuer auf 15 %. Es gibt hier allerdings eine Reihe von Ausnahmen. So sind etwa bei Käufen im Namen einer Firma nur 7 % Grunderwerbsteuer zu bezahlen, wenn die erworbenen Wohneinheiten vermietet werden sollen. Handelt es sich um Gewerbeobjekte, so gelten Steuersätze, die je nach Kaufpreis von 0 bis zu 4 % ab einem Preis von 500.000 GBP reichen.. (Vgl. FAZ v. 29.08.2014)

Hohe Kaufnebenkosten können durch Mieten umgangen werden und wirken daher tendenziell in Richtung einer niedrigeren Eigentumsquote. Doch auch dieser Effekt ist allenfalls gering: Die Transaktionskosten in Spanien sind höher als jene in Deutschland. Trotzdem weist Spanien eine deutlich höhere Eigentumsquote auf als Deutschland.

Der **Staat** kann die Wohnungsnachfrage (insbesondere der ärmeren Haushalte) auf vielfältige Weise unterstützen, wobei das direkte Angebot an Sozialwohnungen nur ein Weg ist. In vielen Staaten gibt es finanzielle Unterstützung für diese Haushalte. Das kann zum einen in Form direkter Unterstützung für arme Haushalt unabhängig vom Arbeitsverhältnis erfolgen; zum anderen als Teil von Sozialleistungen. In den ersteren Ländern ist dies darauf zurückzuführen, dass in diesen Ländern ein Großteil der Bevölkerung Hausbesitzer sind. In einigen Staaten existieren beide Maßnahmen. In Spanien erhält 1 % der Haushalte Mietunterstützung; in Großbritannien, am anderen Ende der Skala, sind es 18 %. (OECD, S. 54)

Länder- und Marktberichte

Die Nachfrage nach Wohnimmobilien in den **USA** war zwischen 2008 und 2012 durch starke strukturelle Faktoren belastet. Hohe Arbeitslosigkeit, niedrige Lohnzuwächse, sinkende verfügbare Einkommen und restriktivere Kreditvergabe waren hier unter anderem zu benennen. Vor allem die Erstkäufer hatten es schwer eine Wohnung zu kaufen, da sie in der Regel ein schlechteres Kredit-Rating haben und keine oder nur eine sehr teure Hypothek bekamen. Belastet war die Nachfrage zudem durch die gesunkene Haushaltsgründung. Diese fiel im Zuge der Rezession und hat sich noch nicht erholt. Dagegen hat sich die Lage auf dem Arbeitsmarkt verbessert und auch das niedrige Zinsniveau führt nun seit dem Jahr 2012 zu einer Belebung der Nachfrage. (Quelle: Marcus & Millichap)

Sowohl die letzte als auch die jetzige Regierung in **Großbritannien** hatten verschiedene Maßnahmen (z. B. „Help to buy") beschlossen, um die Nachfrage und auch die Fertigstellungen zu stimulieren. Auch die wirtschaftliche Erholung, eine sinkende Arbeitslosenquote und eine expansive Geldpolitik belebten die Nachfrage.

Die Nachfrage in den **Niederlanden** wurde in den letzten Jahren stark durch staatliche Maßnahmen unterstützt, wenn auch einige davon in der Zwischenzeit reformiert wurden. Aufgrund des Hypothekenzinsabschlags („hypotheekrenteaftrek") konnten Hausbesitzer über einen Zeitraum von maximal 30 Jahren die gesamten Darlehenszinsen von der Steuer absetzen. In der Zwischenzeit erfolgten aufgrund der negativen Erfahrungen mit dem niederländischen Hauspreisboom und dem Platzen dieser Blase Reformen. Durch Deregulierungen des Finanzmarktes wurden neue Finanzprodukte wie ablösefreie Darlehen angeboten, bei denen nur Zinsen gezahlt werden. Darüber hinaus gibt es staatlich abgesicherte Garantieregelungen („Nationale Hypotheek Garantie"), wobei ein staatlicher Garantiefonds das Risiko für Darlehen übernimmt. (Quelle: Uni Münster NiederlandeNet)

In **Polen** kam es in den Jahren nach dem Ende der Planwirtschaft zu einer boomenden Nachfrage nach Häusern und Wohnungen. Das hohe Wirtschaftswachstum führte zu einem starken Einkommensanstieg, hinzu kamen sinkende Hypothekenzinsen und es wurden viele Fremdwährungskredite aufgenommen. Darüber hinaus wurde der Marktzutritt für ausländische Investoren mit dem EU-Beitritt erleichtert, sodass ausländische Kapitalanleger in polnische Wohnungen investierten. Die Finanz- und Wirtschaftskrise führte zu einem Nachfrageeinbruch. Bis heute bleibt die Nachfrage hinter dem Angebot zurück, was sich negativ auf die Preise auswirkt.

6.3.3   Marktergebnis

Die Daten über die Marktergebnisse des Wohnungsmarktes stammen sowohl aus staatlichen als auch privatwirtschaftlichen Quellen, diese unterscheiden sich je nach betrachtetem Land. **Großbritannien** hat z. B. ein zentrales Grundbuchamt (Land registry). Das zentrale Grundbuchamt veröffentlicht regelmäßig Übersichten über die Preisentwicklung für Immobilien in allen Landesteilen. Diese Übersichten sind sehr präzise und lückenlos, während die von anderen Seiten – vor allem den großen Hypothekenbanken – veröffentlichten Preisentwicklungsübersichten lediglich jene Transaktionen enthalten, die von diesen Unternehmen finanziert worden sind. Der Nachteil der Veröffentlichungen des zentralen Grundbuchamts ist allerdings, dass sie erst relativ spät nach Quartals- oder Jahresende verfügbar sind.

Anzahl der Wohnungskäufe

Sowohl die Verkäufe von bestehenden als auch von neuen Wohnimmobilien in den **USA** haben sich in den letzten drei Jahren deutlich erholt. Die Entwicklung der Neubauverkäufe ist jedoch sehr unstet. Die Anzahl der Verkäufe von bestehenden Häusern ist wieder auf dem Niveau vor dem Immobilienmarktboom. Aktuell sind zwar Neubauten weiterhin signifikant teurer als Bestandsimmobilien, jedoch hat sich das Verhältnis normalisiert. Seit Jahresbeginn 2013 stagniert die Zahl der Verkäufe neuer Häuser.

In **Großbritannien** fielen die Transaktionen aufgrund der Finanz- und Wirtschaftskrise um rund zwei Drittel des Niveaus von 2008. Nur in London war aufgrund des starken internationalen Engagements kein so starker Einbruch festzustellen. Größtenteils ist landesweit das Niveau von vor der Krise noch nicht wieder erreicht. Die Nachfrage nach Apartments kommt dabei zunehmend aus Asien, so wird geschätzt, dass mittlerweile rund 15 % aller Käufe in London durch chinesische Käufer erfolgen.

Im Gegensatz dazu kam es in **Frankreich** zu einer schnellen Erholung. Zwar fielen die Transaktionen 2009 um fast 30 %, stiegen dann aber rasch wieder an. Seit Anfang 2012 war aber ein erneuter Rückgang zu verzeichnen, der erst in 2013 in eine stabile Entwicklung auf niedrigem Niveau überging.

Nach ihrem Hochpunkt in 2006 gingen die Wohnungsverkäufe in den **Niederlanden** deutlich zurück. Im Jahr 2010 lagen sie um 40 % unter dem Peak. Im Jahr 2013 sind sie nochmals um ein Drittel gesunken.

In **Spanien** wirkte sich die Finanz- und Wirtschaftskrise besonders stark auf den Wohnimmobilienmarkt aus. Die Transaktionen fielen um ungefähr die Hälfte des Spitzenniveaus. 2013 ist jedoch eine Stabilisierung auf dem Niveau von 2004 eingetreten; 2014 stieg die Anzahl der Transaktionen wieder an.

Der Höhepunkt der Transaktionen im Jahr 2008 konnte in **Polen** noch nicht wieder erreicht werden. Nach der Finanz- und Wirtschaftskrise kam es zu einem merklichen Einbruch bei den Verkäufen. Im letzten Quartal 2013 wurde mit über 10.000 Transaktionen das beste Ergebnis seit dem Jahresanfang 2007 erzielt.

Wohnungsleerstand

Wohnungsleerstand
Der Leerstand bezeichnet nicht vermietete, aber unmittelbar beziehbare Flächen in Neubauten und Bestandsobjekten.
Die Leerstandsquote ist der Anteil der Wohnungen in Wohngebäude und sonstige Gebäude
mit Wohnraum, welcher leer steht.

Die Höhe und die Entwicklung des Wohnungsleerstandes haben für den Wohnungsmarkt
wichtige Funktionen. Die Entwicklung dieses Indikators zeigt die Tendenzen der allgemeinen Wohnungsmarktlage und der verschiedenen Teilmärkten und Regionen auf. Ein hohes
Leerstandsniveau weist auf eine erhebliche Störung der Funktionsfähigkeit des Wohnungsmarktes hin. Die absolute Höhe der Leerstände hat eine hohe wirtschaftliche/finanzielle
Bedeutung für die Eigentümer, da dadurch zum einen Einnahmen fehlen und zum anderen
bei einem eventuellen Rück- bzw. Umbau Kosten anfallen. Um das Ausmaß des Leerstandes
interregional vergleichbar zu machen, wird die Leerstandsquote als Verhältnis des festgestell-
ten Leerstandes zum Gesamtbestand einer bestimmten Immobilienart berechnet.

Länder- und Marktberichte

Die Leerstandsquote differiert zwischen den Ländern. In den **USA** befindet sich der Über-
hang an Wohnungsbeständen laut DekaBank wieder auf dem langfristigen Trend und die
Leerstände von Miet- und Eigentumswohnungen sind von 11 % auf 8 % gefallen. In **Frankreich** stehen 2,4 von 33,3 Mio. Wohnungen leer, also rund 7 %.

In **Spanien** sind die Quoten nach Angaben der DekaBank überdurchschnittlich hoch. Dies ist
darauf zurückzuführen, dass es einen hohen Anteil Zweitwohnungen, demografische Einflüsse und regulatorische Hindernisse gibt, die den Leerstand fördern. Auch unter Berücksichtigung dieser Faktoren kommt die OECD-Studie zu dem Ergebnis, das der Leerstand in Spani-
en vergleichsweise überdurchschnittlich ist. Es wurde deutlich, dass in Spanien das Wohnungsangebot die Nachfrage bei Weitem überschritt – die Folge sind hohe Wohnungsleer-
stände. Aktuell stehen, je nach Schätzung, 700.000 bis 1.200.000 Wohnungen leer.

Wohnungspreise

Weitere wichtige Marktergebnisse des Wohnungsmarktes sind die **Preise**, die Indikatoren für
die relativen Knappheiten auf den jeweiligen Wohnungsteilmärkten sind. Die Entwicklung
der Indikatoren zeigen an, ob ein Markt ausgeglichen bezüglich Angebot und Nachfrage ist
oder ob es einen Angebots- oder Nachfrageüberschuss gibt.

Kaufpreis
Der Kaufpreis ist der in Geldeinheiten ausgedrückte Wert für ein Haus oder eine Wohnung,
der zwischen Verkäufer und Käufer bei einem tatsächlichen Verkauf ausgehandelt wird.

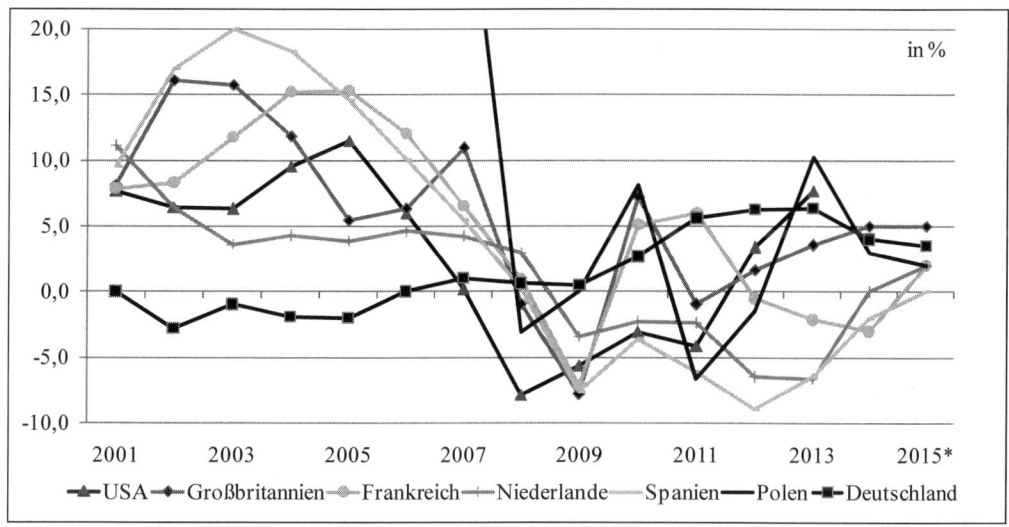

Abb. 6.28:   Hauspreisentwicklung; Quelle: OECD Economic Outlook No. 95, 2014, unter: http://www.oecd-
             ilibrary.org/economics/house-prices_2074384x-table17, abgerufen am 06.11.2014

Um eine bessere Veranschaulichung in Abbildung 6.28 zu erreichen, wird die Hauspreisentwicklung in Polen im Jahr 2007 (plus 32,8 %) nicht dargestellt. Frühere Werte sind für Polen
bei der OECD nicht verfügbar.

Länder- und Marktberichte

Von Knight Frank wird der **Global House Price Index** veröffentlicht, der 2013 um 8,4 %
und im Jahr zuvor um 4,6 % angestiegen war. Der Zuwachs 2013 war der höchste seit Mitte
der 1990er Jahre, dem Startpunkt der Indexberechnung. Der Anteil der Märkte mit Zuwäch-
sen ist in den letzten Quartalen kontinuierlich angestiegen und nur noch ein Drittel der Märkte wies Preisrückgänge auf. Zurückzuführen ist dies auf die verbesserten Beschäftigungsaus-
sichten und die anhaltend niedrigen Zinsen in Europa und den USA, die insgesamt zu einem
steigenden Käufervertrauen geführt haben. Der Preisverfall bei den Häusern setzte als Folge
der Subprime-Krise in den USA ein und führte zu einem deutlichen Rückgang weltweit.
Portugal und Irland waren zum Jahresende 2006 als erste betroffen, danach Großbritannien,
Lettland und Dänemark, während 2007 Frankreich und Griechenland und sowie 2008 Hongkong betroffen waren. Im Durchschnitt sanken die Hauspreise während der Jahre 2007 und
2008 weltweit um fast 20 %. Seit dem Jahr 2009 kam es aber wieder zu einer Aufwärtsbewegung, die im Durchschnitt weltweit bei rund 10 % lag. In **Dubai** waren in den letzten beiden
Jahren die Steigerungsraten bei den Hauspreisen weltweit am höchsten, der Preis zum Jahresende 2013 lag aber noch um ein Viertel unter dem Spitzenwert von 2008.

Nach der **Studie Wirtschaftsfaktor Immobilien 2013** (S. 156) haben sich bei den Veränderungen der Wohnungspreise in ausgewählten OECD-Ländern für den Zeitraum 1995 bis
2012 drei Gruppen unterschiedlicher Wohnpreiszyklen herauskristallisiert. Die erste Gruppe
sind die „Boom-Bust"-Länder: insbesondere die USA, die Niederlande, Dänemark und Spanien. Nachdem die Wohnungspreise in den Jahren 1996 bis 2006 kräftig stiegen, waren von
2008 bis 2012 deutliche Wertverluste zu verzeichnen.

Auch in der zweiten Gruppe hatten die Immobilienpreise von Ende der 1990er Jahre bis 2008 zugelegt, allerdings ist bei ihnen nach 2008 bis zum Jahr 2012 kein Einbruch zu verzeichnen. In diesen Ländern gab es einen „Boom ohne Bust". Die Preise stagnierten in den letzten Jahren in Kanada, Australien, Schweden, Belgien, Frankreich und Großbritannien. In Australien und Kanada sind sogar bis zum Ende der hier erfassten Zeitreihe weiterhin steigende Preise zu beobachten.

In der dritten Gruppe mit Deutschland, der Schweiz und Japan ist im gesamten Betrachtungszeitraum kein Boom zu verzeichnen. In diesen Ländern verändern sich die Wohnungspreise mit vergleichsweise geringen, meist einstelligen jährlichen Wachstumsraten über weite Teile des Betrachtungszeitraums. Japan und die Schweiz haben bis Ende der 1980er Jahre einen Immobilienpreisboom erlebt. Die Schweiz hat darauffolgend eine scharfe Korrektur bis Mitte der 1990er Jahre durchlaufen, während die Korrektur der Immobilienpreise in Japan weniger schnell vonstatten ging und bis in das Ende des Beobachtungszeitraums 2012 hineinreicht. In der Schweiz zeigen die Immobilienpreise seit dem Jahr 2000 wieder einen positiven Trend.

In der **Patrizia-Studie** wird die **langfristige Preisentwicklung** für Wohnhäuser in Europa seit dem ersten Quartal 2008 betrachtet, dabei können zwei Marktgruppen unterschieden werden. Auf der einen Seite sind es die Märkte, deren Hauspreise im Jahr 2013 auf dem gleichen oder einem höheren Niveau liegen als 2008. Und auf der anderen Seite stehen die Märkte, die seit 2008 einer (deutlichen) Preiskorrektur ausgesetzt waren. Mit Ausnahme von Norwegen lagen die Preissteigerungen in der ersten Gruppe in diesem Zeitraum zwischen 0 und etwa 20 %. Diese Entwicklung zeigt einen moderaten Anstieg der Hauspreise, im Allgemeinen weniger als 4 % p. a. Im Gegensatz zu den Entwicklungen in der ersten Gruppe zeigen die Wohnungsmärkte in der zweiten Gruppe nach sehr starken Preisanstiegen in den Jahren vor der Krise seit dem ersten Quartal 2008 eine teilweise dramatische Preiskorrektur – also eine Preisstruktur, wie sie typisch für eine Blase ist. Besonders in Irland und Spanien war nach Preisrückgängen von ungefähr 50 bzw. 30 % die Korrektur bei Hauspreisen einschneidend. Die Preisentwicklung der letzten Jahre zeigt eine verzögerte Reaktion auf Veränderungen am Arbeitsmarkt und bei der Bautätigkeit. Oft hängt die Stabilisierung der Preisbewegungen in Ländern mit starkem Preisverfall direkt mit regierungsseitigen Maßnahmen zusammen.

Länder- und Marktberichte DekaBank

Nach dem Platzen der Immobilienblase in den **USA** befindet sich der Markt für Wohnimmobilien in der Erholungsphase, ist aber noch weit von den Hochs vergangener Jahre entfernt. Die Hauspreise, die schon 2012 anstiegen, wuchsen auch 2013 merklich. Die Preisentwicklung hatte auch regional an Breite gewonnen. Die starke Erholung der Hauspreise in den USA wurde durch die sehr expansive Geldpolitik sowie durch die staatlichen Eingriffe in den Hypothekenmarkt gestützt. Vor allem das Home Affordable Refinance Program (HARP) und das Home Affordable Modification Program (HAMP) sind hier zu nennen, wobei die Ausweitung des HARP im letzten Jahr den Aufschwung im Wesentlichen initiiert hat.

Vor der Finanz- und Wirtschaftskrise boomte der Häusermarkt in **Großbritannien** für mehr als ein Jahrzehnt, sodass die Hauspreise mehr als doppelt so hoch wie 10 Jahren zuvor waren. Die Krise führte aufgrund der Rezession und einem plötzlichen Rückgang bei der Hypothekenverfügbarkeit zu dem verglichen mit anderen großen europäischen Staaten stärksten

Preiseinbruch, der europaweit sehr früh einsetzte und recht lange andauerte. Die durchschnittlichen Hauspreise in Großbritannien sind laut Nationwide aufgrund der Krise um 20 % gefallen, stagnierten zwischen 2010 und 2012 und steigen seit diesem Jahr wieder an. Damit war der Durchschnittspreis im Herbst nur noch ca. 10 % unter dem Allzeithoch. Während sich die Preise in den Regionen im Norden vom Tief nur leicht erholt haben, stiegen die Preise in London seit 2009 um 28 % an und liegen wieder nah dem Allzeithoch.

Die positivere Entwicklung in **London** ist teilweise auf die gestiegene ausländische Nachfrage und vor allem auf die starke wirtschaftliche Entwicklung in der Stadt zurückzuführen. Der Knight Frank Prime Wohnimmobilienindex für **London-Central** war 2008 deutlich gefallen, die Erholung setzte jedoch schon im Frühjahr 2009 wieder ein. Bereits im März 2011 wurde das Vorkrisenniveau wieder erreicht und bis heute weist der Index starke Wachstumsraten von 11,3 % p. a. (2010 bis 2013) auf. London als finanzwirtschaftliches Zentrum in Europa profitiert nicht nur von der realwirtschaftlichen Erholung, sondern auch von der Erholung an den Finanzmärkten. Zudem haben auch die Olympiade 2012, die niedrigen Zinsen, das schwache GBP und die Funktion als Global City von London-Prime-Objekten die Nachfrage nach Wohnimmobilien durch heimische und ausländische Investoren beflügelt. Auf dem Londoner Wohnungsmarkt betrug 2013 laut Savills der durchschnittliche Wohnungspreis bei den obersten 10 % Wohnungskäufen 1,2 Mio. GBP, was gegenüber 2007 eine Steigerung von rund einem Drittel darstellt. Der durchschnittliche Preis lag bei 460.000 GBP und stieg um 44 %. Im unteren Zehntel lag der Kaufpreis bei knapp 200.000 GBP und die Steigerungsrate betrug gegenüber 2007 über 60 %.

Frankreichs Wohnungsmarkt ist sehr heterogen. Die höchsten Preise und Mieten werden in Paris erzielt, mit großem Abstand folgen die Provinzstädte und danach die ländlichen Gemeinden. Auch auf dem Land gibt es erhebliche Preisunterschiede. So steigen die Preise im ländlichen Raum generell mit zunehmender Nähe zum Meer. Bevorzugte Wohngegenden in Paris sind traditionell das 7., 16. und 17. Arrondissement, in denen sich die Wohnungspreise im oberen Rahmen bewegen. Das teuerste Arrondissement für den Erwerb ist aber mittlerweile das als sehr chic geltende, ehemalige Literatenviertel des 6. Arrondissements. Die relativ größten Kaufpreissteigerungen konnten bisher im traditionell preisgünstigen 19. Arrondissement beobachtet werden. In den 10 Jahren vor 2007 boomte der Häusermarkt, es kam zu einer Verdopplung der Preise. Ein halbes Jahr später als in Großbritannien setzte dann aber auch in Frankreich der Preisrückgang ein. Dieser war im Vergleich zu den vorangegangenen Steigerungen relativ moderat. Erst in 2015 ist wegen des strukturellen Angebotsdefizits und der niedrigen Zinsen mit einer Stabilisierung zu rechnen.

Durch die wirtschaftlich sehr günstige Periode Ende der 1990er Jahre in den **Niederlanden** ist die Nachfrage nach Wohnungseigentum auf einem durchweg hohen Niveau geblieben. Als Ergebnis dieser Entwicklungen sind die Wohnungspreise seit 1995 teilweise drastisch gestiegen und zeigten 1998 und 1999 zweistellige Zuwachsraten. Nach einem flacheren Verlauf des Preisanstiegs in den Jahren 2001 bis 2003 waren bis 2008 wieder deutliche Preisanstiege zu verzeichnen. Dies war u. a. darauf zurückzuführen, dass Wohnungskäufer auch Finanzierungen von über 100 % des Hauswertes durchführen konnten. Danach setzte ein teilweise drastischer Rückgang ein, der auch noch 2013 anhielt. Erst 2014 ist wieder mit einer Stagnation auf niedrigem Niveau zu rechnen, ungefähr 20 % unter dem von 2008. Auch das Hauspreis-Miete-Verhältnis liegt aufgrund des Mietanstiegs nur noch knapp über dem langfristigen Durchschnitt. Das gilt ebenfalls für das Hauspreis-Einkommens-Verhältnis, sodass die Übertreibungen bei den Preisentwicklungen vermutlich vorüber sind.

Wohnungspreise in **Spanien** zeigten bis 2007 jedes Jahr deutliche Steigerungen mit dem Höhepunkt im Jahr 2003, in welchem der Anstieg 17 % betrug. Diese Preissteigerungsraten führten während des Booms insgesamt zu einer Verdreifachung der Wohnungspreise. Ein deutlicher Rückgang setzte im Jahr 2008 ein und hielt in den Folgejahren an. Preisrückgänge von mehr als 10 % gegenüber dem Vorjahr wurden pro Jahr registriert. Der Wohnimmobilienmarkt erscheint auch heute noch hinsichtlich der Vergleichsgrößen Miete und Einkommen deutlich überbewertet. Im Landesdurchschnitt werden die Hauspreise weiter fallen, da u. a. die Banken noch über viele Immobilien verfügen, die sie veräußern wollen. In einigen Regionen wie den Balearen ist vor allem aufgrund der ausländischen Nachfrage schon eher wieder mit einem Preisanstieg zu rechnen.

In **Polen** kam es wegen der stark gestiegenen Nachfrage im vergangenen Jahrzehnt zu einem starken Preisanstieg. In Warschau stiegen die Preise zwischen 2005 und 2008 um jeweils mehr als 20 % gegenüber dem Vorjahr, sodass sich die Hauspreise mehr als verdoppelten. In anderen Regionen bzw. Städten war der Anstieg noch ausgeprägter. Dieses führte insgesamt zu einer Verdreifachung der Wohnungspreise. Gegenüber dem Peak sanken die Wohnungspreise je nach Region zwischen 15 und 40 %.

Exklusivste Wohnungen

Ein besonderes Marktsegment stellen die exklusivsten Wohnungen dar, die als Extremwerte des Wohnungsmarktes betrachtet werden können. London weist im europaweiten Vergleich nach dem Ranking der exklusivsten Wohnstandorte (absolute Ausnahmelagen und -immobilien) Europas von Engel & Völkers derzeit die teuersten Wohnstraßen auf. Der teuerste Verkauf einer Wohnimmobilie war bis Ende 2014 ein Penthaus am Hyde Park in London zu einem Preis von rund 162 Mio. Euro oder umgerechnet mehr als 150.000 Euro pro m² Wohnfläche. Zum Jahresende 2014 meldet Engel & Völkers, dass nun auf der Halbinsel Saint-Jean-Cap-Ferrat mit 200.000 Euro pro m² der teuerste Verkauf stattgefunden hat.

Weltweit befinden sich die zweitteuersten Wohnungen mit einem Quadratmeterpreis von 185.000 Euro pro m² in Hongkong. Danach folgt New York, wo in East Hampton am östlichen Ende von Long Island für den Quadratmeterpreis von 168.600 Euro je m² ein Verkauf erfolgte.

Auf den nachfolgenden Rängen in Europa liegen exklusive Wohnlagen in bekannten Ferienorten und Zweitwohnsitzen-Gegenden an der Côte d'Azur, auf Sardinien und in der Schweiz. Danach folgen Adressen unter anderem in Paris, in Wien, in Moskau und auf Mallorca. Deutschland liegt im internationalen Vergleich mit seinen teuersten Straßen auf den hinteren Plätzen, so wird auf Sylt für ein Quadratmeter rund 35.000 Euro bezahlt.

In den begehrten Lagen Europas hält die Knappheit exklusiver Wohnimmobilien weiter an. Die höchsten Preise bestehen immer dort, wo eine extreme Knappheit auf eine enorme internationale Nachfrage trifft. Dies wird sich auch in Zukunft nicht ändern, da immer mehr Menschen – vor allem auch zu Wohlstand gekommene Käufer aus Osteuropa, Asien und Südamerika – exklusive Luxusimmobilien in Europa als sichere Kapitalanlage suchen.

Exkurs: Wohnen in den Hampton bei New York
In den Hamptons bei New York stehen die teuersten Villen Amerikas. Einstiegshäuser für junge Familien gibt es für 4 Mio. Dollar. Erst Anfang 2014 zahlte Hedgefonds-Manager Barry Rosenstein 147 Mio. Dollar für eine Villa am Strand. Ein Ausreißer, der alle Rekorde

gebrochen hat, doch Häuser für hohe zweistellige Millionenbeträge sind in den Hamptons keine Seltenheit. Die Käufer kommen üblicherweise „aus der Stadt", damit ist New York gemeint, das ungefähr zwei Stunden entfernt liegt. Viele New Yorker wohnen zur Miete und kaufen lieber in den Hamptons. Vermögende Inder, Chinesen und Russen suchen hier den absoluten Luxus. Geld spielt am östlichen Zipfel von Long Island keine Rolle.

Die Villen mit direktem Zugang zum Atlantik, der mit hohen Wellen wie vor Sylt auf den weißen Sandstrand der Hamptons rollt, nutzen sie hauptsächlich an den Wochenenden und in den Ferien. Oder sie vermieten die Luxus-Häuser an andere Reiche: bis zu 1 Mio. Dollar Miete in der Saison (von Memorial Day am letzten Montag im Mai bis zum Labour Day am ersten Montag im September) für ein Hampton-Haus.

Aufgrund der niedrigen Zinsen sind zwar auch hier viele Villen über Darlehen finanziert. Aber niemand wird nervös, sobald die Banken ihre Konditionen erhöhen. Trotzdem machte sich die Krise auch im Refugium der Superreichen bemerkbar. Erst seit dem vergangenen Jahr sind die Preise wieder auf dem Stand von 2007. Die Rückgänge während dieser Zeit lagen bei rund 25 %, betrafen aber in der Regel Immobilien, die seinerzeit zu teuer angeboten wurden.

Die Auswahl ist in den Hamptons sehr hoch. Die Datenbank des Maklerunternehmens Douglas Elliman listet im Sommer 2014 mehr als 2.100 Angebote auf, darunter 281 in der Preisspanne zwischen 5 und 75 Mio. Dollar in der besseren Lage. Aber auch die Nachfrage ist immens: 1.028 Häuser fanden seit Jahresbeginn einen neuen Besitzer. Nicht selten müssen die Verkäufer jedoch Zugeständnisse machen, vor allem dann, wenn das Haus nicht direkt am Strand liegt. Dann kann es schon mal ein knappes Jahr dauern, bis sich ein ernsthafter Interessent findet.

Quelle: o.V., Das amerikanische Refugium der Reichen, in: F.A.Z. Frankfurter Allgemeine Zeitung vom 29.08.2014, S. 0I3.

House Price-to-Income Ratio

Bei dieser einfachsten Form eines Erschwinglichkeitsindikators wird der Wert eines Eigenheims mit dem Durchschnittsnettoeinkommen eines Haushalts ins Verhältnis gesetzt. Dieser Indikator drückt die Erschwinglichkeit einer Immobilie für einen Haushalt aus: Wie viele durchschnittliche Jahresnettoeinkommen müssen aufgebracht werden, um ein Eigenheim zu erwerben? Dies ist eine gute Möglichkeit, um Immobilienpreise trotz stark unterschiedlicher Einkommen international vergleichbar zu machen. Die Erschwinglichkeit von Häusern lässt Rückschlüsse darauf zu, ob ein Markt überbewertet ist.

Bei der IWF-Statistik wird der Wert vom 4. Quartal 2013 mit deren langfristigen Durchschnittswerten verglichen. Demnach ist in den USA und auch Deutschland die Erschwinglichkeit besser und in Großbritannien liegen die Hauspreise im Vergleich zum Einkommen noch deutlich über dem langfristigen Schnitt. Da die Haushaltseinkommen in Großbritannien oder Frankreich in der Vergangenheit jedoch schwächer gestiegen sind als die Häuserpreise, fällt die Abweichung vom langfristigen Durchschnitt positiv aus. Im Vergleich zum Langfristtrend hat sich diese Relation in einigen Ländern eher ungünstig entwickelt.

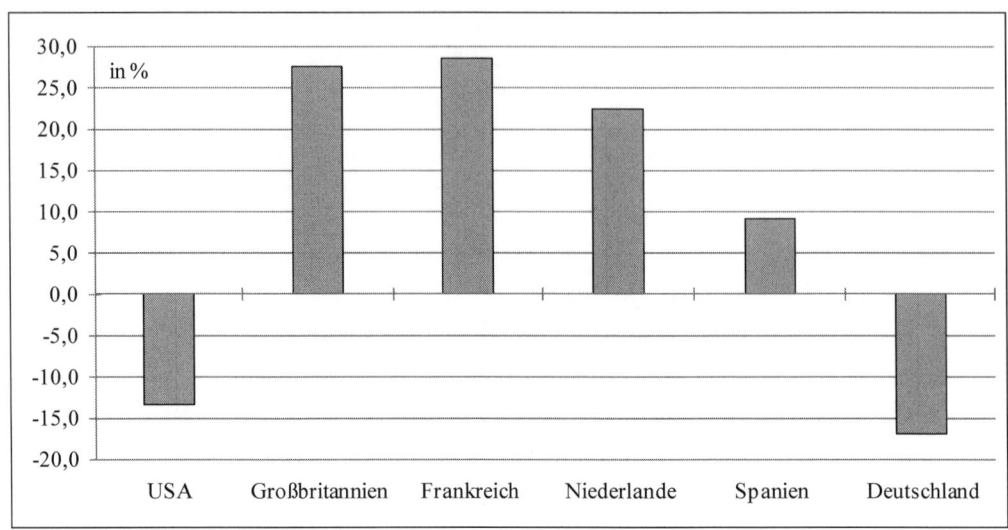

Abb. 6.29:   Hauspreis-Einkommens-Verhältnis im Vergleich: 4. Quartal 2013 mit langjährigem Durchschnitt;
             Quelle: IWF, Global Housing Watch, unter: http://www.imf.org/external/research/housing/index.htm,
             abgerufen am 06.08.2014

Ökonomische Auswirkungen von Hauspreisen

Die **Wohnungsmärkte und deren Preise** sind historisch sehr anfällig für den Immobilienzyklus mit Boom- und Rezessionsphasen. Aktuelle Beispiele sind Irland und Spanien in
Europa oder die USA im vergangenen Jahrzehnt. In all diesen Ländern kam es zu einem
Marktzusammenbruch nach einem langen Anstieg der Preise, der häufig schon in den 1990er
Jahren begann. Die Bedeutung der Hauspreise für die Finanz- und Wirtschaftskrise wird
intensiv diskutiert. Wohnimmobilienbooms entwickeln sich langsam und können plötzlich
platzen, sodass dadurch verheerende Effekte für Finanzintermediäre, Haushalte und die Wirtschaft insgesamt entstehen können.

Aus drei Gründen ist es wichtig, dass die Entwicklungen von Hauspreisen analysiert werden.
Erstens haben sie substanzielle Auswirkungen auf die Wohninvestitionen. Der immense
Bauboom bei Häusern in z. B. Spanien hatte starke Auswirkungen auf die Wachstumsraten
der Gesamtwirtschaft. Zweitens folgt einem starken Hauspreisverfall häufig ein Anstieg bei
den Kreditausfallraten, der sich negativ auf die Bankbilanzen niederschlägt. Dies kann im
Extrem zu Bankinsolvenzen führen und ebenfalls gesamtwirtschaftliche Effekte haben.

Drittens ist die Entwicklung der Hauspreise bedeutend für den Wohlstand der privaten Haushalte. Durch steigende Immobilienpreise kommt es hier zu Vermögensgewinnen, wodurch
vor allem in Ländern mit einer hohen Eigenheimquote die Sparquote sinkt und der private
Verbrauch stimuliert wird. In Ländern mit einer hohen Eigentumsquote führen höhere Preise
für Häuser und Wohnungen oftmals dazu, dass das Vermögen der privaten Haushalte in der
Breite zunimmt. Wie die in den vergangenen Jahrzehnten niedrige Sparquote in den Vereinigten Staaten verdeutlicht, führen steigende Vermögenspreise dazu, dass aus dem laufenden
Einkommen weniger gespart wird. Der private Verbrauch kann zusätzlich stimuliert werden,
wenn Haushalte den Wertanstieg ihrer Immobilie zur Beleihung zusätzlicher Kredite (MEW)
nutzen.

Wohnungsmieten

> **Wohnungsmiete**
> Die Miete ist der Preis für eine vertragsgemäße Nutzung von Wohnräumen. Bei den Mieten werden Nettokaltmieten, die als Entgelt für die Überlassung der ganzen Wohnung gelten, von den Bruttokaltmieten unterschieden. Die Bruttokaltmiete ist die Summe aus Nettokaltmiete plus umlagefähiger kalter Betriebskosten (wie z. B. Wasser oder Müllabfuhr).

Die Mieten in den verschiedenen Märkten differieren deutlich. Die höchsten Mieten gibt es nicht nur in den Mature Markets, sondern auch in Emerging Markets. Darüber hinaus sind sie auch weltweit gestreut. Unterschiede finden sich zwischen den Märkten sowohl bei der Richtung als auch dem Ausmaß der Mietveränderung.

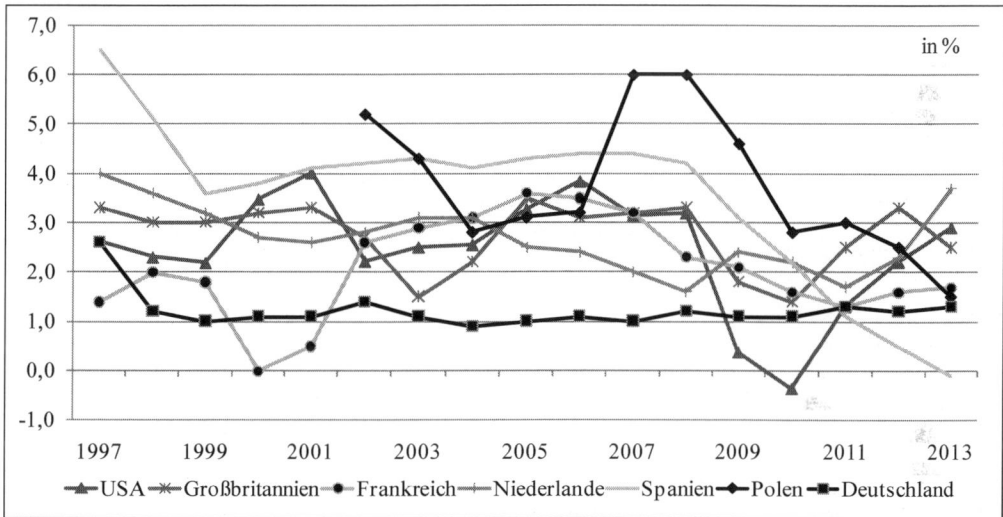

Abb. 6.30:   Wachstum der Wohnungsmieten; Quelle: Eurostat HVPI-Index, unter:
              http://epp.eurostat.ec.europa.eu/portal/page/portal/hicp/data/database; für USA: BLS CPI, unter:
              http://www.bls.gov/cpi/#tables, abgerufen am 06.08.2014

Im Schaubild 6.30 sind die Entwicklungen der Wohnungsmieten in den USA und ausgewählten Ländern Europas abgebildet. Für eine bessere Darstellung sind die Daten für **Polen** für die ersten fünf Jahre nicht wiedergegeben, da die Wachstumsraten zwischen 27 % (2007) und fast 13 % (2011) liegen.

House Price-to-Rent Ratio

Die Preis-Miet-Relation (Faktor oder Vervielfacher) spiegelt die jährlichen Erträge aus der Vermietung einer Immobilie im Verhältnis zu den Anschaffungskosten wider. Steigen die Immobilienpreise stärker als die Mieten, steigen die Faktoren (Multiplikator), was ein Anzeichen für eine Überbewertung der Immobilien sein kann. Ein fundamental gerechtfertigter Preis sollte um einen konstanten Mittelwert schwanken, da angenommen wird, dass Wohnungspreise und -mieten langfristig denselben Trend aufweisen. Diese Annahme ist aber ökonomisch nicht begründbar, da heute ein starker Einfluss der Finanzmärkte besteht und dies zu mehr Volatilität und auf vielen Märkten zu einem Anstieg der Faktoren geführt hat.

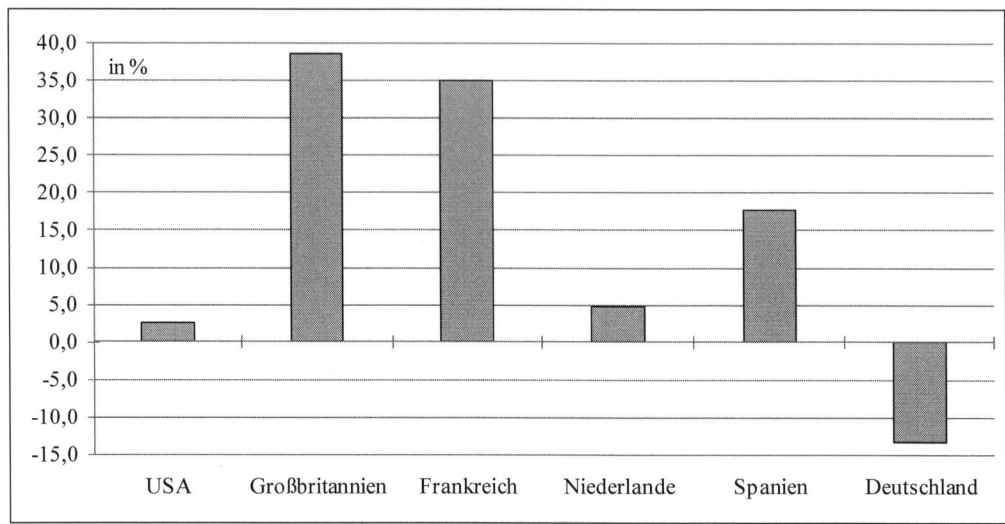

Abb. 6.31:   Hauspreis-Miete-Verhältnis: Abweichung 4. Quartal 2013 zum langfristigen Durchschnitt; Quelle:
             IWF, Global Housing Watch, unter: http://www.imf.org/external/research/housing/index.htm, abgeru-
             fen am 06.08.2014

Nach den IWF-Statistiken sind in vielen Ländern die Hauspreise noch nicht in ihrer histori-schen Relation mit den entsprechenden Mieten (siehe Abbildung 6.31). Nur in wenigen Staa-ten lag diese Relation zum Jahresende 2013 unter ihrem historischen Durchschnitt (z. B. Deutschland), während sie in einigen Ländern zum Teil deutlich darüber lag. Aus Anleger-perspektive ist das Verhältnis von Preisen zu Mieteinkünften entscheidend. Weicht der Indi-kator merklich von seinem langfristigen Durchschnitt ab, so kann dies entweder als struktu-relle Veränderung oder als Anzeichen für eine Blase angesehen werden. Die Preise sind in einigen Ländern wie Großbritannien oder Frankreich deutlich stärker gestiegen als die Mie-ten.

Wohnungskosten

Auch wenn die Datenlage für einen interregionalen Vergleich schwierig ist, kann festgestellt werden, dass ein signifikanter **Anteil des verfügbaren Einkommens für Wohnen** ausgege-ben wird. Dabei reicht nach OECD-Angaben die Spanne von 14 % in Portugal bis zu 30 % in Dänemark, die hier betrachteten Länder liegen also ungefähr im Mittelfeld. Während des letzten Jahrzehnts ist dieser Ausgabenanteil angewachsen, im Schnitt der von der OECD betrachteten Länder um ungefähr 3 Punkte. Insbesondere die verstärkte Nachfrage nach Eigenheimen hat zu diesem Trend geführt; trotz niedriger Zinsen wurde ein höherer Anteil des Einkommens für Wohnen aufgewendet. Die verstärkte Nachfrage hat aber auch in vielen Staaten zu höheren Hauspreisen geführt.

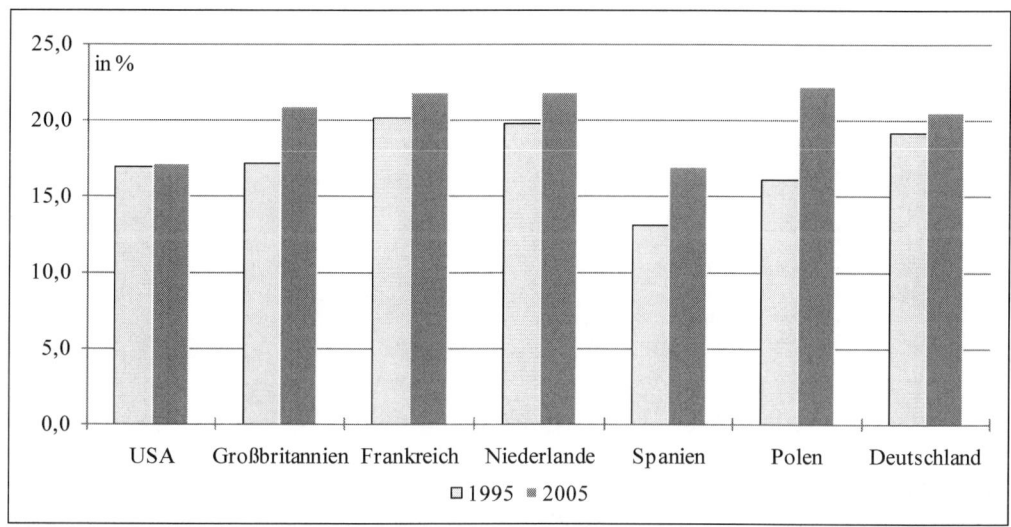

Abb. 6.32:   Haushaltsausgaben für Wohnen in Prozent des verfügbaren Einkommens; Quelle: OECD-Studie,
             Calculations based on OECD Housing Market questionnaire, unter:
             www.oecd.org/eco/growth/47431120.xls, abgerufen am 06.08.2014

6.4   Der globale Immobilien-Investmentmarkt

Der Immobilien-Investmentmarkt ist der Markt, auf dem Immobilien verkauft bzw. finanzielle Mittel in Immobilien angelegt werden. Auf dem Investmentmarkt treffen sich gemäß
Schaubild 6.33 die Eigentümer, die eine Immobilie verkaufen wollen und die Nachfrager
bzw. Investoren. Auf dem Investmentmarkt wird das Geldvolumen erfasst, das in einem
bestimmten Zeitraum und in einem bestimmten Markt in gewerbliche Immobilien geflossen
ist (sei es zum Zwecke der Kapitalanlage oder der Eigennutzung). In einigen Veröffentlichungen werden auch die Investments in Wohnungsportfolios mitgezählt. Dieses Geldvolumen wird im Folgenden auch als Transaktionsvolumen bezeichnet. Das Transaktionsvolumen
bildet die Käufe und Verkäufe von Immobilien ab und ist unabhängig vom Immobilienbestand. Höhere Volumina zeigen mehr Interesse der Investoren an einem Markt, sie implizieren steigende Immobilienpreise oder mehr Entwicklungsaktivitäten.

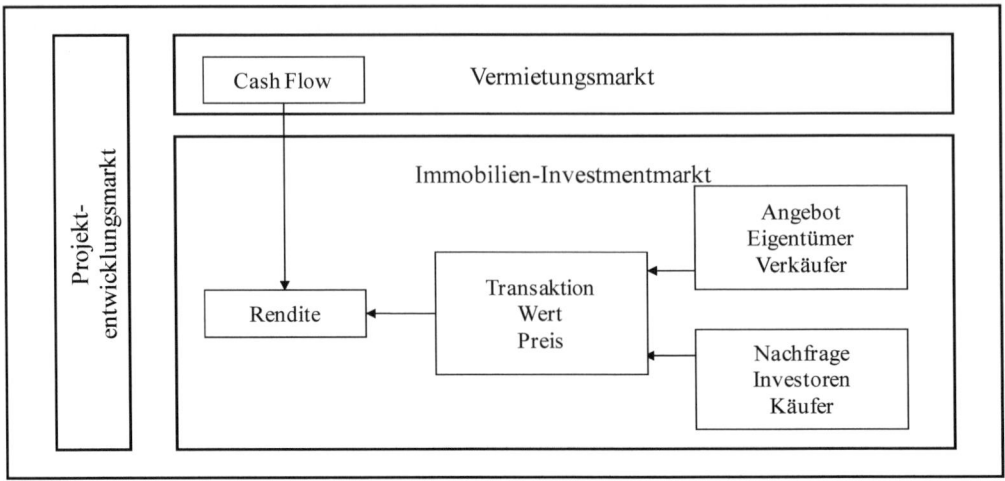

Abb. 6.33:   Immobilien-Investmentmarkt; Quelle: eigene Darstellung

Innerhalb der Immobilienwirtschaft stellt der Investment- oder Anlagemarkt ein besonderes Segment dar. Aufgrund seiner Renditeorientierung reagiert er sensibel auf ökonomische, insbesondere finanzwirtschaftliche Veränderungen. Außerdem wirken sich steuerliche und rechtliche Veränderungen sowie (inter-)nationale Anlagetrends auf Volumina, regionale Schwerpunkte sowie Preise und Renditen aus, sodass sich hierdurch immer wieder erhebliche Schwankungen ergeben.

Gehandelte Immobilien können Bestandsobjekte oder Projektentwicklungen (Kauf von zu errichtenden oder sich im Bau befindlichen Gebäuden) oder Entwicklungsgrundstücke (unbebaute Grundstücke, die für eine gewerbliche Bebauung vorgesehen sind) sein. Investitionen in Wohnungen (Multifamily) oder Wohnungsportfolios werden in den Statistiken teilweise nicht berücksichtigt. Darüber hinaus lassen sich Immobilientransaktionen in Einzelobjekt- (einer gewerblich genutzten Immobilie bzw. eines Entwicklungsgrundstücks) und Portfoliotransaktionen unterscheiden. Bei einer Portfoliotransaktion handelt es sich um den Verkauf von mindestens zwei räumlich getrennten Immobilien. Weiterhin wird zwischen direkten und indirekten Investitionen (Asset vs. Share Deal) unterschieden. Beim Asset Deal erwirbt ein Anleger eine abgrenzbare Immobilie direkt, was einen Grundstückserwerb einschließt. Bei der indirekten Investition (Share deal) handelt es sich um den Erwerb eines Anteils (von bis zu 100 %) an einer Objektgesellschaft oder einer Immobiliengesellschaft (Gesellschaftserwerb). Üblicherweise werden nur Anlagen ab einer Höhe von 5 bzw. 10 Mio. Euro/USD berücksichtigt.

Die Marktberichte über den Immobilien-Investmentmarkt weisen erhebliche Differenzen auf. Dies liegt zum einen daran, dass amtliche und damit objektive Statistiken nicht verfügbar sind. Zum anderen bestehen bei den privaten Marktteilnehmern häufig unterschiedliche Marktabgrenzungen. Aus der nicht trennscharfen Abgrenzung des Marktes resultieren unterschiedliche Ergebnisse (z. B. bezüglich der Investmenthöhe oder der Rendite) oder sogar verschiedene Entwicklungstrends.

Der Immobilien-Investmentmarkt war mit seinen Transaktionen von jeher von großer Bedeutung für die gesamte Immobilienbranche. Auf diesem Markt bilden sich durch das Zusammentreffen von Angebot und Nachfrage die Preise für Immobilien. Wird die Relation zwischen dem Immobilienpreis und dem Cash Flow (u. a. Mieten) und/oder der Wertsteigerung des Objektes ermittelt, ergeben sich die entsprechenden Renditekennziffern, die vor allem im Fokus institutioneller Anleger stehen.

6.4.1 Institutioneller Immobilien-Investmentmarkt

Grenzüberschreitende Immobilieninvestments werden weit überwiegend von institutionellen Anlegern getätigt, sodass im Folgenden insbesondere auf diese eingegangen werden soll. Käufe von privaten Anlegern werden vor allem aufgrund der Größe nicht weiter erfasst. Unter dem institutionellen Immobilien-Investmentmarkt wird i. d. R. der professionelle bzw. gewerbliche Teil des Immobilienmarktes verstanden, auf dem Transaktionen bzw. Investments in gewerbliche Immobilien stattfinden. Institutionelle Investoren sind üblicherweise juristische Personen. Im Gegensatz zu privaten Investoren verfügen institutionelle Anleger über ein höheres Investitionsvolumen und zeichnen sich durch eine gewisse Professionalität im Umgang mit Immobilieninvestitionen aus. Auf dem Markt haben sie daher einen Informationsvorteil; kaufmännisches, juristisches und technisches Fachwissen ist durch ein qualifiziertes Management üblicherweise vorhanden.

Institutionelle Investoren
Bei diesen Investoren handelt es sich um Marktteilnehmer, die für eigene und/oder fremde Rechnung regelmäßig Objekte erwerben bzw. veräußern und entsprechend professionell am Immobilienmarkt agieren.

Die institutionellen Investoren können in **zwei Unternehmensgruppen** unterteilt werden. Dies sind zum einen „Non-Property-Unternehmen", die in Immobilien u. a. zur Portfoliodiversifikation investieren oder zur Selbstnutzung. Dazu zählen die Versicherungen/Pensionskassen oder Unternehmen (allgemein). Zum anderen sind dies „Property-Unternehmen", deren Geschäft in der Erstellung, dem Handel und dem Betreiben von Immobilien liegen, wie z. B. offene und geschlossene Immobilienfonds, Spezialfonds, Immobilien-AGs. Institutionelle Investoren zielen auf die Realisierung einer Rendite, welche zum einen aus Vermögenszuwächsen durch Wertsteigerungen der Immobilien und zum anderen durch Mieteinnahmen (Cash Flow) erzielt werden kann.

Mit Hilfe von grenzüberschreitenden Investments ist es den institutionellen Investoren möglich, diversifizierte Immobilienportfolios aufzubauen, um ihre Anlage bei Portfolioentscheidungen zu optimieren. Durch das Investment in unterschiedlichen Ländern besteht neben möglichen Steuervorteilen und einer größeren Auswahl von Anlageprodukten die Möglichkeit, unterschiedliche Marktzyklen in einzelnen Ländern auszunutzen. Darüber hinaus gibt es auch innerhalb einzelner Standorte sehr unterschiedliche langfristige Entwicklungstendenzen der lokalen Märkte, die beim Investment berücksichtigt werden können.

Durch den Markteintritt institutioneller, internationaler Investoren geht jedoch die traditionell lokal gegebene Einheit von Investition, Eigentum und Nutzung verloren. Eine steigende Anzahl von Immobilien ist nicht mehr im Besitz von Unternehmen, die die Immobilie nutzen, sondern von Investoren. Die neuen Kapitalanleger betrachten die Immobilie vornehmlich unter renditebezogenen Gesichtspunkten. Mittels internationaler Streuung ihrer Investitionen versuchen sie, die Renditen zu steigern und gleichzeitig die Risiken für das Portfolio zu minimieren.

Bei den institutionellen Investoren kann zum einen zwischen drei **Strategien bezüglich der Haltedauer der Immobilien** unterschieden werden. Bei der ersteren, eher traditionellen buy-and-hold-Strategie besteht das Ziel, die Immobilie sehr lang im Portfolio zu halten und sie nicht aufgrund von Renditeüberlegungen kurzfristig zu verkaufen. Es wird mehr auf die laufenden Einnahmen gesetzt und so die hohen Transaktionskosten vermieden. Bei der buy-and-sell-Strategie wird mit einer späteren gewinnbringenden Veräußerung gerechnet. Bei dem kurzfristigen Investitionshorizont tritt damit ein aktives Immobilien(portfolio)-Management mehr in den Fokus als das traditionelle Verwalten der Bestände. Auch Projekt-entwickler verfolgen diese Strategie. Voraussetzungen für deren Erfolg sind aber kurzfristige Wertänderungen und der richtige Einstiegs- und Exitzeitpunkt. Eine gemischte Strategie aus den beiden dargestellten ist die buy-and-manage-Strategie, bei der fallweise über das weitere Vorgehen entschieden wird. Im Extremfall gibt es auch Investoren, die nur darauf setzen, ihr eingesetztes (geringes) Eigenkapital mit einer hohen Verzinsung zurückzuerhalten. Dies kann dazu führen, dass z. B. sämtliche Modernisierungsinvestitionen unterbleiben.

Zum anderen lassen sich bei den Investoren vier **Strategien bezüglich des Risikoprofils** der Immobilieninvestitionen unterscheiden. Die Risikoklassen weisen unterschiedliche Chancen und Risiken auf. Dies schlägt sich auf den möglichen Fremdkapitaleinsatz und die Rendite-anforderung seitens der Investoren nieder.

Als Core-Immobilien werden Objekte mit relativ geringem Risikograd mit nachhaltig stabi-lem, aber geringem Wertsteigerungspotenzial erfasst. Sie liegen üblicherweise in A-Lagen mit einer hohen Objektqualität und mit langfristigen Mietverträgen von einwandfreien Ad-ressen. Aufgrund ihrer Objekt- und Lagequalität sowie des Marktumfeldes und ohne über das normale Maß hinausgehende Entwicklungsaktivitäten sind mit diesen Immobilien nachhalti-ge Vermietungs- und Verkaufserlöse zu erzielen. Die Eigenkapitalrenditeanforderung beträgt 4 bis 6 % und die Fremdkapitalquote maximal 50 %.

Die Core Plus-Immobilien sind Immobilien mit einem etwas höherem Risikograd und einem etwas höherem Wertsteigerungspotenzial, die überwiegend Bestandsimmobilien mit mittlerer und moderner Objektqualität sind. Die Mietverträge weisen eher kurze Vertragslaufzeiten auf und/oder es bestehen eingeschränkte Mieterqualitäten. Entsprechend sind die Forderungen an die Rendite auch höher als bei den Core-Immobilien. Die Investoren sind besonders risiko-averse offene Immobilienfonds und Spezialfonds, sowie Versicherungen, geschlossene Fonds oder Family Offices.

Bei den Value-Added-Immobilien müssen die Objekte erst durch Umbau/Ausbau/Neukon-zeption am Markt neu positioniert werden. Sie bedürfen eines aktiven Managements, um so Wertsteigerungspotenzial zu haben. Die Investoren kommen eher aus den Bereichen Immo-bilien-AGs, REITs oder Projektgesellschaften.

Die Opportunistic-Immobilien umfassen Projektentwicklung oder entwicklungsfähige Ge-bäude in B- und C-Lagen mit Mieten weit unter Marktniveau oder Problemfälle. Hierbei wird auf eine positive Markt- und Objektentwicklung spekuliert, um Eigenkapitalrenditen im zweistelligen Prozentbereich zu erzielen. Risiken ergeben sich vor allem durch Mieter gerin-ger Bonität, kurzfristige Mietverträgen, strukturelle Leerständen oder spekulative Invest-ments. Dementsprechend sind die Investoren auch vor allem Opportunistic Funds, Real Esta-te Venture Capital Funds sowie Projektentwicklungsfonds.

6.4.2 Investmentverhalten internationaler Anleger im Investmentzyklus

Seit Ende des vergangenen Jahrzehnts ist wieder ein tendenziell deutlicher Anstieg der grenzüberschreitenden Transaktionsaktivitäten festzustellen. Diese Kapitalzuflüsse aus anderen globalen Regionen haben das gesamte Volumen auf den nationalen bzw. regionalen Investmentmärkten deutlich ansteigen lassen. In Europa z. B. ist der Anteil überregionaler Investoren bei Käufen innerhalb weniger Jahre um mehr als 50 % angestiegen. Diese Zuflüsse erfolgten vor allem aus Asien und dem Mittleren Osten, aber auch die Aktivitäten amerikanischer Investoren in Europa nehmen zu. Die Topstandorte, die im Zusammenhang mit der ökonomischen Globalisierung auch als Global Cities bezeichnet werden, sind New York, London, Tokio, Hongkong und Paris. In Europa z. B. folgen dann die deutschen Topstandorte sowie auf weiter tieferen Niveaus u. a. die britischen Regionen.

Die Neigung der grenzüberschreitend bzw. global tätigen Investoren zu investieren, hängt ab von deren Erfahrung in und ihrer Engagementshöhe (Exposure) in internationalen Immobilienmärkten sowie ihrer Risikoneigung ab. In den vergangenen Jahren sowohl vor als auch nach der Finanz- und Wirtschaftskrise zeigte sich dabei ein typischer Verlauf, der im Folgenden analysiert werden soll. Zu unterschiedlichen Zeitpunkten eines Investmentzyklus agieren den internationalen Anleger unterschiedlich stark in einzelnen Ländern bzw. Standorten.

Neueinsteiger oder beginnende globale Investoren in Immobilienmärkten (z. B. nach einer Immobilienmarktkrise) erfahren signifikante Informations- und Managementhürden, wenn sie sich in Märkten außerhalb ihrer Heimatregionen engagieren wollen. Diese Investoren werden typischerweise eine starke Präferenz haben, zuerst in Märkte zu investieren, die sehr transparent und sehr liquide sind. Darüber hinaus sollen diese Märkte insgesamt eine hohe Anzahl und über viele qualitativ hochwertige Objekte verfügen. Unerfahrene Investoren verhalten sich eher risikoavers und präferieren Märkte, die als „Safe haven" bezeichnet werden können. Bei den eher risikoaversen institutionellen Investoren ist eine Konzentration ihrer Tätigkeiten festzustellen, wenn sie mit dem Aufbau eines globalen Immobilienportfolios beginnen. Daher sind es vor allem London oder New York, die die Top-Destinationen für diese Investoren sind.

Wenn die Investoren eine größere Erfahrung haben und zudem mehr Kapital in die internationalen Immobilienmärkte investieren wollen, werden sie auch an den anderen, nicht so stark präferierten Orten aktiv. Auch eher opportunistisch-orientierte globale Investoren werden eine größere Anzahl an Standorten und auch unterschiedliche Objekte in ihr Portfolio aufnehmen. Von daher werden Investitionen in Südeuropa, asiatischen Emerging Markets oder Lateinamerika eher von erfahrenen globalen Investoren durchgeführt. Letztlich ist jedoch die Ausweitung der Aktivitäten der international tätigen Investoren begrenzt, sodass nach Alternativen gesucht wird.

Steigen die Erfahrung, das Exposure und die Risikobereitschaft mit der Zeit, so werden mehr Investmentziele in den Fokus geraten. Jedoch sind die potenziellen Ziele begrenzt, da diese Investoren sowohl hohe Kapitalbeträge pro Deal einsetzen als auch nur über begrenzte Managementkapazitäten verfügen. In Nicht-Top-Märkten ist daher zum einen die Verfügbarkeit von entsprechend großen Investmentzielen begrenzt. Zum anderen fehlt es den Investoren an Kapazitäten, um ein weitgestreutes Portfolio von Investments mit geringen Durchschnittsgrößen zu managen. Von daher werden für diese Investoren alternative Investments zu den direkten Immobilienkäufen in Frage kommen, die in Kooperationen mit lokalen Marktakteuren bestehen können oder in Aufträgen an andere Managementgesellschaften (z. B. Spezialfonds). Es bietet sich hierzu eine Vielzahl von Möglichkeiten für globale Investoren, in kleineren Märkten mit auch geringerer Markttransparenz zu investieren.

Im Verlauf dieses Investmentzyklus nimmt die Vielfalt des Investmentverhaltens wieder zu. So profitieren die Top-Märkte vom Neueinstieg eher unerfahrener globaler Investoren und gleichzeitig steigt die Anzahl der globalen Investmentziele (Objekt und Lage) insgesamt an. Dies ist auf eine zunehmende Erfahrung und Risikobereitschaft der Investoren zurückzuführen, die auf der Suche nach attraktiven Anlagezielen sind. Die Diversifikation an den Top-standorten und auch anderswo wird voraussichtlich noch weiter ansteigen (bis zum nächsten Crash).

6.4.3   Entwicklung des globalen Immobilien-Investmentmarktes

Über die Entwicklung der globalen Märkte liegen von den Marktresearchern unterschiedliche Statistiken vor, da auch hier differenzierte Abgrenzungen vorgenommen werden. Neben den schon in der Einleitung dieses Kapitels aufgeführten Aspekten lassen sich weitere Unterschiede z. B. auf Wechselkursschwankungen zurückführen, da alle Transaktionen in USD umgerechnet werden. Aber auch in den einzelnen Jahresberichten der gleichen Marktbeobachter sind die Datenreihen vielfach nicht miteinander kompatibel.

Globale Immobilienbestände

Die **globalen gewerblichen Immobilienbestände** werden von der DTZ in ihrer Publikationsreihe „Money into Property" jährlich veröffentlicht. Für das Jahr 2013 wurden die Bestände in 36 Ländern auf 34 Bio. USD und für 2012 auf knapp 33 Bio. USD geschätzt. Dies geschah zum Teil auf der Grundlage nationaler Statistiken und zum Teil auf Basis von Schätzungen, in denen das Immobilienvermögen in Bezug zur Höhe des Bruttoinlandsprodukts gesetzt wurde. Aktuell entfällt etwa ein Drittel des gesamten globalen gewerblichen Immobilienvermögens auf die Länder Asiens. Vor gut fünf Jahren war es gerade einmal ein Fünftel.

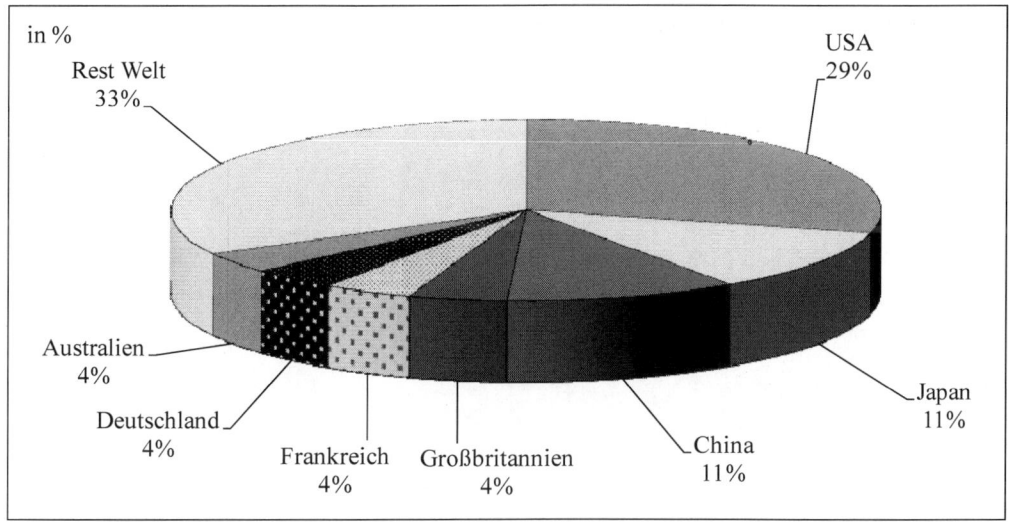

Abb. 6.34:   Globaler Immobilien-Investmentbestand; Quelle: DTZ, Money into Property, 2012, S. 4

Der gesamte globale gewerbliche Immobilienbestand umfasst alle Gewerbeimmobilien und setzt sich aus drei Teilen zusammen. Ein Teil ist **nicht investierbar**, da dieser von den Eigentümern selbst genutzt wird. Dieser Bestand ist für Investoren wegen der Nutzungsart oder der Qualität der Immobilien nicht verfügbar. Weltweit ist dies ca. ein Drittel und in Europa knapp ein Fünftel des gesamten Bestandes. Ein zweiter Teil ist zwar **potenziell geeignet** für Investoren, befindet sich aber aktuell noch im Eigentum der Nutzer. Grundsätzlich wären diese Immobilien aufgrund der Nutzungsart und der Immobilienqualität eine geeignete Investmentmöglichkeit. Das größte Potenzial liegt hier in Europa, wo noch gut ein Drittel des Bestandes dieser Kategorie zugeordnet wird, global ist es nur ein Viertel. Ein dritter Teil ist der **investierte Bestand**, d. h. die Immobilien-Investmentbestände, die sich im Eigentum von institutionellen Investoren befinden.

Immobilien-Investmentbestände

Nach Angaben von DTZ in seiner Analyse „Money into Property" stieg der **weltweite Bestand an Immobilieninvestments** (investierter Bestand) auf 12,9 Bio. USD im Jahr 2013. Der investierte Immobilienbestand wies vor allem in der Mitte des letzten Jahrzehnts eine sehr dynamische Entwicklung auf. Noch im Jahr 2000 betrug der Wert des investierten Immobilienbestandes nur 5,5 Bio. USD und im Jahr 2012 schon über 12,4 Bio. USD. 2014 kam es zwar nur zu einem geringen Wachstum, aber der investierte Bestand erreichte ein neues Rekordniveau. Zum ersten Mal liegt die Summe, die für die Region Asien-Pazifik erhoben wurde, über der von Europa. Das ist dem unterschiedlichen Wachstumstempo geschuldet. Asien hat in den vergangenen zwölf Monaten um 9 % auf 4,6 Bio. USD zugelegt, während Europa um 2 % auf 4,4 Bio. USD wuchs. Nordamerika folgt mit 3,9 Bio. USD (plus 3 %). Der Motor der Entwicklung in der Region Asien-Pazifik war China, hier legten die Investments binnen eines Jahres um 33 % zu – so stark wie sonst nirgends auf der Welt.

Jährliche globale Immobilientransaktionen

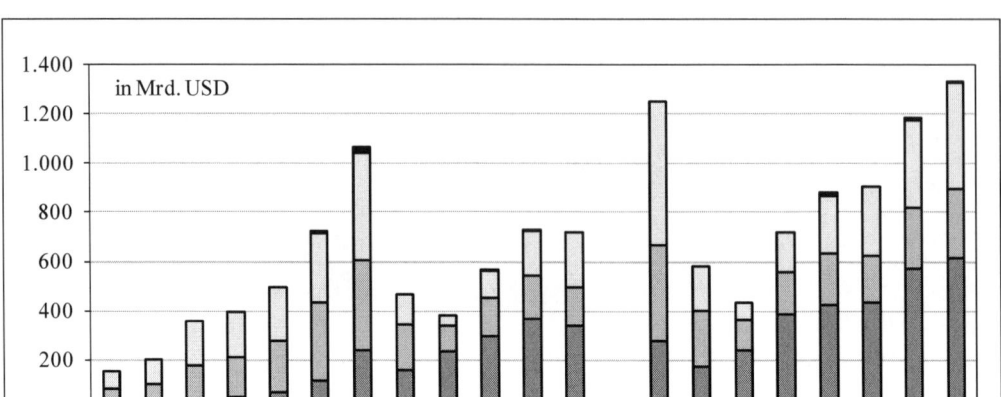

Abb. 6.35: Jährliche Transaktionen auf dem globalen Immobilien-Investmentmarkt; Quelle: Cushman & Wakefield, International Investment Atlas Summary, verschiedene Jahrgänge, eigene Berechnungen

Wie in Abbildung 6.35 gezeigt, war bei den jährlichen Transaktionen auf dem globalen Immobilien-Investmentmarkt eine sehr dynamische Entwicklung in der ersten Hälfte des vergangenen Jahrzehnts festzustellen. Die Investitionen in Multifamilies (Wohnungen und
Wohnungsportfolios) haben sogar die Volatilität erhöht. Insgesamt haben sich die weltweiten
Transaktionen während dieser Euphoriephase mehr als versechsfacht. So war z. B. das
durchschnittliche Transaktionsvolumen eines Quartals im Jahr 2006 genauso hoch wie das
im gesamten Jahr 2001. Auf dem Zenit im Jahr 2007 betrug das globale Transaktionsvolumen (ohne Wohnimmobilien) nach Cushman & Wakefield über 1.061 Mrd. USD (nach Jones
Lang LaSalle: 759 Mrd. USD). Im darauf folgenden Abschwung ging das Volumen bis 2009
wieder drastisch auf rund ein Drittel zurück. Nach diesem Tiefpunkt setzte wieder eine zyklische Aufwärtsentwicklung ein, die auch heute noch anhält.

Die Entwicklung des Investmentvolumens ist u. a. abhängig von der (zukünftigen) Wertentwicklung und der Verfügbarkeit von Kapital und Liquidität. In den Jahren nach 2012 waren
die Finanzmärkte durch einen starken Kapital- und Anlagedruck seitens der institutionellen
Investoren geprägt. Der Investmentmarkt profitierte von der hohen Liquidität, die auf dem
Markt verfügbar war. Zur Krisenbekämpfung hatten die Zentralbanken weltweit sowohl nach
der „Dot-Com"-Krise als auch nach der Finanz- und Wirtschaftskrise eine sehr expansive
Geldpolitik durchgeführt, die zu der weltweit hohen Liquidität führte.

Aufgrund des sich dadurch ergebenen niedrigen Zinsniveaus bei den Staatsanleihen und
relativ geringen langfristigen Performanceaussichten auf anderen Finanzmärkten wurden
Anlagealternative gesucht. Im Vergleich zu den anderen Investments weisen Immobilien
immer noch relativ hohe Renditen auf und damit positive Spreads. Zudem profitierte der
Investmentmarkt von dem aktuellen Finanzierungs- und Refinanzierungsumfeld. In den USA

ist das Emissionsvolumen von Commercial Mortgage Backed Securities (CMBS), deren Ausgabevolumen in der letzten Zeit wieder deutlich angezogen ist, ein wichtiger Indikator.

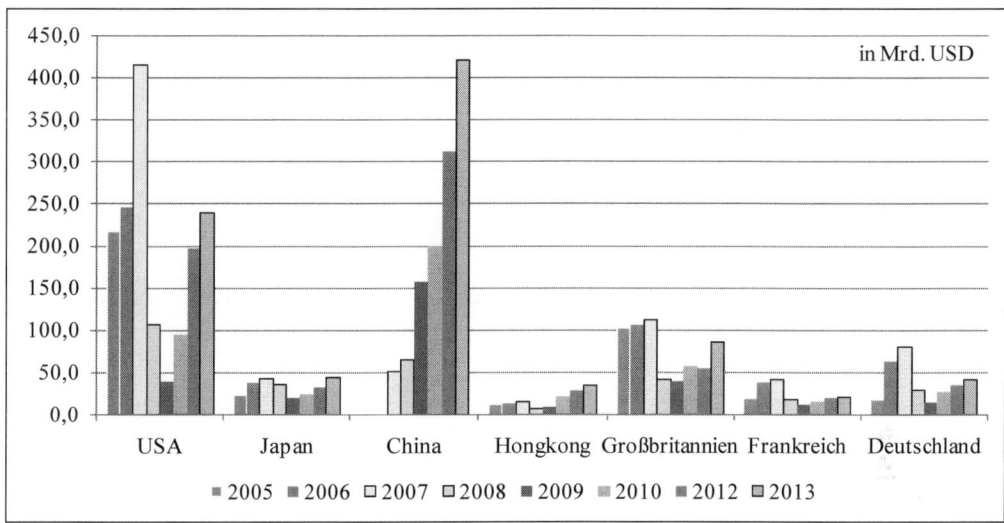

Abb. 6.36:   Immobilien-Investmentziele nach Ländern; in Mrd. USD an investiertem Kapital; Quelle: Cushman & Wakefield, International Investment Atlas Summary, verschiedene Jahrgänge, eigene Berechnungen

Von Cushman & Wakefield werden auch die Investments in verschiedene Städte analysiert. Die Bedeutung der Global Cities spiegelt sich schließlich auch bei den Immobilien-Investmentbeständen wider. Gerade die Büromärkte in den beiden bedeutendsten Städten London und New York sind aufgrund ihrer Größe auch sehr liquide Immobilienmärkte – ein Exit ist für Investoren daher leichter.

Trotz der Globalisierung der Immobilienmärkte gibt es bei den institutionellen Immobilieninvestments bislang eine **starke regionale Konzentration** auf relativ wenige lokale Märkte. Generell sind ausländische Immobilieninvestoren insbesondere in jenen Städten aktiv, in denen die Präsenz ausländischer Unternehmen bereits sehr hoch ist. Die wirtschaftliche Ausrichtung der Global Cities fördert die Büromarktnachfrage, wodurch ausländische Investoren angezogen werden. Diese Standorte sind am stärksten international vernetzt. Sie weisen eine starke Unternehmensbasis (insbesondere im Finanzsektor) und ein sehr hohes Niveau an Liquidität bei Immobilieninvestments auf. International agierendes Kapital (Cross-Border) sorgte für den Nachfrageboom in diesen Top-Standorten.

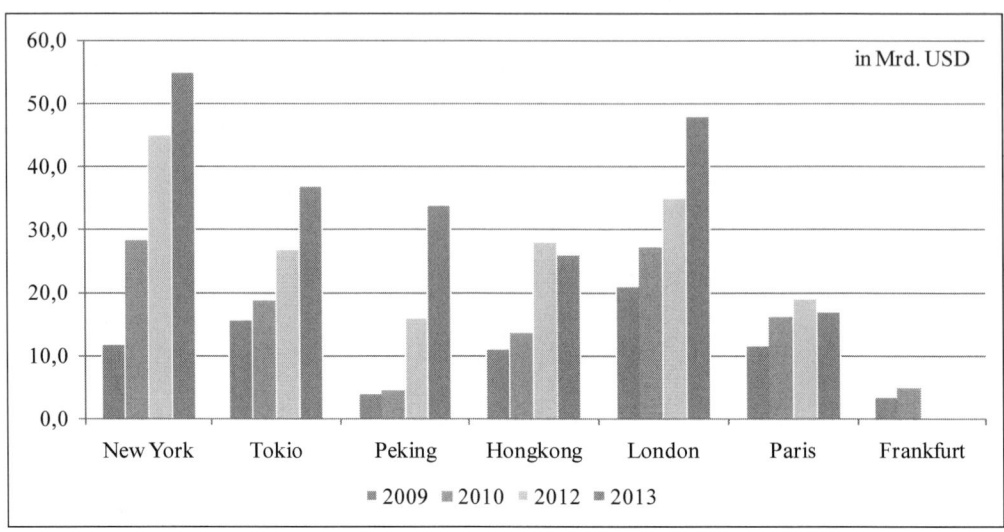

Abb. 6.37:   Immobilien-Investmentmarktziele nach Standorten; in Mrd. USD an investiertem Kapital; Quelle: Cushman & Wakefield, International Investment Atlas Summary, verschiedene Jahrgänge, eigene Berechnungen

Im aktuellen Marktumfeld sind die stark global ausgerichteten Büroteilmärkte der Global Cities mit einem großen Spektrum an multinationalen und bonitätsstarken Mietern besonders stark von den Investoren nachgefragt. Rund 39 % der weltweiten Büroinvestitionen institutioneller Anleger entfielen laut Cushman & Wakefield 2013 allein auf die Top 10 der Global Cities, davon auf London und New York knapp 19 %. Damit reproduzieren sich Geschäftsbeziehungen zwischen Investoren und Mietern weltweit in den Global Cities.

In den für den grenzüberschreitenden Immobilien-Investmentmarkt relevanten internationalen Regionen (Amerika, Asien und Europa) zeigt sich die Konzentration darin, dass die jeweiligen Top-Standorte für globale Cross-Border-Aktivitäten jeweils mit deutlichem Abstand vorne liegen. In Amerika ist dies New York gefolgt von San Francisco und Los Angeles, in Asien liegen Tokio und Hongkong vor Shanghai und in Europa kommt London vor Paris. London war in den letzten beiden Jahren mit großem Abstand die Top-Destination mit einem Anteil von rund 40 % der weltweiten, Cross-Border-Investments. Deutschland hat allein aufgrund seiner polyzentrischen Struktur keine dominanten Ziele. Die Investment konzentrieren sich auf große, Class-A-Büros in CBD-Lage und Prime Shoppingcenter. Dies gilt insbesondere für die Topstandorte, in anderen Regionen werden aber auch andere Objektarten nachgefragt.

Nach Jones Lang LaSalle finden mehr als die Hälfte aller Immobilieninvestments in den weltweit größten 30 Investmentstädten statt. Diese 30 Städte haben auch einen wesentlichen Anteil am Immobilienbestand. Gemäß der Entwicklung des Verhaltens global aktiver Anleger im Investmentzyklus gibt es Anzeichen für einen Wandel. Aufgrund des Mangels an attraktivem Angebot einerseits und angesichts der Dynamik der Städte der zweiten Ebene andererseits kommt es zu einem Wandel. Im Mittelpunkt des Interesses der Investoren standen nach Jones Lang LaSalle noch vor knapp 10 Jahren nur zwei asiatische Städte (Tokio und Hongkong), derzeit sind bereits fünf Investmentstandorte (Tokio, Hongkong, Singapur, Shanghai und Seoul) unter den Top 10-Investmentstädten. Für die Entwicklung in diesem

Investmentzyklus ist zu erwarten, dass weitere Städte in den Fokus der Investoren geraten werden. Insbesondere die BRIC-Staaten (Brasilien, Russland, Indien und China) werden in den nächsten Jahren einen steigenden Anteil der Aktivitäten auf sich vereinen können. Ursachen hierfür sind zum einen die Portfoliodiversifikation-Entscheidungen bei den Investoren und zum anderen die zunehmende geografische Präsenz der Unternehmen. Unterstützt wird dieser Trend auch durch die zunehmende Markttransparenz in den Emerging Markets, deren höheres Wirtschaftswachstum (so sind die zehn am schnellsten wachsenden Städte in China) und die zunehmende Qualität des Immobilienbestandes. Neben diesen Städten in den Emerging Markets werden auch weitere Städte in den Industrieländern in den Fokus der Investoren geraten. Diese Entwicklung ist charakteristisch für die zyklische Entwicklung eines Immobilienzyklus, wie sie theoretisch in Kapitel 6.4.2 dargestellt wurde.

Globale Cross-Border Investments

Die folgende Abbildung 6.38 zeigt den Anteil der grenzüberschreitenden Immobilieninvestments in den drei wesentlichen Immobilienregionen. Nordamerika weist hierbei den geringsten Anteil ausländischer Investments auf, während in EMEA der höchste und relativ stabile Anteil zu verzeichnen ist. In Asien steigt der Anteil inländischer Anlagen kontinuierlich.

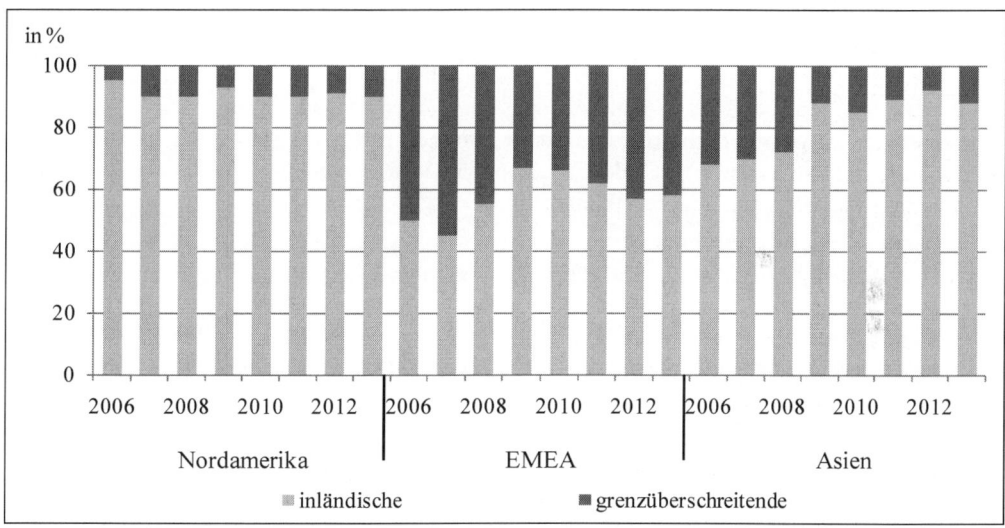

Abb. 6.38:   Anteil der Cross-Border Investments am Immobilienmarkt; Quelle: Cushman & Wakefield, International Investment Atlas Summary, verschiedene Jahrgänge

Die Daten und Analysen über das Anlageverhalten von grenzüberschreitenden Investoren (Cross-Border Investments) stammen aus dem Cushman & Wakefield International Investment Atlas Summary entsprechender Jahrgänge. Bis zur Finanz- und Wirtschaftskrise hatte der Anteil grenzüberschreitender Investments global stetig zugenommen. Zu Beginn des Jahrtausends wurden üblicherweise nur gut 15 % der Investments außerhalb des Heimatlandes des Investors durchgeführt. Dieser Anteil stieg bis zum Jahre 2006 auf ungefähr 30 % an. Von diesem Niveau fiel der Anteil im Jahr 2009 auf unter 20 %. Während sich in den USA und Großbritannien vor allem die einheimischen Investoren zurückhielten, waren es in den anderen Regionen die ausländischen Investoren, die weniger investierten. Dies reflektiert ein verändertes Risiko- und Investmentverhalten durch die Finanzkrise.

Auch im Folgejahr 2010 ist nochmals ein Rückgang festzustellen. Mit gut 16 % wurde der niedrigste Wert der vorangegangenen 10 Jahre ermittelt. Dieser Rückgang ist aber vor allem darauf zurückzuführen, dass die einheimischen Akteure wieder mehr investierten, während sich die grenzüberschreitenden Anleger noch zurückhielten. Im Jahr 2011 kam es erstmals wieder zu einem Anstieg der Cross-Border Investments. Dies entsprach dem gewachsenen Vertrauen der Anleger in das Asset Immobilien. Das Verhalten hat auch in den letzten Jahren angehalten, so wuchsen in 2013 die Cross-Border Investments stärker als die inländischen, sodass deren Anteil auf knapp 18 % weiter anstieg. Über 80 % des investierten Kapitals stammt demnach aber noch immer aus dem eigenen Land. Während Asien und Amerika sehr stark vom Kapital aus der eigenen Region abhängen, ist das in Europa anders.

Nach der **Herkunft der Anleger** bei den grenzüberschreitenden Investments gibt es deutliche Unterschiede, wobei nach den drei großen Blöcken Amerika, Europa (EMEA) und Asien (APAC) unterschieden wird. In den Jahren 2011 bis 2013 hatten die asiatischen Investoren mit einem Anteil von rund der Hälfte den höchsten Anteil an den Cross-Border Investments. Für gut 30 % waren die amerikanischen Investoren verantwortlich, der Rest kam aus der EMEA-Region. Für das Jahr 2013 war Asien die wesentliche Quelle für international agierendes Kapital, aber dieses wurde vorwiegend in der eigenen Region eingesetzt. Global investieren eher die amerikanischen Investoren. Im Jahr 2013 wurden von Cushman & Wakefield erstmalig die Cross-Border Investoren weiter differenziert analysiert und zwar, ob sie aus der Region stammen oder globale Anleger sind. In Nordamerika stammen 30 % aus der Region und 70 % sind global tätig. In Europa kommen rund 40 % aus der eigenen Region. Hingegen sind in Asien zwei Drittel der grenzüberschreitenden Investments aus der Region und nur ein Drittel aus den anderen Weltregionen.

Bei den **Zielen der Investments** war insgesamt die EMEA-Region die am stärksten nachgefragte, wo rund die Hälfte der grenzüberschreitenden Investments getätigt wurde. Während Asien noch das Ziel von ca. 30 % der Cross-Border Investments war, ging der Rest nach Nordamerika. Bei einer regional differenzierten Analyse sind die hohen Unterschiede zwischen ausländischen und inländischen Investments auffällig, die auch im Zeitablauf nur eine geringe Volatilität aufweisen. Weltweit stammen rund 80 % der Investments aus dem eigenen Land. Ungefähr 90 % der Investments in Nordamerika stammen aus den beiden Ländern (USA und Kanada) selbst und damit sind nur 10 % Cross-Border Investments. Davon kommt rund 5 % aus der Region und der Rest stammt aus den beiden anderen Regionen. In der asiatischen Region (APAC) liegt der Anteil der Anleger, die im eigenen Land investieren, bei rund 85 %. In Europa (EMEA) haben hingegen die ausländischen Investoren einen wesentlich höheren Anteil. Gut die Hälfte der Investitionen wird nur mit heimischem Kapital finanziert. Ein weiteres Viertel stammt jeweils aus anderen Ländern Europas und z. B. den Golfstaaten, einen bedeutenden Anteil mit rund 15 % hat Amerika, aus Asien kommen ungefähr 5 %. (Quelle: Cushman & Wakefield)

Beim Immobilien-Investmentmarkt der **USA** unterscheidet nach der DekaBank das amerikanische Office of Management and Budget 381 Metropolitan Statistical Areas (MSAs). Wenn also internationale Anleger in diesem Land investieren wollen, ist eine der ersten Herausforderungen die Unterteilung der vielen Einzelmärkte in aussagekräftige Klassen. Dies hat zur Einstufung in Primär-, Sekundär- und Tertiärmärkte für Investments geführt. Zu den zehn Primärmärkte gehören die fünf „24-Stunden-Städte", in denen sich das städtische Leben nicht auf die Bürozeiten beschränkt: New York, Boston, Washington D.C., Chicago und San Francisco. Fünf weitere Städte zählen zu diesen Top-Städten: Dies sind die Städte des „Sonnengürtels" Los Angeles, Dallas, Houston, Miami und Atlanta. Diese Märkte lohnen sich vor allem für langfristig-orientierte buy-and-hold-Investitionen, da sie über diversifizierte Wirtschaftsbasen verfügen. Sie generieren zudem hohe Einkünfte aus Dienstleistungsbereichen. Sektoren wie Bildung und Gesundheitswesen sowie Kunst und Kultur helfen dabei, zyklische Extreme abzumildern und gleichzeitig die Lebensqualität zu verbessern. Internationale Verbindungen verknüpfen sie mit globalen Wachstumstreibern und sorgen dafür, dass solche Städte von den weltweiten Vorteilen profitieren.

Auch wenn in den USA insgesamt geringe Cross-Border Investments getätigt werden, gibt es starke Unterschiede bei den einzelnen Städten. In New York, Chicago, San Francisco oder Washington betrug 2013 nach DTZ der Anteil ausländischer Investoren zwischen 25 und 30 %. Dies zeigt den Trend globaler Investoren sich auf die sogenannten „Gateway-Cities" oder Global Cities zu konzentrieren.

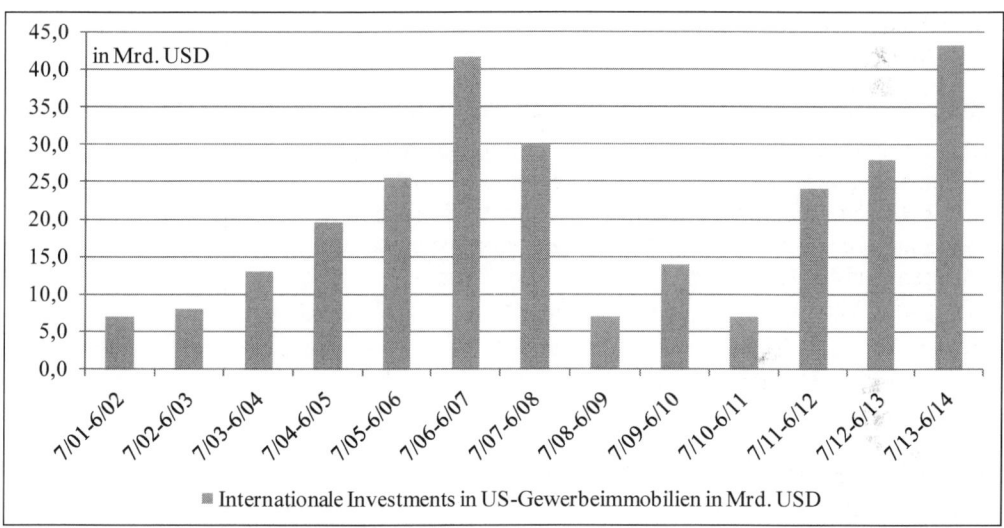

Abb. 6.39: Investments der ausländischen Investoren im US-Gewerbeimmobilienmarkt; Quelle: Real Capital Analytics in CBRE Economic Advisors, Vol. 15, Nr. 24 vom 24.06.2014, abgerufen am 02.09.2014

Bei der Analyse von CBRE Economic Advisors werden die internationalen jährlichen Investments in US-Gewerbeimmobilien erfasst, aber in einer anderen zeitlichen Einteilung. Nach einem dynamischen Wachstum im vergangenen Jahrzehnt erreichten sie 2007 ihren Peak, um danach einzubrechen. Die Aktivitäten haben aktuell wieder das Niveau von 2007 erreicht, was das starke Interesse ausländischer Investoren an amerikanischen Immobilien zeigt.

Die Region **Asien/Pazifik** ist nicht nur ein geografisch riesiges Gebiet von der Mongolei bis nach Neuseeland, sondern auch deswegen kaum überschaubar, weil schon die 14 immobilienwirtschaftlich bedeutendsten Länder dieser Region sehr unterschiedlich sind. Im Raum Asien/Pazifik gibt es keinen homogenen Immobilien-Investmentmarkt, vielmehr ist er geprägt von sehr unterschiedlichen Stadien der Transparenz und der Marktreife. Bei dem

Transparenz-Index von Jones Lang LaSalle 2013 stehen mit Australien (Rang 3) und Neuseeland (Rang 5) zwei Staaten der Region weit oben auf der Liste, während beispielsweise Vietnam (Rang 68) und die Mongolei (Rang 89) ein sehr geringes Transparenzniveau aufweisen.

Zudem entscheidet die Anlagestrategie darüber, in welchem Land investiert werden soll. Opportunistische Investoren sind eher an chinesischen Mittelstädten und Südostasien interessiert, hingegen suchen Core-Investoren offene, transparente Märkte mit einem hohen Grad an Liquidität wie hauptsächlich Australien, Japan sowie Singapur. Singapur gilt als einer der wichtigsten Finanzplätze der Welt, obwohl es der kleinste Stadtstaat Südostasiens ist.

Exkurs: Asiatische Versicherungen als Cross-Border Investoren
Die Versicherungswirtschaft Asiens ist in den vergangenen Jahren deutlich gewachsen und es wird erwartet, dass das Vermögen der Versicherungen auch zukünftig ansteigen wird. In Asien ist Japan der größte Versicherungsmarkt, mit Abstand gefolgt von China, Südkorea und Taiwan. Aktuell zeigt sich, dass die Anlagen in Immobilien bei asiatischen Versicherungen deutlich geringer als in anderen westlichen Industrieländern sind. Wenn ein Immobilienengagement erfolgte, dann wurde bislang vor allem entweder direkt oder indirekt vor allem in einheimische Immobilien investiert.

Versicherungen und Pensionsfonds in Asien können nur entsprechend spezifischer Regelungen in Immobilien und insbesondere im Ausland investieren. Seit dem Oktober 2012 können chinesische Versicherungen sich im Ausland engagieren und direkt in internationale Immobilien ihr Geld anlegen, auch wenn Restriktionen bezüglich der Anzahl der Länder und Sektoren bestehen bleiben. Chinesische Versicherungen sind so zu einem bedeutenden Marktakteur auf dem globalen Immobilien-Investmentmarkt geworden. Seit Oktober 2014 benötigen chinesische Investoren keine Genehmigung mehr für große Zukäufe im Ausland. Bisher musste das chinesische Handelsministerium Investitionen über 100 Mio. USD prüfen, was bis zu sechs Monate in Anspruch nahm. Es ist davon auszugehen, dass mehr Kapital aus China nun in Immobilieninvestitionen im Ausland fließen. Chinesische Investoren konkurrieren dabei mit Fonds aus anderen asiatischen Staaten wie Singapur, Südkorea und Japan.

Asiatische Investoren aus dem Versicherungssektor sind vor allem an Prime-Immobilien mit einem Volumen von über 300 Mio. USD interessiert, die in den „Gateway-Cities" liegen, hier vor allem in London. Begünstigt wird diese Entwicklung durch die Liberalisierung, die stärkere Allokation in (ausländische) Immobilien und das wachsende Kapital der Versicherungen. Limitierende Faktoren bilden hingegen die geringe Erfahrung der interessierten Versicherungen mit überseeischen Immobilieninvestments und der immer noch bestehenden Regularien. Langfristig ist zu erwarten, dass es tendenziell zu einem kontinuierlichen Anstieg der Investments kommt, was insbesondere von großen Versicherern getragen wird.

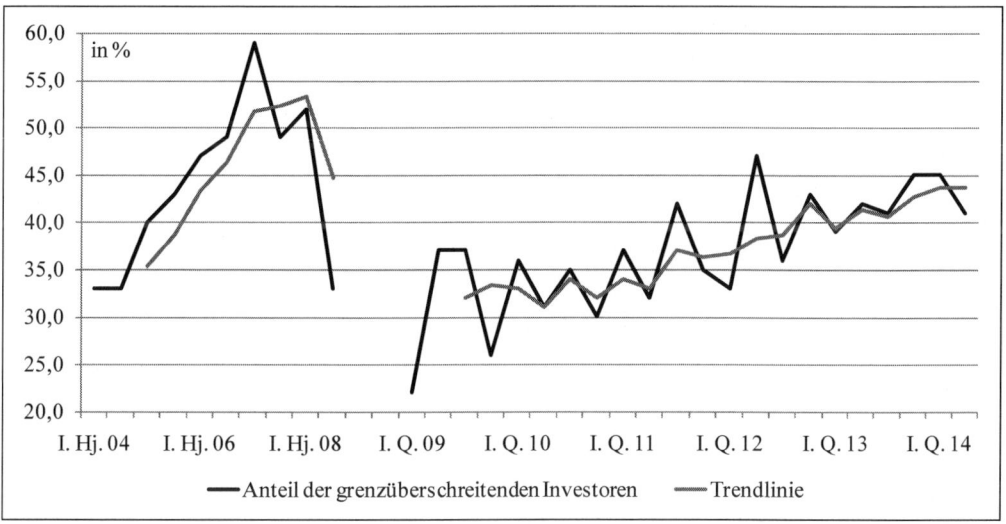

Abb. 6.40: Cross-Border Investments in Europa; Quelle: CBRE European Capital Markets MarketView, verschiedene Jahrgänge

In **Europa** haben Investoren aus dem nichteuropäischen Ausland nach Analysen von DTZ im Jahr 2013 für 36 Mrd. Euro gewerbliche Immobilien gekauft. Dies entspricht einem Rekordanteil von 26 % am gesamten europäischen Transaktionsvolumen (CBRE sieht laut Abbildung 6.40 dagegen einen deutlich höheren Anteil). In absoluten Zahlen war das außereuropäische Engagement nur 2007 mit einem Wert von 46 Mrd. Euro noch höher. Aktiv waren hauptsächlich nordamerikanische und globale Fonds, die jedoch nicht nur als Käufer, sondern auch in großem Umfang als Verkäufer auftraten. Wichtigste Nettokäufer (knapp 9 Mrd. Euro) in Europa waren Fonds aus Asien und dem Mittleren Osten, vor allem aus Singapur, China, Kuwait und den VAE. Diese Investoren waren in den letzten fünf Jahren bedeutende Nettokäufer, die ihren Bestand an europäischen Immobilien signifikant erhöht haben. Der Großteil des außereuropäischen Investorenkapitals stammte von nicht-börsennotierten Fonds, wobei globale Fonds die treibende Kraft darstellten. Die außereuropäischen Investitionen in Europa werden mittelfristig weiter zunehmen und auch ihren Anteil am gesamten Transaktionsvolumen erhöhen. Dies ist darauf zurückzuführen, dass es in Europa relativ attraktive Preise und weltweit eine hohe Liquidität gibt.

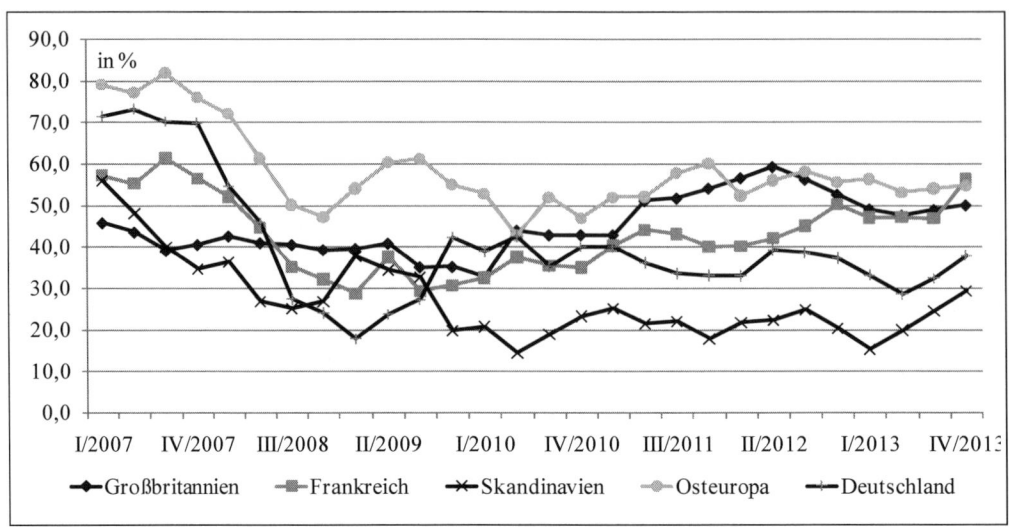

Abb. 6.41: Cross-Border Investments in Europa; Quelle: RCA, Intranetquelle, abgerufen am 17.10.2014

In **Großbritannien** wurden lt. der DekaBank 2012 knapp 42 Mrd. Euro in gewerbliche Immobilien investiert, das waren 10 % mehr als im Vorjahr. Damit entfiel wie 2010 und 2011 ein Drittel des Transaktionsvolumens in Europa auf Großbritannien. Internationale Investoren generierten 47 % des Umsatzes und konzentrierten sich auf Central London, das 54 % des Volumens auf sich vereinte. Im Rest des Landes dominierten einheimische Anleger. London baute seine Rolle als führender europäischer Markt aus. 11,5 Mrd. Euro flossen in die britische Hauptstadt im Vergleich zu 4,3 Mrd. Euro in Paris bzw. 6,2 Mrd. Euro in den „Big Five" in Deutschland.

In **Deutschland** stellt der Verkauf von Wohnungsportfolios im vergangenen Jahrzehnt einen wichtigen Meilenstein bei der Internationalisierung des deutschen Immobilien-Investmentmarktes dar. Danach gerieten auch die anderen Objektarten in den Fokus der Investoren. Von knapp 5 % Anteil der Auslandsinvestitionen in den 1990er Jahren stieg der Anteil auf ca. 70 % im Jahr 2007 und erreichte damit seinen Höchststand. Aufgrund der Finanz- und Wirtschaftskrise kam es zu einem drastischen Einbruch. In Deutschland haben sich die grenzüberschreitenden Immobilieninvestitionen inzwischen wieder von der Krise erholt und machen nach Angaben der bulwiengesa AG ungefähr die Hälfte aller getätigten Immobilieninvestitionen (I. Halbjahr 2014) aus.

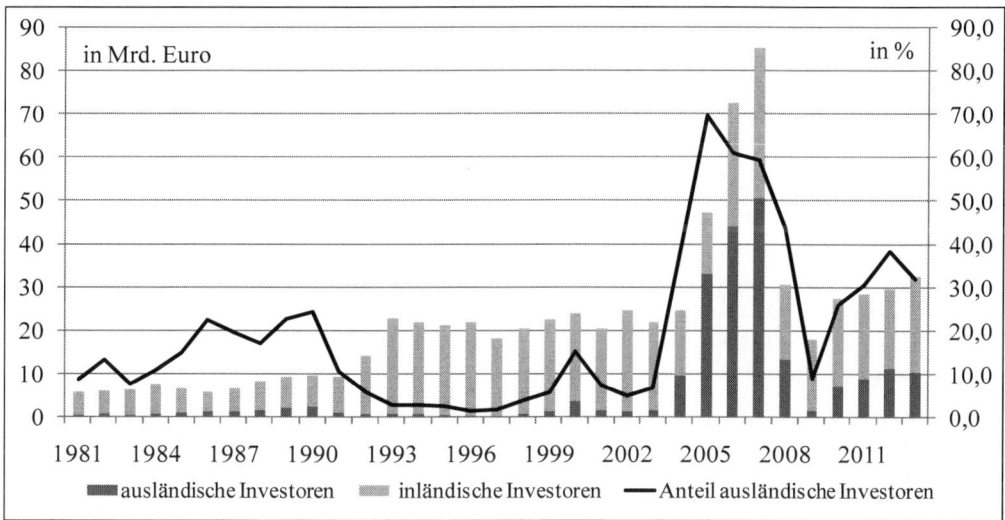

Abb. 6.42: Engagement ausländischer Investoren in Deutschland, Quelle: bulwiengesa AG, RIWIS-Datenbank, Intranet, abgerufen am 04.12.2014

Ausländische Investoren haben seit 2009 knapp 47 Mrd. Euro in deutsche gewerblich genutzte Immobilien investiert. 52 % dieses Volumens flossen in Immobilien außerhalb des Core-Segments. Sie zeigen sich damit risikobereiter als deutsche, deren Anteil an Core-Transaktionen bei 62 % liegt – bei einem allerdings deutlich höheren absoluten Gesamtvolumen (knapp 80 Mrd. Euro). Ausländische Investoren haben seit 2012 im Zuge des verbesserten Investitionsklimas für Gewerbeimmobilien und des damit verbundenen Preisanstiegs für Core-Immobilien ihre Risikobereitschaft erhöht und investieren entweder auch abseits der 7 A-Städte oder suchen bewusst Immobilien mit Wertsteigerungspotenzial. Demgegenüber reduzierte sich die relative Risikobereitschaft der deutschen Investoren seit 2012 bis zum I. Halbjahr 2014 kontinuierlich. Internationale Anleger, die Deutschland im Fokus haben, kommen traditionell aus den USA und Kanada. Ihr Anteil lag in den vergangenen Jahren bei rund 10 %. Aus Großbritannien kamen ebenfalls rund 10 % und aus Frankreich gut 7 %. Gleichzeitig ist eine gestiegene Investmenttätigkeit aus Asien zu verzeichnen, wobei sowohl institutionelle als auch private Anleger zu beobachten sind. (Quelle: Jones Lang LaSalle)

Die Globalisierung der Immobilieninvestments bzw. die Entwicklung im Investmentzyklus kann auch anhand der **Länderauswahl deutscher Investoren** verdeutlicht werden. So standen noch im vergangenen Jahrtausend neben ausgewählten Standorten in Westeuropa wie Großbritannien und Frankreich nur die US-Märkte im Fokus. Nach der Jahrtausendwende kamen zunächst die osteuropäischen Länder hinzu. Im Zuge des Immobilienbooms wurden dann auch weiter entfernte Länder wie die Türkei oder Südostasien als Investitionsstandorte entdeckt. Durch die Finanz- und Wirtschaftskrise kam es aber zu einem tiefen Einschnitt und zur Re-Orientierung auf die deutschen Märkte (vor allem Core-Märkte). In den letzten Jahren sind deutsche Investoren wieder vermehrt im Ausland aktiv.

Deutsche Anleger investierten in den vergangenen zehn Jahren mehr Kapital in internationale Immobiliengeschäfte als Investoren anderer Länder. Nach Jones Lang LaSalle betrug das Investitionsvolumen zwischen 2004 und dem Ende des ersten Halbjahrs 2014 ca. 119 Mrd. Euro oder 151 Mrd. USD. Investoren aus den USA und Großbritannien folgen mit 104 bzw.

79 Mrd. Euro. Viele der Investoren aus anderen Ländern wie Irland, Australien oder den Niederlanden waren vor der Finanz- und Wirtschaftskrise aktiv und danach sehr viel weniger. In der letzten Zeit kamen vor allem eigenkapitalstarke Investoren aus Norwegen oder Asien hinzu. Die deutschen Anleger investierten über 80 % des Investitionsvolumens auf den etablierten Märkten in Westeuropa und Nordamerika. Die wesentlichen Ziele waren vor allem Großbritannien und Frankreich mit jeweils über 25 Mrd. USD, danach die USA mit gut 22 Mrd. USD, die Niederlande (15 Mrd. USD) und Polen mit ca. 10 Mrd. USD. In den Niederlanden waren deutsche Investoren die größten Anleger, in den USA, Großbritannien und Frankreich die zweitwichtigsten im vergangenen Jahrzehnt. Rund 80 % der Investitionen beziehen sich auf erstklassige Büroimmobilien. Weitere knapp 15 % flossen in Einzelhandelsobjekte. Basis der Untersuchung sind Transaktionen mit einem Volumen von jeweils mehr als 5 Mio. USD sowie alle Arten von Gewerbeimmobilien.

Von BNP Real Estate wird der **Anteil deutscher Käufer bzw. Verkäufer** am Investmentvolumen in ausgewählten europäischen Ländern (Großbritannien, Frankreich, Italien, Spanien, Belgien und Niederlande) ermittelt. Bei einem Vergleich der Jahre 2010 bis 2013 kann nicht von einer einheitlichen Tendenz gesprochen werden. Der Anteil der deutschen Käufer in diesen europäischen Ländern ging von gut 8 % auf ungefähr 5 % zurück. Gleichzeitig stieg der Anteil deutscher Verkäufer von rund 2,5 % auf zwischenzeitlich gut 5 % im Jahr 2012, um dann wieder deutlicher auf 3,5 % abzusinken.

6.4.4   Marktergebnisse

Auf dem Investmentmärkten bilden sich die Preise durch das Angebot (Verkäufer) und die Nachfrager, die eine Immobilie kaufen wollen. Bei Gewerbeimmobilien wird oftmals die Rendite oder als Kehrwert der Faktor bzw. Vervielfältiger genannt. Dies liegt daran, dass die institutionellen Investoren, die vorwiegend in Gewerbeimmobilien investieren, auf die Rendite als Benchmark achten. Von den Maklern werden teilweise auch Kapitalwerte angegeben, die aus den geschätzten Spitzenmieten und -renditen abgeleitet werden.

Kapitalwerte/Preise

Generell stiegen laut der Analyse von CBRE seit der Jahrtausendwende bei allen gewerblichen Objektarten die Kapitalwerte tendenziell stärker als die fundamentalen Mieten an. Dies ist auf mehrere Kapitalmarkttrends zurückzuführen, die seit einiger Zeit auftreten. Zum ersten sind die Renditen von gewerblichen Immobilien im Vergleich zu anderen bedeutenden Assetklassen relativ hoch. Dies führt dazu, dass institutionelle Investoren sich stark für internationale Immobilien interessieren. Zum zweiten ist die Anzahl der Immobilien-Assets, die zum Verkauf stehen, relativ eingeschränkt. Zum dritten wird erwartet, dass die fundamentalen Rahmendaten für den gewerblichen Immobilienmarkt weiter positiv sein werden und sich damit günstig auf die Marktergebnisse wie Mieten und Leerstand auswirken werden. Dieser Optimismus basiert auch auf der Erkenntnis, dass in der nächsten Zeit relativ wenig Fertigstellungen zu erwarten sind. So sind die Marktbedingungen und Trends insbesondere auf den reifen Gewerbeimmobilienmärkten sehr positiv zu beurteilen. Dies wiederum trifft auf eine steigende Kapitalmarktnachfrage nach Assets wie Immobilien, sodass die Kapitalwerte weiter steigen.

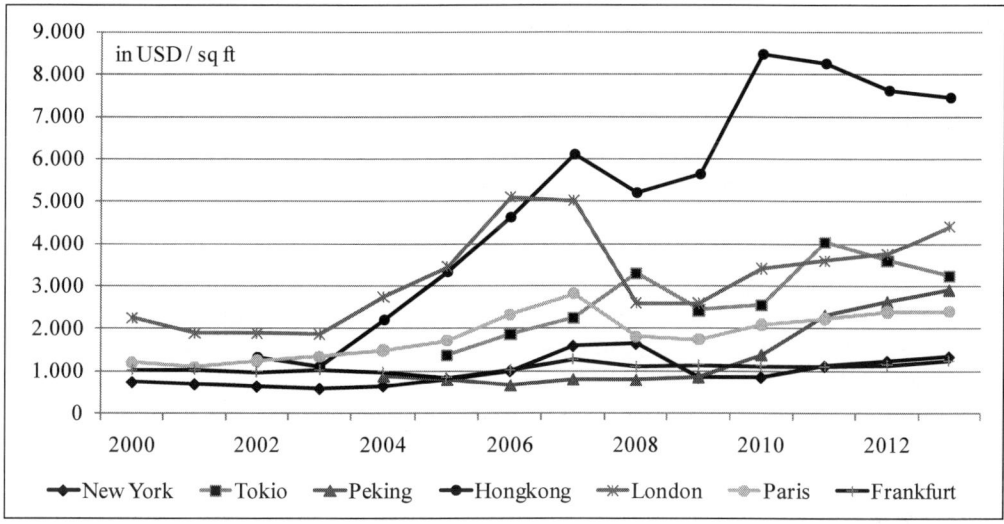

Abb. 6.43:   Kapitalwerte von Büroimmobilien an ausgewählten Standorten; Quelle: CBRE Econometrics Advisors, Intranetquelle, abgerufen am 17.10.2014

In der Abbildung 6.43 ist die Entwicklung der Preise bzw. der Kapitalwerte für wesentliche Bürostandorte dargestellt. Diese werden berechnet aus den realisierbaren Spitzenmieten und den Spitzenrenditen und sind daher üblicherweise Schätzwerte und nicht in der Realität vorzufinden. In diesen Topstandorten zeigt sich eine im Vergleich sehr differenzierte Entwicklung. Selbst der höchste Preis an einem Standort im Immobilienzyklus gibt es nicht im gleichen Jahr, sondern entweder im Investmentboom 2006/07 oder sogar erst später wie in den Topstandorten Asiens. In den westlichen Standorten liegen die Werte von 2013 noch unter ihrem Peak vom Immobilienboom.

Nach der Publikation „Global Office Capital Value Index" von CBRE aus dem II. Quartal 2013 hatten die globalen Kapitalwerte für Büros Anfang des Jahrtausends einen vergleichsweise leichten Rückgang zu verkraften, der durch das Platzen der „Dot-Com"-Blase ausgelöst wurde. Im internationalen Vergleich war hiervon Asien überdurchschnittlich und Amerika (USA und Kanada) unterdurchschnittlich betroffen. Ab dem Jahr 2003 setzte eine Aufwärtsbewegung ein, die insbesondere in Asien zu sehr stark steigenden Preisen führte. 2008 lagen die Werte in Asien um mehr als das Doppelte über ihrem Ausgangsniveau. Entsprechend stark war der folgende Abschwung, der aufgrund der Finanz- und Wirtschaftskrise bis zur Jahresmitte 2009 andauerte. Im daran anschließenden Aufschwung wurden neue Höchstwerte erreicht. Global und auch in den anderen Weltregionen Amerika und Europa verlief die Entwicklung ähnlich, aber abgeschwächt. So liegen die Kapitalwerte zum Jahresende 2013 in Amerika knapp 50 % über dem Ausgangsniveau und in Europa nur um 30 %. Das Wachstum der Kapitalwerte hielt auch 2014 an.

Auch bei **Einzelhandelsimmobilien** zeigt sich der Unterschied bei der Entwicklung von Mieten und Preisen. Die Kapitalwerte sind wesentlich stärker als die Mieten gewachsen. Im Vergleich zu den Büromieten sind die Einzelhandelsmieten aber kontinuierlich gestiegen, wenn auch regional differenziert. Von 2003 bis zum Ausbruch der Finanz- und Wirtschaftskrise waren deutliche Anstiege zu verzeichnen, wobei in Asien stärkere und in Amerika schwächere Zuwächse zu registrieren waren. Aufgrund der Finanz- und Wirtschaftskrise setzte ein Rückgang ein, dem aber alsbald ein Aufschwung folgte. Überdurchschnittliche Zuwächse bei den Preisen wiesen dabei Asien und Europa auf, sodass auch die Höchstwerte vor der Krise wieder überschritten werden konnten. In Amerika hinkt die Entwicklung nach.

Bei den **Immobilienpreisen** zeigt sich die allgemein übliche Entwicklung. Die Preise werden hier von den „Commercial Property Price Indices" von Moody's/RCA für die **USA** übernommen. Dabei wird die Methode der Wiederverkaufspreise für das gleiche Objekt verwendet, um die Preisveränderungen festzustellen. Diese Vorgehensweise ist am besten geeignet, um die Preisbewegungen zu dokumentieren. Nach dem Peak 2007 kam es zu deutlichen Rückgängen und seit Beginn des Jahrzehnts wieder zu Anstiegen, die aber sektorspezifisch sehr unterschiedlich ausfielen. Während die Büros in den CBD und die Apartments ihre alten Höhepunkte schon wieder überschritten haben, sind insbesondere die Büros in den Suburbs weit davon entfernt und liegen immer noch 25 % darunter. Bei den Apartments gibt es in 20 Städten neue Höchstwerte zu verzeichnen. Bemerkenswert ist auch der Anstieg der Preise bei Einzelhandelsimmobilien.

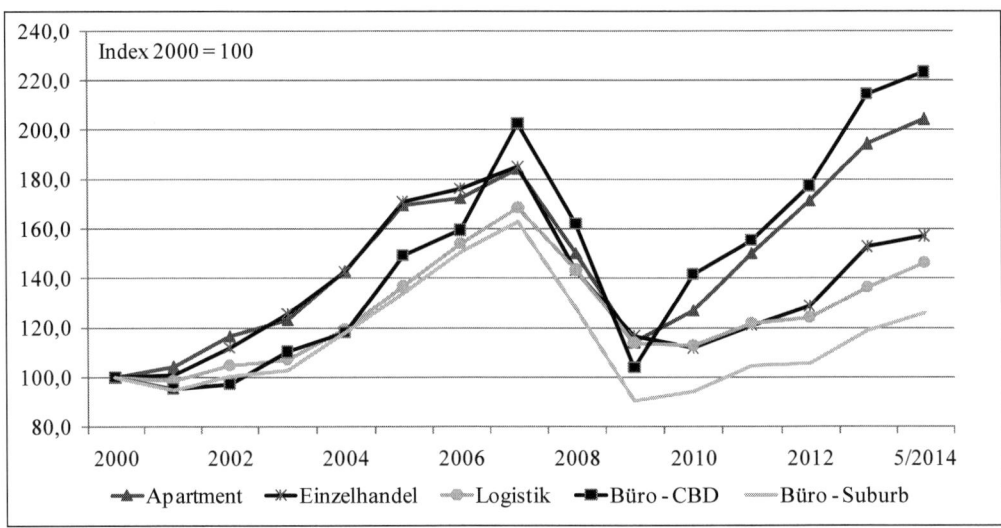

Abb. 6.44:   Commercial Property Price Indices USA; Quelle: RCA CPPI US, unter:
              https://www.rcanalytics.com/Public/rca_cppi.aspx, abgerufen am 04.12.2014

Die Preisentwicklung für Büroflächen in **London** und weitere Gewerbeimmobilien in **Großbritannien** kann mit Hilfe der „RCA/PD UK Commercial Property Price Indices" dargestellt werden. Hierbei werden die Preisveränderungen ebenfalls durch Beobachtung wiederholter Verkäufe einzelner Objekte ermittelt. Die Büropreise haben im Jahr 2013 ihren bisherigen Höchststand von 2007 überstiegen. Die Preise liegen nun 10 % darüber. Dies ist auf starke einheimische und grenzüberschreitende Kapitalflüsse zurückzuführen, darüber hinaus auf die sich erholenden Fundamentalfaktoren (z. B. Mietsteigerungen) und ein Mangel an Qualitätsobjekten. Nach Büroteilmärkten sind die Preise in West End sehr deutlich über ihrem Peak von 2007 und in der City knapp darunter. In den regionalen Büromärkten außerhalb Londons liegen die Preise noch um ein Drittel unter ihren Höchstständen.

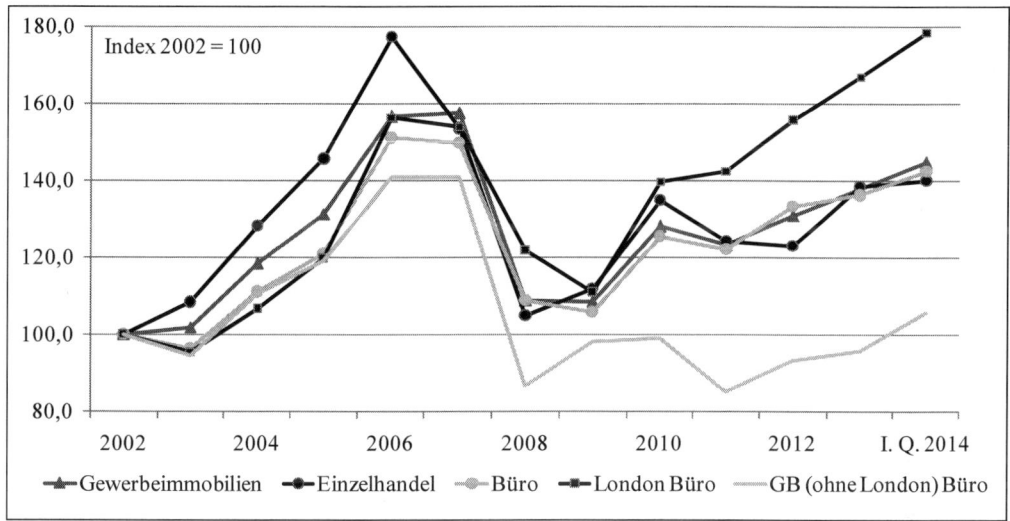

Abb. 6.45:   Commercial Property Price Indices; Quelle: RCA, CPPI Großbritannien, unter:
             https://www.rcanalytics.com/Public/rca_cppi.aspx, abgerufen am 04.12.2014

Renditen

Die Entwicklung des Transaktionsvolumens und der Preise spiegelt sich auch bei den **Renditen** wider. Üblicherweise handelt es sich bei diesen Renditekennziffern um eine Anfangsren-
dite, d. h. die erwartete Rendite. Die Rendite ist von besonderer Bedeutung, weil sie die
Märkte zeitlich und interregional vergleichbar macht. Die Prime Yields (Spitzenrendite oder
Cap Rate), die ein Investor erhält, beziehen sich auf den Kauf eines Class A-Gebäudes an
einem Prime Standort (z. B. CBD), das vollständig zu den aktuellen Mietkonditionen vermietet ist. Auch hier gilt, dass derartige Transaktionen typisch für die derartige Marktsituation
sein müssen und damit repräsentativ. Falls es aber nicht genügend Transaktionen gibt, die
den Annahmen genügen, kann auch eine erzielbare Spitzenrendite geschätzt werden. In anderen europäischen Staaten wie Spanien, Italien oder den Benelux-Ländern wird üblicherweise
die Bruttorendite verwendet. In den USA werden als Renditen die Cap Rates ausgewiesen
und liegen i. d. R. etwas höher.

Cap Rates
Die Capitalization Rates wird kalkuliert als die Relation von Net Operating Income (NOI)
zum aktuellen Marktwert oder zum reinen Kaufpreis (exklusive Transaktionskosten).

Die Cap Rate einer Immobilie ist bedeutungslos so lange sie nicht mit der Marktrendite ähnlicher Immobilien verglichen wird. Eine höhere Cap Rate als die Marktrendite deutet darauf
hin, dass der Kaufpreis relativ gut ist und umgekehrt.

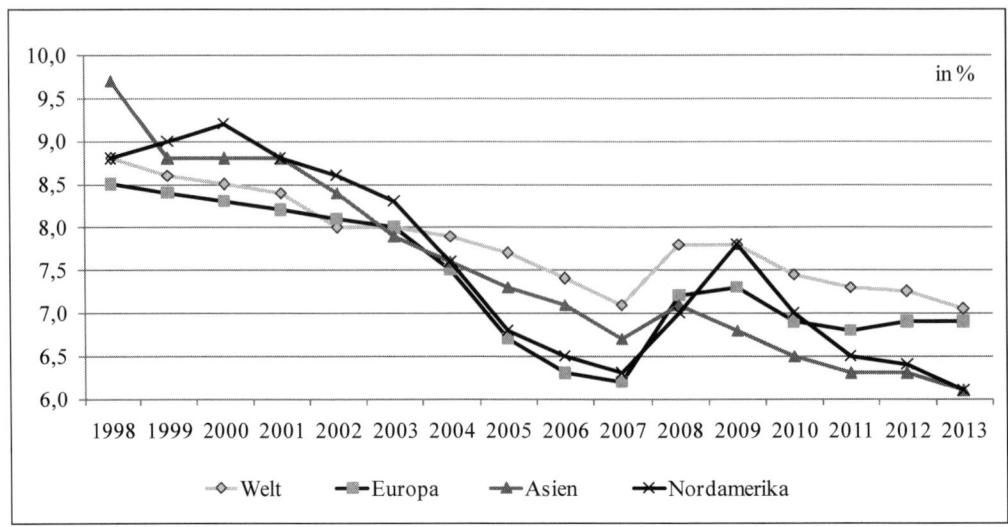

Abb. 6.46:   Büromarktrenditen; Quelle: Cushman & Wakefield, International Investment Atlas Summary, verschiedene Jahrgänge

Seit Ende der 90er Jahre sinken, wie das Schaubild 6.46 zeigt, die Renditen (insgesamt im
Durchschnitt aller Objekte) in den drei Weltregionen Nordamerika, Europa und Asien, wenn
auch nicht bei allen Objekten und in allen Regionen im gleichen Ausmaß und zu jeder Zeit.
Insbesondere in den sich entwickelnden Märkten war der Renditerückgang deutlich. Die
Talsohle wurde im Verlauf des Jahres 2007 erreicht, wobei dies in Nordamerika und Europa
im I. und in Asien im II. Halbjahr geschah. Danach erholten sich die Renditen wieder, kamen
aber seit dem Jahr 2010 wieder unter Druck. Bei den Cap Rates in den USA kam es nach
dem Tief bei allen Objektarten in 2007 zu einem Anstieg, jedoch sind seit 2010 die Renditen
auf der Talfahrt. Den stärksten Rückgang verzeichneten die CBD-Büroobjekte, die nun auch
am niedrigsten mit knapp 6 % notieren. Die Apartments weisen eine Rendite von 6,2 % auf,
während das Renditeniveau über alle Objektarten bei knapp 7 % liegt.

Übungsfragen und Fallstudien

1.   Beschreiben Sie die wesentlichen Einflussfaktoren auf Angebot und Nachfrage der verschiedenen Vermietungsmärkte.

2.   Welche historischen Ereignisse beeinflussen wesentlich die internationalen Immobilienmärkte?

3.   Beschreiben Sie die Indikatoren bei den Marktergebnissen der jeweiligen internationalen Immobilienmärkte?

4.   Warum unterscheiden sich die Entwicklungen auf den einzelnen internationalen Immobilienmärkten?

5.   Warum gibt es internationale Immobilieninvestments?

6.   Erläutern Sie die Verhaltensweise internationaler Investoren im Verlauf eines Investmentzyklus.

7.   Welches sind die wesentlichen Schwierigkeiten für internationale Immobilieninvestments?

8.   Beurteilen Sie die Vor- und Nachteile von internationalen Immobilieninvestments.

9.   Wieso kam es zu steigenden internationalen Immobilieninvestments im Verlauf des letzten Jahrzehnts bis zum Beginn der Finanz- und Wirtschaftskrise und danach auch wieder?

Fallstudie

Herr Libuda ist Mitarbeiter einer Projektentwicklungsfirma, die sich mit der Projektierung von großen Einkaufszentren in den Innenstädten der weltweit größten Städte beschäftigt. Das Unternehmen möchte neue Standorte entwickeln und benötigt hierfür Informationen, die von Herrn Libuda recherchiert werden.

Die aktuelle Planung sieht vor, dass ein Shoppingcenter in der Innenstadt von Wrocław erstellt werden soll. Das Einkaufszentrum soll eine Verkaufsfläche von 60.000 m² aufweisen und über den üblichen Branchenbesatz mit Geschäften verfügen.

Für das von der Stadt Wrocław beabsichtigte Ausschreibungsverfahren soll Herr Libuda eine Standort- und Marktanalyse durchführen, so wie sie in Kapitel 5 beschrieben wurde. Herr Libuda verwendet dabei das in der Abbildung 5.3 dargestellte Einzugsgebiet von Wrocław. Weitere Informationen über den Einzelhandelsstandort Wrocław sowie die Marktsituation bei Angebot bzw. Wettbewerb und dem Nachfragepotenzial sind im Internet zu recherchieren.

Ihre Aufgabe: Unterstützen Sie Herrn Libuda bei seiner Researchtätigkeit und erstellen Sie für die Projektgesellschaft eine Standort- und Marktanalyse für den Shoppingcenter-Standort Wrocław.

Literatur

Grundlagenliteratur Volkswirtschaftslehre

Bofinger, Peter, Grundzüge der Volkswirtschaftslehre – Eine Einführung in die Wissenschaft von Märkten, 3. Aufl., München 2010.

Krugman, Paul und Maurice Obstfeld und Marc Melitz, Internationale Wirtschaft, Theorie und Politik der Außenwirtschaft, 9. aktual. Aufl., München 2011.

Mankiw, N. Gregory, Grundzüge der Volkswirtschaftslehre, 5. Aufl., Stuttgart 2012.

Grundlagenliteratur Immobilienökonomie

Gondring, Hanspeter, Immobilienwirtschaft, Handbuch für Studium und Praxis, 3. Aufl., München 2013.

Rat der Immobilienweisen, Jahresgutachten für die Immobilienwirtschaft, verschiedene Jahrgänge.

Rottke, Nico und Michael Voigtländer (Hrsg.), Immobilienwirtschaftslehre, Bd. I, Management, Köln 2011.

Rottke, Nico und Matthias Thomas (Hrsg.), Immobilienwirtschaftslehre, Bd. II, Ökonomie, Köln 2012.

Schulte, Karl-Werner (Hrsg.), Immobilienökonomie, Bd. 4, Volkswirtschaftliche Grundlagen, München 2008.

Grundlagenliteratur Globalisierung der Immobilienmärkte

Beyerle, Thomas, Internationalisierung der Immobilienmärkte, in: Schulte (Hrsg.), Immobilienökonomie, S. 112–130.

Bundesinstitut für Bau-, Stadt- und Raumforschung (BBSR), Internationale Immobilienmärkte – globale Immobilienwirtschaft, Informationen zur Raumentwicklung 5/6.2010, Bonn 2010.

Bundesinstitut für Bau-, Stadt- und Raumforschung (BBSR), Internationalisierung der Wohnungs- und Immobilienwirtschaft – Märkte, Akteure, Strategien, BBSR-Berichte Kompakt 02/2013, Bonn 2013.

Jowsey, Ernie, Real Estate Economics, London 2011.

Just, Tobias, Internationalisierung des deutschen Büroimmobilienmarkts, in: BBSR, Internationale Immobilienmärkte, S. 341–350.

McKenzie, Dennis J., Richard M. Betts und Carol A. Jensen, Essentials of Real Estate Economics, 6. Auflage, Mason 2011.

Neumann, Volker, Zentrale Implikationen der Globalisierung für die Immobilienwirtschaft, Diplomarbeit Universität Hamburg, Hamburg 2005.

Scharmanski, André, Globalisierung der Immobilienwirtschaft, Grenzüberschreitende Investitionen und lokale Marktintransparenzen, Bielefeld 2009.

Tiwari, Piyush und Michael White, International Real Estate Economics, Basingstoke 2010.

vdp Verband deutscher Pfandbriefbanken, Internationale Immobilienmärkte und ihre Bewertungsverfahren, Berlin 2009.

Ausgewählte Literatur zu einzelnen Kapiteln

Kapitel 2

Cushman & Wakefield, Emerging and frontier markets – assessing risk and opportunity, London 2014, unter: http://www.cushmanwakefield.com/~/media/global-reports/Emerging %20Market%20Risks%202014.pdf, abgerufen am 15.09.2014

Jones Lang LaSalle, Asiatische Investoren kaufen groß ein, unter: http://www.jll.de/germany/de-de/presse/1417/asiatische-investoren-kaufen-gross-ein, Pressemitteilung vom 14.08.2014, abgerufen am 25.08.2014.

Kester-Häusler-Forschungsinstitut für internationales Miet- und Immobilienrecht, verschiedene Marktberichte, unter: http://www.internationales-immobilienrecht.de/category, abgerufen am 17.09.2014.

Uni Münster NiederlandeNet, Wohnungsmarkt in den Niederlanden, unter: http://www.uni-muenster.de/NiederlandeNet/nl-wissen/soziales/vertiefung/wohnungsmarkt, abgerufen am 27.08.2014.

Kapitel 3

Bank für Internationalen Zahlungsausgleich (BIZ), internationale Statistiken über den monetären Sektor, unter: http://www.bis.org/statistics/index.htm, abgerufen am 28.08.2014.

Bundeszentrale für politische Bildung, Stichwort: Globalisierung, unter: http://www.bpb.de/nachschlagen/zahlen-und-fakten/globalisierung, abgerufen am 11.09.2014.

DTZ-Research, Money in Property, verschiedene Jahrgänge, London.

Globalization and World Cities Research Network, unter: http://www.lboro.ac.uk/gawc/, abgerufen am 17.12.2014.

Hesse, Markus und Tobias Just, IREBS German Debt Project, Analyse des deutschen Marktes für gewerbliche Immobilienfinanzierungen, Regensburg 2013.

Just, Tobias, Demografie und Immobilien, München 2009.

OECD, Economic Globalisation Indicators 2015 und 2010, unter: http://www.oecd.org/science/sci-tech/measuringglobalisation oecdeconomicglobalisationindicators2010.htm, abgerufen am 22.09.2014.

Scharmanski, André, Global Cities – Die Schaltzentralen der Weltwirtschaft im Fokus der Büroinvestoren, unter: http://www.irebs-immobilienakademie.de/fileadmin/ user_upload/irebs-immobilienakademie.de/08_IREBS_Standpunkte/IREBS_Standpunkte/ IREBS_Standpunkt_30_2014-09-08_Scharmanski.pdf, abgerufen am 18.09.014.

UNCTAD, Statistiken zu Direktinvestitionen, unter: http://unctadstat.unctad.org/wds/ReportFolders/reportFolders.aspx, abgerufen am 28.08.2014.

Vornholz, Günter, Demografische Effekte auf die Büromärkte – neue Argumentationslinie, in: Zeitschrift für die immobilienwirtschaftliche Forschung und Praxis, Stuttgart, Ausgabe 13 vom 18.12.2009, S. 10–24.

Kapitel 4

Kapitel 4.1:

Stefan Beutelsbacher, Erdogan will neue Luxustürme abreißen lassen, in: Die Welt kompakt, 26.8.2014, S. 21.

Eichholtz, Piet, Dutch residential investments in European perspective, unter: http://www.ivbn.nl/viewer/file.aspx?FileInfoID=680, abgerufen am 04.06. 2014.

Singer, Jürgen und Lars Jirmann, Die Gesetzeslage zu Grundstückseigentum und Immobilien in China, unter: http://www.uni-leipzig.de/~bank/unsere_professur/veroeffentliche_forschung_vortraege/texte_zu_fortschung/Artikelv.H.20Gesetzeslagev.H.20China.pdf, abgerufen am 07.07.2014.

Kapitel 4.2:

CBRE-EA, Central London Office Supply Crunch: Will Rents Hit New Peaks? 24.02.2014, unter: https://www.cbre-ea.com/default.aspx?_title=AboutRealEstate&_id=3643, abgerufen am 03.09.2014.

EU-Kommission, European Economy, verschiedene Jahrgänge, unter: http://ec.europa.eu/economy_finance/publications/european_economy/forecasts_en.htm.

EPRA European Public Real Estate Association, Real Estate in the Real Economy, Brüssel, 2012, unter: http://www.epra.com/media/Real_estate_in_the_real_economy_1363008315459.pdf, abgerufen am 14.03.2014.

IWF, Internationaler Währungsfonds, World Economic Outlook 2014 – Recovery Strengthens, Remains Uneven, unter: http://www.imf.org/external/pubs/ft/weo/2014/01/pdf/text.pdf, abgerufen am 03.06.2014.

Prudential Real Estate Investors, A Bird's Eye View of Global Real Estate Markets: 2012 Update, unter: http://www2.prudential.com/PIM/irr.nsf/112f9a95764b93718525669 b004cf4dd/06603aad6b3b246b852579b900744a5b/$FILE/Bird'sv.H.20Eyev.H.20Viewv.H.2 02012v.H.20PRA.pdf, abgerufen am 14.03.2014.

Kapitel 4.3:

De Montfort-Bericht, Gewerbeimmobilien-Finanzierungsmarkt in Großbritannien „The Commercial Property Lending Market Research Report", unter: http://store.dmu.ac.uk/browse/extra_info.asp?compid=2&modid=1&catid=147&prodid=1638, abgerufen am 04.06.2014.

Congressional Research Service, An Overview of the Housing Finance System in the United States, CRS Report for Congress, Herausgeber: Hoskins, S.M., Jones, K. und N.E. Weiss, 2013, unter: http://www.fas.org/sgp/crs/misc/R42995.pdf, abgerufen am 18.06.2014

IWF, Internationaler Währungsfonds, verschiedene Statistiken, unter: http://www.imf.org/external/data.htm#add oder http://fsi.imf.org/, zuletzt abgerufen am 04.12.2014.

OECD-Studie: Andrews, Dan, A. Caldera Sánchez und Å. Johansson (2011), Housing Markets and Structural Policies in OECD Countries, OECD Economics Department Working Papers, No. 836, OECD Publishing, unter: http://dx.doi.org/10.1787/5kgk8t2k9vf3-en, abgerufen am 17.06.2014.

SVR-Studie: Sachverständigenrat zur Begutachtung der gesamtwirtschaftlichen Entwicklung, Jahresgutachten 2013/14, 11. Kapitel, Immobilienmarkt: Kein Grund für Aktionismus, unter: http://www.sachverstaendigenrat-wirtschaft.de/fileadmin/dateiablage/gutachten /jg201314/JG13_Ges.pdf, abgerufen am 18.07.2014.

Kapitel 4.4:

Office for National Statistics, Household Projections, 2008 to 2033, England, unter: https://www.gov.uk/government/uploads/system/uploads/attachment_data/file/6395/1780763 .pdf, abgerufen am 04.09.2014.

PWC, Emerging Trends in Real Estate, Real Estate returns Europe 2014, unter: http://www.pwc.de/de/finanzdienstleistungen/real-estate/assets/europaeischer-immobilienmarkt-2014_wieder-mehr-mut-zum-risiko.pdf, abgerufen am 21.01.2014.

United Nations, World Population Prospects: The 2012 Revision, unter: http://esa.un.org/unpd/wpp/index.htm, abgerufen am 26.11.2014.

Kapitel 6

Für Kapitel 6 allgemein:

OECD-Studie: Andrews, Dan, A. Caldera Sánchez und Å. Johansson (2011), Housing Markets and Structural Policies in OECD Countries, OECD Economics Department Working Papers, No. 836, OECD Publishing, unter: http://dx.doi.org/10.1787/5kgk8t2k9vf3-en, abgerufen am 17.06.2014.

DekaBank, Immobilien Research Länderanalysen, verschiedene Jahrgänge und verschiedene Länder, unter: https://www.dekabank.de/db/de/research/immobilienresearch/ index_pub.jsp?CATEGORY_ID=303.

Deloitte, Property Index Overview of European Residential Markets, 2. Auflage, o.O., Mai 2013.

Patrizia AG, Europäische Wohnungsmärkte 2013/2014, Augsburg 2013.

Patrizia AG, Wohnungsmarktbericht Europa 2014/2015, Augsburg 2014.

RICS Research, European Housing Review 2012, London 2012.

vdp Verband deutscher Pfandbriefbanken, Internationale Immobilienmärkte und ihre Bewertungsverfahren, Berlin 2009.

Wirtschaftsfaktor Immobilien 2013: Voigtländer, Michael und Tobias Just etc. (IW-Institut Köln, IREBS und ZEW Mannheim), Wirtschaftsfaktor Immobilien 2013 – Gesamtwirtschaftliche Bedeutung der Immobilienwirtschaft, Hrsg. Deutscher Verband für Wohnungswesen, Städtebau und Raumforschung e.V. (DV) und Gesellschaft für Immobilienwirtschaftliche Forschung (gif), in: Zeitschrift für Immobilienökonomie, Berlin, Sonderausgabe 2013.

Kapitel 6.1:

CBRE Econometric Advisors, Efficiency Headwinds for US Office and Industrial? unter: https://www.cbre-ea.com/default.aspx?_title=AboutRealEstate&_id=3755, abgerufen am 10.11.2014.

CBRE Global Research and Consulting, What goes up, keeps going up, Global Prime Of-fice Occupancy Costs, 2014, unter: http://www.cbre.com/EN/research/Pages/default.aspx, abge-rufen am 20.10.2014.

CBRE Global Research and Consulting, Hong Kong Office MarketView, verschiedene Jahr-gänge, unter: http://www.cbre.com/EN/research/Pages/default.aspx, zuletzt abgerufen am 20.10.2014.

Colliers, Marktberichte, Global Office Outlook, verschiedene Jahrgänge, unter: http://www.colliers.com/en-us/insights/research-the-market, zuletzt abgerufen am 20.10.2014.

Marcus & Millichap, Büromarktberichte USA, verschiedene Jahrgänge, unter: http://www.marcusmillichap.com/research/researchreports, zuletzt abgerufen am 22.10.2014.

McCauley, Kevin, Central London Office Supply Crunch: Will Rents Hit New Peaks? unter: https://www.cbre-ea.com/default.aspx?_title=AboutRealEstate&_id=3643, abgerufen am 07.07.2014.

Miki Shoji, Büromarktberichte, verschiedene Jahrgänge, unter: http://www.e-miki.com/eng/officemarketreports.html, zuletzt abgerufen am 24.10.2014.

Kapitel 6.2:

GfK GeoMarketing, GfK Kaufkraft Europa 2013/2014, unter: http://www.gfk.com/de/news-und-events/presse/pressemitteilungen/Seiten/kaufkraft-europa.aspx, abgerufen am 11.08.2014.

GfK, Einzelhandel in Europa, Bruchsal 2014, unter: http://www.gfk.com/de/loesungen/geomarketing/Seiten/Landingpage/studie-zum-eh-in-europa.aspx, abgerufen am 11.08.2014.

Jones Lang LaSalle, Presseerklärung: 13.11.2013, Globaler Anstieg der E-Commerce-Umsätze im Einzelhandel verursacht Anpassungsbedarf der Infrastruktur, unter: http://www.joneslanglasalle.de/Germany/DE-DE/Pages/NewsItem.aspx?ItemID=29579, abgerufen am 18.01.2014.

Marcus & Millichap, Einzelhandelsimmobilienmarktberichte USA, verschiedene Jahrgänge, unter: http://www.marcusmillichap.com/research/researchreports, zuletzt abgerufen am 20.07.2014

Kapitel 6.3:

OECD-Studie: Andrews, Dan, A. Caldera Sánchez und Å. Johansson (2011), Housing Mar-kets and Structural Policies in OECD Countries, OECD Economics Department Working Papers, No. 836, OECD Publishing, unter: http://dx.doi.org/10.1787/5kgk8t2k9vf3-en, abge-rufen am 17.06.2014.

Bank für Internationalen Zahlungsausgleich, Hauspreisentwicklungen in verschiedenen Staa-ten, unter: http://www.bis.org/statistics/pp_long.htm, abgerufen am 17.11.2014.

Eurostat, Hauspreisentwicklungen in verschiedenen Staaten, unter: http://appsso.eurostat.ec.europa.eu/nui/show.do?dataset=prc_hpi_a&lang=de, zuletzt abgerufen am 17.11.2014.

IWF, Internationaler Währungsfonds, House Price Ratios, unter: http://www.imf.org/external/research/housing/index.htm, zuletzt abgerufen am 04.11.2014.

o.V., Die britische Grunderwerbsteuer ist eine gute Einnahmequelle, unter: Frankfurter Allgemeine Zeitung vom 29.08.2014, S. 11.

Rheinisch-Westfälisches Institut für Wirtschaftsforschung (RWI), Gesetz über die Festsetzung des Steuersatzes für die Grunderwerbsteuer, Essen, 2011, unter: http://www.rwi-essen.de/media/content/pages/publikationen/rwi-projektberichte/PB_Stellungnahme-GrErwST.pdf, abgerufen am 04.08.2014.

Verschiedene Wohnimmobilien-Länderberichte: www.globalpropertyguide.com, zuletzt abgerufen am 17.11.2014.

Kapitel 6.4:

BNP Paribas Real Estate, Investmentmarkt Deutschland 2014, unter: http://www.leipzig.ihk.de/ filea-min/user_upload/Dokumente/SOP/Standort_und_ Ansiedlungsberatung /Immobilienmarkt_-_Gewerbemieten/BNP/Investmentmarkt/ BNP_Paribas _Real_Estate_ Property_Report_Investmentmarkt_Deutschland_2014.pdf, abgerufen am 13.09.2014.

CBRE, Global Capital Value Index, Q4 2013, unter: http://www.cbre.com/EN/research/Pages/default.aspx, abgerufen am 20.10.2014.

CBRE Econometric Advisors, Buy, Hold or Sell? A Question for U.S. Investors, unter: https://www.cbre-ea.com/default.aspx?_title=AboutRealEstate&_id=3710, abgerufen am 02.07.2014.

CBRE Econometric Advisors, What determines the destinations of global capital in European Real Estate?, unter: https://www.cbre-ea.com/default.aspx?_title=AboutRealEstate &_id=3578, abgerufen am 30.07.2014.

Cushman & Wakefield Research, International Investment Atlas – Summary, verschiedene Jahrgänge, unter: http://www.cushmanwakefield.de/de-de/research-and-insight/global-reports/, zuletzt abgerufen am 20.12.2014.

DTZ, Internationale Investitionen vor allem aus Asien und Mittlerem Osten auf Rekordhöhe, Pressemitteilung vom 11.03.2014, unter: http://www.finanznachrichten.de/nachrichten-2014-03/29649930-dtz-internationale-investitionen-insbesondere-aus-asien-und-mittlerem-osten-auf-rekordhoehe-358.htm, abgerufen am 17.08.2014.

Jones Lang LaSalle, Germany at the Intersection of Global Capital Flows, unter: http://image.jllinfo.eu/lib/fef11379706d04/m/1/Germany+at+the+Intersection+of+Global+C apital+Flows.pdf, abgerufen am 30.09.2014.

Jones Lang LaSalle, Ausländische Investoren spürbar risikobereiter als einheimische, Pressemitteilung vom 06.08.2014, unter: http://polis-magazin.com/?p=206, abgerufen am 20.12.2014.

RCA, RCA/PD UK Commercial Property Price Indices, Q1 2014, London, unter: https://www.rcanalytics.com/Public/rca_cppi.aspx, abgerufen am 30.07.2014.

Savills, Europäische Investmentmarkt 2013, unter:
http://pdf.euro.savills.co.uk/european/european-investments/eib-march-2014.pdf, abgerufen
am 17.03.2014.

Index